AF427527

梁中堂人口与计划生育

网易博客文集

Liang Zhongtang Population and Family Planning

NetEase Blog Collection Vol. II

第二册

梁中堂人口研究文集·卷七

梁 中 堂

By Liang Zhongtang

【当代华语世界思想者文库】

学术顾问：黎安友、郭汤姆
主　　编：荣　伟
Academic Adviser:　Andrew J. Nathan, Tom Kellogg
Chief Editor:　　　David Rong
Published by Bouden House, New York
ISBN:　979-8-90257-039-4 (Paperback)
　　　　979-8-90257-040-0 (eBook)

Liang Zhongtang Population and Family Planning
　　NetEase Blog Collection Vol. II
By Liang Zhongtang

梁中堂人口研究文集·卷七
梁中堂人口与计划生育 网易博客文集（第二册）

梁中堂 著

出版：博登书屋·纽约（Bouden House New York）
邮箱：boudenhouse@gmail.com
发行：谷歌图书（电子版）、亚马逊（纸质版）
版次：2026 年 3 月 第 1 版 第 1 次印刷
字数：350 千字
定价：$40.00 美元

目　　录

与《经济观察报》记者杨光的访谈

（2009 年 3 月 16 日）

经济观察报：你是如何想到做翼城试点的？

梁中堂：上世纪 70 年代中后期，一方面经过 10 年"文化革命"，另一方面计划经济体制发展到极端，使得我国经济社会各种矛盾都突出地显露出来，人民群众生活困难，以至大多数人都不得温饱。由于我们囿于计划体制观察问题，就都把根源找到老百姓生孩子方面。1978 年到 1979 年，一个不分城乡要求"只生一个"的政策开始形成。由于我当时刚从农村基层调到研究机关，感到让农民生一个孩子会给他们生活造成很大困难。另外，那时我也刚刚学习人口学知识，懂得当时已经构成西方国家很大负担的人口老化问题是生育率下降造成的。所以，我认为，即使我国人口众多造成当时许多困难，也不能操之过急。在搜集资料后，我对"一胎化"政策的前景做了一些计算，发现"一胎化"的生育政策将迅速导致我国人口老龄化，出现"4：2：1"的家庭结构，形成历史上从来没有过的"倒金字塔"的人口年龄构成和劳动力减少等社会问题。

当时，我也以为人口过快增长阻碍了我国经济社会的发展。所以，我提出了一个妥协的办法，即在提倡城乡青年"只生一个"和晚婚晚育的基础上，允许每对夫妇生育两个孩子。1979 年，"一胎化"的生育政策已经在全国城乡广泛推行。1982 年，党的十二大提出世纪末把人口控制在十二亿的目标后，主张"一胎化"的人又提出为了实现这个目标必须实行"一胎化"。可是，我按照 1982 年人口普查资料计算表明，十二亿是一个可以让城乡妇女平均生育 2 个孩子的目标。1984 年春节，我将计算结果写信给胡耀邦，建议用"晚婚晚育

1

延长间隔"和允许生育二孩的政策代替"一胎化"。中央将我的《把计划生育工作建立在人口发展规律的基础上》批转到国家计生委后，我的意见再次被否决了。

在这样的情况下，中国人口情报中心马瀛通和国家计生委张晓彤按照我提的办法重新测算并给中央写报告建议实行这一办法。胡耀邦和当时的国务院总理都明确肯定这一报告，要求有关部门测算并代中央起草文件准备在全国推行。可能是出于各种顾虑，有关部门迟迟不愿做出行动。所以，我于 1985 年春节提出为了解除人们对放宽政策的顾虑，建议中央批准我在北方地区选择一、二个县进行试验。翼城县"晚婚晚育加间隔"的生育试点，就是在这样的情况下产生的。由于当时做试点时计划生育的口子把得非常紧，主管部门把帐算得相当精细，我们就只在农村普遍开了二胎，而城镇人口一直都没有松动的机会。

经济观察报：按照您当时的初衷是否想到这项试验将长达 20 多年，这些年的试验的效果

如何？

梁中堂：我属于 70 年代后期人口学复兴时的那批研究人员，所以，清楚地理解我国极为严厉的人口政策就是为了 20 世纪末迅速实现四个现代化才制订的阶段性的政策。当时的试验也是为了能够在 2000 年以的年份里推行试点政策进行的，所以，根本没有料到这个试验会历经 20 多年。

1985 年 7 月试行"晚婚晚育延长间隔"允许农民生育二孩以来，该县每个时期的各项人口指标均优于所在的临汾市、山西省和全国水平。1982-2000 年两次人口普查期间，全国人口增长了 25.5%，山西省增长了 28.4%，临汾市增长了 30.4%，翼城县仅增长了 20.7%。另外，出生性别比也是人口学界和社会关注的一个重要指标。在人口统计学上，通常认为每生育 48 个女孩会对应有 52 个男孩出生，出生性别比如果处在 103-107 也都属于正常。根据 2000 年普查资料，

0 岁组的人口性别比全国为 117.8，山西省为 112.8，临汾市 114.3，翼城县为 106.1。

经济观察报：人口指标效果这样好，是否与该县比全国经济社会发展的平均水平高，或者与政府投入多、管理能力强有关？

梁中堂：恰恰相反。我当时选择试点县的时候是为了在全国普遍实行，所以，就挑选最具有代表性的农业地区。该县如果经济社会发展水平高，一定会完成"县改市"，现在就不叫翼城县了。事实上，该县的农业人口和农村经济一直低于全国、山西省和所在的临汾市的平均水平。仍以普查资料来说，1982 年，该县 25 万人口中农业人口占 92.2%，非农业人口仅占 7.8%。2000 年，全国农业人口占 75.3%，非农业人口 24.7%；山西省农业人口占 74.5%，非农业人口占 25.5%；临汾市农业人口占 80.4%，非农业人口占 19.6%；翼城县农业人口为 82.5%，非农业人口为 17.5%。1983 年，翼城县农民的人均收入仅只有 259 元。2007 年，该县农民人均收入 4116 元，比同期全国 4140 元还低。由于该县一直依靠农业收入，县级财政在计划生育方面的投入很少。2000 年以前，比照其他的地方政府的投入情况，我常常在国家计划生育委员会的专家委员会上批评翼城县的计划生育投入不足。至于说到管理水平和能力问题，您可以设想，一个很平常的县级政府会有什么样的特殊管理经验或能力可以保持 20 多年而不至于其他的县市又做不到呢？

经济观察报：在采访中我听到包括国家领导机关个别领导的一种说法，说翼城县试点效果好是由于一直有您这样的专家指导。您对此如何看法？

梁中堂：虽然 20 多年来我对此付出了很多的心血，但是，我并不把自己的作用看得很重要。我在试点初期就说过，如果翼城县的试验离开了我们专家指导就不能得到好的效果，这样的试验就毫无意义。所以，我的作用是十分有限的。譬如，我的设计特征就是晚婚和延长间隔，要求妇女初婚年龄 23 岁，初育年龄 24 岁，生育 2 孩年龄在 30 岁。可在我做的一个抽样比例比较大的全县人口调查中发现，农村妇女初婚年龄实际是 21 岁左右，初育年龄平均 23 岁左右，生育 2 孩年龄平均 27 岁左右。分析这几个指标在许多年的连续变化，发现它们都是有规律地、稳定地上升，但并不符合政策要求。作为一个研究人员，实事求是地说，20 多年来，翼城县试点得到我的实质性帮助并不多。相反，由于有这么一个牢固的联系点，却让我了解到不少实际情况。

经济观察报：那您认为翼城县人口控制效果好于所在的省、市以及全国的平均水平的主要原因是什么？

梁中堂：虽然我现在的观点是政府本来就不应该把控制人口作为自己的目标，但是，翼城县的 20 多年的实践还是证明了宽松的政策有利于遏制人口的快速增长。宽松的政策，是产生各项好的人口指标的主要原因。

经济观察报：政策宽松反而有利于人口的过快增长，除了翼城县提供了这方面的证据外，还有个案的例证吗？

梁中堂：不是个案，而是大量的人口现象都可以证明。现在世界上有一半以上的国家和地区的妇女生育率都在更替水平 2.1-2.2 以下，其中许多国家都低于 1.5。这些国家的妇女生育率在历史上也曾经是很高的，但都是在没有强制性的政策的情况下自发降低的。就发展中国家来说，譬如与我们有较为接近的传统文化的泰国，妇女总和生育率在 1980-2002 年由 3.5 下降到 1.8，比我们同期下降得都快。

我们自己也有这方面的经验。我国是从 1979 年 1 月全国计划生育办公室主任会议才开始要求制定经济的行政的限制生育的政策。但是，我国的妇女生育率已经由 60 年代末接近 6.0 下降到 70 年代末的 2.7，10 年时间下降 3 个孩子，这在古今中外的历史上都属于绝无仅有的。如果分城乡来分析的话，我国城镇妇女在 1950 年的生育率已经由传统平均生育 7-8 个孩子达到 5-6 个，50 年代后期降到 5.0 左右，60 年代降到 3-4 个，70 年代更迅速由 3.0 左右下降到 1.3。我国农村妇女则由 60 年代中期平均生育接近 7 个孩子持续下降到 70 年代后期的 3 个左右，这都是在没有强制性政策的作用下得到的。

经济观察报：听说和翼城县相同的试点还有一些，这些试点的情况如何？

梁中堂：需要说明的是，70 年代后期以来，我国计划生育政策一直是件十分严肃的事情，实行什么样的政策是不能由地方轻易决定的。1984 年 7 号文件后，各省在从严掌握的前提下产生了一些不同政策的试点。1987 年 9 月，国家计划生育委员会主任王伟主持在翼城县召开过一个试点现场会，参加会议的有包括甘肃省酒泉地区在内的全国 13 个试点单位，算是对这些地区允许农民生育 2 孩政策的一种认可。1988 年，国家计生委下发过一个调整试点单位的文件，上述 13 个单位只有 7 个列入其中。由于在 80 年代有关人口生育政策的许多次争论中，当时的国务院总理明确讲过保护和支持翼城试点，"寄希望于"翼城试验的话，1989 年那场政治风波后，包括国务院分管计划生育工作的领导同志也讲过生育 2 孩试验是"某某人的试点"。所以，除了翼城县以外，各地都把试点收回去了。据我知道，由于酒泉地区（现在已经地改市）的党委和政府的强烈要求，1998 年省人大通过决议批准该市恢复许可农民生育 2 孩。另外，广东省人大通过决议从 1986 年 6 月开始全省的农民普遍放开二胎，1998 年又改为"女儿户"的政策。本来，海南在建省时已经从广东省获得一个比较宽松的政策，但是，建省后却改为实际的"女儿户"政策，2002 年才又恢复了允许农民生育二孩的政策。

所以，与翼城县试点相近的只有酒泉市的生育政策。从普查资料分析，酒泉市在 1985 年开始在全地区有条件地允许农民普遍生育 2 个孩子，1982-2000 年人口增长 26.2%，比全省同期增长 30.7%明显要低。当然，从普查资料看，酒泉市的城乡人口构成中城镇人口的比例要高于全省。但是，细分期间的几次普查，80 年代大多数年份实行宽松政策，1982-1990 年普查期间，酒泉市人口增长 9.4%，大大低于全省同期的 14.4%；1990-2000 年两次普查期间，由于在绝大多数年份取消了宽松政策，酒泉市人口增长了 15.4%，高于全省同期的 14.3%，从正反两个方面都证明了宽松的政策有利于降低人口的过快增长。

经济观察报：政策宽松生育的少，政策严紧反而生育多，您能进一步谈谈这是什么道理吗？

梁中堂：这可能与我们是否按照客观规律办事有关。从近现代历史看，几乎所有的国家和民族都随着现代化发展或渗透而出现生育率下降的社会现象。这一情况表明，节制生育是工业化以来创造的一种新的生活方式。工业现代化带来的经济社会发展和科学技术的进步，人的一生中可以有许多生命活动和实际生活都可以不再在传统的家庭里度过，经济社会生活的自立使得儿女可能不再是养老的一种投资。所以，人也就没有必要生育那么多的孩子。特别是科学技术的发展，使人们可以比过去更多地享受性生活而不要生育。所以，我进一步提出节制生育是更符合人性的一种生活方式。但是，人类历史是如何具体发展的，经济社会文化等诸多因素是如何影响全社会的生育率变化的，这都还不是目前人们能够具体认识和把握的。即使由每一个貌似理性的人构成的社会过程，其实仍然是自发运行的。马克思就反复说过，社会运动是一种"自然规律""自然发展阶段"，"社会经济形态的发展是一种自然历史过程"，等等。既然是自然过程，其发展就是不依人们的意志为转移的，包括不依国家、政府的主观意志即法律、政策为转移。不知道您是否意识到翼城县人口增长幅度与全国对比的含义？我曾经依据 1982 年普查资料对比过翼城县和全国的人口年龄结构，翼城县几乎就是全国的一个微缩。按照通常 0-14 岁、15-64 岁和 65 岁以上人口划分，翼城县的构成是 33.58∶61.78∶

4.64，全国为 33.59：61.60：4.91。特别是决定自后 18 年期间主要生育人群的构成也十分接近，其中翼城县 0-19 岁人口占总人口 45.17，0-29 岁占 63.01，而全国分别是 46.08、62.71，都非常接近。这样，18 年的人口过程就有了直接的比较意义。首先，翼城县和临汾市、山西省以及全国执行的生育政策都有很大的差别，但是，人口实际增长幅度的差别却不是很大，说明政策的差别在人口发展过程中并没有多少实际意义。其次，翼城县的农民普遍地生育了 2 个孩子，这应该是确凿的事实。但是，其增长幅度比全国还小，这就相当于说全国的农民也普遍地生育了 2 个孩子。由于全国增长幅度和城镇人口构成都高于翼城县，甚至可以说全国有比翼城县更高比例的农民生育了多胎。还有，绝大多数人多数人并不知道这段计划生育工作实际执行的政策，如果对比实际政策和执行的结果其反差更要大。我们知道，现行生育政策规定城镇人口原则上要求一对夫妇只生一个，农民生了一个女孩的可以要求再生育一个，少数民族可以生育三个孩子。这一生育政策是在 1982 年中央 11 号文件中规定的。但是，在实际的执行上，1984 年中央 7 号文件以前，全国各地在城乡放开生育 2 孩的比例还达不到当年生育 1 孩比例的 5%。中央为解决管理部门与农民的突出矛盾，颁发 7 号文件要求扩大生育 2 胎的比例，国家计生委才准备把允许农民生育 2 胎的口子逐步开到占据 1 孩比例的 10%。1990 年之后，国家计生委才督促大多数省区颁发了农村可以放宽到"女儿户"的地方法规。即使这样，江苏、四川和河南等几个人口大省继续执行不分城乡的"一胎化"政策。所以，按照实际管理的人口政策口径计算，70 年代末到 2000 年的政策生育率超不过 1.2。如果生育政策起作用，世纪末的人口总量应该在 11 亿以内。但是，2000 年普查人口是 12.6 亿。恐怕问题还不是到此为止，您想没有想过，在 1979-2000 年，每出生两个孩子中就有一个属于违反政策生育的，这其中我们人为地制造的摩擦和内耗究竟有多大？

30 年前，我们还处在认识的较低发展阶段，认为人类只要把生产资料和一切资源掌握在政府手里，就掌握了社会历史的命运，就可以通过编制计划发展生产，就可以很快改变落后的面貌。实行计划生育就是在这样的背景下产生的。70 年代末到 80 年代初，我们在中央文件和人民日报的社论里反复宣传和讲解的道理就是："我国是一个社会主义国家，国民经济是有计划按比例发展，人口也应纳入国家计划，有计划地增长。在历史上，人类的生育完全是无政府状态，自己不能控制自己。在我们社会主义的中国，应该把这种状况改变过来，做到有计划的生育。""我国是社会主义国家，国民经济有计划按比例发展，要求人口也要有计划地增长。""有计划地控制我国人口增长，使人口的增长速度同国民经济的发展相适应，是直接关系现代化建设速度和中华民族兴旺发达的一件大事。""如果不把控制人口增长的工作抓得很紧很紧，今后几十年内仍将持续地出现人口出生的高峰，这就不仅妨碍国民经济的调整，而且会长期冲击社会主义的计划经济，影响人民物质文化生活的改善。"实际上，我们国家这一时期已经认识到计划经济的局限性，也正是从这一时期开始了寻求市场方向的改革。历史常常作弄人。我们在这一时期开始放弃有计划地生产物资产品了，却开始了所谓按计划地生产人。应该说，人类自身的生产是比物的生产更为复杂的事情，远不是现阶段的社会可以掌握的。一些貌似简单的道理，实行起来却又产生很大的问题。譬如，政府把大家组织起来走共同富裕的路应该是一个很好的理念，可事实是组织起来的农民连饭都吃不饱。限制生育可能促使生育率大幅度下降，可事实证明我们同期比泰国等一些国家自由生育状况下的生育率下降还艰难。所以，放弃强制性的生育政策，让社会自发地调节人们的生育，不仅会带来一个更和谐的社会环境，而且更有利于经济社会和人口的合理发展。

经济观察报：有许多人担心放开或者稍稍松动计划生育政策就都会出现大量的盲目生育，出现"人口爆炸"。

梁中堂：这看你是如何思维的。如果把人视为生孩子机器，想象所有的妇女都会构成如同洪水崩堤一样的生育潮流，那就像美国经济学家舒尔茨批评的，有人以为贫穷的人民会像田鼠一样生育，其结果非要导致自我毁灭不可。相反，如果把生育当作每个当事人寻求幸福生活的一种需要，是一种有目的有节制的事情，自然不会出现所谓的人口爆炸。上面我们谈到，人口过程是一种自然过程，既然严紧的政策对其实质性的运动不起作用，松动的政策当然也不会导致人口洪水滔天，而问题的实质仅仅是怎样的政策会减少社会的内耗。很长时间以来，害怕把自由生育权归还给老百姓的人基本上都是那些在现代社会结构中处于优越位置的人，他们享受着现代化的低生育生活条件却看不起农民，以为中国的农民天生只会生孩子而不懂得如何寻找幸福。所以，我们需要听一听舒尔茨在获得诺贝尔奖时给那些有教养的人讲的一番话：

虽然我们与穷人们相比有着无以伦比的有利条件，但是他们和我们一样，同样关心着改善他们自己的命运和他们孩子的命运；他们也和我们一样能从他们有限的资源中获取最大的利益。

（刊发于 2010 年 12 月 5 日）

与《长城月报》记者徐秋颖的访谈

（2010 年 5 月 5 日）

徐秋颖："计划生育以来我国少生 4 亿人"，您对这个说法始终持怀疑态度，您认为生育率的下降本来是工业现代化的结果，而与政府控制人口的举措无关。您怎么看待计划生育的成效？您这么讲的理由是什么？

梁中堂：必须指出，我对这一说法不是持怀疑态度，而是明确反对的。这一说法的发明权是属于宋健及其手下那一拨搞数字计算的工程师们的。1986 年 7 月，他们在反对把计划生育政策由"一胎化"放宽到"现行生育政策"的一份报告中，就曾认为推行"一胎化"最有成效的几年里"计划生育工作取得了举世公认的成就"，说"十一届三中全会以来的六年，全国少生了一亿多人口"。但是，就是这一帮在电脑上做计算人，所说的也不是实际情况。1979－1985 年期间的 6 年里，逐年进入 20 岁婚育年龄的妇女正好是 1960 年前后生育低谷期间出生的人口，每年平均仅 800 多万，每年处于 20－40 岁的妇女也仅只有一亿多点，处于生育峰值年龄的人口仅只有 7000 万左右。按照 1982 年人口普查计算，1981 年我国妇女总和生育率为 2.6，一般的人可能不知道这个指标的含义，它是说每千名妇女依次渡过其一生时生育孩子的数量。按此水平，1 亿多妇女终其一生也生育不到 3 亿人口，期间 6 年，即使每一个妇女都生育一个孩子，也就只能生育一亿多人口，怎么就能少生育了一亿多呢？

最近一些年的说法很多。2005 年 7 月 8 日，国务委员华建敏在世界人口日座谈会上说，"自 20 世纪 70 年代开展计划生育以来……，累计少生了 3 亿多人口"。7 月 26 日，中国政府门户网站上的一篇文章又说，"据估算，计划生育政策实施 30 多年来，全国少生 4 亿多人"。同年 9 月，北京市纪念中共中央"公开信"25 周年会议上说，"我国自 1980 年实行计划生育以来，累计少生 3.38 亿人"。2006 年 5 月，国家人口和计划生育委员会主任张维庆在《求是》上撰文指出："根据人口专家推算，到 1998 年底，中国少生了 3 亿多人，到 2005 年底，少生了 4 亿多人。"2007 年 1 月 11 日，国家人口和计划生育委员会发布"国家人口发展战略研究报告"，"自 1973 年全面推行计划生育后，中国生育率迅速下降"，"少生了 4 亿多人"。鉴于国家人口发展战略课题组从 2003 年就开始启动和运作，其班底启用的主要人马还是宋健原来课题组的人，所以，以上所说的"专家"还都是他们，或者受其影响所使用方法也来源于他们。

我之所以追根溯源地介绍这一点，是要说这些人对于他们计算和研究的对象并不熟悉，他们把很复杂的社会问题当作简单的算术题来做了。而且做得很不严肃、很不认真，十分地草率和随意。他们认为，1968-1969 年中国妇女生育率大约接近 6.0，现在降到了他们的说法 1.8，仅由于严紧的计划生育政策就少生了 4 亿多人口。社会问题怎么会是这么简单呢？1979 年实行现在这种政府严格管制的计划生育的时候，妇女的生育率实际已经降到 2.3 左右了，按照他们的说法，1970-2005 年少生 4 亿人口，其中 1980—2005 年少生了 3.38 亿，整个 70 年代由平均每个妇女生育 6 个孩子降了 3 个半孩子时也仅只占据少生育的 4 亿多人口中的 6000 多万，1999—2005 年的 7 年中少生育了 1 亿多人口。这种计算法完全是为了给"一胎化"和现行的生育政策镀金，为张维庆自己任期涂脂抹粉的嘛！别的暂且不说，仅说 1999-2005 年这几年，每年进入婚育年龄的妇女人口都只有 900 万，该年 20—39 岁的妇女总数也刚刚超过 2 亿，按照 2000 年人口普查计算的生育率仅只有 1.2-1.3，这 7 年总共也只能生育 1 亿人口，如何就少生了 1 亿多？可见，人口数字在他们的手里就成了杂耍和魔术。

我之所以反对这样算账，是由于生育率下降是现代社会发展过程的一个结果，但是，它却不是社会发展的目标，甚至也不是节制生育或计划生育的目的，一个国家根本就不应该把它列为追求的目标。资本主义工业化极大地推动了人类生产的社会化进程，建立在自然和个体经济基础上的家庭无论在生产或者生活方面的职能都越来越微弱了。资本主义生产方式诞生以来的经济社会巨大发展使得世世代代以来的人的本能的和自发的生育显得没有必要了，社会化的发展凸显了个人在社会中的地位和作用，这些也往往与自然状态下的每一个人都会周而复始地处在生育周期中，特别是育龄妇女几十年一直处在周而复始地"妊娠—生育—哺乳—妊娠"之中，与自由发展的人性具有直接的冲突。这样，避免怀孕，防止妊娠和节制生育，就成为现代社会中人们的一种自发要求。与此同时，科学技术的发展和生产水平的提高，也为人类实行避孕和节育提供了技术上的保证，让人类可以过上一种有性但不要生育的生活。由于越来越多的人们选择避孕和节育，与自然状态下的生育率比较其下降过程就是一种必然的结果。但是，我们也仅仅知道生育率的下降是人类历史由传统向现代过渡的历史阶段中的一个必然结果，但很难区分我国的现行生育制度和政策究竟在其中起到了多大的作用。我们知道，除了我们国家在最近 30 年推行政府极为严格的强制性的生育政策以外，世界上其他国家和民族都没有这样做，但是，几乎所有的国家和民族都随着现代化的发展出现了生育率的下降过程。在全世界妇女生育率下降的过程中，不仅绝大多数发达国家比我们来得早，生育率水平比我们低，而且不少的发展中国家也比我们同期下降得幅度快、水平低。1980-2002 年，泰国政府在没有对国民实行强制性的计划生育的情况下，妇女总和生育率由 3.5 下降到 1.8，而我们同期由 2.5 下降到 1.9。另外，如上所述，由于社会问题的复杂性，人们还远远没有认识清楚人口与经济等等社会各个方面的关系，尚无法解释人口数量与经济社会发展的内在关系。除了几百年以来为了党争上的需要陷入意识形态的抽象争论以外，现代社会科学领域中还没有任何一门学科尝试解决人口数量和社会进步的关系。在政治经济学领域里，马克思的政治经济学没有做这方面的工作，资产阶级政治经济学也没有尝试去做。需要指出的是，在现代西方经济学发展中很有影响的、十分推崇马尔萨斯的凯恩斯反而提示过生育率的上升可以刺激经济的增长。不过，他也仅限于提示，而没有进一步的论证。

这就是说，生育率的下降虽然是现代化发展的结果，但它却是一个可遇不可求得结果。因为人们的生育行为与社会、自然以及每个人、每个家庭的关系更为复杂，更为具体，而在其中发生作用的种种因素的不可知性和多变性，都决定了社会事实上无法在这方面将其确定为发展目标。具体说，就是社会不可能知道每一个时期有多少人因为何种目的究竟愿意实行避孕和节育，也无法知道有多少妇女和家庭在安排自己的生育，以及无法知道在此期间有多少妇女能够怀孕和顺利生产、生育。想一想人类对于物质生产都无还法实行计划生产，对于涉及有血有肉、有思想有感情的人的生育如何能实行计划？所以，社会绝对不能把一定的人口数量或者生育率水平当作国家需要强制实现的目标。在这一方面，无论控制或者鼓励它都同样是荒谬的。至此我们已经看到，那些还要进一步分辨出计划生育政策导致少生了多少人口，把此当作成就来宣传，就更属于荒唐与可笑了。总之，政府如果想在这方面做点事情，可以把避孕和节育当作一种符合人性的现代生活方式，为国民提供一些力所能及的服务。越过这一条线，追求一定的生育率和人口目标，那就成为错误的了。

徐秋颖：控制人口这样的理念经过这么多年以来，已经根深蒂固了，您自始至终都反对这种说法，起初您提出不同意见的想法是怎样的？您曾经尝试做了哪些努力？

梁中堂：同样需要纠正的是，我对于控制人口的观点并不是自始至终都反对的。上个世纪 70 年代末进入人口和计划生育的研究领域的时候，同绝大多数国人一样也都是囿于计划经济体制的狭隘眼见，也曾认为我国的人口增长太快，与经济发展不相适应，需要加以控制。所以，我提出的"晚婚晚育加间隔"的生育办法，只是针对"一胎化"的生育政策，认为允许生育两个孩子可以满足绝大多数人的意愿，是一个可以争取大多数人的、更有利于人口控制的政策。从 70年代末到 90 年代初不仅写了大量的文章，出了好几本书，而且还在山西省翼城县做了一个计划生育的试点，都是为了证明允许老百姓生两个孩子，也可以达到控制人口的目的。可见，我也不是那种先知先觉的智者，能够在一开始就清醒地认识到实行计划生育和控制人口是错误的，从而反对这一错误的理念。相反，一直到 90 年代末，我为之努力和付出的，都是立足于计划经济和计划生育这一基点上，并在这个怪圈里团团转的。

徐秋颖：当年"晚婚晚育加间隔"的试验连胡耀邦等领导人都已经批示了，但国家计生委却不是很积极。他们的拖延的理由是什么？

梁中堂：确切地说，当时国家计生委不是不积极，而是抵触和抵制。在这个问题上，至今我也没有见到过他们的有文字的意见和明确的说法。可以做一些分析和推断，包括胡耀邦等领导人在内，那时候大家的认识都是如上面介绍的我的认识一样，从计划经济的视角来看经济社会的发展，设立了人口和经济这样的关系式，从不怀疑计划体有什么问题，那一定是在人口增长上出了问题，人口太多了，生育得太多了，人口增长太快了。所以，必须从严、从紧控制人口。在国家计划生育委员会的领导看来，只有政策紧了，控制的效果才会好。另外，他们和宋健那一帮人一样认为 1979 年以来的"一胎化"政策是凑效的。其实，70 年代末 80 年代初的生育率实际是处在 60 年代末、70 年代初妇女较高的生育率到 90 年代初期替代生育率的下降过程中。我国的妇女生育率从来都不是政府的生育政策严紧了它就低了，政策宽松了它就提高了。不是这样。人口过程是一个不以人们的意志为转移的，包括也是不以政府的意志为转移的。即使有时从统计数据上看是随政策变化的，但过了若干年后才发现，生育率并没有随着政策的宽严而摆动，以前统计数据接近政府的要求是基层干部对付官僚主义的一种办法。比如 1980 和 1981 年实行最为严厉的"一

胎化"时期不少地方的统计报表都有很高的独生子女率，但是，1982
年普查资料显示，1981 年的多胎率还占当年生育的 27.15%。可见，
包括那些所谓的科学家在内，认为"十一届三中全会以来的六年"实
现了"一胎化"的目标、控制住了人口，都是一种主观的幻觉。政府
机关的领导都是在这样的认识水平上，才觉得政策越紧越好。

需要分析一下胡耀邦等领导人的认识。他们也不是对控制人口
有不同的看法，而是处在党和国家一线的最高领导人的位置上，亲
民、勤政、务实，可以接触到大量的贯彻"一胎化"生育过程中基层
干部和群众冲突的事件的报告，感觉到政策不能过于脱离实际，不能
让党的政策和绝大多数群众有冲突。所以，当 1980 年国务院计划生
育领导小组给中央书记处汇报计划生育工作，希望得到一份"红头文
件"对已经推行了一年多的"一胎化"生育政策予以肯定的时候，仅
仅得到"中共中央关于控制人口增长问题致全体共产党员、共青团员
的公开信"。第二年，即 1981 年 9 月中共中央书记处会议上，进一
步提出：

农村实行各种形式的联产计酬生产责任制后，我国的计划生育
工作面临着一些新的情况。我们必须根据新的形势和实践经验，对计
划生育工作的方针政策进一步加以研究，使其更加符合实际情况，易
为广大群众接受，经过工作可能实现。近年来的实践经验证明，今后
在城市仍然应该毫不动摇地继续坚持提倡每对夫妇只生一胎，在农
村则要根据农村实行责任制以后的新情况，制定一个为广大农民能
够接受的比较坚定的长期的政策，使党的计划生育的方针政策和多
数农民取得一致。……至于农村计划生育政策放宽到什么程度，有两
个方案：第一，提倡每对夫妇只生一胎，允许生两胎，杜绝三胎；第
二，一般提倡每对夫妇只生一胎，某些有实际困难和思想不通的可以
生两胎（主要是指第一胎是女孩的，还可以生一胎）。

正是在这一认识的基础上，中央在 1982 年 2 月出台了比"一胎
化"生育政策较为宽松的现行生育政策。

　　讲到这里，需要谈一下胡耀邦等领导人为什么能够同意我的"晚婚晚育加间隔"的生育办法。当时的国务院总理对马瀛通张晓彤报告中提出"我们认为，梁中堂同志在给胡耀邦同志的信中，提出的晚育加间隔的生育办法是可行的"明确批示"所提措施，可让有关方面测算一下，如确有可能，建议采用"，是由于我的"晚婚晚育加间隔"生育办法符合他所提的农村生育政策的两个方案中的第一个方案。就是说，在我国现行的政治体制下，我国的政策决策的机制没有改革和改变的情况下，通常只有当知识分子和专家的建议符合领导决策者的意图的时候，才有可能被接受。由于政治体制的特点，即使对于那些民主意识相对较强的领导人来说，也是如此。

　　至于说胡耀邦等领导人的明确批示未能得到主管部门的贯彻执行，还需要从整个80年代的我国政治体制的特殊性方面来理解。1982年2月中共中央11号文件出台现行生育政策，明确农村中生育了一个女孩的家庭可以再生育一个孩子，是中央和国家计划生育委员会达成共识的认识。但是，整个80年代全国范围内基本上都没有执行。中央有令不行，有禁不止，这一现象至少在新中国60年的历史上是很少有的。所以发生这样的事情，其根源当然是和当时处于中央一线的领导人在许多重大问题上并没有实际决策权相关。只是，包括政治决策学在内的我国社会科学研究往往并不涉及这一关键性的问题。

　　徐秋颖：您认为山西翼城的试验是成功的，并没有发生人口爆炸，甚至得到有效的控制，地方上认为和您的指导密不可分，请您介绍一下您当时的具体工作，遇到的障碍和经验。

　　梁中堂：当然没有人口爆炸。我在1980年写的《人口学》一书专门设立一章批判和分析人口爆炸论，指出世界上根本不会存在这个问题。它是上个世纪50、60年代发达国家的政治家和学者害怕发展中国家的人口在世界总人口中比例越来越大，而自己国家的人口比例份额越来越小，在思想观念中越来越敏感地形成的一个幻觉。70年代初期罗马俱乐部的《增长的极限》的发展报告，把这一幻觉理论化，披上科学的外衣，使之达到顶点。但是，20多年后，几乎所有的发展中国家随着经济社会的发展，人口增长过程都明显地放缓了。事实上，发展中国家只不过是在重复发达国家已经走过的历史。在这方面，无论发达国家还是发展中国家，都只有极少数的学者具有远见卓识。发展经济学的创始人舒尔茨在1979年领取诺贝尔奖的讲演中说，人们从全世界的人口统计数字做出了令人惊恐的解释，以为穷人会像田鼠一样繁殖以至于最终走之毁灭。然而，回顾我们自己在贫穷时期的社会经济史，这样的事情没有发生过，今天贫穷国家的人口增长也不会出现这种情况。

现在需要对翼城县的计划生育试点进行一些新的认识。首先，翼城县"晚婚晚育加间隔"的计划生育实验是在计划经济体制下，相对于"一胎化"和现行生育政策具有直接的实践性和一定的现实意义。如上所述，一定的人口状况是一定社会发展过程的结果，也许是由于人类还远远没有发展到对其认知和实施有意识的约束的阶段，所以，还不适宜于把它当作社会追逐和发展的目标。翼城县长达25年的实践意义就在于，即使局限于计划经济体制的狭隘眼见需要对人口实行极为严格的限制，那也是像翼城县那样相对宽松的政策具有更好的社会效果。其次，运用1982年、1990年和2000年3次人口普查数据作比较，翼城县人口增长都低于同期所属的临汾市、山西省和全国的平均水平，表明至少同期全国农民的实际生育像翼城县那样，都普遍地生育了两个孩子。这一情况反映出，人口过程是一个不以人的意志为转移的客观过程。

25年来，无论在哪一个时点上来分析，都反映出翼城县具有好的效果。实行计划生育是我国各级政府必须重视的一项工作，翼城县的干部群众倒没有把他们取得的好效果归功与我。这一说法来自于国家计划生育委员会的领导。我曾经听到中国新闻社的记者转述说，国家计划生育委员会的一位领导对她说，翼城县的实验有好的效果是由于梁中堂的指导。这一说法隐含这样的一种话语，即政府不可能给全国每个县委派像梁中堂这样的专家，所以，全国就不敢贸然推行翼城县的做法。其实，事情并不是这样。1985 年试点的时候，我就曾经给省计划生育委员会副主任肖育英说，"晚婚晚育加间隔"生育办法是一个可以在全国推行的政策，如果这个办法在翼城县实验离开了我梁中堂就无法取得成功，那么，这个办法就没有任何意义。因为，我不可能亲自去全国 3000 多个县指导工作。所以，25 年来，我不仅对该县的实验比较超脱，而且给历届的县委书记和县长都讲这样一个道理，即翼城县对于全国来说是一个试点，但是，对于你们来说，就是自己分内的一项工作。

徐秋颖：翼城的经验最终没有在中国得到扩大和发展，您认为最主要的困难在哪里？

梁中堂：准确地说，翼城县的经验没有在全国推广，不是有什么困难，而是遇到强大的阻力。我一直强调，"一胎化"和现行生育政策属于很不合理的事物，"晚婚晚育加间隔"普遍允许农民生育两个孩子可以满足绝大多数群众的生育意愿从而相对属于比较合理的政策。从不合理向合理的方向过渡和发展，无论什么时候都是合适的；结束不合理状态，越快越好。所以，30 多年来，在每一个时间点上放宽政策都是合适的，问题是从来就没有启动过这一项工作。究其原因，是因为调整政策的阻力很大。首先的阻力是来自于连续 30 多年的关于中国人口太多影响社会发展的片面宣传。由于计划生育工作阻力大，各级政府事实上都是把计划生育部门放在真空管里予以保护，只准许宣传人口多、增长快的消极性一面，不能宣传人的价值、人所具有的积极性作用、生育权属于基本人权、生育政策和相关法规与现代国家法律体系严重冲突和不协调、计划生育制造社会摩擦有悖于社会和谐发展的精神，等等。这些都被认为不利于计划生育的道理，不允许研究、讨论和宣传。达尔文在思考人们顽固地信仰上帝和世世代代的人们所获得根深蒂固的宗教观念的原因时说：

必须注意到，可能把信仰上帝的思想反复灌输到儿童的头脑中；这对于他们还没有发育健全的头脑会发生极其利害的、而且可能有遗传性的影响，致使他们再也无法排除信仰上帝的思想，正好像猿类难以放弃对蛇的恐惧和预防的本能一样。

现在，这种把人当作社会包袱和累赘的观念从而厌恶和反感人类生殖的观念，也是这样得以不断强化和遗传的。

其次，阻力来自于国家计划生育委员会。30 多年来，来自计划生育委员会的说法，是说计划生育政策从来都是由中央来决定的，国家计划生育委员会只有执行而没有制订或者决定政策的权利。这种说法无论从原则上或者我国历史经验来讲，都是不全面、不确切的。从原则上来说，国家计划生育委员会作为中央政府的一个组成单位，贯彻执行中央政府的决策过程中本来就有对于政策实施的效果和问题提出报告和建议的权利。岂止是权利，而且具有这一方面的职能。政府职能部门在执行政策过程中未能及时发现政策与实际的巨大冲突，看不见其已经暴露出来的不合理性，都属于失察和渎职。另一方面，从我国已经走过的历史实践来看，我国职能部门实际上拥有远比职能规则上明文确定的那些更大得多的权力。

讲到这里，我们需要就政策这一概念再进一步做一些讨论。什么叫政策？政策是党和政府为实现一定任务，根据一定方针和路线制订的具体的行为准则。毛泽东讲得更为通俗易懂。他说：

政策是革命政党一切实际行动的出发点，并且表现于行动的过程和归宿。一个革命政党任何行动都是实行政策。不是实行正确的政策，就是实行错误的政策；不是自觉地，就是盲目地实行某种政策。

按照毛泽东的说法，政策有正确的和错误的，自觉地和盲目地。甚至于进一步推导出，政策还有明确的和不明确的，成文的和不成文的。

现在，我们再回到话题中，讨论职能部门在决策过程中的作用问题。如果把 1979 年 6 月 18 日，党中央主席、国务院总理华国锋在五届全国人大二次会议上提出"要定出切实可行的办法，奖励只生一个孩子的夫妇"当作成文的、已经明确的生育政策，那么，国务院计划生育领导小组在此之前就已经在全国推行只生育一个的政策了。仅仅从人民日报上来检索，1979 年 5 月 19 日，有"在抓好思想教育的同时采取必要的经济措施兰化奖励终身生一个孩子的夫妇"的报道。5 月 21 日，有"提高群众计划生育的自觉性大邑县龙凤公社积极宣传只生一个孩子的好处"的报道。6 月 9 日，"什邡、江津两县从今年二月份以来，分别有三千三百对和八千八百多对已生一胎的夫妇，响应不再生第二胎的号召，从而使这些地区人口自然增长率不断下降，计划生育工作取得成绩。"6 月 22 日，甚至于有"争做计划生育的促进派贵阳市奖励计划生育的先进单位和个人，二十三位年轻父母倡议每对夫妇只生一个孩子""表彰只生一个孩子的育龄夫妇合肥市和天津和平区分别颁发光荣证和独生子女证"和"上海县虹桥公社一百五十九对育龄夫妇提出倡议实行计划生育只生一个孩子"等三篇报道。6 月 27 日，国务院副总理、国务院计划生育领导小组组长陈慕华在中央党校给领导干部讲计划生育课时，提出"把工作重点放在'最好生一个'上来"。12 月 18 日，陈慕华在全国计划生育办公室主任会议上总结和肯定说："一对夫妇最好生育一个孩子，这是从今年以来开展计划生育工作的事件中，总结出来的控制人口增长的好经验。"以上确凿的事实说明，"一胎化"的生育政策就是在国务院计划生育领导小组的主导下产生的，怎能说国家计划生育委员会对于政策的调整和改变没有权利呢？问题就在于，他们自己是否有这一方面的愿望和意图罢了。

新中国以来，中国人民普遍获得的翻身解放深深地感觉到了党和政府代表了人民的利益。这是劳动群众从自身切身利益的变化过程中总结出来的经验和感受。毫无疑问是正确的，真实的。但是，人们普遍地忘记了党和政府也是由人组成的，政府也有自己的特殊利益诉求。恩格斯在给施米特的信中有一段十分重要、但往往被我们的哲学家忽视了的话。他说："社会产生着它所不能缺少的某些共同职能。被指定去执行这种职能的人，就形成社会内部分工的一个新部门。这样，他们就获得了也和授权给他们的人相对立的特殊利益，他们在对这些人的关系上成为独立的人，于是就出现了国家。"他还说："官吏既然掌握着公共权力和征税权，他们就作为社会机关而驾于社会之上。"国家官吏与授权与他的全体国民，既有共同的利益共同目标相一致的一面，从而可以代表全体人民的利益，同时也有相对的特殊利益的一面。认识到这一点，我们不仅可以理解 1980 年前后由国务院计划生育领导小组如何推波助澜地将人口和计划生育问题说得愈来愈为严重从而如何实现由一个临时办事机构升格为正式的中央政府的组成单位及权力机关，而且可以理解他们如何长期以来出于部门利益而反对调整现行生育政策、改变和改革计划生育制度的。

徐秋颖：看您往昔的著作，您不是绝对的计划生育批判者，在 80 年代"一胎化"一边倒的形势下，翼城试验得以存在的原因？

梁中堂：是的。我不是绝对的计划生育的批判者。在过去的 30 年里，前 20 年我也是站在计划体制下看待计划生育，甚至于认为计划生育是由计划经济决定的，是必然的。一方面是因为"一胎化"的生育模式在人类历史上从来没有发生过，风险太大。另一方面过于严厉的政策对处于社会底层的农民造成的伤害太多，有损于社会的肌体。相比较而言，实行"晚婚晚育加间隔"的生育办法效果则可能更好一些。即使现在来说，我也不是计划生育的绝对批判者。我把由毛泽东那一代人创造的计划生育这一概念区分为两层含义，一个是从避孕和节制生育这个含义来说的，再一个是在计划经济的范畴下的由政府管制的生育制度。我是赞赏由人们自由选择的节制生育含义上的计划生育的。

我们国家的政策决策机制的性质和特点决定了，每当下面的建议或意见符合决策者的意图时，才会得到上层的重视。我提出的"晚婚晚育加间隔"生育办法符合胡耀邦等领导人曾经提出的允许农民生育二胎的方案，所以有他们对我试行试点的支持。上个世纪 80 年代，在我们国家现行体制下的国家政治格局中也属于一个特殊时期。

处在党和国家最高领导岗位一线的领导人不同于其他时期所具有的绝对决策领导权，所以才有了中央颁发的现行生育政策得不到有效的贯彻执行。但是，因为翼城县的试点符合他们的想法，开辟一个试点的权威还是具备的。在一定程度来说，是他们的支持和保护，才使得其坚持了下来。

徐秋颖：计生委这样一个部门从最初归属卫生部到现在成为一个正部级的单位也可以从侧面反映出我国计划生育制度的发展。这些相关的行政人员大约40万，我们应该怎么来算这笔账，用于国家对计划生育的投入成本有多少？

梁中堂：我想，这个问题在上面谈到政府的自身利益问题时，已经说明白了。至于评价计划生育的历史作用，许多年来在论述计划生育的投入和产出问题时，许多人把社会进步和发展的正面的效益都归结到计划生育方面了。这是一个颠倒是非、搅混社会关系和扰乱思想的做法。任何一个国家的社会现代化都会伴随着人民群众自发选择过一种节制生育的新生活，由此必然地出现妇女生育率下降和人口增长率放缓。总体上来说，这与经济社会的发展直接相关，而与政府强制性的生育政策没有必然地联系。事实上，由于上个世纪50年代以来各个民族国家都选择了工业现代化的道路，所以，世界上几乎所有的国家现在的生育率都已经降得很低了。但是，除了我们国家，其他国家的政府都没有强制要求老百姓只可以生几个或者不准许生几个的生育政策。我们把社会进步的好处记在强制性的计划生育政策上，说因此少生了多少人，不仅仅是牵强附会的问题，而且是反映了有关部门、有关方面领导的空虚和无聊。事实上，在我国历史车轮能够得到日新月异地大踏步前进的时代里，现行的计划生育制度和政策除了制造社会摩擦以外，实在是没有起到过什么好的作用。

徐秋颖：您以1979年为界将中国计划生育分成两个部分，您在文章中也提到上个世纪60年代末到70年代末之间的10年里，我国的妇女生育率从6.0左右下降到3.0以下，其变化之快乃是古今中外历史上绝无仅有的。这是否可以说明我国的人口形势并非那么严峻，那么 1979 年政府开始强制性的推行计划生育的理由是什么？在您看来，后一阶段相较前一阶段是进步还是退步？

梁中堂：您这个问题仍然是在计划经济需要计划生育这样一个理论框架指导下梳理出来的。无论对于人类社会发展的哪个阶段里，人口从来都不是问题，有问题的是社会制度和政府管理的政策。1980 年中国社会呈现的人口现象和压力难道比 1950 年前后更严重？1949 年 8 月，美国政府评估和预测共产党获得中国政权以后，同样解决不了因为人口众多而带来的一系列社会问题。毛泽东批驳美国政府的观点是反动的马尔萨斯主义人口论。毛泽东十分自信地回答说：

世间一切事物中，人是第一可宝贵的。在共产党领导下，只要有了人，什么人间奇迹也可以创造出来。我们是艾奇逊反革命理论的驳斥者，我们相信革命能改变一切，一个人口众多、物产丰盛、生活优裕、文化昌盛的新中国，不要很久就可以到来，一切悲观论调是完全没有根据的。

以毛泽东为代表的中国共产党领导的 6 亿贫穷、缺少文化的人民，经过没有几年的时间，在 50 年代初中期就已经得到一个欣欣向荣的、在世界上赢得人们尊敬的新中国。想一想，旧中国的那些被西方人根本看不起的中国人，在革命的政党眼里一点也不是"问题"。经过中国共产党的 20 多年的领导，虽然期间犯过不少的错误，经过了许多的反复和折腾，但是，总是已经在一个贫穷落后的国家里初步建立起了一个现代化的工业化体系，无论中国人的文化素质和国家经济社会能力，都是昔日那个旧中国不可相比的了。所以，70 年代的中国哪里有什么"严峻的"人口问题呢？事实上，如果我们不那么消极地对待我们的人民，不实行强制性的计划生育政策，我们今天得到的是一个更具有自信心的人民和一个更赋有朝气的、团结和谐、奋发向上的社会。

徐秋颖：您曾经提到，计划生育是为城市生活的市民量身定做的，不适合在农村实行，除了农村的传统观念和生产力低下必须要求人口数量之外，是否还有其他原因？当时的决策者对于执行这个政策可能会对农民带来伤害是怎样考虑的？

梁中堂：计划生育也不是为城市生活的市民量身定做的。我总结避孕和节制生育是工业现代化相伴随的一种符合人性的新生活。但是，政府强制意义上的计划生育是不适合任何城市人的生活的。崇尚自由是人的本性。即使愿意选择过一种节制生育新生活的人也不愿意让包括政府在内的任何人站在身后指手画脚地规定只许何时结婚、何时生育、生育几个，等等。我只是说，现行的计划生育制度所规定的极为严紧的生育政策是那些生活条件极为优越的城里人想当然地认为每个家庭生育一个孩子就可以了，他们是在以他们的生育意愿来决定全国人的生育意愿。由于生产和生活水平的限制，这一生育政策首先与绝大多数农民发生冲突，与农民的矛盾显得特别地突出罢了。

不仅是当时的决策者，就是今天的许多人也以极为冷漠的态度对待现行政策对众多民众的伤害。这些人有一种十分怪异的思维，他们制造出一种理论即伴随社会的发展一定就会有牺牲，总要有成本，计划生育对民众的伤害就是中国发展过程中必须要付出的牺牲和成本。他们也不想一想，为什么别的国家得到这一发展的时候老百姓怎么就没有经受过这种牺牲呢？

徐秋颖：你提到在我国现行的计划生育制度得以迅速建立、发展和繁荣的时期，支撑其存在的社会基础却发生了根本的转变。然而，尽管这么多年来，很多学者从各个方面批判它，政策并没有因此而放松，但它仍然能够存在的原因有那些？

梁中堂：由政府管制的现行的计划生育制度是在极端的计划经济体制下产生的。首先是在计划经济的思维下产生的生育观点，那时的依据就是"我国是社会主义国家，国民经济有计划按比例发展，人口也应纳入国家计划，有计划地增长"。其次是在我国特殊的历史文化背景下和计划经济基础上产生的政治决策制度，才形成了这一自上而下的、背离历史传统和世界传承文明上都从未有过的管制老百姓生育的政策。否则，我们无法解释其他实行计划经济的国家为什么就没有这样的计划生育制度。还有一点，就是在上个世纪 70 年代末 80 年代初那种在原来体制下急于改变落后面貌和追赶先进国家的思想状态，客观基础并不具备迅速实现现代化的条件，但作为党派斗争需要而提出的严重脱离实际的经济社会发展目标。总之，1979 年在极短的时间里就基本上完成了过去停留在宣传、倡导层面的计划生育向政府管制民众生育的现行计划生育制度转变，一定具有极为深厚的社会基础和必然性，深入研究这一历史原因，深入研究这一课题，会为我国经济、政治、文化等各个方面的发展提供丰富的营养。

在这个问题上必须指出您至少有两点讲得不够准确，一个是支撑现行计划生育制度的社会基础发生了很大变化，比如计划经济至少从观念上已经动摇了，人们生活消费和许多领域已经脱离开计划及国家管制的轨道。但是，毕竟支撑其存在社会基础还没有发生根本性的变化，否则，它是不会存在下去的。其次，也没有发生许多学者对它的批判。绝大多数学者私下认为计划生育是不合理的，但是，发表文章和在公开场合的态度还是像我 30 年前的认识那样，立足于控制人口和计划生育的前提来讨论政策的选择，仅仅是用 2.0 的政策取代 1.5，而不是对计划生育的否定和批判。相应的倒是这些年民间力量，或者所谓"草根"对计划生育的不合理性进行了致命的批判，同时它也一直在呼唤人口学的良心和良知。

徐秋颖：您如何看待经济发展和人口数量的关系？

梁中堂：经济社会的发展必定和人口数量有着十分重要的关系。而且，既然是一对有着必然关系的两方面，相互之间一定还会有反作用。但是，可能是由于在这一对矛盾体之间还横跨着更多的自然条件（譬如土地、水、光照等农业资源，气候，矿产资源）和社会条件（譬如国家政治制度、历史和文化的传承），而且由于上述条件和社会发展都是不断变化的从而不同的发展阶段上上述自然和社会条件对其影响的程度也肯定是不相同的。所以，其间的关系相当复杂，至少在人类发展的现阶段，我们借助于马克思才只能对这一矛盾体之间的基本关系做很抽象的哲学认识论上的一些了解，而对于最近几十年我国那一批搞控制论的专家所想解决的数量关系的认识还是知之甚少。马克思曾经说过，社会的条件只能适应一定数量的人口。意即一定的社会关系决定一定数量的人口，一定的社会生产条件或社会生产关系决定一定的人口状况。我们知道，所谓生产条件和生产关系，主要表现为经济关系或者经济基础，所以，马克思的这一基本观点简单来理解就是经济决定人口。经济决定论的经济和人口之间不是简单的经济数量关系，是经济制度和经济体制决定人口状况。当社会表现出人口压力和人口负担的时候，一定是社会体制有了问题。解决社会制度方面的问题，就解决了经济与人口之间的冲突。譬如上个世纪70 年代后期突出的人口问题反映了我国计划经济体制已经成为经济社会发展的障碍，而不是人口过多成为我们的负担。对于一个始终站在人民大众立场上和坚决依靠人民大众的革命政党来说，人民，只有人民才是人世间最为珍惜、最为宝贵的资源。所以，人民大众是创造财富的基础和动力，不是包袱。30 年来，我们还只是在旧体制上打开了一个缝隙，仅仅在体制以外作了一些转变工作，社会就取得了有史以来的从没有过的大发展。要知道这一成就是我国人口由 9 亿增长到 13 亿多的期间取得的。我们在 9 亿多人口的时候连想都不会想到的进步，在 13 亿人口的时候得到了。更需要明确的是，30 多年来取得的这个进步的人们，正是当年曾被当作负担和包袱的那 9 亿多人口。所以，在看待经济发展和人口数量关系的时候，有一点必须把握，就是在这一对矛盾体中，人口群体是由一个个有血有肉、有思想有感情的活生生的生命组成的，无论何时都只能通过调整社会关系和发展生产力来解决一定阶段的矛盾，而不能用削足适履的办法通过政府强制和人为地削减人口和生育率让人口数量适应社会制度。

徐秋颖：当年让您做人口学研究时，您当时并不乐意，从起初的孤军奋战到现在，这么多年过去了，您还没转行，这其中想法是怎样改变的，支持您继续研究下去的动力是什么？

梁中堂：人这种动物对世界充满一种好奇，具有强烈的求知欲。所以，我小时候就喜欢看书，向往一种读书生活。最初踏入人口和计划生育领域的时候，感觉到这方面特别没有文化，没有内涵，无法长久地吸引我。但是，那时没有离开，是由于感觉到"一胎化"和现行的计划生育政策不合理是如此的明白、浅显。所以，1985 年以前，我自认为自己终究还是披着一张"人口学家"的皮，比一个农民直接呼喊的声音要容易引起党和国家领导人的注意。再后来，党和国家领导人都已经明确有了改变它的意图，以为会很快有个结局，自己应该再做一些努力。最近 10 年自己又投入较多的精力，一是认识到如同生育政策的产生并不是人口和计划生育本身的原因一样，生育制度的改变和调整也不是人口和计划生育方面的问题，它促使我拓宽研究领域，从社会经济、政治许多方面寻求答案，更深入的学习和新的认识引导自己进入更富有思想性的领域。二是严重受到体制约束的人口学界一直落后于时代的发展，缺少一个先进的理论和理念，至今还是局限于计划经济的思维和站在计划生育制度框架里研究现行生育政策，几乎众口一词地仍然停留在政府强制性地计划生育条件下谈政策调整问题。所以，我还需要站在这个阵地上。

徐秋颖：您在第一篇关于人口论的论文中就提出了老龄化这个概念，您是怎么知道的，当时还没有人提过。

梁中堂：上个世纪 70 年代还是一个比较封闭的社会。人口学在传统上从属于社会学，而前苏联的认识是，出现马克思以后，西方资产阶级的社会学就没有必要再存在下去了。所以，1952 年院系调整以后，用苏联人的做法，人口学就跟随社会学被取消了。上个世纪 80 年代初起以前，我国政府统计也是照搬前苏联的国民统计体系，有关人口方面的指标很少。我国既没有人口统计学的教学活动也没有这方面的社会实践。但是，和我们比较，前苏联和西方的接触和交流要比我们好得多。1978 年，商务出版社已经出版一本苏联学者瓦连捷伊《马克思列宁主义人口理论》的书，其中讲到人口老化。那时的人口学著作和资料都很少，这本书是必读的教科书。另外，人口老化在当时唯一获得外界信息的《参考消息》上偶尔也被当作西方资本主义腐朽性的证明予以报道和介绍。1979 年 4 月底召开的中央经济工作会议上，中国人民大学刘铮等人有一篇《控制我国人口的建议》作为会议参阅文件印刷，也有一处提到过人口老化。我的论文要比刘铮等人的晚几个月，大约完成于 7、8 月份，是对已经在全国推行的"一胎化"进行预测以后，指出严紧的人口政策将必然地迅速导致人口老化，以及由此出现的一系列经济社会和人口学后果。12 月 8 日，我在全国第二次人口理论讨论会大会上就以上观点进行了大会发言。18 日即我的发言以后约 10 天，陈慕华在同一住地对听过我大会发言的全国计划生育办公室主任会议上的人们回答了我关于人口老化的问题。新华社播送这篇讲话后，人口老化这一概念才在我国传播开来。

徐秋颖：计划生育制度的制定，在您看来，当时的学者担任一个怎样的角色？

梁中堂：在我国现行政治体制下，政策决策是党和政府首长的职责。主流的理论和科学研究人员都只是为政治服务的，为首长制订的路线、方针和政策做注释的。这一关系本来是很明确的，不允许混乱的。只是在计划生育政策决策方面，由于 30 多年来政府维持的这一工作的敏感性给其初期的产生笼罩了一个神秘的光环，宋健田雪原就有意制造了一个颠覆以上知识分子与决策者之间关系的假象，把自己打扮成了我国人口政策的建议者和提出者。这既是不符合历史事实的，也是违背我国政治原则的。

首先，从生育政策的产生和发展历史来考察。我国现行的计划生育政策的产生经历了两个发展阶段，第一阶段，1979 年上半年，国务院计划生育领导小组就已经开始在全国推行了"一对夫妇只生一个孩子"的政策。第二阶段，1981 年 9 月，中央书记处会议提出现行生育政策的基本内容，到 1982 年 2 月党的 11 号文件正式颁布了现行生育政策。"一胎化"生育政策的提出者是国务院计划生育领导小组组长陈慕华，现行的计划生育政策的提出者是当时的国务院总理和胡耀邦。宋健田雪原等人只是在 1980 年 2 月 13 日新华社的一篇报道以后才进入国务院分管计划生育工作的领导人的视野，参加了 1980 年 6 月 26 日国务院计划生育领导小组给中央书记处汇报计划生育工作的一些会前准备工作和会后中共中央致党团员公开信的部分起草工作，怎么就变成生育政策的提出者和设计者了呢？

其次，在他们所说的 1980 年 3-5 月这一阶段，他们除了附和当时已经在全国广泛实行的"一胎化"生育政策，还不具备提出独到见解的能力。宋健等人当时在七机部第二设计院工作，该机构是研究火箭轨道的，宋健的本专业是控制论。当我国处于闭关锁国的期间，国外控制论有了较大的发展。宋健是在 1978 年后半年出国后才发现用控制论方法可以预测人口，归国后找到李广元等人开始收集数据学习人口预测。由于学科知识的限制，很长时间内很难说他们能够弄得懂一些人口学指标及其相关关系的含义。1980 年 2 月，宋健等人拉上田雪原，从主观上来说就是为了弥补这一缺陷的。他们以为，中国社会科学院经济研究所的研究人员一定懂得人口学范畴和原理。但是，那时的中国社科院既没有人口学研究机构，也没有人专门从事人口学研究。田雪原在此之前也刚刚从教育部行政岗位调动到社科院经济研究所，同样没有过这方面的成果可以证实他足以胜任人口学分析工作。为给中央书记处汇报做准备，国务院计划生育办公室召开了几次座谈会，也就是田雪原多次所说的"中央召开了五次计划生育座谈会"。正是在国务院计划生育领导小组召开的座谈会上，一些人对正在推行的"一胎化"政策提出了疑问。面对行政级别都比自己高、资格都比自己老的领导干部的疑问，主持会议的国务院计划生育领导小组及其办公室的领导不好出面回答，以专家身份参加会议的宋健田雪原派上了用场。但是，从宋健田雪原当时发表的文章和最近几年田雪原追记的文章所叙述的情况来看，他们在会议上回答问题的内容和深度也都没有超过同期陈慕华回答我在成都会议上关于"一胎化"会迅速导致我国人口老化问题的几次讲话。

即使不这样认识问题，我们仅仅通过分析他们自身的一些行动也可以证据证明"一胎化"和现行生育政策都与他们没有关系。首先，宋健等人在 1982 年 11 号文件产生后，就一直耿耿于怀而攻击该政策离开了"一胎化"，这至少说明他们在人们现在所说的"现行的生育政策"的产生过程中没有起到过正相关的作用。其次，他们的一些文章隐隐约约地说他们参与了 1980 年 9 月 25 日《中共中央关于控制我国人口增长问题致全体共产党员、共青团员的公开信》，似乎这一文献中的"提倡一对夫妇只生育一个孩子"的生育政策就是中央采纳了他们的意见而产生的。但是，公开信的第一句话就说："为了争取在本世纪末把我国人口总数控制在 12 亿以内，国务院已经向全国人民发出号召，提倡一对夫妇只生育一个孩子。"完全说明，"提倡一对夫妇只生育一个孩子"作为一种政策在此之前早就由国务院提出并向全国推行了。它的产生，干卿何事？

其实，每个人都不难设想，宋健田雪原等人当年作为远离计划生育管理部门的一般知识分子，他们如何可能成为我国人口生育政策的制定者和决策者呢？

徐秋颖：您曾说，我不愿再重述八十年代初农民深受"一胎化"折磨的情景，但是我还是得问，您当年看到什么以及对您的触动？

梁中堂：我必须承认，我是现行体制中的人，是现行体制的受益者。而且，我是现行体制中无需忧愁生活、没有受过苦难的那一批人。我虽然够不上现行体制的上层，但也不是下层。至少，由于拥有一份比较悠适和安逸的生活，几十年来缺少与下层民众的交流，远不敢说对他们的苦痛与欢乐有深刻的了解。事实上，在我的记忆中，我也没有说过我似乎了解而仅仅不愿重述那样的话。我只是多次说过，几十年来，我一直在批评"一胎化"和现行生育政策，但是，我却很少直接批评基层干部和计划生育管理人员的一些所谓作风问题。因为，所谓的作风问题都是由于政策的不合理造成的。另外，我虽然没有在现场直接目睹过群众被生育政策造成的伤害，但是，我们任何一个愿意站在民众一边的人都能够感受到这一政策对人民的伤害。特别是我国广大农民收入都还很低的情况下，他们因为生育了他们生命与生活中不可缺少的孩子，却要连续多年缴纳所谓的社会抚养费，其实就是从他们每年微薄的收入中再切出一块交给基层政府。这是一种对农民普遍的侵犯和伤害，只要愿意，谁都能够体会和感受得到。

徐秋颖：您还记得您写的关于计划生育的文章有多少没有发出来，最后自行印刷的，不能发表的主要障碍在哪？

梁中堂：首先，我不是名人，更不是有社会地位的人。在现行的体制下，我的文章显然不合时宜，不属于主旋律。这样，我的文章既不可能给出版者创造经济效益，又不可能带来社会效益。出版者自然不会主动给我出书。我作为一个研究者，所做的也不可能是由政府给以丰厚的课题资助的研究。所以，我只能得到一份够自己生活的收入，没有钱给出版社来出我的书。多年来，我遵循一条原则，即我写文章或者出书可以要较低的稿酬甚至不要稿酬，但是，我不愿给出版社交钱出书。再加上让出版社的编辑以他们理解的主旋律为原则而要求我改变自己几十年来通过研究写下来的文字，我觉得那是一件荒唐的事情。所以，我宁愿将自己写出来的东西直接放在网上，而不大计较什么叫出版。

徐秋颖：最近的杨支柱教授"二胎"事件受到行政处罚，您对此怎么看？

梁中堂：我对杨支柱先生评价很高。他不仅有很深厚的专业知识，而且是一位富有社会责任感的知识分子。正直、光明磊落，有正义感，敢于以身试法，那都是只有那些具有浩然正气的勇士才做得到的。但是，即使我们批评现行生育政策和生育制度极端的不合理，它却是以国家的法律法规的形式出现的。它一直以这种方式强制干预和干涉千百万人民的正常生活，所以，它还会继续以这一方式伤害杨支柱。杨支柱可能会成为计划生育方面的谭嗣同。

徐秋颖：您如何看待即将进行的第六次全国人口普查？

梁中堂：人口过程是一个不断变动和发展的流。现代国家是通过一定时间点的普查来了解人口状况的。由于普查耗费的成本相当大，既没有必要也没有可能时时都去搞。所以，大多数国家都是每过一定的年限做一次普查，在不到普查的年份里做一些小样本的抽样调查，通过这样的动态监测对人口过程加以把握。普查和非普查年份的抽样调查之间的关系是，普查结果是权威的，是基础。由于用小样本的调查推算全国的方法是一种不得已而为之的举措，不可长期以抽样调查替代普查，需要用及时的普查来纠正年度的抽样调查。我国是从1982年人口普查开始逐步建立起每10年一次普查，两次普查的中间年份一次较高样本和其他年份小样本调查构成的人口动态监测体系。但是，我国从2000年人口普查开始，已经暴露出国家统计局在人口统计和监测问题上使用平时的监测结果来纠正人口普查的颠倒主、客观关系的做法。2000年人口普查开始后，国务院人口普查办公室因为临时汇总的数据少于1999年和1998年年底公布的数据，就立即改变普查程序，临时安排全国范围进行"补查漏报"。因为普查登记和补查漏报的数据仍然不符合1991年以来建立的动态监测体系的数据，就在全国又加了2000多万的人口。这样一来，国家统计局实际上是用监测体系修正人口普查，用普查结果来证明他们多年来经营的那个监测体系是正确的。在这样的指导思想下，即使不说由于现行生育政策必然出现瞒报漏报和普查方法上可能出现的技术错误，也不会有好的普查结果了。

徐秋颖：能否对计划生育政策的改变的前景进行一下预测？

梁中堂：由于我国的决策体系还是长官负责制，这就是一个不可预测的问题。前一阵子，国家人口和计划生育委员会的官员传达国务院领导的讲话，说是现行生育政策在"十二五"之前不动，应该是反映了党和国家最高领导的思想认识。那么，至少在此期间，政策是不会有大的变化了。

——2010 年 5 月 5 日

（分 3 部分刊发于 2010 年 11 月 12 日）

访谈录：美国公共媒体记者 Scott Tong

（2010 年 5 月 10 日）

1. 为什么 70 年代末人口学这个消失的学科重新复苏？那时的背景是什么？

人口学是一门很不成熟的学科，没有经科学界定的研究对象，没有相应的科学范畴和独立的学科体系，过去一直作为待发展的学科附属在一些相关的基础学科里面的。美国的社会学曾经投入较大的力量研究人口现象，我国早期从事人口学研究的老先生大多都属于社会学科班出身。所以，早期人们把人口学归结为社会学的一个分支。1952 年我国高等院校资源整合，按照苏联的做分取消了社会学，相应的人口学也就在高校消失了。另一方面，人口统计学按说作为统计学的一个重要分支，应该在高校得到延续和加强。但是，中国在 50 年代初期开始实行计划经济，逐步建立的国家统计部门遵照苏联的物质平衡表体系（MPS）有关人口的统计指标很简单，只有出生、死亡和自然增长，以及迁进、迁出和净迁移率等少量的统计指标，远支撑不起一门厚重的人口统计学。

70 年代初中期，随着恢复我国联合国地位后参加一些国际会议的需要，另一方面计划生育工作的需要，才从不同的学科方面抽调人员从事人口和计划生育研究工作。应该说，70 年代后期复苏的人口学以后，包括当时力量最强盛的中国人民大学人口理论研究所在内的整个人口学界，没有一个人是此前搞人口学的。主要是计划生育工作的呼唤，人口学一下子蓬勃兴盛起来。

2. 70 年代末 80 年代初人口数据比较缺乏，您是怎么计算中国人口发展趋势的？有哪些资源可以用？

那时只有各个年代的人口出生、死亡和总人口数的一些数据，大家只能用这些数据作一些简单的测算。比如，由于1964年普查后再没有做过比较大的人口调查，连一张生命表也没有，各个年龄组各年的存活人口数据只有靠经验给一个比例数。所以，我那时很反对做长期的人口测算。1979年对"一胎化"的人口方案和我的"晚婚晚育加间隔"生育办法所做的两个预测，都只做到2020年，即大约40年的预测。1980年初春，反对宋健田雪原等人的"百年预测"的一些观点，也只做了《中国人口变动五十年展望》。

3.您提出您的观点以后，为什么没有得到中央的认可和重视？而火箭科学家们的科学计算倒是得到了很多关注。为什么？那是一个从意识形态向科学技术转变的时期吗？

由于我的文章是对当时正在全国大力推行的"一胎化"生育政策的诘难，在我国现行的政治决策体制下，注定是得不到认可的。几个月后，宋健田雪原在他们亮相的"百年预测"中就明确打出支持政府的方案即"一胎化"政策的旗帜。当天的人民日报报道说："他们得到的大量数据表明，从现在起大力提倡一对夫妇只生一个孩子，到一九八五年普遍做到'一胎化'，那么，本世纪末人口自然增长率可接近零，全国人口总数可控制在十一亿以下。他们认为，这是解决我国人口问题的最理想的方案。"这段话几乎是1979年8月11日人民日报发表的陈慕华关于把计划生育工作重点转移到"只生一个"上来的那篇讲话中关于政府人口目标的原话。所以，宋健田雪原的观点就是当时政府的观点。

那个时代的人们对科学技术有着强烈的向往和追求，但同时也有很大的盲目性。不能说那是一个意识形态向科学技术转变的时期。意识形态作为一定阶段的人们对社会存在、社会现实的认识和反映，属于一种主观的和精神的产品，必定带有阶级属性和主观价值判断。而科学技术是没有阶级属性的，属于中性的客观范畴。科学技术会为不同的阶级和社会集团服务，但一定的意识形态都是为本阶级服务的。所以，两者不属于相同领域的东西，是不可相互转化的。

4. 您当时的观点是怎样形成的？在争论中，您和宋健田雪原和李广元的各自观点是什么？

其实我就是认真一些，或者一定程度上来说是那种容易较真的人。我那时刚从基层调到省即机关，直接感受到农村只许生一个孩子是严重脱离实际的，是不利于农民生活的。另外，当时可以从《参考消息》上读到欧洲一些发达国家人口老化的报道，那些国家因为老年人比率高，劳动力供求不足，社会缺乏活力，产生一系列的困难和问题。西方国家在上百年的社会自发调解下还是这样一种结果，我们急剧的"一胎化"是任何国家都没有过的做法，为什么不做一些后果研究？所以，我的观点都是在做后果分析中发现和产生的。

实际上，我的观点是针对陈慕华给中央党校讲计划生育课时提出的到本世纪末人口增长为零和由此制订得分两步走的发展方案的，主要提出几十年的"一胎化"政策将迅速导致我国人口老化，劳动力供应短缺，兵源不足，家庭和社会关系的变化比如形成"四二一"家庭结构至少一代人没有了兄弟姐妹、姑表姨舅等社会关系，以及老年人比例上升给生产、消费和投资等经济结构带来的变化。最先回应我的问题的是陈慕华。3 个月以后，宋健田雪原也只是在重复陈慕华的观点，譬如最近 20 年人口老化并不严重，将来社会发展了，其他的一些问题政府也都容易解决，等等。宋健田雪原的合作以工业没有几个月，所有的文章没有超过 1979 年 12 月 18 日陈慕华回答我的那几段关于人口老化的讲话中所说的观点。

5. 您认为一胎化在 70 年代末 80 年代初对农民造成了怎样的影响？

由于"一胎化"来得很突然，那时的基层干部往往还很认真，大多数农民对于政策的后果还估计不足，违反政策生育的很普遍。我们可以设想一下当时的景象，那时农村妇女都还要生育两个以上的孩子，大约 30% 的妇女生育多胎，计划外怀孕就更为严重。基层干部一定会反复去做工作，绝大多数农民经不住干部三番五次地动员，至少这次妊娠选择了人工流产。过一个时期，她自认为方便的时候再次怀孕，再次走上人工流产的手术台，一直到终于生下了她所希望的孩子，然后又是许多年内陷入征缴罚款的生活之中。其中，人工流产有不小的比例属于大月份引产。

以上情况都属于普遍的和经常的状态。还有意外和突发性的事件，以及干部群众矛盾激化的事情也时有发生。

6. 您的言论显然是不符合主流的。在非主流的前提下，1979 年的第二次人口理论讨论会您为什么会被挑选出来，宣读您的论文的？读后反响如何？

虽然我的观点是直接针对现行政策的，但是，我的文章是充分说理的，是客观的研究的结果，包含有大量的信息，明显具有原创性。这样的文章在那个时候是很难得的，一次科学研讨会总要有几篇质量相对高一点的文章支撑它。所以，会议主办者还是挑选我发言了。由于几乎所有的人在这一时期都没有研究过正在推行的"一胎化"的执行后果，所以，人们还是很认真地倾听我的意见的。

7. 您提到过其实在有正式的计划生育规定以前，地方政府已经有控制人口的办法出台。为什么会有这种现象？

无论什么事情，只要由政府去操办，就有一种强制性的倾向，所不同的仅仅在于这种强制性是个别的还是普遍的，局部的还是全局性的，以及地方的还是全国的。根据 1958 年卫生部给中央的报告，不少的省市都把节育工作纳入跃进计划，提出了出生率下降指标。这就不可能没有强制，也完全会有相应的措施保证。1972 年，卫生部的报告就明确说"个别有'土'政策（自行规定）"。1973 年 12 月，华国锋任国务院计划生育领导小组组长的时候，就批评有关部门企图制定全国统一的晚婚和生育政策。说明地方政府的规定一直都存在。只是到了 1979 年 1 月的全国计划生育办公室主任会议上，这一做法被认可，并且要求各个省、市、自治区很快制订行政的、经济的措施，实行"最好一个最多两个"的政策。会后不久，国务院计划生育领导小组又进一步推行"只准生一个"的政策，这样，1979 年年底到 1980 年年初，不少的地方党委或者政府又按照这一口径修订了自己的规定。

8. 罗马俱乐部的理论在中国影响面有多大？他们有什么样的错误？

1972 年罗马俱乐部的报告出笼的时候，中国还处于"文化大革命"和闭关锁国的状态中。所以，梅多斯的报告直接介绍到中国比较晚，已经是 80 年代初期的事情。但是，罗马俱乐部的观点和思潮来得比较早。早在上个世纪 50 年代后期，随着发达国家的战后育婴高潮已经过去，发生在发达地区的短暂的生育率回升也已结束，伴随发展中国家的工业现代化和大规模的新生活，落后地区的死亡率明显下降，人口增长率呈直线上升的态势。就是说，发达国家的妇女生育率是有一个回升有下降的过程，而发展中国的妇女生育率也没有出现明显的上升（这一点恐怕当时并不被人们注意，被注意的是穷国的妇女特别能生孩子），主要是死亡率下降了。即使这样，全世界的总人口的结构发生着变化，发展中国家的人口比例在上升；发达国家人口比例在下降。而且，这一变化来的很迅速，变化的幅度和趋势也很强烈。吓坏了发达国家的一些精英，特别是那些害怕发展中国家的人口增涨淹没了自己的民族。这一思潮从 50 年代滥觞，经过 60 年代的成长和发展，70 年代达到顶端。由于这一认识在发达国家主流社会达成共识，有发达国家主导的国际社会也得到认可。一时间，"人口爆炸""适度人口""生态人口"等等理论蜂拥而至。这一思潮在国际社会发展的过程中，不同程度地影响着我国。主要是中国在计划经济体制下，许多社会问题的不到正确的解答，就在相当大的程度上对于"人口爆炸"理论有所接受。70 年代中后期，我国推行计划生育的步伐迈的越来越大，对于以罗马俱乐部为代表的国际社会的这一理论实际接受的也越来越多。可以说，以"一胎化"等一系列极为严紧的生育政策将我国计划生育推向极致的时候，罗马俱乐部的理论在一定程度起到推波助澜的作用。

9. 在人口控制由毛泽东提出来以后，并没有多大的动作。为什么到了邓小平时期，人口控制被重提？

计划生育这一概念是由毛泽东在 1957 年 2 月 27 日所做的如何处理人民内部矛盾的讲演中提出以后，社会上才正式传播开来的。但是，毛泽东在此后的几个月对这一讲演记录稿的修改过程中发现，以政府计划为基础制订生育计划的观点是和自己战争年代获得的马克思的唯物史观和马克思主义人口论不相符合的，所以，正式发表的《关于正确处理人民内部矛盾的问题》一书时，有关计划生育的论述都被删节了。1958 年以后，毛泽东基本上在没有主动讲过控制人口和实行计划生育的问题。但是，在避孕和节制生育意义上的计划生育一直都没有停止过。除了经济困难时期和政治运动期间，中央政府一直在抓计划生育工作，卫生部也一直在做计划生育工作，国家财政不断追加计划生育经费。邓小平使其不是重提计划生育，而是越过了群众自愿和自由选择的界限，制定一系列的行政的、经济的和法律的措施，实行政府管制的生育制度。

10. 在向中央建议放开二胎的过程中，您遇到了什么阻力？最后怎样获得中央领导的认可？

这样的阻力是我国固有的政府和一般公民意见沟通上的困难，这是国家建立后由于制度设计上就已经决定难以解决的问题。由于国家机器过于庞大，下层的意愿难以到达上层，也不允许在社会上传播。我的观点一度得到中央的认可，是由于当时在中央一线工作的领导人自己就有一个普遍允许农民生育二胎的政策方案。否则，是不可能被认可的。

11. 您对试点有什么要求？最后为什么选择了翼城？

翼城县的试点从一开始就不同于当时其他地方的政策实验。当时的党中央和国务院领导人批示有关部门按照"晚婚晚育加间隔"的办法测算全国的人口发展状况，指出如果测算的结果确实到 2000 年人口总数不突破 12 大提出的 12 亿人口目标，则要他们代中央起草在全国实行这一办法的文件。因为我做过许多次测算，相信只要测算就不会有另外的结果。但是，有关部门就是按兵不动。当时想，他们不愿意前进，是因为有一些顾虑，诸如宽松的政策会否定过去的计划生育，会挫伤干部的积极性，过去由于政策严格伤害了一些人现在宽松了会不会发生秋后算账以及由此发生社会不安定，等等。为此，我才建议搞一二个县试一试。"晚婚晚育加间隔"的生育办法是针对全国设计的，相对于"一胎化"要宽松和容易得到干部群众的欢迎，所以，在选择试点的时候，自信这是一个无论放在哪里都会有比以前好的效果，所以并没有很在意提出一些特殊的条件。相反，只是提出试点县应该属于较为典型的农业县，至少在我国北方要具有代表性。第二，考虑到试点工作主要靠地方党委和政府来做，所以，县委县政府应该对实行试点有积极性。第三，县里的人口底子比较清楚，有利于对情况的分析。第四，交通方便一些，便利于我经常去了解情况。最后，最好县委领导与上级机关人际关系熟悉一些，便于反映真实情况。到达翼城县以后，总体上感觉翼城县符合以上的条件，所以就确定了。其实，后来逐步明确了，上述那些条件都是不可靠的。譬如，当时的县委书记武伯琴听我介绍后立即要求把试点放在他那里，他说，即使你的实验不成功，但对我们只有好处没有坏处。他显然领会了宽松的政策有利于改善基层的干群关系，有利于他们的全局工作。所以，这是一位有悟性的明白人。但是，翼城县试点 25 年来前后已经历经 9 位（过去计算说 10 位，有误）县委书记，很难说都属于明白人。还有，在该县下乡考察的时候看到村一级都建立了育龄妇女登记簿等制度，认为这有利于掌握妇女生育动态。实际上，这些都是部分乡村建立的专门供检查参观的。一个县根本不可能建立起这样的制度，建立了，实际也无法经常运行。还有，那是感觉需要自己经常性的做一些人口分析，实际的运行后发现，依靠统计报表的数据研究问题是不可靠的，只有使用人口普查数据和全国面上的情况比照分析才有一定的权威性。这就是说，其实那些年里我的所谓指导往往也是没有效果、没有作用的，等等。即使这样，翼城县也有着这样的效果，这好说明这个政策相对于"一胎化"和现行生育政策是一个更好的政策。

12. 进行翼城试点的过程中，您得到过哪些方面的帮助？

试点工作最初是经过国家计划生育委员会和山西省委省政府批准的，特别是当时的国务院总理在 1986 年 12 月全国计划生育工作会议上讲了支持翼城县试点的话以后，到 1989 年政治风波，这一时期的试点工作基本上是顺利的。要说帮助，主要是在这一时期县里和地区的计划生育部门对我的支持。虽然我是山西省计划生育委员会的顾问，但是，实际上是一个学者在那里工作，如果基层部认可你，还是难以作下去的。

13. 这个试验本来是要做多久？现在做了 25 年，您得到了您想要的试验结果吗？

如上所述，这个实验本来就是要回答政策的衔接期间的一些问题的，这些问题的性质决定了试点工作开始以后，新的政策得到推行和工作转入正常化以后，就可以见分晓了。所以，原来预想几个月，最多不超过半年。但是，既然这一块阵地这么长久了，经历了长期的考验，就具有更为丰富的内容。政策明显宽松，人口反而比实行更严紧政策的地方增长幅度小。这似乎是与人们的通常思维不一致的，但这却是事实。充分地利用这一宝贵资源，认真地分析和研究它，可以发掘出许多其他人地方无法得到的实践经验。所以，翼城县试点具有直接的现实和重要理论意义。

14. 您怎样评价自己？

一个生命是很脆弱的。一个人是很渺小的。一个人只有跟随自己的民族和整个人类的发展才有其存在的价值。

15. 回头看看，您觉得翼城试点有什么意义？您现在怎么看计划生育和翼城试点？

25 年来，翼城县的试点执行了一个不同于占全国总人口 90%以上的城市和人口比较稠密地区的生育政策，所以，它仅仅相对于"一胎化"和现行生育政策才具有一定的存在价值。这一价值就在于，一个国家本来就不应该把人口发展确定为社会发展目标。由于各种原因，在一定的背景下即使社会确定了人口发展目标，那也是相对宽松的政策具有相对好一些的社会效果。

有两种含义的计划生育，一种是避孕和节育，一种是现行的由政府管制的计划生育制度。前一种意义是现代化的社会生活的必然结果，是人类迈向自由发展的一个阶梯，是进步的。后一种计划生育是在我国计划经济体制下、在一定的和特殊的社会背景下产生的。因为实行计划经济得其他国家也没有实行这样的生育制度，所以，对产生这一特殊的社会根源的研究还很不够。但是，在其产生的初期以及很长一个时期，政府都是用"我国是社会主义国家，国民经济有计划按比例发展，要求人口也要有计划地增长"来论证其合理性的。现在我们知道，至少人类距离实行计划生产的社会还很遥远。我们都已经不实行计划经济了，在生育领域还在推行政府管制的计划生育就更是荒谬的了。翼城县"晚婚晚育加间隔"生育试点是一种计划生育试点，所以，它仅仅在计划生育制度下与更为严紧的生育政策比较，具有一定的合理性。离开了这一对比条件，它同样是不合理的。结束现行的计划生育制度，让我国的人民和世界上其他国家的人民一样自由选择和决定自己的生育，只是一个时间问题。

（刊发于 2010 年 11 月 21 日）

英国泰晤士报记者 Jane Macartney 的采访

（2010 年 7 月 20 日）

记者：最近谈论调整生育政策的言论比较多起来了。您认为近期有变动譬如推广翼城县的经验实行生育二胎的可能吗，为什么？

梁中堂：不可能。我国是一个实行中央集权制的国家，长官决策是其最为集中的特点。前不久，国家计划生育委员会的官员在广州的一次会议上对外界说，国务院领导最近表示，"'十二五'期间，必须坚持稳定现行生育政策不动摇"。根据国家体制，国家计划生育委员会的官员的传达是不敢有差错的。既然这样，就是说，至少在今后 5 年内是不会有较大的改善。

记者：我再问最后一个问题。您的最大贡献是什么，您是如何评价自己的？

梁中堂：（略有沉思）我以为您的这一命题有问题，有欠妥当。您这个问题不适合我。我没有什么作为，也谈不上对社会有贡献。

记者（打断梁中堂的回答）：您不要谦虚么。

梁中堂：不是谦虚或者不谦虚的问题。事实就是这样。您看，我的主张并没有得到社会的承认。我写的那些文章（指向电脑），读过它们的有几个人？一个人其实是很渺小的。这个问题是随着自己的年龄的增长不止一次地思考过。一个普通的知识分子，在社会结构中本来就不具有较高的地位，也就谈不上贡献和影响。如果是一个有思想的人，影响可能有一些，但也很微小。知识分子有时候会夸大自己的作用。当然，准确些说，不只是知识分子，整个人类往往都会表现出一种狂妄症，夸大自己的能力和作用。但是，我认为一个人对社会的影响是很微小的。不用说我自己了，以马克思来说吧。我是崇拜马克思的。我们党也一直表明是以马克思理论为指导思想的。但是，有多少人真的阅读了马克思的著作？国外最近几十年对马克思遗著的整理出版表明，我们过去对于马克思著作的阅读和理解是很不全面的，对马克思理论的认识也是不完整的。我们中国共产党过去接受的马克思的学说，实际上是列宁和斯大林理解的马克思。即使这样，中国共产党也不是按照那个马克思来决定自己的方针和政策的。中国共产党有成就的时刻都是根据当时的形势来决定自己的工作计划的，权衡利弊而选择了有利于发展和壮大自己的方针、路线和政策。这还是宣称马克思主义的党。事实上，世界上更多的人并不推崇、也不了解马克思。但是，全世界在马克思逝世后的 100 多年里取得了巨大的进步，无论发达的资本主义国家还是落后的发展中地区都已经发生了翻天覆地的变化。因为我在努力学习马克思的遗著，知道变化的世界证明了马克思曾经分析和研究的思想观点。但是，世界所取得的这些进步毕竟不是人们通过阅读马克思、按照马克思的文字去做的。现实存在的人都是经济学所说的经济人，是政治学所说的政治人。人们在生活中本能地都在追逐利益和权利，追求幸福和自由。人类社会就是在一个个人的具体博弈的过程中取得了进步，每个适合自己发展的具体的博弈推动了社会的发展，而不是阅读了那一个知识分子的著作和知道了那个思想家的观点才取得进步的。历史从来都不是这样发展的。所以，审视自己的作为，我提出的主张还没有被政府采纳，写作的文章读者层面又不宽广，哪来的贡献？只是我自己从年轻时就喜欢读书，一生也基本上过上了自己喜欢过的生活。这是自己的幸运。如果说到自己的长处，可能比较早地领悟到作为一个知识分子，如果不甘堕落的话，那就只有跟上时代前进的步伐，和自己的国家和民族紧贴在一起，寻求和思索社会前行的道理。只有这样的生活才充实、有意义。那还是我自己离不开我的国家、我的民族，而不是我给社会做出了贡献。我现在的年龄说大又没有大到失去思维能力的程度，是自己的生命还需要读书、思考和写文章，那就继续过这样的日子就是了，实在不敢妄谈贡献。（刊发于 2010 年 11 月 21 日）

英国金融时报 Patti Waldmeir 采访

（2010 年 10 月 14 日）

问：为什么翼城的出生率比较低？性别比例较全国其他地方更平衡？

答：从城镇人口比例和经济社会发展程度来看，翼城县略低于全国的平均水平。但是，根据 1982 年、1990 年和 2000 年 3 次人口普查的资料，翼城县实行允许农民普遍生育两个孩子的政策，反而比政策更严紧的全国平均增长水平低，性别比更趋于合理，说明老百姓在宽松的政策下生育的孩子更少了一些。究其原因，可能是老百姓有了更多的选择，没有出现其他地方那么多的抢生、超生。

问：但是在中国人的传统观念里面，人们想要一个儿子来传宗接代，且养儿防老。为什么说人们有了选择以后，出生率就低了，性别比就更平衡了？

答：首先需要说明的是，养儿防老是中国传统社会经济下的产物。但是，中国在最近几十年，特别是最近 30 年有了很大改变，绝大多数人已经不再从事于小农生产了。所以，养儿防老在一部分人的观念或生活中都还显得很重要，而大多数人，特别是城市人口和靠近城市的农村人口那里，绝大多数已经不认为有那么重要了。在这样的背景下，如果政策相对宽松一些，即使对于生男孩愿望强烈的人来说，第一胎生了女孩，还有一次选择的机会，就没有必要抢生。从性别选择来说，对于那些性别偏好男孩的，如果第一胎就生下男孩的，也就达到了目的；即使第一胎是女孩，他还有一次机会，也没必要抢生。由于没有或者比较少的抢生，事实上的生育水平可能就低一些。

另外，我对于中国许多年来的出生性别比的看法是，人类的生育意愿从来就都是在两个基本方面展开的，一个是数量目标，一个是性别目标。由于严紧的生育政策造成生育数量过于低，使得追求性别目标的机会就减少了，人们在极少数几次或者仅有的一次生育机会里就要实现性别偏好，必然需要通过外部干预的方法譬如人工流产、溺婴等手段，破坏了自古以来自然形成的性别平衡。所以，严紧的生育政策必然造成一定程度的性别问题，这是一种现实。但是，我国事实上的性别比并没有现在统计数据上反映的那么严重。现在很高的性别比是出生统计性别比，而不是实际发生的性别比。因为，毕竟社会的进步，绝大多数人已经没有那么严重的性别偏好，生育的孩子也不再忍心遗弃。由于政府的严紧政策，只是上报户口选择了性别偏好即报上了男孩的户口，一部分女孩子没有进入统计报表，实际却是存在的。至于像翼城县具有较为宽松的政策，即使对于有强烈的希望生儿子的人来说，可能绝大多数人都在比别的地方多了一次选择机会的过程中已经实现了，报表中性别比也就相对平衡一些，没有那么多的瞒报，更没有必要像其他地方那样通过弃婴的方式来选择。所以，我也不敢说在翼城就绝对没有发生过弃婴，但是，肯定要比别的地方少得多。

我发现一个具有普遍性的现象，就是群众生育意愿和实际生育水平接近生育政策要求的地方，具有比较平衡的性别比；群众生育意愿和生育水平与生育政策差距大的地方，有比较高的性别比；生育政策严厉的地方、执行力度大的地方，都有比较高的性别比。大中城市的人们事实上接受了"一胎化"，超生现象很少，性别比比较合理；云南、贵州、青海、宁夏、新疆、内蒙古等地方的政策比较宽松，接近居民的生育意愿，即使经济社会发展水平比许多东部沿海、中部地区的省份落后，却有着相对合理的性别比。

问：我们看到事实情况是，在翼城，虽然人们有了选择，但很多人（包括有性别偏好的人）并没有生育二胎，这是为什么？

答：应该说，在每个时代里，社会不同的人都有不同的生育意愿，甚至情况相同的人也有不同的生育意愿。生育意愿从来都是多元化的、丰富的、复杂的，而不可能是单一的。譬如说，在任何年代里，都会有一些妇女因为恐惧或者别的什么原因，不愿意生孩子。只是在传统社会里，妇女不得不生孩子，甚至于必须生了男孩子才能改善和提高她的地位。所以，绝大多数，甚至于全体妇女都必须选择要生孩子。在可以选择的情况下，不同的生育意愿选择就出现了。在中国政府实行严紧的生育政策之前，就有一定比例的家庭选择只生育一个孩子。经过中国 30 年的迅速发展，经济社会条件有了较大改变，自愿生育一个孩子的人相对于以前更多了。翼城县允许农民生育 2 个孩子，是给了农民一个较多的选择，那些自愿生育一个孩子的农民按照他们意愿就只生育一个孩子。

问：您有没有一些数据表明，在翼城头胎生了女儿的人，他们是不是还打算生一个儿子？

答：没有搞这么细致的研究。我是研究生育政策的。我认为生育是公民的基本权利，政府就不应该具体干涉老百姓的生育。从这个意义上来说，就没有必要研究生育了一个女孩的是否有多大比例还要再生育一个男孩。况且，生育意愿往往是不确定的。

问：您的意思是不是说，政策宽松了以后，人们即使意识上想要二胎，但实际上并没有要？

答：也不是的，实际上大多数都生了二胎。不是政策宽松导致了生育一个的人数增加了，而是社会发展后。刚才说的，为什么允许生两个，他却生了一个。这就是经济社会发展了，人们生育意愿跟着发生了变化。希望生一个在历史上任何时候都是有的，只是以前我们没有注意这个情况。政府提倡还是不提倡只生育一个的计划生育政策，与这些人其实没关系，他们本来就只希望生一个。

问：那么在翼城，人们是否还觉得必须要生儿子？比如在上海，很多人觉得不是必须生儿子来传宗接代。翼城的情况是怎样的？

答：认为必须生儿子，通过儿子传宗接代的思想还是存在的。但是，这个观念在我们国家已经发生了根本的变化。在翼城，有些只生育了一个女儿的，就不生了。生了两个女儿的，不生的就更多一些。

问：您认为这个观念的改变是仅仅在翼城，还是在中国其他地方也是这样？

答：绝大多数中国人都已经是新的观念了。因为，现在的经济社会已经与过去的传统农业生产不同了。中国和西方国家一样，随着妇女走出家庭，社会作用发生变化，社会地位也和传统社会不一样了。妇女社会地位的提高，改变了重男轻女和男孩传宗接代的旧观念。比如翼城，除了山区和一些丘陵地带，平川地区耕作都用机器，男孩女孩都一样了，那里一定要生男孩的观念就不是很强烈了。

问：我也认为中国人的观念改变了，就像您说的。但是，为什么从数据上看，中国的男女比例如此不平衡，还是 120：100？

答：这就如前面所说，由于政策不合理，导致了统计数据不真实、不正常，而事实上并没有那么严重。因为统计要回避与政策的冲突，比如很多女孩，实际上出生了，但是没有进入统计。在育婴堂里面，还能发现女孩比男孩多的多，那是弃婴的结果。绝大多数女孩生育后没有上户口，没有被统计，也没有被遗弃，仍然被父母养活着。由于许多女孩没进入统计，这导致了统计性别比例偏高。当然，希望要男孩的人在农村比较多，城市里也有。有的人在我的 Blog 里面留言，已经有了一个女孩，可是还想要儿子。但是，这是一种生育意愿。在实际生活中，生了女孩了，也认可了。怀孕后即使做 B 超发现是女孩，也不愿意去做人工流产了。因为，流产并不是一件轻松愉快的事情。当然，也有怀了女孩被拿掉的。我认为，这个比例不是很大的。就是说，中国的性别比是有问题的，是和政策相关的一个问题，但不是统计数据表现得那么严重。

问：还是回到翼城出生率低的问题，我想要具体了解一下，翼城的生育水平是比中国独生子女政策执行的那些地区要低，还是比全国整体要低？

答：翼城县和全国比较，人口增长水平比较低。之所以出现人口增长水平低的结果，其原因就是因为生育率低。这是把全国作为一个整体和翼城县进行比较的，而不是说翼城县比全国所有地方的生育率都要低。如果和那些更发达的地方比较，比如江苏省和浙江省等许多发达地方的农村，就都比翼城县的生育率还低。因为生育状况不是一个随意性的现象，是由经济社会发展水平决定的，翼城县毕竟是一个落后的农业县。

问：您这里有没有翼城县和中国的具体生育率数据？

答：我做研究以来，基本上不使用计划生育部门的统计数据，而是用普查数据。根据上一次普查，翼城县的妇女总和生育率是 1.51，全国是 1.22。但是这只是普查数据，如果你看总人口增长，这个数据显然是不对的。因为，从人口总量的变动来推算，全国的人口增长水平比翼城县要高，不可能生育率反而还低。所以，这个统计数据是有问题的。实际的可能是，全国的生育政策比较严，瞒报漏报现象较为严重，按普查登记数据计算的生育率就比较低；翼城县的政策比较宽松，即使也有瞒报漏报现象，也没有全国那么严重，所以按照普查登记数据计算的生育率相对就高一些。2000 年人口普查后，我对普查的人口总量和生育率进行过专门的研究，认为那次普查是不成功的，最近 10 多年已经没有可以信赖的人口数据了。这也是长期推行不合理的人口政策所得到的一个结果。

问：您提到翼城比全国的数据实际上要低，是低多少？低很多，还是只是低一点？

答：1982 年和 2000 年两次普查比较，全国人口增长了 25.5%，翼城县增长了 20.7%。需要说明的是，在比较期间，翼城县迁出的人口小于迁入的人口。另外，翼城县的城市人口比例要比全国低，说明农业人口比重高。这样，翼城县农民普遍生了两个孩子，其增长水平还比全国低，那么，全国的农民实际上也普遍生育了两个。

问：刚才我们比较了翼城与整个中国，但这也包括了少数民族地区。有没有一些数据，是比较了翼城县和（非少数民族的）独生子女地区的？

答：只能和全国的比较。因为，上个世纪 80 年代全国总体上就是独生子女政策。90 年代以来，全国总体上就是"独女户"即允许接近 50% 的农民生育两个孩子的政策。上面已经交代，生育率最终反映社会经济发展的结果，而不仅仅是政策的问题。翼城县并不是比所有的地方生育率都低，它的条件充其量相当于全国平均水平，但执行了相对宽松的政策反而没有出现有些人恐惧的人口泛滥，反而比全国的增长水平低，就已经有许多的道理值得深思。这就是试点的价值。所以，没有必要走进陷阱，让翼城县成为生育率最低的地方。那不可能，也没有必要。

问：所以，是否意味着，我们就无从知晓翼城的生育率数据了？

答：由于计划生育要用与考核各级政府，考核干部，从上个世纪 70 年代后期以来，慢慢产生了越来越严重的漏报问题。特别是 1990 年那次人口普查以后，从中央到地方，各级政府用普查后的数据对各个地区和单位的计划生育工作重新进行排对和实行奖惩，从此全国就没有准确的数据了。所以，我们只能通过 2000 年的普查数据在比较意义上对一些问题进行分析，这些数据都只具有相对的意义。比如 2000 年全国生育率 1.22，翼城县 1.51。但是，由于全国人口总量的增长的水平比翼城县还高，那么，肯定全国的 1.22 的生育率是不正确的，至少应该是翼城县 1.51 那么高。

问：所以您认为这个数据是对的？

答：不是说这个数据就是对的，而是说与计划生育部门平时的报表相比的话，具有一定的可信度。因为普查是计划生育以外的统计部门进行的，是同一时点、统一安排和领导、相同方法得到的数据，至少有一个比较意义。因为除此之外，再没有别的数据可以使用。我们只能使用这个不可靠的数据。它只是在比较意义下出现的，使用这些数据并不意味着认可它们。

问：那您认为翼城出生率比全国低的原因是什么？

答：就是因为人口总量的增长水平比全国要低嘛

问：但是原因是什么呢？

答：可能是因为政策更宽松了，更宽松一些，老百姓没有恐慌的心理，不用抢生了。我认为计划生育政策并没有制订者想象得那么重要，老百姓的生育是出于其生活的实际需要，是由社会生活的实际条件决定的，有一个自己发展的规律。这里面更复杂的原因我也讲不了。我早就对人口学有一些认识，认为人口学还是一个没有经过充分发展的学科，所以，人口学除了相关的社会学和自然学科中对人口现象的研究以外，人口学自身就没有在科学上有任何进展。之所以这样，就在于人口学作为一门从资本主义工业化产生以来的新学科，因为社会还未得到充分的发展，人们对人口生产和再生产的这一复杂现象就更没有多少实质性的了解。人类对于自身的生产和再生产问题的认识还远远不够，所以对许多现象还解释不了。但是，翼城县农民拥有比全国农民更为宽松的生育政策，翼城县的人口总量增长却比全国低，这是一个 25 年来不断被证明了的事实。

问：但是为什么说宽松的政策就导致了低生育率呢？

答：也不是政策宽松了生育率就下降了。我们是就翼城县和全国的政策比较而言。实际上，世界上其他国家都没有中国这样的政策，生育率也都降下来了。有许多国家譬如泰国的生育率下降得比中国还快，世界上至少有几十个国家比中国生育率还低。所以，并不是政策起了多大的作用，更不是严紧的政策就有低生育率，宽松的政策其生育率就一定会高。我再说一遍，在人类自身的生产和再生产问题上，许多方面我们都还没有搞得清楚。

问：But at first he said the reason is due to loosen policy. Ok, let's go back to…it seems to me that as a woman, if you want a baby, you think you want another baby, but you have to wait for six years, by the time you wait for six years, you can't imagine having another baby. I'm sure many people think so. Dose he thinks that is a problem. Does he think people mentally changed after six years. 那么生育间隔政策对于出生率起了什么作用？比如说，很多人本来想要二胎，但是等了 6 年之后，就不想要了，有这个可能性么？

答：有这个可能性。需要说明的是，翼城县的生育政策是这样规定的，但是，大多数老百姓没这么做。我在 1987 年做过一次调查，我们晚婚晚育政策要求 23 岁以后生第一个孩子，30 岁生第二个孩子，但是我们做的调查结果是，妇女平均初育年龄不到 23 岁，生第二个是 27 岁，说明绝大多数人没有按照政策生育。

问：那么有没有可能，虽然他们没有严格按政策要求的年龄生育，但是仍然执行了 6 年的间隔？

答：从平均初育年龄不到 24 岁，生育二胎的妇女年龄不到 28 岁来看，间隔政策就没起作用。就全国的人口政策来看，如果说翼城的生育率比全国还低，那就说明全国的农民也平均生了两个孩子。所以，全国的政策也没起什么作用。结婚生育其实是老百姓很现实的生活，他会根据自己的实际情况去安排生活，政策只可能是需要参考的一个方面，他不可能按照你的政策去生育。因为，政策不是农民生活的所有和全部。这一点不像国家干部，如果你违反了生育政策，就会被开除公职，失去优厚的生活待遇。国家公职是国家干部生活生命的基础，对于农民却不是这样。

问：即使在人们面临高额罚款的情况下，计划生育政策也没有起什么作用？

答：对。计划生育政策是在我国发展水平低的时候的一个幼稚想法，是从计划经济出发提出计划生育。现在经济水平发展到较高水平，发现计划是不可能的。社会连经济都无法计划，怎么可能去计划人？

问：您认为计划生育政策对中国的生育观念改变有影响么？比如，在美国，因为家家户户都是多子女，人们认为多子女是正常的，而中国人可能现在已经习惯了只生一个。这是目前很多人生一个的原因，您认为这是计划生育政策的影响，还是经济的发展？

答：可能两方面原因都有。首先是他的生活条件接受低生育率有可能了，现在的经济发展水平让人们觉得少生孩子好。当然计划生育政策也有影响，包括观念上，总是宣传说只生一个好，从小时候没有批判和反思能力的时候就灌输这样的思想，绝大多数人可能就无条件接受了。至于将来是否真的好，历史还没有发展到检验它的时候。

另外，需要纠正的是，现在的中国人也不是已经习惯了只生一个。实际上，在中国的独生子女家庭比例可能高一些，但并不是你们想象的那么多。绝大多数农民都是两个孩子，有不少的农民家庭是两个以上的孩子，更多的人是要突破只准许生一个，还有个别人可能是希望生育更多的孩子。总之，无论什么时候，人们的生育意愿都是多元化的。

问：您一开始提到了政策宽松给了人们更多的选择，您认为为什么更多的选择让出生率下降了？

答：较多的选择会有较低的生育率，是从宽松政策会给人相对稳定的情绪，不至于发生抢生现象。这是一种解释。但是，生育率下降的基础还是经济生活条件的改变，经济社会发展水平导致了低生育率。群众的选择机会多了，可以更好地适应这一历史趋势。我说过了，人们在生育问题上还有许多环节没有得到应有的认识，客观事物还是处在自发过程中，包括政府在内的强制干涉往往会适得其反。

问：那么生育观念的变化情况是怎样的？仅仅在城市地区，还是也覆盖了农村？

答：我曾经把避孕和节制生育归结为工业化创造的一种符合人性的生活方式。一个国家或者民族只要选择了现代化，绝大多数人就会自发地选择避孕和节育。30 多年来，中国的经济社会有了巨大的发展，改变了人们的生育观念。中国经济社会的变化是全面的，所以，生育观念的变化也是遍及城乡的。

问：具体到 120∶100 的性别比，这个是计划生育政策导致的么？还是有其他原因？

答：我再说一遍，我国存在一定程度的性别失衡问题。但是，实际情况没有这么严重。造成这一现象的原因当然是计划生育政策，群众的实际生育和政策要求差距越大，统计性别比就越严重。因为，群众在生育和统计过程中都会发生性别偏好的选择，产生统计性别比失衡。实际部门和人口学家都不敢承认这个问题，用各种理由来解释，其实是很荒唐的。70 年代末期以前，我们国家没有严紧的生育政策，也没有性别失衡问题。自从有了计划生育政策，就有了性别比问题。

问：您认为二胎政策有可能延伸到更多地区么？我们听说江苏等五个省份可能允许夫妇一方是独生子女的生二胎，您有听说这个说法么？

答：我是主张自由生育的，政府规定老百姓的生育行为是很荒谬的。但是，在政府已经实行生育政策的情况下，对于老百姓来说，当然还是相对宽松好些。最近听说将实行所谓"单独生二"这样的试点。不过，我对这个政策不看好，没有多大意义的。政府在生育问题上搞试点，属于千奇百怪、无奇不有的事情。如同历史上搞大跃进、人民公社那样的事情，不仅将来让人耻笑，其实现在都令人羞愧。

此外，所谓的"单独户"数量并不很大，做这样的试点纯属于糊弄老百姓。我们可以做一些计算。现在达到婚育年龄的人口基本上是

1990 年以前出生的，90 年代之前，虽然政策是"一胎化"，全国其实是平均生了两个以上的孩子。你看翼城允许生两个，它的增长水平却比全国还要低，说明实际上全国也是生了两个。在那个时代，独生子女主要在大城市，但是，城市长大的孩子一般都不找农村来的青年，特别是城市女孩和农村男孩结婚的数量更少些。所以，一方是独生子女的夫妻就很少了。

问：现在中国有百分之多少的人仍然是必须执行一胎政策的？

答：从政策层面来计算，允许生一个的大概占总人口的 60%。

问：那 60% 的人是些什么人？

答：城市居民，农村中的头胎生育男孩的，有一些省、市还在实行独生子女政策，比如京、津、沪和江苏省。

问：现在城市有多少双独夫妻？

答：1979 年全国只有 600 多万领证的独生子女，之后每年也就200-300 万独生子女。按照这样计算，现在达到结婚年龄的独生子女估计 3000 多万，其中第一代独生子女中的"单独户"比例高一些。

问：您有没有听说这样的说法，即人口普查期间，超生的孩子也可以上户口？

答：每次人口普查，公安部都有这一个文件，规定已经出生的孩子，都允许报户口。但是，这个政策历来都行不通。为什么呢？因为对于许多超生人口如果不予以处罚就可以上户，等于否定了计划生育政策。各级政府怎么能停止计划生育呢？首先计划生育部门会坚决反对，要求实行"一票否决制"和用计划生育考核干部。这样，由于户口属于公安部门管理，那个允许上户的文件是公安部门下达的，而公安部门属于中央和地方双重领导，地方政府就不许可公安部门执行。

问：您认为宏观来讲，中国的计划生育政策会被废除么？以什么方式废除？

答：最终这个政策是会被废除的。但是，究竟以什么样的方式废除，就不好说了。

问：您认为多久之后这个政策会被废除？

答：少点说，就是 3 至 5 年。长远一点，可能就 6、7 年。我想，10 年以内肯定是会被废除的。这完全取决于中国走向世界的步伐和程度。我说过，当国民和领导人发现世界上所有的国家都没有这样做，一个现代国家的政府竟然无聊到去粗暴地干涉老百姓生孩子的事情，有了羞愧感，现行的计划生育制度就走到头了。

问：计划生育政策废除后可能产生什么影响？

答：不会有什么大的影响。它就如同结束"文化大革命"一样，是一件大快人心的事。人民只会感觉到无比的轻松和自由，用万民弹冠相庆来描述可能是适合的。

最后谈到弃婴的问题，梁教授说：

婴是一种历史现象，是传统社会的遗留。你们英国和欧洲民族，世界上其他发展中国家都曾存在过。现在不少的国家也还有。中国在 80、90 年代曾经在一些地方比较严重，但现在越来越少了。一方面因为人们生育意愿比较低，比较接近政策的要求。另一方面是经过这么多年的磨合，基层干部和群众已有一套方法来解决超生问题，譬如用罚款和瞒报漏报解决计划外生育。这一点已经不像最初实行严紧的生育政策的年代，地方干部严格、认真执行生育政策，群众也不知道如何规避，搞得基层关系好紧张，一些群众只好采取弃婴的方式。每个儿女都是娘的心头肉啊。现在有了不少的规避方式，对于绝大多数人来说，自己生下孩子，即使属于智障，有一份奈何也不会扔掉了。

（刊发于 2010 年 11 月 18 日）

《访谈录》按语

随着我国经济社会的巨大发展，一方面是生活水平得以提升的国民向往和追求更为丰富的生活的需要，另一方面是法权意识和观念的自然和普遍的提升，越来越多的人开始关注现行的计划生育制度和政策。特别是新成长的一代有知识、有文化和有着较先进的文化价值理念的知识分子和国内外的一些媒体，意外地发现除了国家一直宣传和普遍实行的"一胎化"生育政策以外，还有一个长达25年的翼城县"晚婚晚育加间隔"普遍允许农民生育二胎的计划生育试点。由翼城县的试点再延伸找到我，又发现在我国还有一个几乎是从从1979年提出"一胎化"生育政策时开始就一直做生育政策研究的研究人员。这样，笔者常常被当作"出土文物"而被关注。我在与各个媒体接触的过程中，往往陷于两难的境地。一方面，自己有义务向社会介绍自己所了解和认识的我国计划生育的历史。另一方面，自己又没有时间、也不愿意重复回答记者们从1、2、3和A、B、C开始的一些问题。我愿意接待那些对我的文章和著作有了一定了解的、带着一定深度问题来见我的记者。所以，我往往会把过去的一些访谈用邮件发给他们，请他们在过去记者采访问题的基础上提出新的问题。这对我也是一种激励：深层次的问题能够帮助我更深入地思考。随着采访对象的增多，每次应该发送的邮件附件也在增加。所以，为方便所见，择其部分粘贴在博客上，也供有兴趣的朋友浏览。

——2010 年 12 月 5 日

（刊发于 2010 年 12 月 5 日）

《论“公开信”》修订本序言

本次修订除了附录部分增加了几篇短文以外，3 篇正文的修订也只限于新发现的资料补正和一般文字上的改动。

那几篇短文都是在博客上粘贴 4 篇关于“公开信”的文章时所写的按语或者提要。我的文章本来就不是为博客所写，但又只能贴在博客上。所以，常常免不了向读者做一些交代。在那几篇按语中，我使用了“鸡毛和令箭”的话语。胡耀邦虽然是经过党内斗争走上领导岗位的，但基本上都是按照党的运作程序进行的。这样，胡耀邦就不得不把包括“一胎化”生育政策在内的所有前人的事业都当作正面的遗产接受过来。特别是发布“公开信”的时候，尚属胡耀邦初为党的总书记，还无力纠正已经实行的“一胎化”和出台比较合理的计划生育政策，这样，“公开信”就只能作为一种临时性安排，起到一定程度的缓冲作用。但是，实际工作部门把这样一种过渡性的文献当作计划生育方面最高政策在人民群众中挥舞了 30 年。“执法部门”既然把鸡毛当作令箭了，胡耀邦正式出台的现行生育政策就既不是令又不是箭，而变成鸡毛了。在国家政治生活中因这种政策错位而受损害的当然首先是老百姓。但是，哪里仅仅只会老百姓受害？自古以来，政府和老百姓就是相互依存的一件事物，是一块银币的两个方面。所以，历史上凡是明智的统治者都把民富国强、国泰民安，让老百姓安居乐业当作自己的本分。如果一个政府长期执行不合理的政策，让老百姓吃到苦头，难道它不也尝自己的苦果？

1978 年开始进入这个行当的时候，知道各级计划生育办公室属于临时机构，其中省以下的计划生育办公室的工作人员编制在卫生厅（局）内，也知道 70 年代以前附设在卫生部妇幼保健司下面从事计划生育工作的人员编制常常居无定所，“文化大革命”中曾一度被军管干部撵到医学科学院。但是，却一直以为1973年成立的国务院计划生育领导小组办公室的编制在国务院机关。上个月读了栗秀珍给于旺《计划生育工作三十年的实践和理论探索》所写的序言，才知道国务院计划生育办公室的编制和办公地点也都在卫生部。这次修订中，已经将相应处作了改正。

由于几篇文章都是在几个月内完成的，9月份印制的第一版不仅文字错误多，而且有不少的地方文不达意。当然，在本次修订中，也仅仅限于文字上的修改，涉及原则性的问题和重要史料上的文字，基本上没有变动。《试论"公开信"在由"一胎化"向现行生育政策转变过程中的作用和地位》因为已经发表，仅只按编辑的要求把一处注释文字进行了规范化的处理。《致田雪原的一封信》已经在博客上发表，涉及具体的人，也没有作文字上的改动。

虽然这本小册子廓清了不少有关"公开信"的历史，但是，所有的论述仍然都是建立在"公开信"产生于1980年6月26日的中央书记处汇报会议的假设之上。这样，"公开信"就是胡耀邦决定的文献。令人不安的是，恰恰没有直接的证据支持"公开信"与这次会议、与胡耀邦有什么联系。倒是在读邓力群《国史讲谈录》时，伍绍祖的一段话引起了我的注意。伍绍祖说："有次钱学森问我说宋健当科委主任是你推荐的，我说我哪有资格推荐他呀。后来我才搞清楚，宋健写了一篇文章，用系统理论讲我国人口问题。王震看了以后，就口授批语，推荐给乔木同志……"伍绍祖曾是团中央的干部，70年代初由胡耀邦推荐给王震当秘书。他讲述的这段历史发生的时候，钱学森在王震副总理分管的国防科工委担任副主任，伍绍祖任国防科工委科技干部局局长，宋健为国防科工委所属的七机部二院副院长。所以，伍绍祖的叙述当有一定的可信度。按照这个说法，钱学森和宋健并没有太多的公交私谊，也未曾尽伯乐之道。宋健是由王震一手推上去的。根据王震在十一届三中全会以后的中国政坛上的影响，在政府中安插个部长乃小菜一碟。其次，胡乔木才是"公开信"的推手。王震向胡乔木推荐宋健这个难得的人才，胡乔木召见，聆听其人口爆炸，中国人无限膨胀，人满为患，将来地球上没有住的地方，以细菌为食，必须实行国务院计划生育领导小组提出的"一胎化"和实现零增长，等等。胡乔木为之动容，要其起草一个号召党团员带头自觉实行计划生育的倡议书，以党中央的名义发出。宋健连续两个稿件都不得要领，这就有了胡乔木指令中共中央办公厅为起草"公开信"召开的座谈会以及国务院计划生育办公室的起草小组，有了胡乔木披挂上阵，驰骋佳作。当然，这和现在被接受的胡耀邦主持的会议决定发布"公开信"一样，都属于推测和假说。历史究竟如何，如果当事人继续守口如瓶，那只有待于档案解密了。

　　历史是一座伟大的学校。一个国家，一个人，都只有通过阅读历史才可以成熟和成长。当一个民族的历史都还埋在地下和封锁在宫廷里的时候，是谈不上成熟和成长的。

梁中堂 2010 年 10 月 13 日

（刊发于 2010 年 12 月 17 日）

关于"公开信"的几个具体问题

按语

在一个不成熟的社会里，人们对问题的认识往往会像通过多棱镜观察世界一样，获得的景象都是经过扭曲的。最近一直在消化产生"公开信"那段历史时期的资料，发现那不过是当时的党中央发布的一份极为普通的宣传和倡导性的文件，几十年来却被有关部门和有些人不断地为其增添光环，以至于光辉照耀而盖过了中央所说的计划生育应该遵循的原则——"现行的生育政策"。本文是根据新的资料修改过的《论"公开信"》一书中的一篇文章，由于篇幅过长，没有充足时间的朋友可以只翻阅文章最后部分的"结束语"一段话。

2010 年 12 月 21 日

在撰写《试论"公开信"在"一胎化"向现行生育政策转变过程中的作用和地位》（发表于《人口与发展》2010 年第 5 期）的时候，发现《中共中央关于控制我国人口增长问题致全体共产党员共青团员的公开信》（本文简称"公开信"）本来仅是一篇宣传性质的文章，由于许多年来有关部门和一些研究人员不断给其增加了越来越多的职能，人为地拔高了这一文献实际的价值。相应地，由此带来的许多相关问题却都被我们想当然地忽略掉了。譬如，为什么当时的党和国家领导人华国锋、邓小平、李先念、陈云、胡耀邦，以及接替华国锋的国务院总理职务的那位领导人都对这一在我们常人认为将在历史上起到至关重要的文献却始终都没有发表过任何言论？既然上述的领导人谁都没有谈论过"公开信"，那么，该文献发布的依据是什么，它究竟是根据中央哪次会议的决议、决定，或者哪位领导人的指示产生的？为什么要发布"公开信"，它是怎样产生的，具体的历史背景是什么？"公开信"是由谁起草的，它的作者是谁？等等。这些问题都与正确认识"公开信"的历史地位和作用直接相关，需要再做一些深入的研究。

一、"公开信"不是中央书记处汇报会议的决议和决定

"公开信"是 1980 年 9 月 25 日以新华社通电的方式公诸于世的，人们所见到的 9 月 26 日人民日报第一版刊载的文章，也没有交代产生它的原因和来龙去脉。在上个世纪，人们只是不断地抬高"公开信"的作用和历史地位，没有人提出和研究其产生的依据问题。新世纪以来，宋健和田雪原都有意无意地向人介绍他们在 1980 年 2 月 13 日发表的中国人口的"百年预测"中提出"一对夫妇生一个孩子"是解决中国人口问题的最佳方案以后，中共中央书记处在 6 月 26 日召开了一个关于计划生育工作的会议，接受了他们的建议并用"公开信"的方式提出了"只生一个"的政策。关于"一胎化"生育政策早在"公开信"之前就已经被有关部门执行的情况，我已经在前一篇文章中阐述清楚了，这里不再赘言。因为在他们这一思想误导下，中共中央书记处在"公开信"发表前曾经有 6 月 26 日召开的一次关于计划生育工作的会议，所以，包括笔者在内的大多数人也都以为党中央是在这次会议上决定以中央的名义给全体党团员发一个"公开信"的。但是，查国家计划生育委员会关于这次会议的介绍《中共中央书记处会议听取陈慕华关于人口和计划生育的汇报》中，却没有任何有关"公开信"的信息，更不要说有关决议或决定了。由于文字不长，全文转述如下：

1980 年 6 月 26 日，中共中央书记处召开会议，由中共中央政治局常委、中共中央总书记胡耀邦主持。会议听取并讨论了中共中央政治局候补委员、国务院副总理陈慕华关于人口和计划生育的汇报。

这是近 30 年来社会了解这次中央书记处汇报会议情况的唯一来

源。国家计划生育委员会整理的这段文字没有注明来源。但是，熟悉党和政府文秘规则的人都知道，国家机关对中央的正式会议的传达和宣传，都是有严格纪律的。这段文字应该来源于中央书记处会议后的规范的会议通报。由上述文件引述可以确定，

这次会议仅仅是听取和讨论了陈慕华的工作汇报，但没有形成任何决议和决定。否则，不用说会议有重大决议或决定，即使明确有一般性的决议和决定，中央关于会议的通知和通报上不可能不作反映，国家计划生育委员会整理的党中央有关自己工作的重要精神更不可能发生遗漏。要知道，会议有关决议、决定才是相关会议精神的反映和灵魂。什么是决议、什么是决定？根据新华词典解释的决议这一条目，是指"经会议讨论，表决通过的议案"。关于决定，是"对如何行动定下主张；也指所决定的事项"。这就是说，如果说"公开信"是 1980 年 6 月 26 日中共中央书记处会议的产物，那它也不是这次会议的正式决议和决定。

第二，进一步分析，即使"公开信"是这次会议的产物，那它也不是主持会议的胡耀邦提出来的。至少，不是胡耀邦明确和强调提出来的。否则，作为主持会议的政治局常委、总书记胡耀邦在会议期间或者最后总结、结论中明确提出的意见，也一定会作为会议的一般决定写进会议的通知和通报中去的。根据会议通知和通报中并没有包含颁布"公开信"的内容来推测，如果发布"公开信"与这次会议有什么关系，那也是个别与会的书记处成员比如胡乔木即兴提出的临时动议，而作为会议主持人胡耀邦可能没有明确响应，但也没有表示反对，自后却被胡乔木一步一步推动而做成的一件事情。因为，按照党和政府的议事规则，胡耀邦作为会议主持人，如果在会议上肯定了某位领导同志的意见和建议，或者在总结的时候肯定了这一意见，都可能作为会议的决定和决议写进会议的通报里。相反，反映会议精神的通报中丝毫没有提到有关"公开信"的内容，至少说明它既不是该次会议的正式决议和决定，也未曾得到主持会议的胡耀邦的肯定和附和。

那么，"公开信"是怎样决定产生的呢？邓力群《国史讲谈录》中，伍绍祖的一段话可以引出另外一种假说。伍绍祖在谈论王震的功绩时说：

有次钱学森问我说宋健当科委主任是你推荐的，我说我哪有资格推荐他呀。后来我才搞清楚，宋健写了一篇文章，用系统理论讲我国人口问题。王震看了以后，就口授批语，推荐给乔木同志……

伍绍祖曾是团中央的干部，70 年代初由胡耀邦推荐给王震当秘书。他所讲述的这段故事发生的时候，钱学森在政治局委员、王震副总理分管的国防科工委担任副主任，伍绍祖任国防科工委科技干部局局长，宋健为国防科工委所属的七机部二院副院长。所以，伍绍祖的叙述当有一定的可信度。按照这个说法，因为王震的推荐，宋健得到中央书记处书记胡乔木的召见。具有诗人气质和善于激动的胡乔木把宋健当作难得的科学家接待，并聆听其关于中国人口无限膨胀，人满为患，将来地球上没有住的地方，以细菌为食，所以必须实行国务院计划生育领导小组提出的"一胎化"和实现零增长，等等。负责党中央的文件起草和分管宣传工作的胡乔木为之动容，要其起草一个号召党团员带头自觉实行计划生育的倡议书，以党中央的名义发出。如果历史果真是这样，那么，胡乔木才是"公开信"的直接推手。

虽然说由于得不到产生"公开信"的确切依据，以上两种情况都属于假设。但是，从通过相关人所透露出的点滴信息来分析，后一种情况要比前一种情况更为可靠一些。因为，前一种情况即 6 月 26 日书记处汇报会议决定颁布"公开信"的假设没有任何资料支持，而借助胡乔木推动的后一个理由至少有这样几个点可以支撑。第一，"公开信"最初的起草者是宋健，而不是国务院计划生育领导小组及其办公室。如果是会议决定以中央名义给党团员发布公开信，按照党和政府的办事规则和组织程序，起草任务要么由中央办公厅负责，要么就直接交给国务院计划生育领导小组及其办公室，无论如何不会交由计划生育部门以外的科技人员去做。这只能是胡乔木与宋健两人交谈甚欢，被其打动，最初由个人提出的建议。第二，宋健起草的"公开信"初稿完成后，给中央写的信和回给宋健的信，都是胡乔木和宋健之间的往来。第三，按照所谓参与其事的当事人的回忆，宋健等人的稿子被否定后，中央书记处研究室负责人召集国务院计划生育办公室起草班子的人开会，传达胡乔木关于"公开信"的要求。第四，田雪原曾说，1980 年 3-5 月份他在参加所谓的"5 次中央人口座谈会"的时候，宋健已经在起草"公开信"的工作。如果这个说法属实，那么，"公开信"更与书记处汇报会和胡耀邦无关，而与胡乔木的关系更为密切。第五，后面我们还要谈到，由于几个稿子都不可用，胡乔木则亲为冯妇。

一个被世人奉为神圣的中央文献，怎么可能是这样？但是，历史往往就是这样。被后世奉若神明的东西，在其产生的时候不仅一点也不神圣，而且还有那么点平凡和偶然。

二、"公开信"产生时的政治背景

1980 年前后，是我国历史发生重大转折的时期。毛泽东去世以后，华国锋执政是我国走向新时期的一个过渡阶段。1978 年 12 月召开的党的十一届三中全会上，陈云当选为党中央副主席，开始确立邓小平和陈云在党中央的实际领导地位。但是，华国锋仍然是这个时期主持中央工作的党中央主席、国务院总理和中央军委主席。邓小平解决华国锋问题和逐步建立"邓小平—胡耀邦以及接替华国锋的国务院总理职务的那位领导人"政治体制是同一个问题的两个方面。在三中全会稍后召开的中共中央政治局会议上，决定设立秘书长、副秘书长，负责中央日常工作，并确定胡耀邦担任秘书长。 经过一年多的试探性工作以后，1980 年 2 月，中共十一届五中全会上，选举胡耀邦、接替华国锋的国务院总理职务的那位领导人为政治局常委。会议决定设立中共中央书记处，作为中央政治局及其常务委员会领导下的经常工作机构，并选举胡耀邦为总书记。复杂的问题常常都是在最容易解决的环节上突破的。在解决华国锋问题上，无疑从解决党政不分的问题要求华国锋让出国务院总理的位置最容易实现。3月17日，中共中央决定撤销一年前成立的以陈云、李先念为正、副组长的国务院财政经济委员会，成立以准备接替华国锋的国务院总理职务的那位领导人为组长的中央财经领导小组。4月17日，人大常委会任命准备接替华国锋的国务院总理职务的那位领导人、万里为国务院副总理。4月25日，华国锋主持召开国务院常务会议，决定准备接替华国锋的国务院总理职务的那位领导人协助华国锋主持国务院日常工作。8月18至23日，中共中央召开政治局扩大会议，决定向全国人大建议华国锋不再担任国务院总理职务，由接替华国锋的国务院总理职务的那位领导人接替。9月11日，五届全国人大三次会议决定接替华国锋的国务院总理职务的那位领导人为国务院总理。11月10日到12月5日，中共中央政治局会议同意接受华国锋辞去党中央主席和中央军委主席职务的请求，并决议向六中全会建议同意华国锋辞去中央主席、中央军委主席职务，建议选举胡耀邦为中央主席职务，邓小平担任中央军委主席职务。会议决定六中全会前暂由胡耀邦主持中央政治局和中央常委工作，由邓小平主持中央军委工作。1981年6月，中共十一届六中全会选举胡耀邦为中共中央主席，选举接替华国锋的国务院总理职务的那位领导人、华国锋为中央副主席，选举邓小平为中央军委主席。至此，终于完成了我国上个世纪80年代以邓小平为核心、胡耀邦和接替华国锋的国务院总理职务的那位领导人处于我国党政第一线领导职位的政治格局。

然后，我们再看这一背景下的"公开信"。根据胡乔木7月10日给宋健的回信来判断，因为宋健7月6日已经完成"公开信"的初稿，所以，无论上述"公开信"起因的两种假说哪一种情况，起草的时间至少都被推到了1980年7月份之前。如果按照田雪原的说法，不仅"公开信"的起草要提前到1980年的3-5月份，而且陈慕华给中央书记处汇报会的最初安排也要提前到5月12日。这就把"公开信"的起因追朔到了3月份，那是设置中央书记处和胡耀邦担任总书记都不满一个月的时候。3月8日，中共中央书记处才召开第一次书记处会议。设置中央书记处和让胡耀邦担任总书记，是邓小平解决华国锋问题的起步和开始。华国锋也是经过长期党内斗争成长起来的政治家，不可能没有一点觉察。所以，这一个时期的华国锋不可能对人口和计划生育这一类问题有较大的思考和决定。胡耀邦主持刚刚设立的中央书记处的工作，也必须服从邓小平政治战略的大局，属于配合性质，暂时在中国全局性或者较大的局部工作方面还不能做出较大动作。所以，至少是在3月份陈慕华准备向中央书记处汇报召开人口和计划生育问题座谈会的时候，刚刚走马上任的胡耀邦还不可能有出台有关计划生育重大政策的意愿。

再说，胡耀邦和其他新当选的中央书记处书记们也暂时都还不具有制订重大决策的主观条件。中共中央书记处为什么要召开会议听取和讨论陈慕华关于人口和计划生育汇报？一方面，我们需要记着刚刚设立的中共中央书记处既是恢复"文化大革命"前党和国家的政治领导体制，同时又是从华国锋手上分权。中共中央书记处需要通过加强同各个省、市、自治区党委和中央部委的工作联系，建立起直接的中央和地方、中央和中央直属机关之间的政治隶属关系。另一方面，新当选的11位中共中央书记处书记大都是从地方或者部门性的工作岗位选拔上来的，既不熟悉党和政府的全局性的工作，也不熟悉其他地方和部门的工作。一个一个地方和一个一个部门分别向书记处汇报工作，是达到这两个目的的最好途径和办法。应该说，最初安排在5月12日的中共中央书记处关于人口和计划生育工作汇报会，就是在这样的情况下发生的。由这样的前提条件召开的中央书记处会议对于胡耀邦和其他书记处成员本来就带有学习和熟悉工作性质，而不可能到任伊始就要出台重大的政策。不要说这一时期党中央和国务院新到职的领导人与邓小平陈云具有相同的政治理念和看法，即使对一些局部工作的现状有所不满，也会服从当时的政治大局，以安抚和绥靖为基本策略，等待政治权力顺利移交以后再视机解决。所以，把"公开信"当作中共中央颁布重大政策而产生的重大文献的认识，是不符合历史事实的。

实际上，胡耀邦和接替华国锋的国务院总理职务的那位领导人在 6 月 26 日的中共中央书记处会议上已经流露了对一年前出台的"一胎化"生育政策的担忧。美国的人类学家、人口学家 Susan Greenhalgh 曾经对于我国 1980 年后的计划生育政策决策问题进行了 20 多年的跟踪研究，根据她对参加这次汇报会的宋健等一些当事人的采访，"胡耀邦用'这些数字不得了'这样的评论表达了对中国人口数字的失望。""他不停的问'行吗？行吗？'。同时，也被一孩政策的负面社会经济后果所困扰——关于劳动力、新兵兵源、独生子女的教育等问题——以及其他的一些问题，都表示了担忧。"她在新出版的书中继续写道："我的被调查者也把接替华国锋的国务院总理职务的那位领导人置于持怀疑态度的人当中。""宋健说，仍未说服接替华国锋的国务院总理职务的那位领导人，但是他的立场只是少数派。"所以，在这样的情况下，主持会议的胡耀邦不会也不准备做出重大决议或决定。即使"公开信"与这次会议有什么联系，那也只是胡耀邦为总书记的中央书记处的一种具有临时和过渡性的安排。如果"公开信"仅仅是经胡乔木直接推动而产生的话，那他就只能是出于宣传工作的需要而撰写的一篇具有宣传和倡导性的文章。

三、"公开信"的作者是谁？

按照我们党和国家的惯例，"公开信"是以中共中央的名义发出的，它已经成为党的文献，属于集体的结晶，中央某位领导当时的具体态度如何，以及原来的文字作者是谁，等等相关的这一类问题都已经不是很重要了。何况，党的文件往往经过许多个领导的审阅和批改，最后形成的文字都与起草文字有了较大的变化。但是，由于几十年来有关部门把"公开信"拔高到不适当的位置，人口学界也常有人愿意把自己和它联系在一起，借炒作"公开信"来抬高自己。

说到这里有必要就我们党和国家几十年来的重要文献产生的一

般工作程序做一些交代。通常，党和国家具有全局性的文件、文献当然是直接出自于中央机关的。譬如中央全会、中央工作会议上以及政治局会议上的文件、文献，以及相关的领导人的重要讲话，一般都是来自于中央机关或者相关的领导人组织的专门的文件起草班子。而以中央名义发出的具有部门工作性质的文件和文献，以及以中央名义召开的具有部门性质的会议产生的文献或文件，除了完全来自中央机关以外，往往会由主管部门提供相关资料，然后由中央机关负责文件的起草；有时甚至于基本上由主管部门起草文件经中央机关把关修改后再通过一定的程序以中央的名义发出。就中央和部门的关系来说，实际工作部门往往愿意先由自己起草相关的文件，可以把本部门的一些基本诉求通过中央的口说出来。对于类似中央书记处听取人口和计划生育汇报会之类的中央会议所产生的文件，如果是会议前拟定要做出的决议或决定，而且时间和其他条件许可，往往都是由相关部门和中央机关联合起来在会议之前起草的。

了解了一般情况下的中央文献的可能产生方式以后，再来讨论"公开信"是谁起草的。

首先需要明确的是，如果把"公开信"当作是 6 月 26 日陈慕华给中央书记处汇报会议的产物，那么，它也不是会议前就有准备的。因为，它不是通常的会议已成决定了的决议案或者重大决定。相反，它可能出自会议期间或者会议即将结束时某领导人的临时性的动议。由于属于临时性动议，会前不可能有准备，而会后的起草工作落在谁的头上就有了极大的偶然性。

其次，无论"公开信"的起因是前面所推论的两种情况的那一种，30 年来的传说和现在的资料证明，最初的起草者都是宋健，或者说宋健是最初的起草者之一。1980 年 7 月 10 日，胡乔木给宋健的信说：

7 月 6 日的信和告党团员书初稿都看了。

你的文章写得很快，作为一篇文章也很精彩，这表明你不但作为一个科学家，而且作为一个论文作者都是大有前途的。

这篇文章的缺点是不适宜于告党团员书这样的要求。说到材料不尽通俗（按对全国亿万人民说话的标准说）和切合当前主要课题，广大群众最关心的问题解答不够，同时篇幅也长一些，因此建议这个稿子稍加修改作为宋健论文发表，告党团员书请你另写一个稿子。

从胡乔木上述文字中所述的时间推测，"公开信"起源于6月26日的中央书记处的汇报会也有一定的道理。因为，只有当宋健在书记处会议前后开始动笔写作，至7月6日拿出"初稿"，才好说"写得很快"。否则，按照田雪原的说法，宋健自3-5月就开始了"公开信"的写作，可能得不到胡乔木对其"笔头"很快的赞赏。

查同期宋健有两篇文章。一篇是《从现代科学看人口问题》，一篇为《为人民长远利益而少生优育》，都被宋健收入自己的论文集《世纪之鹄》。其中前一篇最早曾在"公开信"发表之后不久在光明日报上发表，约11000字左右。稍后，又以序言形式放在4人联名出版的书中，并增加了"五、人口预测和社会主义建设规划"部分约4000字。该文收入论文集时更换题目为《人口增速必须降下来》，也许是"初稿"时就选定了的题目。因为在光明日报发表时是按照胡乔木的指示以"宋健论文发表"，所以拟写了"科学"题目，收入论文集时就又改了回来。在论文集的题注中说，"本文是作者于1980年7月1日为《人口预测和人口控制》（宋健、田雪原、于景李广元合著）一书写的序言"。但从时间来考察，宋健的"初稿"应写于1980年7月6日之前，7月1日当是"公开信"初稿未完成时。作为序言而出版的这本书是1982年出版的，田雪原为该书写的"后记"签署日期为"1980年9月"，其中说"本书修改过程中，《中共中央关于控制我国人口增长问题致全体共产党员、共青团员的公开信》发表了。"说明那部书稿并不急于要在7月1日发稿，以至于宋健在给中央起草的文件还未曾完成的时候又急于写作这篇"序言"。所以，这篇先在光明日报发表，后又以序言形式出现的文章，当是胡乔木所见到而被否定的"初稿"。后一篇《为人民长远利益而少生优育》约 6000 字，在《世纪之鸹》中题注说"本文是作者于 1980 年 7 月为起草'中共中央告全体共产党员、共青团员和全国人民书'所写的参考材料"，比较符合胡乔木要求的"全文最好能不超过 5000 字"，该是宋健按照胡乔木要求"另写"而又被否定的第二稿。所以，宋健曾领命为"公开信"起草过两个稿件，但最终都未被选中。

据传，刘铮也曾为"公开信"起草过初稿。但是，至今没有直接的文献证明刘铮何时受命的。不过，从《刘铮人口论文选》中有一篇文章，题为《向人口自然增长为零进军》，全文约 10000 多字，其文体与发生的时间，都与"公开信"的起草较为接近。该文注明发表于 1980 年第 3 期《四川大学学报》。经查对，该期并未刊登刘铮的稿件。但是，这不影响对刘铮稿件性质和写作时间的判断。可以做这样的推测，即四川大学学报曾经许诺该期刊登刘铮的这篇文章，后因故未能刊登。可能是刘铮在该文的底稿上按照该刊的承诺注明发表在该期期刊上，刘铮去世后，中国人口学会和中国人民大学人口研究所负责整理《刘铮人口论文选》的工作人员和出版社编辑都未曾核对，就这样出版了文集。这也难怪。在为刘铮整理遗著的人的眼里，像刘铮这样的大家能在《四川大学学报》上发表文章，当是屈尊就驾，为该刊增光的，不应有什么问题，所以是无需核对它的。笔者初读文章时曾判断，如果该学报当时属于双月刊，那么，从时间上来说就不是为"公开信"做准备；如果属于季刊，则有可能是。该刊当时由四川人民出版社出版，季刊。该期发稿时间为 1980 年 8 月 10 日。由此推测，这也是一篇被否决了的"公开信"初稿。由于胡乔木给宋健回信中已经说"全文最好能不超过 5000 字"，而刘铮的文章与宋健的"初稿"篇幅相当，说明起草时间不是在宋健的两篇稿件都被否决以后再寻找刘铮，而可能是刘铮、宋健同时领缨。其次，根据宋健、刘铮两人的初稿都以"人口零增长"目标为主题和文字超过 10000 多字来看，似是两人同时接受任务，但宋健年轻并略赋才华，很短时间就拿出了初稿，所以捷足先登。待刘铮的文章写出来后，传达胡乔木对宋健"初稿"的意见，仅仅从篇幅上来说就不符合要求，也许这篇文章"胎死腹中"，就未送达胡乔木的案头。刘铮受到胡乔木信中建议宋健的初稿"作为宋健论文发表"的传达所启示，也就以"刘铮论文"的方式送给《四川大学学报》（至于该刊因故未能发表，那是另外一个问题）。顺便指出，从刘铮、宋健两者文风相近而与发表的"公开信"却迥然有异来看，一方面固然是无论人文学者或者自然科学家对于写作宣传性的文书都不得要领，另一方面也可能是初期关于形成一个"公开信"的动议者自己要求完成的文章是个什么样子也不是很清晰。

相传，国务院计划生育领导小组办公室的王连城等人也曾为"公开信"做过起草工作。近日，张敏才同志递交南京召开的中国人口学会的会议上的一篇文章说在当时的陈慕华和国务院计划生育领导小组副组长、办公室主任栗秀珍的领导下，有一个由王连城、张敏才执笔起草"公开信"的班子。按说，"公开信"是那么重要的历史文献，张敏才自称又是文件起草的两位执笔者之一，现在身体健康、思想清楚，拿出当时的工作笔记和最后递交的稿子，叙述出自己亲历的历史过程，不只是很容易的事情，而且拿出历史凭证，众多的疑问和争论必然烟消云散。遗憾的是，他请博士联手合写的党和国家历史上的大事的这篇文章，不仅叙述自己经历的事情没有时间、地点，连叙述党和国家、领导人的事情，也一概没有来源和出处。所以，没有他的文章还好些，他的两篇文章出来后不仅未能消除原有的疑团，反而又增添了许多的疑问。第一，张敏才的文章说对于"公开信"的讨论和发表，"党中央、国务院和有关部委领导同志、有关专家教授倾注了大量的心血和智慧。特别是邓小平、陈云同志给予了坚定的支持。"但不知道党中央、国务院，以及邓小平、陈云，都是怎样具体支持的？第二，文章说"胡耀邦总书记当即决定以中央名义写一封致全体共产党员共青团员的公开信"，不知道胡耀邦的"当即"是在什么时候和什么场合？第三，张敏才最初的文章说"公开信"起草班子有包括宋健、刘铮在内的 8 人组成，宋健、刘铮分别先写了一个稿子，后面又说胡耀邦"钦点"宋健"为《公开信》起草人"。是先有起草班子，还是先有宋健起草的"初稿"？第四，张敏才说"宋健很快写成了两万多字的初稿"，刘铮也写了一个"六、七千字"的稿子。如前我们考证，宋健、刘铮的文集里出现的都是 10000 多字的文章，并没有他说的"两万多字"和"六、七千字"的文章。是不是宋健、刘铮相约自己的文集中不收对他们都很重要的文章？第五，张敏才文章说"由于宋健、刘铮很忙，会议确定，由王连城、张敏才执笔。""公开信"显然属于党和国家的天大一样的重要事情，宋健仅仅是七机部二院的一个副院长，刘铮是一个大学研究所的所长，能有什么忙的而不能执笔写党中央交办的天大的文章大事？既然很忙，他们如何又已经都写出过一个稿子？再说，由他们继续修改此前的稿子，总比别的人重新执笔要省事吧？第六，按照张敏才的说法，经过前后"六稿"，由他和王连城执笔已经写出了一个"基本接近发表时的样子"的稿件。熟悉那个年代的人都知道，有条件的中央机关都有一个小型印刷厂为写作班子服务，每写出一稿，根据需要排印出若干份"讨论稿"或者"送审稿"。没有条件的机关也必然有一个打字室。这么重要的事情，张敏才同志手上一定会保留一份或者若干份的。特别是那份"基本接近发表时的样子"的稿件，一定存留在手，何不拿出来让世人增长点见识？第七，张敏才先是说那个"基本接近发表时的样子"稿件"又经过胡乔木同志审阅修改"，后又改为"胡乔木、陈慕华等领导同志又作了修改和润色，然后提交书记处讨论定稿。"既然已经"基本接近发表的样子"了，还又有那么多领导审阅、修改和润色？是胡乔木审阅修改在前、陈慕华修改和润色在后，还是陈在前胡在后？你们起草的"公开信"是提交中央书记处哪次会议上讨论通过的？第八，按照我们党的会议的规矩，领导们讨论和通过重要文件时，文件的起草者一定会列席会议听取领导们的意见以备文件的修改。张敏才同志一定参加了那次书记处会议的讨论，然后才由他和王连城两位执笔人"定稿发表"的吧？

其实，张敏才的添乱还不止这些。如果把他和栗秀珍的讲法对照后，就还有几点疑问。栗秀珍在回顾她的副手于旺的工作时说，于旺"参加中央办公厅为起草《中共中央关于控制我国人口增长问题致全体共产党员、共青团员的公开信》召开的座谈会和公开信初稿的讨论修改"。于旺当时是国家计划委员会科技文教局副局长兼国务院计划生育办公室副主任，栗秀珍回顾于旺曾经做过的工作，参与"公开信"是栗秀珍所列举的不多的几项工作之一，说明于旺曾经在"公开信"产生过程中占有重要位置。张敏才在他的起草班子里没有于旺，甚至于连"公开信"形成的整个过程中竟然都没有提到他。张敏才叙述的这一阶段历史里任北京军区计划生育办公室主任，于旺人国务院计划生育办公室副主任。在我的印象里，国务院计划生育办公室和全军计划生育办公室的交往还没有与张敏才任主任的北京军区计划生育办公室交往频繁。所以，张敏才不会由于不熟悉而遗忘了于旺。那么，我们就需要搞清楚"公开信初稿的讨论修改"过程是没有于旺还是没有张敏才，或者张敏才、于旺都参加了，只是没有参加同一个"公开信"的产生过程。其次，按照栗秀珍的说法，是中央办公厅召开的座谈会和"公开信"的讨论修改，而张敏才始终说的是中央书记处研究室。中央办公厅和中央书记处研究室可不是一回事，这是中共中央直属的两个并列的办事机构。是不是张敏才和栗秀珍说的"公开信"不是一个"公开信"，中共中央在历史上曾经颁布过两个计划生育的"公开信"？可见，有了张敏才以后，原本不清的问题不仅没有清晰了点，反而是更乱了。

按照栗秀珍的说法和胡乔木给宋健的信件来拼凑当时的事件，第一，如果"公开信"与1980年6月26日中共中央书记处会议相关，起草时间则不会在该次会议之前。否则，按照党和政府相关会议的规则，该次书记处会议的议程上则应该安排讨论和通过这一文献。第二，如果需要发布一个类似于"公开信"的决定是该次书记处会议上确定的，那么，按照党和国家一般的工作程序，起草的任务应该交中央办公厅或者国务院计划生育领导小组，而不是刘铮、宋健个人。第三，如果按照田雪原所说宋健从1980年3—5月与他所参加的"中央 5 次人口座谈会"同期开始了"公开信"的起草工作，而 6 月 26 日的中央书记处会议有没有讨论通过"公开信"，那就说明该文献与这次书记处会议无关。第四，在排除了书记处会议以后，胡乔木接见宋健产生发表"公开信"的可能性就极大。第五，因为刘铮和宋健的两份稿件都不可用，甚至于都不具备修改后使用的条件，而胡乔木又没有时间和精力来抓这件事，这才有了胡乔木指示中央办公厅出面召开起草"公开信"的座谈会。第六，中央办公厅召开起草"公开信"的座谈会时间应该是宋健上缴的第 2 个稿件之后，即 7 月下旬到 8 月上旬之间。第七，中央办公厅关于"公开信"座谈会又把起草工作落实到了国务院计划生育办公室的头上，因为，按照常规，这项工作本来就应该由中央办公厅或者国务院计划生育办公室来做。中央办公厅召开相关部门为中央起草文件，部门的领导负责把关是其应有的职责。这就有了栗秀珍所说的于旺参加了该项工作。至于国务院计划生育办公室的起草班子有多少人参与和谁参与了该项工作，需要具体鉴定参与这一词的内涵。该项工作是一个长达两个多月的事情，按照我们党和政府的做法，写作班子一定住进某个招待所或者宾馆，除了直接的执笔者以外，还有不同程度地几个稿件的讨论参与者，还有为写作组服务的驾驶员、打字员、服务员和厨师等后勤工作人员。30 年后，这些人如果健在，都可以说曾经参与了其事。不过，我认为国务院计划生育办公室起草的稿子最终也和刘铮、宋健的稿件一样被否定了。发表的"公开信"是中央另行起草的一份稿件，宋健、刘铮和国务院计生办的稿件都没有用上，最多如宋健所说为中央起草"公开信"所写的"参考材料"的作用。

应该说，鉴定"公开信"作者的最好办法是将保存在中央档案部门的这一文献的底稿拿出来鉴别。如果这一条路走不通，那么，判断文稿作者的方法有似鉴定文物，可能不是依据许多确凿的直接证据而全凭鉴定者悟性来判断。文章读多了，特别是出自于大家的手笔，即使第一次阅读也会有似曾相似的感觉。从文风来看，"公开信"应出自于胡乔木之手。胡乔木文化大革命前曾任毛泽东政治和文字秘书 20 多年，具有诗人气质，笔下极富文采，从延安时代到 60 年代初的党和国家许多重大文件都出自其笔下，是毛泽东时代的党内极有才华的"秀才"之一。60 年代初到 70 年代中，有 10 多年养病赋闲。邓小平第二次复出的时候曾启用他为国务院政治研究室主任，负责一些大的材料。党的十一届三中全会后，中共中央政治局会议确定胡耀邦任秘书长，胡乔木和姚依林为副秘书长。十一届五中全会上新设立中共中央书记处，胡耀邦当选总书记，胡乔木为书记处的 11 位书记之一，负责材料、起草文件、分管宣传和意识形态。如果说胡乔木在此前常常为毛泽东、邓小平等党和国家领导人捉刀代笔，即使已经习惯于模拟领导人的口吻和心态写文章，但毕竟是为别人写东西，需要揣摩被代笔者的意图和模拟别人的心态进而推敲和选择适当的文字。这样的文章，文笔再好也不属从心而发或自然流淌。现在上升为国家领导人，像"公开信"这一类以中共中央名义发布的宣传性质的文章则基本上由他来决定取舍，捉刀、把关融为一统，其文也炉火纯青，渐进佳境了。

四、"公开信"为什么于 1980 年 9 月 25 日发表？

这一个问题该是"胡乔木是'公开信'的作者"的继续论证和深入讨论。

文风是通过文章的具体内容来体现的。笔者判断胡乔木是"公开信"的作者，还因为该文在具体处理胡乔木给宋健回信中所提起草告党团员书应通俗、解答广大群众最关心的问题和篇幅不要太长等各项基本要求时，把各个方面处理得恰到好处。因为我们已经看到宋健、刘铮为"公开信"起草的文章，排除了他们是文本的作者。现在需要在胡乔木和国务院计划生育办公室组织的起草班子之间进行选择。根据"公开信"的基本精神和文章内容来分析，完全可以排除选用后者稿件的可能性。第一，"公开信"一开始就说："为了争取在本世纪末把我国人口总数控制在 12 亿以内，国务院已经向全国人民发出号召，提倡一对夫妇只生育一个孩子。"把"一对夫妇生一个孩子"说成是国务院的号召，不是国务院计划生育办公室的语言。我们知道，一对夫妇只生育一个孩子是计划生育部门已经推行了一年多的一项重要政策。该项政策一年多来，从党中央主席华国锋和党中央副主席邓小平、李先念和陈云都有明确的讲话或谈话，而且有些讲话还是在中央会议上产生的，国务院计划生育领导小组及其办公室怎么会把自己一年多来执行的政策仅仅看作是未经过中央批准而由"国务院"发出来的号召呢？需要提请读者注意的是，"公开信"把"提倡一对夫妇只生育一个孩子"的政策当作国务院而不是党中央、国务院共同提出的政策构成整个文章的基调，说明该文不仅不会来自于国务院计划生育办公室写作班子的笔下，甚至于都排除了胡乔木是在前者的稿件上改动和修改的可能性。

第二，虽然"公开信"发布以后有关部门又把其当作中央认可的一份重要文件而把"一胎化"当作完全合理合法的政策在全国予以强制推行，但是，我们仔细研读全文就可以发现，该文却完全是站在"鼓励""提倡"的本来的词义上写就的。原本意义上的鼓励和提倡，不仅和当时的实际部门所执行的政策有着原则的区别，而且也和全国正在发生的现实有着明显的反差。整篇文章浸透着这样的气息，只能出自于对现实不很了解的、具有文人品格的胡乔木之手，而不会来自于对现状有清楚地了解的国务院计划生育办公室的起草小组。

第三，上文曾经交代，以中央的名义发布具有部门工作性质的文件，有关部门会有强烈的积极性在于起草稿可以用中央的名义反映相关部门的诉求，可以把主管领导的意图和观点用中央的名义发出。一年多来，陈慕华为推行"一胎化"提出了许多理论观点，有不少还是以中央政府的名义提出来的，比如要求各地制订计划生育试行条例和对超计划生育给予经济限制、世纪末实现零增长的人口目标和分两步走的发展方案、把工作重点放在"最好生一个"上来、一对夫妇最好生育一个孩子是1979年以来开展计划生育工作的实践中总结出来的好经验和解决我国人口问题的战略任务，等等。特别具有重大意义的是，陈慕华先在一次内部报告中要"农村百分之八十，城市百分之九十夫妇一个孩子"，不到一个月又进一步要求"城市百分之九十五、农村百分之九十的育龄夫妇只生一个孩子"。但是，以上许多重要信息在"公开信"中都没有得到反映，这是来自相关部门起草文件时不可能有的事情。

第四，"公开信"所持的政策理念仍然是 1979 年以前甚至于是 70 年代以前党和政府提出来的并且坚决要求遵循的原则，比如"计划生育涉及到家家户户的切身利益，一定要把思想工作放在首位，坚持耐心细致的说服教育。""每个同志都要积极地耐心地向周围的群众做工作，每个做计划生育工作的同志都要成为宣传员，帮助群众解决思想问题和实际问题，并且坚决不干强迫命令违法乱纪的事，也劝说别人不干强迫命令违法乱纪的事，以便正确地实现国务院的号召，促进社会主义四个现代化的实现。"由于主管部门深切地了解到"一胎化"政策的实际执行情况，这一类的原则在该政策出台后已经不再在相关的文件中去强调了。

第五，"公开信"中反映出不少是党和政府自 50 年代中期提倡节制生育和计划生育到"文化大革命"这一时期的政策，从 1979 年实行"一胎化"生育政策以后计划生育管理部门已经不再提及或者已经很少再提及的一些信息，譬如晚婚晚育、移风易俗，宣传教育、技术指导，群众利益和耐心的思想教育工作，等词汇都是"文化革命"以前的口吻。同时，近期的零增长目标之类的说辞却一点都没有。所以，"公开信"发表在那个从上到下强制要求"只生一个"的具体背景下，文章给人亲切、温馨的感觉同时又有写作者似乎是"桃花源中人，不知有汉，遑论魏晋"的感觉。这些情况，也都符合文化大革命赋闲和超脱于计划生育实际工作的胡乔木的身份。

另外，"公开信"以回答群众疑问口吻回答的一些人口专业方面如人口老化、劳动力资源和"四二一"等问题，这都是由笔者在 1979 年 12 月召开的全国第二次人口理论讨论会上首先提出来的。在此之前，除了陈慕华曾在几个场合口头上予以回应以外，宋健田雪原按照陈慕华的口径在几篇文章里也有过答复和反驳。1980 年春、夏约半年的时间里，我曾经有过 5 篇文章与之交锋。"公开信"中对我提出的以上问题分别予以了回应，虽然内容仍都是重复陈慕华和宋健田雪原，但语气和缓，口吻与前者绝然不同。

还有，我讲到的文风，这是一种素养。"公开信"朴实无华、语气平和，完全是早期党的宣传干部向人民群众做宣传、鼓动工作所修炼出来的一种特有文风，即使对于像笔者这样作为对立观点的人抛开具体的思想认识来阅读，也感觉到这是一篇优美的散文，是经过文化大革命书写大字报和批判文章、特别是在权力部门熏陶下新成长的一代宣传理论干部写不出来的。

除此之外，从时间上来推测，胡乔木也有条件成为"公开信"的作者。

从现在所得到的材料推算，1980 年 7 月 6 日以前是宋健、刘铮写作第一个"初稿"的时间。因为宋健"文章写得很快"，按照胡乔木的建议他写的第二稿也以两周左右的时间计算，计划生育部门开始工作的时间该是 1980 年 7 月 20 日前后，距离"公开信"发表时间仍长达两个月之久。一篇不到 3000 字的文章何以会用国务院计划生育办公室的笔杆子们这么长的时间？主要的原因，该是期间的稿件一直不能令胡乔木满意。但是，胡自己又没有过多时间与起草小组磨合，更没有具体时间投入修改或重写。

胡乔木从担任中共中央副秘书长时开始分工负责中央重要文件的起草工作。1980 年 2 月当选为中央书记处书记前后的这一段时间，除了应对日常工作外，同时负责建国后党内若干历史决议起草、党章修改和宪法修改等 3 项重要文件的起草和修改工作。特别是从 1979 年 10 月底开始，在邓小平领导下主持一个规模很大的写作班子起草《关于建国以来党的若干历史问题的决议》。1980 年 3 月 19 日，以及 4 月份，邓小平召集胡耀邦、胡乔木等做过几次关于如何起草历史决议和有关决议的原则问题的重要谈话。此后，除了书记处会议讨论外，胡乔木还接连几次召集起草班子传达和讨论邓小平的指示。5

月 23 日，胡乔木用了不到 10 天的时间，写出一个草稿。6 月 27 日，即中共中央书记处听取陈慕华关于人口和计划生育汇报会后的第二天，邓小平召集胡耀邦、胡乔木等谈看过第一个草稿后的意见，明确否定了这一个稿件。邓小平说："不行，要重新来。"为此，"稿子只得推倒重来。一时间，胡乔木的压力很大。"所以，中央书记处关于人口和计划生育汇报会以后，胡乔木要把主要精力投入到由邓小平交办的更为重要的"历史决议"上去。经过几次中央书记处会议讨论以后，从 7 月上旬开始，胡乔木连续召开起草小组会议座谈讨论"历史决议"的起草问题。7 月 22 日，胡乔木给邓小平信说，我和邓力群已经开始重写。8 月初，印出一个接近完成的稿子。又经过将近一个月的功夫，9 月 10 日，才修改出一个较完整的稿子。这就是说，当公务员计划生育办公室的秀才们执笔写作"公开信"初稿的时候，胡乔木也正在紧张地投入到"历史决议"的写作中。10 号以后，"历史决议"修改稿征求各个方面意见，期间包括召开各省、市、自治区党委第一书记座谈会，虽然仍会牵扯胡乔木很大精力，但是，与执笔写作相比较，毕竟有了相对宽裕的时间。很有可能的是，胡乔木就是在 9 月 10 日的历史决议未定稿完成后，开始抽出时间阅读并参考包括宋健、刘铮和国务院计划生育办公室起草稿在内的相关材料，写出了《中共中央关于控制我国人口增长问题致全体共产党员、共青团员的公开信》。

为什么选择 9 月 25 日发表？根据我的推测，发布"公开信"的动议是由胡乔木提出来的，而书记处会议后长时间写不出满意的稿子。9 月 26 日是书记处会议后将满 3 个月的日子。如果胡乔木的稿子是在 9 月 10 日之后从容写出来的，选择在此之前发表，以示纪念；如果没有从容的时间，他也希望以此为限，赶在此前一天完成和发表。

五、结束语

1980 年 9 月 25 日中共中央致党团员的“公开信”本来只是一份在当时的特殊历史背景下产生的宣传性的文献，30 多年来，有关部门和个人出于不同的心理赋予其太多的功能，以至于全社会都把它看作比一年后由中共中央、国务院联合发布的承载“现行的计划生育政策”的 1982 年 11 号文件还要重要。查“公开信”发布前，6 月 26 日接受陈慕华的汇报是新设立的中央书记处关于计划生育工作的一次重要会议。但是，这次会议并没有明确的决议和决定要就控制人口增长问题发布“公开信”。与此相关，如果查阅当时的党和国家领导人华国锋、邓小平、李先念、陈云、胡耀邦，以及接替华国锋的国务院总理职务的那位领导人等关于人口和计划生育工作的论述，可以发现都没有讲过与“公开信”相关的言论。就是说，上述党和国家领导人在“公开信”发布前没有发表过应该发布“公开信”的话；“公开信”发布后，也没有做过需要认真贯彻落实的批示。这一情况一方面说明发布“公开信”并不是党和国家主要领导人的意见，另一方面说明在党和国家主要领导的层面上也仅把其当作一般的宣传物来看待。根据现有的资料，胡乔木在“公开信”的产生过程中一直起着十分重要的作用。所以，“公开信”很可能是王震向胡乔木引荐宋健的产物，负责中央文件的起草和分管宣传工作的胡乔木才有可能是“公开信”的直接推手。从 1980 年 6 月到 9 月上旬，先后有宋健、刘铮和国务院计划生育办公室起草小组写出的 4 个初稿。但是，抢在 9 月 26 日即中央书记处听取陈慕华工作汇报满 3 个月前夕发表的“公开信”，则是胡乔木连续否决了上述 4 个稿子以后，于 9 月 10 日以后亲自撰写的。

写于 2010 年 7 月—9 月，12 月再修改

（刊发于 2010 年 12 月 21 日）

深圳卫视"22 度观察"的访谈

（2010 年 10 月 26 日）

按语

10 月 16 日，深圳卫视"22 度观察"的学慧女士突然打电话邀请我做"放开二胎"的电视节目，因为平时不看电视，对这个节目的风格并不了解。2007 年曾经接受香港卫视"一虎一夕谈"的电话采访，几天下来，变成又要我担任嘉宾。截止到北京酒店住下后打开电视正好播出"一虎一夕谈"的节目，才知道属于辩论性质，但再撤出已经来不及了。所以，当我落实了"22 度观察"也是那样的性质后，立即就回绝了。我说，你们的节目追求收视率，要求活波、新潮，而我恰好不适合这样的风格。一个老头去电视上与人辩论，首先就不伦不类。其次，我自己想说的话都是经过很久思考的，与你们找的一些没有研究过这些问题的人去争吵，三言五语能讲出什么道理？为此，我建议找个年轻人，头脑灵活，形象也好，并推荐北大李建新教授。在我的心目中，李教授风流倜傥，是人口学界数一数二的美男子。我开玩笑说，李教授上电视，至少可以提高你们电视台的女性收视率。此后几天，学慧女士又为如何制作节目还与我沟通过几次，其中 22 日上午就连续打过 4 个电话。期间有关问题的采访，我都尽可能地给予回答，而涉及到要上电视，我还是予以婉拒。23 日 10 点多钟，因在高速路上，连续几个电话都没有接上。10 点 58 分，学慧女士给我发信息说："梁老师，昨晚我们开会，大家一致认为您的观点非常重要，我们调整了结构，想请您用访谈的形式把这个问题说清楚，您不需要参与辩论。希望您能来……。非常希望您能来。"事情总有凑巧。当天经太原直达上海的机票已经出完，只好经北京周转。因整天在奔波中，也顾不上给她回话。晚上 6 点多到达北京机场，要等 10

点左右的飞机，这才回了个短信。不期，电话马上打了进来，其中一句话又打动了我。她说，翼城县的试点需要在节目中向大家介绍，希望由您来做。我想，既然已经到了北京，与其让别人来介绍翼城县的情况，那还不如由我亲自做。这样，就临时决定退票，留下参加了节目的制作。

那天在去制作节目的路上，听工作人员说正方的嘉宾要由杨子实先生和北京的米律师担当。杨子实和米律师节目现场发挥得很好，豁达、智慧，表现得很秀秀。我是作为特邀嘉宾出现的，就翼城县的试点、经济人口学和计划生育专业方面的问题发了几次言。因节目制作需要，我的许多话被剪掉了。下面的文字是根据我的回忆整理的。

——2010 年 12 月 26 日

1. 当节目主持人问翼城县农民普遍允许生育二胎，并没有出现"人口爆炸"，说明什么？

我回答说：山西省翼城县从 1985 年开始实行"晚婚晚育和延长间隔"、普遍允许农民生育二胎的政策，几十年试验下来，比全国和所在的山西省、临汾市的人口增长水平还低，说明人口发展是有着自身的规律性的，其变化是不以人们的意志为转移的。所以，现行的计划生育制度是没有必要的。我国计划生育是在上个世纪 70 年代后期的计划经济体制下，受了发达国家"人口爆炸"理论影响而产生的。上个世纪 6、70 年代，世界上绝大多数发展中国家刚刚摆脱殖民统治，取得了较快的经济社会发展。随着发展国家人民群众生活的改善，人口死亡率有了明显的下降，人口增长就表现得特别显著。以美国为首的发达国家的政要们害怕发展中国家的人口占世界总人口的比例越来越高、本民族的人口比例所占份额越来越低，有一种恐惧感。就提出了"人口爆炸"的理论，即世界会被发展中国家的人口增长所毁灭。我们国家因计划经济的弊端和"文化大革命"而遇到许多困难，却根本不会想到计划经济有什么问题。在设置了"人口和经济"这一对关系式中，当然就是老百姓生孩子的问题了。

几十年来的历史已经证明"人口爆炸论"是站不住脚的，荒谬的。现在，世界上几乎所有的发展中国家的人口增长率都显示了不同程度的下降。我们国家不同地区因为经济社会发展水平的差异，生育率和人口增长率不同时期有不同的表现，都是正常的。我国的计划生育实际上是脱离开我国经济社会发展不平衡的实际状况，不断用经济社会相对发达地方的生育率和人口增长水平来要求所有的地方。但是，人口的发展还是有它自己的规律性的。山西省翼城县20多年比全国增长水平低，说明并不是政府要求宽松了，老百姓就多生育了，政策严紧了就少生育了。不是这样。老百姓的生育实际上是在选择他们生命和生活中不可缺少的那一部分，这都是由各自的实际生活来决定的。在现实中，老百姓的实际生活千差万别，而婚姻和生育又是老百姓的实际生活。所以，何时结婚、与谁结婚，何时生育、生育几个，以及生育男孩还是女孩，都应该由他们自己来决定。政府如果要插手其间，即使是微弱的要求，都是不实际的。1985年，在翼城县确定了"晚婚晚育加间隔"的政策试验，要求农村妇女23岁以后生育第一个孩子，30岁生育第二个孩子。按说，这样的要求和全国当时执行的"一胎化"比较，是很温和的限制条件了。但是，我在1988年的一次比较大的样本的调查中发现，全县妇女在试点以来的初育年龄平均22岁多，生育二胎的年龄平均27岁多。就是说，农民也没有按照我的政策设计去做。我们城里人总是想当然地看待农民的生育问题，实际上，每个农民都把生育当作自己的生活需要。在我们这些人看来无关要紧的生孩子问题，实际都是每个当事人的生命、生活的一部分。而人民群众每天的实际生活都要受到实际条件的制约，是无法、也不能按照谁的规定去做的，包括不能按照我梁中堂的规定。当然，也不会按照政府哪位长官的规定去做。

老百姓没有按照政府规定政策生育，天并没有天塌下来。在实际中表现的我们都看到了，翼城县有很宽松的政策，增长水平却不高；全国规定了很紧的生育政策，增长幅度却比翼城县还要高。如果放眼世界范围来看，除了我们国家以外，世界上其他国家都没有制订过具体的限制生育的政策，但是，几乎所有的国家的生育率都有了不同程度的下降，而且有的国家比如与我们有相近的传统文化背景的泰国，在过去 30 年里，生育率下降的幅度比我们还要大。所以，我的观点不仅仅是放开二胎的问题，而应该恢复到历史上千百万年的常规做法上面，归还老百姓的自由生育权，让我们国家的公民和全世界其他国家的人民一样自己决定自己的生育。

2. 节目主持人问：为什么翼城县有着平衡的性别比？

我回答说："因为政策宽松。"反方的那位小伙子恼悻悻地抢过话说，那个数据是假的。我没有直接回答他的问题，因为这些都是普查数据，谁有本事对全县的几次人口普查都搞假？我则接着说："凡是政策相对宽松和接近群众生育意愿的地方，性别比都接近正常。比如几个民族自治区内蒙古、西藏、宁夏、新疆，因为这 4 个自治区享受比较宽松的生育政策，出生性别比就比较接近历史以来的正常水平。广西壮族自治区中的壮族因为有一条'超过 1000 万的少数民族和汉族实行一样的生育政策'，广西的性别比就偏高。另外，少数民族人口比例比较高的几个省如云南、贵州、青海等省，也都有着比较平衡的人口性别比。"那位小伙子又抢着说："那是这地方落后，没有 B 超。"我则补充说："B 超早已是很普通的医疗设备了，一般乡镇的卫生院和许多的私人诊所都配置到了。"

3. 在听正、反方辩论时，反方的那位年龄大些的唐教授说，没有必要在农村放开二胎，因为农民实际上一直就是生育二胎、甚至于二胎以上。

我发言说：我研究人口政策有时也论证将来的老化和社会负担等等问题，但最主要的还是立足于当前。30 年来我国农民实际生育的就是二胎和二胎以上，我们却规定只允许一个或一个半。这正是应该放开生育政策的原因。从 70 年代末制订严紧的政策以来，违犯生育政策的生育大约 2 亿人口。这么大的一个数字，我们可能不好把它归结为偶然。符合我国目前经济社会发展水平而必然要生育的人口却因为政府制定的政策将其宣布为违反政策，这就是问题的要害。我们先来考察这 2 亿多人口是怎样来到世界上的，然后再分析出生后的社会后果。根据现行的计划生育管理水平，每个妇女怀孕都会被计划生育部门或者基层干部发现。所以，没有指标而怀孕的妇女一定会得到基层干部许多次上门做工作，一直到出于各种原因被流产。因为我们的计划生育制度已经经常化、制度化了，所以，每个违反政策出生的孩子都是经过数次"怀孕—流产—再怀孕"以后才如愿以偿的。大家可以想一想，2 亿多违反政策的生育是经过妇女多少次怀孕和流产才得以出生的？其次，没有指标而出生的孩子接着就要被收取"社会抚养费"。计划生育部门的"社会抚养费"标准就是要让超生户拿不起，所以，绝大地方的农民都分作许多年甚至于 10 多年收缴的。大家再想一想 2 亿超生的人口会产生多少次的基层干部上门收缴罚款？另外，我们的国家是需要许许多多证件才可以正常生活的，而没有指标的孩子是不能上户口和得到许多证件的。随着没有证件的孩子长大到上学年龄慢慢需要各种证件时，家长必须一个个证件都得去相关的政府部门办理。这又是多少次？从以上动员流产开始到收取"社会抚养费"、办理各种证件，那都是人为的社会摩擦啊。我们为什么要这样？这如何能建立和谐社会！

4. 双方辩论中，正方提出家庭养老需要至少两个孩子。反方的唐教授说，儿女靠不住，要立足社会养老。

我插话说："那是一样的道理。无论家庭或者社会养老，都必须有一定数量的劳动力。"

5. 辩论中，反方的那位小伙子一再说对方不懂经济学，过多的人口会把经济社会拖跨。

我向主持人要求说："因为反方讲到经济学问题，我要求讲几句话。"主持人诙谐地问："您懂经济学？"我回答说："我是经济学教授。"现场笑声轰然。其实，我还没说"我是 1987 年晋升的经济学教授"。我想，对面那位说过我多次"不懂"的小伙子当然不会知道，我当教授的时候，他可能连小学还没上呢。我说：

虽然 30 年来我们的宣传一直都在说经济要上去，人口要下来。似乎经济社会的发展是建立在人口减少的前提下的，这是一种错误的认识。由于工业现代化，妇女生育率下降了，但不等于经济社会发展一定要减少人口。至少，这种理论没有得到包括发达国家在内的世界上 200 个左右的国家和地区的历史证明。在近代史的 300 年里，所有的国家的历史都证明了，随着经济社会的发展，人口也在增加，而没有哪个国家人口减少了，经济发展了。过去几十年偶尔有个别国家出现人口负增长，但那是指他们本国、本民族的人口出生率低、死亡率高。但是，因为从发展中国家输送了足够的劳动力，维持这些国家经济社会发展的总人口并没有减少。就像目前的上海市一样，上海市的户籍人口出现负增长，但因为全国的劳动年龄的人口的输送，支撑上海市的经济社会发展的总人口并没有减少。所以，让我们这样一个 10 多亿人口的大国去实践一个世界史上根本没有先例的、用减少人口换取经济社会发展的理论假设，可能是一个很危险的举措。

6. 尾声

还有一个因为时间关系，应该由我来回答却一直没有来得及回答的问题。从节目辩论开始，主持人要正反两方的嘉宾用一句话概括自己的观点时，反方的那位小伙子就从当前就业难入手，以经济发展容纳不了那么多的人口作为自己的理论支撑。这个观点是他参加节目贯彻始终的观点，或者说是他认识人口问题的基础。所以，他曾多次讲过"就业难"的话。半个多世纪以前，法国的老一辈人口学家索维就将其喻为"由来已久的神话"，可见这是一个伴随着人口迅猛增长的历史而产生了数百年的古老和永不衰败的问题。1979 年 12 月，我在第二次全国人口理论讨论会上的大会发言和提交的论文中，分析了"一胎化"生育政策将迅速导致我国人口老化、劳动力短缺、兵源减少和产生"四二一"家庭结构。一个礼拜后，陈慕华在同一个宾馆召开的全国计划生育办公室主任会议上就是用生产力提高将减少就业来反驳我的。1980 年初春，我曾就与此相关的问题和陈慕华、宋健田雪原们展开过一场辩论。远在美国的人口学家对我们这次争论不仅耳熟能详，而且还有著述。而在国内，甚至于连那些著名的人口学家，似乎对此都一无所知。在那天节目制作的现场上，由于正方的两位嘉宾来自于非研究部门，一直没有回应这个所谓技术进步将减少就业的问题。我作为"特邀嘉宾"，又不便过多参与辩论。但是，从反方一开始提出这个问题，我就认为，按照在场人员的构成来说，这个问题应该由我来回应。由于不属于那天的访谈，所以，尽管历史已经过去了 30 年，我国人口又由 9 亿增加到 13 亿多，我还是愿意摘抄 1980 年和陈慕华、宋健田雪原们辩论时的几篇文章中的两段话。我的这 5 篇文章，曾收录在 1985 年出版的我的论文集《论我国人口发展战略》之中，有兴趣的读者可以从"梁中堂个人网站"（网址 http://www.liangzhongtang.cn）中下载。

这些同志把劳动急剧减少与劳动生产力的提高相联系，认为生产力提高了，对劳动力需要就减少了。因此，我们劳动力就不存在不足的问题了。这看起来是个十分复杂的问题。

劳动生产力的提高和科学技术的进步都可以减少社会对劳动量的需求。但这是就生产规模不变的情况下，在局部和较短时期来说是正确的。从整个社会的发展趋势看，劳动生产力的提高和科学技术的进步，总是扩大社会需求量和刺激生产规模，从而为社会开辟新的行业以及扩大就业面。联动式蒸汽纺纱厂的建立排斥了数万架手摇纺车，但同时却开创了几十亿人的工业化时代；汽车的发明敲碎了马车夫的饭碗，但却为较之高出千万倍的人们提供了新的现代化劳动岗位。人类从脱离蒙昧状态以来，劳动生产力一直在提高，劳动队伍一直在扩大。一百年来生产力的发展有了迅速提高，同时世界人口也有了成倍的增长；战后发达国家经济有了突飞猛进的发展，而劳动力就业水平却大大高于战前水平。

（刊发于 2010 年 12 月 26 日）

答《纽约时报》

（2010 年 11 月 19 日）

1. 有人说中国"一对夫妇生一个孩子"的计划生育政策本来就没有必要实行，因为亚洲其的国家的出生率近几十年一直都在下降。您对这种看法有什么评论？

答：我就是这样的观点。不只是"一对夫妇只生一个孩子"的政策，而是政府本来就不应该有任何政策管理老百姓的生育行为。政府管制老百姓的生育政策是在我国计划经济体制下，受到"人口爆炸理论"的影响，怕老百姓盲目生孩子影响了经济的发展而产生的。那是一个法制缺失的时代，政府可以自由地行使权利，随意地制定政策。另一方面，政府崇尚和迷信社会主义计划经济制度，还不能从社会经济体制方面寻求落后的原因，把我国有史以来就具有的众多人口因素很自然地归结为发展经济的阻力。虽然 30 年来我国经济社会发展的实践都已经证明了上述观点是极为荒谬的，但是，直到现在，这两种认识还广泛地存在着。其实，人口因素从来都不是社会发展缓慢的原因。由于 30 多年来的理论宣传，把许多道理都歪曲了，我们稍微不加注意就陷入了理论误区。比如您所提的这个问题中就隐含了一个出生率或者生育率下降、人口减少都应该是政府追求的目标这样一个命题，只不过是像亚洲许多国家都属于自发下降的，中国最初也不需要用严格的"一胎化"来加速实现罢了。这种认识是有问题的。世界经济史告诉我们，包括发达国家在内的任何一个国家都没有给我们提供一个人口在减少，而经济社会却得到发展的例子。相反，所有国家的历史都证明了，社会发展和经济增长都是伴随着不同程度的人口增长过程的。人口增长维系经济社会发展，其中的许多深层道理无论经济学还是其他社会科学都还不能解释。但是，这是一个

89

不争的事实。我这样的观点并不是要鼓励生殖。如同我反对政府限制老百姓生育一样也不主张鼓励生育，但是，把中国的经济社会发展设计在追求人口减少和衰落的基础上，至少是一种没有历史经验支持的理论误导，因为假设经济社会发展需要人口减少的命题在历史上是不曾存在过的。

其次，不只是亚洲国家，首先是欧洲等发达国家，其次几乎所有的发展中国家都没有像我国这样制订生育政策限制国民的生育但所有国家的妇女生育率都不同程度地自发下降了。我把这一现象归之于资本主义工业化的结果。资本主义生产方式要求人们普遍地接受教育和训练，崇尚自由和独立的人性共同选择一种小家庭生活。由于频繁的生育与现代社会生活的巨大矛盾，绝大多数人就都会自发地采取避孕和实行节制生育。这样，生育率下降就成为一种现代化的结果。但是，这种结果是各个人的自由选择，表现为社会的自然发生，而不是、也不应该是政府有意设置的目标。如果倒过来成为政府追求的目标，就必然伤害很多的人。

2. 计划生育政策真正防止了多少婴儿的诞生？

答：这个问题照样是不正确的。这个问题隐含了老百姓的盲目生育，人口是经济发展的负担和需要政府制订类似于现行的计划生育政策以制止多余的人口出生等思想命题。由于中国实行政府管制国民生育的时候是在计划经济体制下，是在计划经济的思维下产生计划生育的思想。如何评估这一政策制订的初衷？中国的计划经济是建立在城市工业化的基础上的，所以，当时的城市人口基本上是以计划体制内的国家或者集体经济为主体的人口。30 年来，政府极为严厉的生育政策确实管住了大约占总人口的 20-30%左右的有城市户口的人口。所以，应该说政府的政策确实限制了老百姓的生育。至于由于严紧的政策而少生了多少，却是一个无法确定的数据。因为，实际推动生育下降的原动力还是经济因素。为什么生育政策在城市可以得到执行而在农村却遇到了极大的挑战？终极原因还是城市人有较好的现代社会工资福利制度，而农民基本上还是生活在一家一户的小农经济的模式中，现代社会的制度可以保障以政府体制内的人们为主题的城市人口的福利而对于农民的任何承诺在农民看来都不过是一些虚无缥缈的东西。所以，即使30年来少生了人口，也很难确定政府的政策究竟直接导致少生了多少。根据世界银行的资料，不少的国家譬如泰国并没有我们国家这样的政策，生育率下降的速度比我们还要快。按照这一资料，1980-2002年，泰国的妇女总和生育率由3.5下降到1.8，我国由2.5下降到1.9。这就是说，20多年里，我国的生育率仅只下降了0.6，其中计划生育的因素能占据多少？所以，我以为确定政府的政策少生育了多少人的研究是没有意义的，甚至于是无聊的。

相反，就基本过程来说，我认为人口发展还是按照其固有的规律前进的。特别是全国的农民家庭，基本上是按照自己可以接受的生活方式需要的子女来安排自己的生育的。所以，根据我国的社会现代化进展的梯度，表现出东部地区的生育率下降的过程来得早一些，中西部相对迟一些。这是符合我国现代化进程的，是有规律性的。那种仅仅用计划生育的眼光来评价那些地方的计划生育工作先进，那些地方落后，不仅是一种历史虚无主义的表现，而且是危险的和有害的。历史已经向我们提示了，许多发达国家自然地承受现代化过程中妇女持续地生育率降低造成人口老化而给社会带来的困难。30年来，我们以极为严紧的生育政策人为地加速这一老化过程，将会招致一种什么样的结果？肯定的一点是，我们没有大多数发达国家那么幸运可以通过吸收发展中国家的劳动力来解决他们的困难。所以，将来总有一天我们会感谢这些年来许多农民不顾政府的处罚生了他们想要的孩子。

3. 现在是否有调研结果能证明近几十年计生委一直都在高估中国的真正生育率？

答：没有。不过，也没有任何依据证明国家人口和计划生育委员会说的生育率是正确的。因为，生育率只能通过人口普查的相关资料计算。不错，除了普查外还有许多抽样调查得到的生育率。那是用抽样得到的数据代替普查，假设其可以代表全国。就是说，普查以外的数据都是在一定假设条件下替代全国的，是有条件的数据，而不是真实的数据。但是，国家计生委这些年的数据连抽样调查都不需要，直接沿用1.8。我们知道，第六次人口普查还在进行中，上次普查计算的生育率是1.22。几乎所有的人都认为它过于低从而是不真实的，但是，真实的数据已经没有了。自从上个世纪70年代末有了政府考核的生育政策以后，就有了瞒报漏报现象。最初的瞒报只是基层干部针对计划生育部门的，但是，随着考核制度的普遍化和加强，瞒报漏报现象越来越严重。1990年人口普查以后，因为计划生育部门的统计报表水分太大，从中央到县一级政府层层依据人口普查结果重新考核下级的计划生育政绩，全国性的人口瞒报漏报机制就迅速形成了。稍微深入研究我国人口过程的人都知道，按照1990年的人口普查，即使说已经有了瞒报漏报现象，我国的生育率还在2.14即维持在更替水平上。而1991、1992年再调查的数据，就迅速降低到更替水平以下，达到1.9、1.8。再后来连续下降到2000年的1.22了。但是，国家计划生育委员会将近20年来就只承认1.8-1.9。国家计生委的这个数据是一个政治数据，与实际没有任何关系。事实上，它也不是从实际调查得来的。说是政治数据，因为坚持1.8左右他们就能够取得主动，进可以攻，退可以守，再高再低都不如这个数据主动。如果用再高的数据，显得计划生育部门工作不力。1980年已经有了一个妇女生育率2.24的数据了，工作了几十年，怎么还在2.14上？计划生育是全党和各级政府都在抓的一项工作，几十年辛苦工作下来的成绩就是0.1，成绩在哪里？如果把生育率说得比1.8再低一些，人们认为生育率已经够低的了，没有必要再继续维持严格的计划生育制度了。所以，1.8-1.9可以帮助计划生育部门固守现行的政策和制度。不止如此，这个数据还可以帮助他们"进攻"：不时地吓唬吓唬中央和社会，说这个生育率并不稳定，稍有松懈，人口还会出现反弹，出现生育高峰；并且，由于我国人口基数大，稍微反弹一点，就是一个很大的生育高峰，等等。要不，从国家计生委出来的生育率15、6年来一贯制，都快喊"1.8万岁"了。

4. 有报道说除了中国计生委的五十万员工，中国还有六百万政府员工参与计划生育工作，是否正确？

答：我一直没有关注这个数据，因为这不是个问题。这两个数据如此悬殊，可能是计算的口径和依据不同。按照从中央到县一级政府编制的计划生育干部是一个数，参与计划生育工作的干部又是一个数据。因为计划生育工作很不合理，单纯依靠计划生育部门实际是无法推动的。不合理的事情却又必须去做，就必须要求各级党委和政府加强领导，党政一把手"亲自抓、负总责"。现行的计划生育制度已经成为各级党委和政府的主要任务之一，形成必须经上下级党委和政府层层签订责任状、出台"一票否决制"等办法才能保障统计数据上的完成。所以，各级党委和政府都必须拿出一定时间和精力抓计划生育工作。由于这是各级党和政府的一项重要工作，全国究竟有多少干部在做这个工作，是无法拿出准确数据的。另外，无论城市还是农村的基层组织，都还有更多的不占国家编制的人员在常年做计划生育工作。从这方面来说，实际作计划生育工作的人何止数千万。

不过，我以为，这都不是问题。计划生育部门是按照中央的意图设置的，那些人被安排的那个岗位上要求他们做那样的工作，所以就必须做出那样的政绩来。如果中央改变政策，机构合并消化计划生育部门的干部，是件很容易的事情。计划生育部门在各级党委和政府机关中都不属于强势部门，计划生育干部所做的工作又一直不顺当，如果撤销计划生育部门把这些干部安排在其他的政府机关，是没有多大的阻力的。我认为，中央也不是因为计划生育部门反对调整政策而不作为。在共和国的历史上，我们的政府机构分分合合就一直没有中断过。现在的政策没有调整，说到底还是中央认为还没有调整的必要。

5. 现在是否有调研结果能证明超生罚款已经变成了某些地方政府行政收入来源的很大一部分？

答：没有这样的数据。这个数据是不允许外传的。而且，这个数据也无法准确统计。不过，一方面是我国绝大多数地方的经济已经得到较大发展，地方的财政能力已经比较强了。另一方面，随着生育率的普遍下降，超生的现象比过去少多了。所以，除了个别经济能力仍然很差的地方以外，在绝大多数地区，超生罚款占地方政府收入的比例已经很小了。当然，问题的严重性还是不容忽视的。首先，虽说计划生育罚款的数额占政府收入的比例小了，绝对数却不小。其次，因为罚款数额一直在增加，对于每个被处罚的人来说，仍然是沉重的负担。三是计划生育罚款往往都是各级政府和计划生育部门的小金库，一直是滋生基层政府腐败的温床。

6. 现在还有谁在支持一胎化政策？

答：如果把您所说的"一胎化"理解为以"一对夫妇只生育一个孩子"为基础的现行计划生育政策的话，那么，当然是党和政府在支持和支撑着它。

（刊发于 2011 年 1 月 5 日）

与携程网梁建章的访谈

（2010 年 11 月 25 日）

1. 中国目前的人口政策执行情况如何？

普遍的情况是城市的生育率，由于严格实行一胎的政策，已经接近 1。而在农村，一胎政策的执行要宽松得多，所以生育率略低于 2。平均下来，中国的生育率在 1.4 左右。

梁中堂：从您的提问和设计问题的情况来看，您可能以为我国实际生育是人口政策执行的结果。客观事实可能不完全如此。在大城市里，一方面，"一胎化"的生育政策与绝大多数城市人的生育意愿比较接近。另一方面，城市的主体人口都是政府或者与政府相关的机构里的从职人员，权衡生育政策规定以外的孩子和自己的相对较高的报酬与福利待遇，绝大多数人都选择了后者。以县城为主的小城市和镇人口的情况就有所不同，农村与此特别有所不同。但是，不同到什么程度，由于很久以来的计划生育瞒报漏报，不仅统计数据不可信，任何一种从假设前提出发计算得出的数据就更不可靠。您的城市接近 1.0，农村略低于 2.0，都是一种估计和假设。由此出发城乡平均 1.4，可能与统计部门的有水分的统计数据比较，距离实际更远了。一是因为城市和乡村的生育率究竟有多高我们并不清楚，二是城乡合计即全国妇女生育率并不是简单的加权平均，而是全体育龄妇女年龄别生育率的总计。我说过，妇女生育率只能通过相关普查数据计算，抽样调查是以抽样假设可以代表全体。我国可以拿出来的人口普查数据最近的就是 2000 年普查前一年的妇女生育率 1.22，这个数据大家都感觉过于低，不可靠。但是，谁的可靠？都没有。除此之外，1.4、1.6、1.8、1.9，都有。不仅都不可靠，更没有依据。我觉得 1.22

虽然不可靠、不可信，但是，它还有来源、有依据。用这个数据说事，可以设置一些条件，在一些设置条件的前提下来讨论问题，总不至于离谱。否则，其他的数据的主观性就太强了。

我以为在几十年来的过于强势的计划生育宣传下，我们都过于关心和关注生育率指标了。在由传统社会向现代化过渡的历史阶段，由于越来越多的人们选择避孕和节育的生活，必然造成生育率的下降。但是，生育率下降仅仅是现代化的一个结果，它却不应该成为政府追求的目标。生育率究竟有多高，学者们可以研究，政府却不应该在乎它，社会也不该投入太多的关注。政府和社会应该关注公民权和国民的福利问题，也可以关心生育率变化过程中可能产生的社会问题，譬如避孕和节育是否违反当事人的意愿，是否有利于妇女的身心健康，以及是有利于保障和发展公民自由权还是不利于、甚至于侵犯公民权益，等等，而不是追求生育率应该有多高。如现在世界上各个国家有着不同的生育率，甚至于完全不同的国家却有着比较接近的生育率，这都不说明什么问题。特别是许多发达国家都是由较高的生育率很自然地走到有较低的生育率的今天，都没有出现过足以让社会特别关注的大问题。现在世界上 200 多个国家和地区，妇女生育率从 1.1 到 7.0，除了我们国家不高不低、本来就十分正常的水平的以外，没有哪个国家把生育率高或者低当作"基本国策"要给予解决的。事实上，妇女生育率的高或者低，都不是问题。问题在于我们通过限制和侵犯公民权追求低生育率，这是政府设置目标的不得当。

2. 中国目前的人口规模是多少？未来的增长趋势会如何变化？

1.4 的生育率，不等于人口总数会马上下降，因为中国人口的平均寿命还在提高。当寿命最终稳定在发达国家的水平，人口总量就必然下降。中国总人口 14 到 15 亿的峰值会在 2030 年达到，之后人口总量就开始下降。

梁中堂：由于政府设置的计划生育考核政策，上个世纪 70 年代末就出现了瞒报漏报现象。1990 年人口普查是我国人口统计历史上的一个重要转折。在此之前，计划生育部门的先进与落后都是依据本系统的报表，那些会总结、善于出数据的单位通常就是先进单位。1990年普查结果出来以后，计划生育系统发现自己的数据和人口普查有很大一块差距（水分），特别是先进单位的水分就更大。于是，从中央到地方，各级党委和政府都使用普查资料重新考核各个单位的计划生育成绩，促成了全国普遍在人口统计方面的瞒报漏报。一方面由于计划生育实行"一票否决"，而违犯计划生育政策又具有"株连"和"连坐"性质，同一单位和地方的人们几乎具有相同的利害关系，瞒报漏报就有着广泛的群众基础。另一方面，普查数据之所以比计划生育部门接近实际，就在于国务院人口普查办和国家统计局的调查不会与计划生育考核发生关系，各级政府在普查前也曾反复申明普查数据不会用作计划生育考核的依据。但是，普查数据还是被用来考核了。所以，全国的人口统计的瞒报漏报机制很快就形成了。从此以后，无论哪方面的人口调查，基层都是按照考核的口径来申报的。这就是说，从1990年普查以后，我们就得不到接近实际的数据了。90年代的一系列数据可以证明我的这个观点。根据1990年人口普查计算的普查前一年我国妇女生育率为2.14，而在次之后的国家统计局和国家计划生育委员会再产生的1991年的生育率就下降到1.9或者1.7左右了。我们知道，1980-1990年大约10年里，生育率也只下降0.2左右，而在既无天灾又无人祸的情况下不到一年的时间，1991年就比1990年下降这么多。这一变动只可能来自于大量的瞒报漏报。从此以后，我国妇女生育率再没有发生反复，而是义无反顾地直线下降，到2000年达到1.22。这在中外人口史上也是绝无仅有的。出现这样的情况，只可以用瞒报漏报机制来解释，即每次经历的人口统计都是一次难得的训练。我国人口统计方面的瞒报漏报机制越来越完善和精致了。所以，包括统计部门在内的现在所有人口数据都是不可靠的。但是，一个国家的人口状况又具有这样的特点，即只能通过政府来了解它的全面情况。现在政府的数据不可靠了，就不可能有更准确、可靠的数据了。这样，我们只可说我国人口可能是 13 亿多。

在一般情况下，一个人口的总量是由出生和死亡的变动情况决定的。但是，在年龄性别结构不同时，人口的具体增长状况也是不一样的。在目前我国人口构成情况下，如果有 1.2-1.4 的生育率，人口增长就已经接近零或者在以极为缓慢的速度增长了。按照这样的态势发展，我们可能不会有 15 亿人口的那一天。

3. 中国目前的生育率大概处于什么样的水平？近年来的变化趋势是怎么样的？

中国的生育率在解放初期高达 6 左右，八十年代开始实行计划生育时是 2.2 到 2.8 之间，到九十年代已经降到更替水平 2 以下。最近的国家统计局做的生育率也只有 1.2，已经远远低于更替水平。

梁中堂：如上面讲到的，我们实际无法确定现在的生育率。根据 2000 年人口普查计算，我国在普查前一年的妇女生育率是 1.22。近 10 年来，无论城市或者农村，生育率都没有出现明显的上升。相反，计划生育管理越来越严格。所以，从那时以来的变化态势应该是继续下降的过程。当然，1.22 就不可靠。按照 90 年代国家计划生育委员会认可的计划生育部门的统计报表和国家统计局的比较普遍都有 30% 的水分，如果在此之后的国家统计局也有这么大的水分，那么，那时候的生育率就是 1.6，现在就小于 1.6。我说过，这样的数据都是在一定的假设前提下做的，都是不真实的。对于一般不做人口学研究的人来说，过度地对生育率的关注是不正常的；政府和社会普遍地关注生育率，表明社会发展的不正常。

4. 在生育率和人口总量这两个数据之间，存在着一种什么样的关系？

人口的数量和构成根本上取决与生育率。生育率是每个育龄妇女预期的子女总数，如果要维持人口稳定，生育率要维持在 2.1，这在人口学中称为更替生育率。如果生育率是 1，那么每一代人就会减半，如果生育率是 1.4，那么每两代人就会减半。

梁中堂：在其他条件不变的情况下，人口总量和生育率呈正相关关系。人口学上的更替水平在不同的社会条件下是不同的，是有差别的。经济社会发展水平相对低，人民生活水平没有保障的情况下，死亡率就高一些，替代水平也高一些。相反，会低一些。一般可能在 2.1-2.3 之间，确定这一界线需要具体的数据来计算。

5. 根据目前的发展趋势和政策背景，中国未来的人口结构会朝着什么方向发展？

虽说总人口还是在 14 亿左右，略比现在多，但是 60 岁以上的老人从现在的 1 亿多增加到 4 亿多，20-60 岁的工作年龄的人口从 8 亿降到了 7 亿。更严重的是最有活力的 20-40 岁的人口，将从现在的 4.5 亿降到不到 3 亿，整整将近减少了 33%。

梁中堂：您讲的人口结构问题很重要。人口不仅仅是一个总量问题，更重要是年龄性别结构，因为人口发展就取决于人口年龄性别结构。一个年轻型的人口和一个老年性的人口表现是很不一样的。有关方面常常误导社会，因为我们现在的人口已经进入老龄化阶段，生育率已经很低，即使政府今天要很高的生育率也同 30 年前要求很低的生育率一样难。当然，根据我们国家的人口年龄结构，从统计学上说，真正快步进入老化的时间将发生在 2022 年以后的 10 多年里。这没有什么奥妙，就是上个世纪 60 年代初到 70 年代中期 10 多年的高出生人群进入老年行列的时间。但是，这是从统计上来说的，社会发展不是统计学。实际上，人口老化的状态早就显示出来了。一个以 2、30 岁为主体的劳动年龄的人口，和一个以 4、50 岁为主体的劳动年龄的人口对社会的影响是决然不一样的。一个每年以相当规模退出和递补的劳动力人口群体，和一个每年将以 2000 多万的规模退出却只有 1000 多万进入的劳动年龄的人口群体，对经济社会发展的影响也是绝然不同的。其实这个问题很好理解，上个世纪 6、70 年代出生的那一代人，正好是执行"一胎化"生育政策的那一代人。他们的孩子就是他们晚年时将支撑他们生活的社会劳动力，这个数量变化所包含的内容应该是他们和他们的孩子这两代人都可以看得见和体会得到的。

随着我国最近 30 年现代化的巨大发展，生育率本来就会呈现下降的趋势，政策又以极为严紧的方式加速这个过程。所以，我国的人口老龄化将比世界上所有的国家都将来的快。

顺便指出一个错误，即今天 60 岁以上的老人不是 1 亿多而是 2 亿多。

6．我们注意到，在以上这些面临人口结构问题的国家，人均收入的增长幅度和生育率之间呈现出反比，这是为什么呢？

这是因为随着经济发展，社会对人的教育的要求越来越高。所以培养高素质的小孩的成本也越来越高。另外，随着经济发展，女性不具劣势的服务性和脑力劳动的职位越来越多，由此，女性参与工作的比例也越来越高。所以，大多数父母没有精力，财力和意愿去培养更多的小孩，这是所有国家发展的规律。世界上所有中等以上发达国家，无一例外的经历了经济发展和生育率下降的过程。几乎所有的发达国家，都有鼓励生育的政策。

梁中堂：您讲的这些方面都是很重要的原因，但都属于适合于较低生育率的社会现象。这种情况不胜枚举。我觉得和传统的生产方式比较，资本主义工业生产是一种社会化性质的，这是根本性的原因。资本主义生产的发展使得社会生活越来越社会化了。首先是人作为劳动者走出家庭这一传统的经济体，个人在社会上有一份稳定的职业就可以有一份维持自己生活生存需要的稳定收入，从而不必再依靠家庭生活、生存和养老。通过生育孩子维系一个家庭来实现自己生活、生存和养老的传统生活方式先是受到极大的挑战，接着社会化的发展又把家庭的以上职能依次也都接过去了。由于传统家庭的各项经济社会职能式微，不仅家庭规模越来越小，而且家庭生活的内容也越来越简单了。其次，资本主义生产方式对劳动力的需求也超越了传统社会对一般劳动力的选择和要求。传统农业家庭的劳动力只要求一般的体力和智商，资本主义企业一般都要求有一定的知识学习和训练后的熟练劳动力。这样，由于上学接受教育往往就推迟了结婚年龄。特别是生产劳动的专门化，越来越多的工作适应女性劳动者，吸引和动员女性走出家庭参加工作，使得妇女实现了传统社会中家庭妇女向社会劳动者的转变。第三，科学技术的进展使得越来越多的人们选择避孕和节育生活也成为可能。由于我们没有经过资产阶级革命，对于资本主义发展是人性的解放的观点不是很理解。其实以上三点都是以个性和自由为核心的人性选择的结果。人类社会发展的方向必然是大多数人的选择，而人们选择的标准又必然是与大多数人的利益和追求一致的。与我们讨论的问题相关的是，避孕和节制生育逐渐成为资本主义工业化以来的一种新的生活方式。这种生活方式是和整个经济社会的发展协调、同步产生的。说到底，它也是一种人性的选择。所以，凡是接受工业现代化的国家和民族，就都会有越来越多的人自发选择避孕和节育的生活。所以，生育率下降是工业化的一种结果。这一结果是伴随工业现代化而产生的。但是，必须强调的是现代化的结果而不是原因。如果把与现代经济社会发展相伴随的生育率下降这一结果当作发展的原因，把它当作政府追求的目标，那必然与现代化发展趋势是人性选择的这一重要原则相违背，从而对于计划生育工作中经常会出现一些违背人性和违反人权的做法就不是很难理解的了。

7. 包括中国在内，东亚国家的生育率普遍较低，这里面存在着什么样的原因？

文化也可以影响生育率，一般来说同样发展水平的国家，伊斯兰国家生育率和美洲国家的生育率会高些，欧洲较低，而东亚国家最低。这是因为东亚国家的父母，受儒学文化的影响，特别注重小孩的教育，所谓注重的是质量而不是数量，所以更加没有精力去抚养更多的小孩。

梁中堂：都是现代化的结果。民族文化等方面的因素都是存在的，但不起主导作用。比如一些教会势力影响比较严重的国家，政府、法律和宗教等等整个上层建筑对于避孕和节育都会有很大的抵触。但是，那也只是会推迟和弱化现代化的过程，而不会改变这一社会发展的趋势。根据联合国人口基金的材料，连伊朗伊斯兰共和国这个宗教影响最为严重的国度里，在过去 20 年里妇女由平均生育 7 个孩子降到了 2.3 个。所以，工业现代化是更符合人性的社会生产方式，避孕和节育是符合人性的一种生活方式，既然越来越多的国家和民族要选择现代化，越来越多的人也就会自发选择避孕和节育的生活。我觉得，这其中的文化因素并不是很重要，相反，文化在一定程度上仅仅是一种符合自己人性选择的借口。比如您说的儒家文化，更直接的如"重男轻女""男尊女卑""不孝有三，无后为大"，等等，都是鼓励生育的，而不是有利于节制生育的。我一向怀疑，生育孩子培养成本的说法都是一种口实。所有问题的实质都是一种符合自己利益（人性）选择。生育还是不生育，实际是选择过一种什么样的生活。有人通过生育和培养孩子获得愉悦和幸福，有人希望过一种少子女甚至于没有孩子的更自由、自在的生活。现代化社会给人们提供了较多选择的机会，各个不同追求的人去选择不同的结果，无需用文化、责任和义务等等去诠释它们。

8. 根据调查显示，国内的实际生育率普遍低于意愿生育率，这是什么原因造成的？

如果意愿生育率只有 1.7，实际生育率会远低于 1.7，因为有很多人由于各种原因不孕或不婚，还有很多人虽然想多要孩子，但是经济和事业上不允许。所以如果没有鼓励生育的政策，中国的生育率也肯定不会超过 1.7。

梁中堂：我反复强调，由于政府考核的生育政策，我们早已没有准确的人口数据了。至于生育意愿，那是一个涉及思想认识和观念的问题，更容易发生变化，更难于把握。即使不考虑这两个因素，由于我们人口过程正在处于由传统到现代的转化即处在生育率下降的过程中，调查生育意愿和实际生育总有一个时间差，其间发生降低生育率的许多社会因素还会起作用。所以，实际生育率比按照生育意愿计算的生育率更低些也是符合社会发展规律的。

9．在国内没有实施计划生育的几个试点地区，当地的生育情况存在着哪些特点？

在全国全面实行计划生育的 80 年代，有四个地区作为试点，没有实行计划生育政策。他们是甘肃省酒泉、山西省翼城、河北省承德、湖北省恩施，是典型的中国的欠发达地区。经过二十多年的观察这些地区的生育率也就在 1.8 左右。综合各国的经验和这几个地区的经验，即使没有计划生育，中国的生育率也远恢复不到更替水平，中国早晚，要和所有东亚国家一样推出鼓励生育的政策。

梁中堂：需要说明的是，除了西藏的整个农牧区，以及内蒙古自治区的几个极小的少数民族自治地方以外，我国其他所有地方都实行了计划生育。有一本书所记载的上述 4 个地方，也不是没有实行计划生育，而是实行不同于全国和所在的省区的计划生育政策。在上述的 4 个地县中，湖北省的恩施土家苗族自治州属于少数民族地区，按照中央 1982 年 11 号文件规定，少数民族实行比较宽松的计划生育政策，它们按照湖北省人大通过的决议，少数民族允许生育两个孩子，无需进行试点。山西省翼城县的"晚婚晚育加间隔"普遍允许农民生育两个孩子的计划生育试点，是 1985 年经过国家计划生育委员会和山西省委省政府批准实施的。甘肃省酒泉地区普遍允许农民生育二胎是在 1988 年 9 月参加了国家计划生育委员会在翼城县召开的"全面执行党的生育政策"的现场会以后，等于是经过国家计划生育委员会认可了的。但是，上述各个地方的生育率究竟是多少，除了翼城县根据 2000 年普查计算为 1.5 以外，其他的地方我没有研究，也没有见到有人根据人口普查计算的数据。至于您说的中国是否会鼓励生育，那是将来的事情。我以为生育完全是各个当事人自己应该决定的事情，政府插手其间限制或鼓励都同样是不正确的。

10．目前国内新生儿是否存在着男女比例失调的情况？原因是什么？

男女比例失调，是由三个因素共同作用而造成：1 是重男轻女的思想，2 是 B 超的推广，3 是计划生育的政策。很难一时改变农村根深蒂固的重男轻女的文化，B 超又是产前检查的一部分，而只有改变计划生育的政策有可能起到立竿见影的作用。

梁中堂：由于长期的政府管制的计划生育政策，男女比例失衡的现象是存在的。但是，实际情况可能没有统计数据那么严重。因为，我们国家毕竟不允许出现普遍侵犯群众权益的事情。这样，由于政府的考核，基层就会通过瞒报漏报的方式把实际生育的孩子隐藏起来了。统计报表显示的是家长登记时的性别偏好，而不是实际的性别选择。把我国目前的性别失衡问题归结到重男轻女和 B 超上面，都是一种故意转移视线的做法。重男轻女曾经是我国传统社会长期存在过的现象。但是，我国古代传统社会也没有我们今天那么严重的人口失衡数据。我们今天是从 1949 年建国以来发展过来的。传统社会中的重男轻女思想在 1979 年实行现行的计划生育制度以前应该比今天更严重，那 30 年里也没有性别比失衡。另外，把责任转嫁到 B 超方面，也是一种虚伪和脆弱的托词。1988 年国家计划生育委员会专家委员会讨论禁止使用 B 超鉴定胎儿性别的文件时，我就明确反对政府颁布这一法规。生男生女的问题在婴儿出生以前，人类祖祖辈辈是无法知道的。B 超可以在胎儿早期鉴别性别，是科学史上的一个大进步。人的生育目标本来就存在数量和品种两个方面，在妊娠的早期就可以了解到性别，将来科学还会进一步发展到卵子受孕前就可以决定性别，这都将是人类在生育方面由盲目走向自由的一个个具体步骤。先进的阶级和政党总是欢迎科学进步的，从不肯拒绝和反对科学。限制和反对人民使用 B 超来达到自己的目的，就是限制和反对社会使用科学技术。这不应该是我们党和政府应该选择的政策。我们一直强调实事求是，B 超的应用会导致性别失衡这样的社会问题，肯定不是 B 超这一科学仪器本身的问题，也不应该是应用科学技术的问题。我们需要寻找隐藏在这一现象的背后的深刻的社会背景，从根子上解决产生社会问题的原因。

11. 国内的人口政策未来会存在着哪些变化趋势？

梁中堂：从总的趋势来说，我们国家一定会有完全取消现行的计划生育制度，实现国民自由生育的那一天。具体如何发展，就不是我们能够预测的了。

（刊发于 2011 年 1 月 15 日）

与《纽约时报》Sharon LaFraniere 的第二次访谈

（2011 年 1 月 12 日，根据回忆整理）

1. 许多亚洲国家的妇女生育率近些年都随着现代化的发展而呈现了下降的态势，您是不是认为中国的计划生育是不必要的？

梁中堂：我把避孕和节制生育归结为资本主义工业化的产物，随着现代化的发展，越来越多的人们选择过一种避孕和节育的生活。妇女生育率的下降就是社会发展的必然结果了。所以，不仅亚洲国家，全世界几乎所有的国家都呈现这样的态势。发达国家工业化来得早，生育率下降过程也要早些。大多数发展中国家在上个世纪 70、80 年代以后，包括那些穆斯林国家在内也都出现了生育率的下降，其中有些国家，比如泰国甚至于比中国的下降速度还要快。

2. 这是否意味着生育政策是没有必要的？那为什么要制订"一胎化"政策？

梁中堂：一项政策的出台和世界上发生的各种事物一样都是有其具体的原因的。30 多年前的中国实行社会主义经济制度，计划经济体制被当作是社会主义最本质的特征。社会主义公有制曾被中国人当作最先进的社会制度。但是，社会主义优越的制度下，为什么经济社会发展缓慢，会面临那么多的困难和问题？在当时具体的环境下，人们还不会怀疑社会主义的计划经济体制有什么问题，那么，在经济和人口这一对矛盾中就把问题的原因归结到人口方面，是中国众多的人口拖了社会发展的后腿，拖了"四个现代化"的后腿。再加上还没有来得及清算刚刚结束"文化大革命"的影响，宁左勿右的极左思潮还极为盛行，计划生育工作越搞越紧，以至于产生了"一胎化"的政策。

3. 为什么改变"一胎化"政策这么难?

梁中堂:政策和制度都属于上层建筑和意识形态,其产生和消除都具有相对的滞后性。一项政策产生以后,如果再去改变它,势必涉及社会不同集团之间的利害关系,再去消除即有一定的阻力和难度。特别是计划生育推行了 30 多年,全社会几乎不加批判地接受了经济社会发展就必须减少人口,总是害怕取消了"一胎化"的现行政策再出现高生育,影响经济社会的发展。

4. 我们采访国家计划生育委员会,生育政策不会改变。

梁中堂:国家计划生育委员会的一位副主任去年上半年通过报刊传达国务院主要领导的说法,计划生育政策在"十二五"以前不动。这就是说,计划生育政策在"十二五"期间是不会有所变动的。

5. 计生委说 1.8 的生育率不能再低了,再低了,对国家经济发展也不好。

梁中堂:1.8、1.9 的生育率由国家计划生育委员会说了 10 多年了。问题是 2000 年那次人口普查就不准确,这之后又过了 10 多年,中国已经没有接近实际的、可靠的人口数据了。特别是与生育指标相关的数据,就更不可靠了。

6. 那您认为生育率是多少?

梁中堂:因为没有可靠的数据,我也不知道是多少。

7. 您为什么选择翼城县作试点,试点的结果是什么时候出来的,为什么去年才公开了?

梁中堂:在翼城县作试点最初是由山西省计划生育委员会的领导提出来的,我经过调查后认为它可以代表中国的以农村为主的县份,至少在中国的北方具有代表性,所以就决定在那里试验了。至于试验的结果,其实在不同的阶段都有好的数据的。我从来不用计划生育管理部门的数据，而是习惯用 1982 年、1990 年和 2000 年的人口普查数据说话。前面说了，我对 2000 年的数据质量是持基本否定的态度的。所以，我在使用 2000 年数据时总是声明仅仅在比较意义上才有价值，即把翼城县和山西省、全国做一些比较，按照这次普查的数据比较，它仅仅具有相对性。而实际上是在 1985 年试验以来的不同时期都有好的结果，包括我在内的人口学界不少的人在 90 年代都曾经用 1990 年的普查数据做了许多研究。

另外，翼城县的试点也不是去年才公开的。1985 年 7 月份试点后，同年 11 月份新华社就给中央作了报告，这份调查稿后来刊登在当时发至县团级的"内参"上，应该是全国都知道了。1986 年春节期间，全国人大法工委的王文同志也写了一篇很长的调研报告，送交党中央、全国人大等领导人。前些年《瞭望东方周刊》《中国新闻周刊》都有过长篇报道。20 多年来，国外的不少人也是很了解的。美国等国家的人口学家一直在关注这个试点的结果。2007 年以来，美国《基督教科学箴言报》、加拿大《多伦多星报》、英国泰晤士报，以及瑞典国家电视台、西班牙电视台、美国电视台和"公共媒体"，等等，都对其作过采访和报道。只是由于试点涉及政策问题，有关部门认为比较敏感，至今不愿意让媒体公开宣传。

8. 为什么敏感？

梁中堂：计划生育政策很严紧、严格，甚至于严厉，执行起来很困难。管理部门认为涉及一些政策问题可能给老百姓一种误导说政策会有变动，从而更难于管理。在现代国家，公共政策都是需要民众遵守和实行的，出现敏感现象一定是存在不合理或者错误，政府部门应该以此为契机改正和调整。因为敏感而捂着它，这一定是极为不明智的做法。

9. 我们采访国家计划生育委员会，他们说翼城县代表不了全国，如果全国实行这个办法，人口就会出现大幅度增长。

梁中堂：过去的国家计划生育委员会的官员对《中国新闻周刊》等媒体的采访说，翼城县做得好是由于有专家的指导。意思全国大约3000 个县不可能都配有梁中堂这样的专家。这是关于试点是否具有普遍性的问题。这一认识我在试点的初期我就意识到了。那时我就说过，如果翼城县离开我梁中堂就得不到成功，这个试点就没有任何意义。所以，我对该县的历届县委书记县长都讲一个观点，翼城县实行"晚婚晚育加间隔"的政策，对于全国是试点，对于你们是自己的工作。

有关部门极力否定翼城县的代表性和推广价值，而我的观点恰恰相反。翼城县对于全国具有很典型的代表意义，所以才选择在那里做试验，实验的目的就是希望在全国推行。我们知道，人口出生、死亡等方面的变动在没有特殊的、外在的因素干预的情况下，是由人口年龄和性别结构所决定的。我对照和比较过翼城县和全国的主要情况，根据 1982 年人口普查，翼城县和全国的人口年龄、性别结构，都十分的吻合。不只是一般的吻合。翼城县的人口自然构成简直就是一个微缩了的全中国。另外，如果把节制生育和妇女生育率下降当作是现代化发展的结果的话，那么，翼城县的农业人口和非农业人口构成一直比全国还要低。在这种情况下，翼城县能做到的，全国为什么不可以？当然，我当时争取翼城县的试点也是在计划经济必须实行计划生育的理论思维的结果，如果按照现在的认识，现行的计划生育根本是没有必要的，应该归还人民群众的自由生育权。但是，有关部门面对翼城县试点以来25 年的好的效果继续持排斥态度，说明他们即使在原来的体制下也只是甘于墨守成规、不求丝毫的进取。

10.翼城县有比较正常的性别比，为什么全国的性别比问题很严重？

梁中堂：需要说明的是，计划生育生育政策是导致了一定程度的出生性别比失衡问题。但是，实际状况远远没有统计数据所反映的那么严重。达到 120 左右，甚至于有些省份达到 130 左右，那是统计数据上的性别比，而不是实际发生的性别比。由于绝大多数地方的基层干部和超生的群众都用瞒报漏报的方式默认了超生的女孩，中国实际的性别比状况要远远低于这些数据。所以，我把你们所说的数据叫做出生"统计"性别比。过于悬殊的出生统计性别比是生育政策造成的，是瞒报漏报的结果。不仅在翼城县，在那些生育政策比较接近群众生育意愿的地方，都有比较接近正常的性别比，譬如现行的计划生育政策中对于少数民族较为宽松，所以不仅内蒙、西藏、宁夏、新疆的 4 个民族自治区有比较好的性别比数据，在少数民族人口比较高的云南、贵州、青海等几个省区也有比较好的性别比数据。与此现象形成鲜明对照的是，由于人口数超过 1000 万的壮族执行与汉族一样的政策，广西壮族自治区的数据就不好。所以，性别比是与计划生育政策相关的统计数据。

我在人口出生性别比上的认识绝不是为了粉饰计划生育，相反，是要实事求是地人是我国的现实。我们毕竟是生活在 20 世纪末 21 世纪初的中国，社会是存在许多不合理的成分，但毕竟国家的基本制度、政府的工作人员，特别是基层的干部和群众之间还是通过许多次磨合后找到一些应付不合理政策以解决群众实际利益的办法。上个世纪 80 年代中期，我发现基层干部用瞒报漏报来对付我们政府中的官僚主义现象以后，就特别高兴。我在这个问题上的观点是，虽然实际发生的出生性别比远没有出生统计性别比那么严重，但是，为什么统计数据一直脱离实际而高悬不下？这就表明我们的社会政策有问题，这是一个重要的信息，一个负责任的政府就应该及时发现和主动解决其间不合理的成份。

11. 采访中计生委的官员说人口减少了，群众平均的生活水平就相应地高了。

梁中堂：从上个世纪 70 年代以来，我们一直宣传经济社会的发展需要减少人口，可是包括凯恩斯在内的主流经济学家的一个重要观点就是生育率的提高可以刺激经济增长。凯恩斯早年崇拜马尔萨斯，认为人口增长太快会影响经济发展。上个世纪 20 年到末到 30 年代从美国经济开始的世界经济萧条年代，凯恩斯又改变了自己的观点，认为生育率上升可以刺激经济发展。而我国的那些所谓经济学家和人口学家实际上是从世界主流经济学学来的知识。但是，从上个世纪的下半叶开始，在对待发展中国家的人口问题上世界主流经济学家却是反凯恩斯而行之，提出必须减少人口和大幅度降低生育率才可求得经济社会发展。遗憾的是，世界近代史的几百年中没有任何一个国家提供了人口减少而社会得到巨大发展的例子。不错，发达国家中有个别国家的人口在短时期内曾经出现过负增长，但那只是个别年份里本国民族人口死亡大于出生，在同期这些国家却雇用了大量的国际劳工来支撑经济的发展这些国家的总人口并没有减少。就像现在的上海市一样，按照户籍人口统计已经有许多年的负增长了，但按照在上海工作和生活的总人口却没有减少过。可以试想一下，把上海市户籍以外的人口赶出去，也不接受外来劳动力，处于负增长状态的 1000 多万上海市人口将是什么样子？

12. 现在是不是越来越多的经济学家呼吁和支持提高生育率？

梁中堂：中国的经济学家基本上都不涉及人口和人口政策问题。近年倒是有一位叫程恩富的所谓马克思主义经济学家标新立异，冲出来呼吁政府执行比现行生育政策还要严厉的"一胎化"政策。顺便提一句，我既不同意政府限制人口，也不主张刺激生育率和增加人口。我认为生育问题是每个家庭的私事，是每个公民的基本权利，是应该由当事人自由决定的事情。经济社会的发展以及发展得快还是慢，都是由经济而不是人口因素决定的。一个国家的先进与落后，是历史发展的结果，是由其经济生产力及其在此基础上形成的生产关系和国家政治上层建筑即经济社会制度和体制决定性的。人口的多少，老百姓生孩子与否，与社会的发展没有直接的关系。我持这样的观点却要关注人口问题，是因为政府和主流的学者都把我国落后的原因归结到老百姓生育问题上，把老百姓原本很正常的生育行为当作社会发展的障碍，剥夺了民众的自由生育权，从而制造了大量的社会内耗和摩擦。我是经过长期学习和研究才从主张和支持现行的计划生育转变为反对的。我是通过学习和研究实现转变的，它来之不易。所以，我有责任和义务讲出我应该说的话。

13. 但是为什么河北省承德县的"二胎试点"性别比却是失衡的？

梁中堂：承德并不是试点单位。从上个世纪 70 年代以来，全国的计划生育政策控制的是很严格的，80 年代中期的试点都是经过国家计划生育委员会批准并由各级政府严格掌握和管理的。那时全国的试点单位最多的时候曾经有 45 个县，但只有翼城县一个属于允许农民生育二胎的试点。1987 年国家计划生育委员会在翼城县召开过一个"全面贯彻农村生育政策研讨会"，属于现场会议的性质，全国共有 12 个县和酒泉地区参加，算是国家计划生育委员会对参加会议的单位普遍允许农民生育二孩的认可。但是，1988 年准备在全国正式实行"女儿户"政策后，经过整顿的全国各类试点单位只剩下 13 个，前一年参加翼城县的现场会准许生育二胎的大多数单位未能进入试点单位，但在文件中明确这些单位应该继续执行已经批准的二胎政策。由于大形势的影响，1989 年的那场风波以后，这些可以生育二胎的单位也都自然消失从而回归到所在的省市的主流的生育政策上去了。在 13 个试点单位的名单中，其中河北省有平山县、南宫县，属于试行分类指导的。河北省承德县没有参加翼城县的现场会议，也没有进过国家计划生育委员会的试点单位的名单，所以，该县就不可能有比当时绝大多数地方更为宽松的政策。据我所知，承德县那个时候实行的是一种在"女儿户"基础上的"分类指导"的政策，而不是普遍允许农民生育二胎的政策。就是说，因为承德县实行一种比较严紧的生育政策，就有可能出现性别比问题。

（刊发于 2011 年 1 月 23 日）

政府直接干预妇女生孩子是一件很没面子的事情

　　30 多年前刚进入人口和计划生育领域做研究的时候，也是站在计划经济的角度来看待人口问题。虽然其中有许多问题还弄不明白，譬如马克思的人口理论就不承认人口因素会对经济社会发展有阻碍作用；所谓的计划经济要求人口计划实际是没有内在性联系的，因为每年的人口计划指标与五年计划、年度计划并没有什么关系；更深入一步，经济计划、经济发展和经济周期都是比较短期的社会行为，而人口的生产和再生产周期却是要长得多的社会运动过程，其间究竟有什么必然的联系，不要说没有任何科学对其进行过研究，甚至在科学史上都没有什么人正式地提出研究命题来；虽说当时的宣传是说"计划生育是毛主席提倡的"，可是现行的计划生育的许多政策和做法显然和毛泽东一贯的思想是有抵触的，毛泽东那么强势在其有生之年就没有允许政府这么去作过，等等。但是，因为那时所接受的计划经济是社会主义的本质特征和社会主义制度是人类历史上最优越的社会制度之类的理想信念，毫无批判能力的思维对于计划经济就没有丝毫的怀疑和反思。从这一信念出发，也就相信了计划经济决定计划生育。因为从逻辑上来说，仅仅有经济的计划而没有人口生育的计划，计划经济也是无法实现的。为此，除了给地方和部队的干部做过不少次的有关社会主义计划生育问题的讲座以外，还写过社会主义计划生育和国外家庭计划、节制生育的区别的文章。只是自己出生于农村，并且还做过几年的农村工作，认为较多的农民家庭只生育一个孩子很不符合我国实际情况，所以才提出"晚婚晚育家间隔"和普遍允许农民生育二胎的主张。那个时候的我不仅没有反对，甚至于是拥护的现行的计划生育制度的。实际上，我也是同意"提倡一对夫妇只生育一个孩子"的，只是因为政府对农民实际上照顾不过来，从而主张城乡有所区分，即根据城乡经济社会生活发展水平的差异，城市中只生育一个的比例可以大一些，农村中比例小一些。期间的比例究竟应该多高，并不取决于计划和强制，而是由政府的奖励和诱导的力度来决定。

因为经常和计划生育部门接触，知道农村计划生育工作和农民实际生育的矛盾和冲突。1981 年以前，虽然有些会议上提出了 12 亿，但被叫的还不是很响亮，可以说人口总量的目标还没有很明确。我觉得农民不愿意只生育一个，如果真的都只生一个，将来也是国家的灾难。所以主张在"提倡"生育一个的前提下，允许一对夫妇生育一个孩子。1982 年党的十二大提出"本世纪末把人口控制在 12 亿以内"的目标后，我又计算了实行"晚婚晚育加间隔"允许一对夫妇生育两个孩子的可能性，认为政府如果鼓励一部分家庭生育一个孩子，其他大多数家庭在晚婚晚育的情况下，平均生育两个孩子也完全可以实现 12 亿的人口目标。为此，写了研究报告，当时的国务院总理和胡耀邦在马瀛通、张晓彤的报告上都明确批示这一办法的可行性。但是，这样的政策为什么得不到采纳和推行？为此，我才设法争取到山西省翼城县的"晚婚晚育加间隔"的生育试点。实际上，试点之初并不不是仅仅在农村做。只是当时的计划生育工作越搞越严紧，试点在农村开始推行后，受到不少的攻击，能够继续维持下去就很侥幸了。所以，翼城县城镇职工也允许生育二胎的意愿连提也未能有机会再提出来。虽然许多年的试点的效果都很好，不要说中央是否有过打算以此为据完善政策，就连计划生育部门压根也都没有过这样的想法。

不难看出，我的以上的认识都是在现行的计划生育体制和制度的框架下思考问题的，即使从那种需要控制人口的思维出发，允许生育二胎不仅是很合理的事情，而且是比"一胎化"控制效果更理想的方案。但是，这么好的方案，实验的效果也很好，无论当时的管理部门还是中央决策层面又都相当熟悉，却为什么长期得不到采纳和推行？这是一个曾经困扰过我的问题。

上个世纪 90 年代初期，随着党和政府反思计划经济和提出市场化的改革方向，以及我国人口已经"顺利"渡过所谓生育高峰期，我希望从更为广泛的领域探索这一个问题。第一，过去说计划经济决定计划生育，而计划经济已经被我们摈弃了，为什么还要继续实行计划生育？第二，说是计划经济决定必须实行计划生育，但过去实行计划经济的其他国家譬如苏联和东欧的国家压根也没有过要推行我们这样的计划生育的想法。第三，说中国人口众多就必须实行计划生育，但印度的人口也很多，比我们实行计划经济还要早，也没有我们这种计划生育。第四，说中国人口密度大，人均资源少，但日本等国家比我们人口密度大多了，人均资源少得简直无法和我们相比，竟然也没有实行过我们这样的计划生育。可见，中国的计划生育是一个极为特殊的自身问题。

什么问题呢？就是经济社会发展的极为落后。邓小平曾经说过，斯大林独裁时期的大屠杀问题揭露出来以后，毛泽东说，这样的事情在欧美这些国家是不会发生的。由政府直接干预妇女生孩子这样的计划生育制度除了我们国家以外，在世界上其他所有国家都是不会发生的。西方发达国家有着良好的法制传统，生育问题属于基本人权，是各个家庭的私事。那些能够走到国家层面的社会精英一般都受过良好的教育，几乎本能性的决定了如何区分公权与私权的界碑。即使有个别政要的神经出了毛病以致产生想干预妇女生孩子的事情，由于人民对政府的监督和制衡的机制，使得他在台上时就根本不敢提出这样的问题。即使现在的那些发展中国家，包括那些人均 GDP 低于我们的一些国家在内，其活跃于政坛的精英们和他们的团队，往往都是接受过早期宗主国家或者其他西方教育的知识分子，也都能够分辨公权、私权的分野。相反，我们的国家从革命、造反、打天下获得政权的。一路依靠"造反有理"的信条，天不怕地不怕，批判和否定传统、否定西方，既没有了自己老祖宗的章法，也不信西方的章程。好在毛泽东在世时，对于人口和计划生育问题的认识是"似乎可以研究有计划地生育的办法。如果这个办法可行的话，也只能在人口稠密的地方研究实行，只能逐步地推行，并且要得到人民的完全合作"。老人家去世后，这一条被用"……"替代，人口众多成我国经济社会发展的阻力，计划生育成为经济社会腾飞的先决条件，政府的手毫无顾忌地伸向居民的家庭直接插手生育事项。30 多年来，那些无论在西方还是我国传统时代里有关妇女年龄、经期等极为隐密的具体情况，都是基层管理部门随时必须掌握的；一位有生育条件的妇女如果她或者她的丈夫没有结扎，即使外出打工或者陪伴丈夫和子女生活在天涯海角，也需要每年定期回到她的户籍所在地视环透环……

20 世纪和 21 世纪之交，我逐步认识到问题的症结不是生育 1 胎或者 2 胎的事情，而是是否需要取消现行的计划生育制度和归还人民的自由生育权的问题。否则，国民就没有一个正常的生活环境。几乎与此同时，我国许多人口学家开始谋求政府完善生育政策，开放二胎。这是以新中国第一批受到西方正规教育的人口学家为核心的、阵容颇为壮观的一支队伍。1979 年 5 月，联合国人口活动基金和国务院人口小组（其实就是国务院计划生育领导小组）签署向中国提供5000 万美元的计划生育援助和双边合作谅解备忘录。鉴于中国人口学研究队伍的落后状况，援助经费中列有培养人口学家的专项经费。从 80 年代初期开始，各个重点高校和中国社科院相继建立的人口研究机构选派适当人员送到西方国家学习人口学。上个世纪 80 年代末到 90 年代初，这一批学有所成并取得学位的人口学家陆续回来充实到我国教学和研究机构。还有一些人同样学有所成虽然没有回来，但不少的人在海外仍然强烈地关注着中国的人口和计划生育工作。这批人口学家当然有着正确的理念，即生育应该是公民的私事。但是，他们认为结束我国计划生育需要分两步走，第一步是由一胎走向普遍允许二胎；第二步才是完全放开。从策略上来说，他们认为政府目前可以接受的是先放开二胎。他们反对提出完全放弃和终止计划生育，认为这样会引起政府的反感以致把事情搞砸。从 2004 到 2008年，几乎囊括了我国重点高校和中国社科院、地方社科院主要人口学研究重镇的领导和骨干的优秀人口学家两次签名上书要求放开二胎，得到的结果都是杳无音信。我只是在这批人口学家愿意和我讨论，或者需要我的帮助时才出现的。我们在一起的时候当然要讨论到政策的前景问题。我提出，中国还不是一个在重大决策问题上有序可循的国家，所以，没有也不会遵循那种一步、二步走的决策程序。他们问我，那你认为计划生育如何结束？我回答说，现在回头看现行的计划生育制度，就像十年"文化大革命"一样，本来就是一件不合理的、不应该发生的和完全由上面推动起来的事情。当初推行的时候并没有征求谁的意见，结束它的时候照样不会在乎别人的观点。事实上，如果决策者愿意，30 多年来任何时候结束都是可以的。所不同的是，过去几乎是关起门来自己在那里折腾，不大在乎别人怎么说。现在，当领导人频繁地走向世界后，会逐渐发现一个现代政府去管人家妇女生孩子的事情，其实是过去的部落酋长、宗法族长都不会去做的事，所以是很丢脸、很没面子的事情。到这个时候，现行的计划生育就可以结束了。

（刊发于 2011 年 2 月 9 日）

学习温家宝总理的谈话

2010 年 10 月 14 日，南方周末第一版用三分之一的版面刊登温家宝登上美国《时代》周刊封面的画面，三分之二的篇幅用于《翼城人口特区——一个县尘封 25 年的二胎实验》。但是，并不知道温家宝总理接受时代周刊采访的事情。最近，网络上用"风雨不倒，至死方休"报道温家宝总理的这次访谈内容，为之动容。其中有段与我们网络言论自由和管理的话，似乎就是针对我前一个博客的文章《政府直接干预妇女生孩子是件很没面子的事情》被网络管理员无理、粗暴地屏蔽掉这一类事件的。我想，在有关中华人民共和国的事务问题上，没有谁更比温家宝总理的话语更具权威性的了吧。作为一种国家公务行为，如果把那种违背温家宝总理意愿的执法或者政府行为说是执行公务、执法，那既是对民意的一种肆无忌惮的践踏，也是对自己所供职的这个共和国的一种嘲弄。不要说政府公务人员，即使是一个企业、一个政府以外的社会机构或组织、一个网络管理人，如果可以以自己所谓的什么理由随意删除别人的自由言论，那既是对这个国家公民基本权利的野蛮的践踏，也是对自己公民权的一种亵渎。所以，将温家宝总理的这段话摘抄如下，给那些动不动就删帖子的管理员及其主管们补一补课。

在回答时代周刊有关互联网管制、言论自由等敏感话题时，温家宝鲜明地以开放姿态指出，"中国将继续进步，人民对民主自由的诉求是不可抗拒的"，并且称"言论自由对于任何国家都是不可或缺的……我经常说，我们不仅应当让人们有言论自由，更重要的是，我们还要创造条件让他们批评政府的工作。"

2011 年 2 月 14 日

（刊发于 2011 年 2 月 14 日）

重发《毛泽东"人口非控制不行"考》一文的按语

最近发现有人对笔者有关毛泽东人口思想研究的文章有兴致，所以将这篇文章也粘贴下面，以飨读者。我一直强调说，笔者属于体制的受惠者。由于比较早地得到职称之类的食禄资本，也就不特别为出版和发表去写作。但毕竟由于经济社会的大发展，现在的环境宽松多了，我的这些非主流的文章有的时候还是能够得到发表。《毛泽东人口思想研究》的长文同时发表于《兰州商学院学报》2008 年第 5 期和上海人民出版社 2008 年出版的《中国特色社会主义理论与实践》，本文发表于北京大学《人口与发展》2010 年第 2 期。

（刊发于 2011 年 2 月 27 日）

致网民李贞贤与萧亚轩、东方先生

按语

本文是对网民李贞贤与萧亚轩、东方先生在我博客上留言的回应，因为篇幅太长，分别以网民释义、计划调节思想溯源、计划生育是毛泽东一个放弃了的设想和自由生育是一项公民基本权利等为题，依次分 4 次粘贴在这里。

（一）网民释义

李贞贤与萧亚轩、东方先生：

首先请你们二位谅解我用网民来称呼你们，因为现在这一词语中含有一定的贬义。人们一说网民，首先浮现在脑海里的是匿名、情绪偏执、语言激烈、抵牾和谩骂，等等。但是，我不这样看待问题。所谓网民，就是上网的人、网络人。我也上网。所以，我就是网民。所不同者，我历来堂堂正正，即使在留言栏说话，也加注我自己的真实姓名。一个人既然在某个问题上发表意见，就以自己真实的身份表明自己的认识，那既是一种自信的表现，同时也反映了一种敢于负责和承担一切后果的人生态度。当然，既然网络游戏规则设计允许匿名，隐匿自己真实姓名发表意见也是一种合理合法的选择。我们从传统社会走过来，习惯了舆论一律，也习惯了唯唯诺诺，对于不同的意见或者与主流不一致的声音，就视之为异端；与自己意见相左的观点，就以为是敌人。社会进步了，其经济社会基础多元化，不同的思想观点和不一致的声音会越来越多。我们许多人没有想明白，自古以来就有一种说法，"背后还有人骂皇帝"。可见，谁也不可能赢得世上所有人的欢呼声。今后的多元化社会，更是如此。从另一方面来讲，就是在网上获得骂声，也是一件值得庆幸的事情。因为，骂声表达了一种极端、极致的对立意见。通过骂声总是了解到自己的某一种观点或做法除了支持者、拥护者以外，还有另外的一种极端反对意见的坐标位置。从极端的拥护到极端的反对，中间状态究竟还存在多大的空间，就是所涉及理论或观点的客观价值。所以，我并不以为网上常常有骂声，有混乱，就以贬义来理解网民。什么事情在其一开始的时候，都是无秩序的，有混乱的。由乱而治，是事物的普遍规律，是符合辩证法的。因为乱而拒绝其存在，就是不要新事物，不要发展。由此，我对所谓的网络混乱，并不以为然。中国的网络才有几年的历史？上网的中国人占人口的总数有多大的比例？新网民要占据多大的比例？这也就是我并不把网民当贬义词的理由。当然，我似乎也可以像以往那样用网友来称呼你们。但是，总觉得那样会有点唐突。因为，朋友是双方的事情。我从你们的字里行间读出你们看见我的名字就会暴跳如雷，见到我的文章就要将其撕之焚之，并欲将我个人除之而后快的那种态度来判断，你们绝不会把我划归到你们的朋友的圈子里。所以，我只好用网民这个词汇来称呼你们。

其次需要感谢你们。我印象中你们关注我的博客已经有了一段时间。如果不是马克思所说的需要奴隶般的服从的职业的需要，你们能够比较长时期地对像我这样无职无权的学者所写的文章发生持久的兴趣，无论怎样说都是不容易、不简单的。即使你们是属于反对我的营垒一方的，如果你们并不因此赚取津贴，就是因为自己的认识与观点不同于我，话语激烈一些，我也不以为怪。对于我来说，即使看见你们反对和叫骂，要比过去几十年主管部门和主流的人口学用沉默来对付我的理论和观点，真是要高兴千百倍。一个非主流的观点终于可以比较及时地表达出来，即使是通过一种非主流性的渠道得到表达，即使有反对声和叫骂声，总归是得到了诉求，得到了社会的响应。这样的社会是比那种"万马齐喑"的时代进步多了，该是正常或者正在走向正常的社会状态。

　　说实话，我很少关注我的博客上的留言。印象中你们似乎有一大段一大段的留言，我的理解是你们以我的博客为一种适合的论坛，在那里借题发挥。所以，我更是没有时间详细阅读你们的高谈阔论与真知灼见。但是，注意到了你们的一些观点，我以为有必要向你们解释清楚。即我的本文中的这些观点不涉及你们对我的观点的认识，即我并不是要反驳或纠正你们，要你们同意我的认识。你们不同意我的认识和反对我的观点，那是很正常的。我不强求你们。从你们反对我的激烈程度来看，希望有一种理论和语言打动你们、改变你们的观点和立场，那是一种幼稚。我写这篇文章的目的是因为你们没有仔细阅读我的文章而没有领会我的观点。当然，这也很正常。谁都不会完全理解和客观认识别人。从误读我的文字这一现象来说，有些媒体采访也都会发生的。如同连采访我的媒体出现了误解我通常都不会去纠正一样，我也不想纠正你们。我只是借题发挥，利用你们提出的一些问题为由头，进一步阐述我自己的观点，清理和深化我自己的认识。

（二）计划调节思想溯源

　　先说有关马克思的问题。

　　东方先生说"科学精神是马克思思想的本质"是不正确的，是犯了客体认定和逻辑推导上的双重错误。至于"科学精神"是什么，那又另当别论。因为，它是一个仁者见仁，智者见智的问题。但是，我们无疑可以说"科学精神是科学家的本质"。马克思是科学家，马克思思想是一种科学，当然具有科学家的共性，具有科学家和科学思想的本质（严格推导的话，这个逻辑推导也是有问题的。因为，科学精神是科学家的本质，马克思是科学家，所以马克思具有科学精神。至于马克思思想具有科学家精神，还应该有一个推导过程，即马克思思想是马克思科学研究的结晶，所以，马克思思想体现了科学家经济。虽未有这个推导，但说马克思思想具有科学精神这个结论没有错误，可从略）。但是，在谈及"马克思思想的本质"的时候，必须用马克思思想的个性来表述它的本质，而不是用科学家和科学家思想（学说）的本质来表述马克思思想的本质。当然，马克思思想的本质是什么，也是一个仁者见仁、智者见智的问题。譬如要我来回答这个问题，就会把马克思关于唯物历史观和有关现时代的理论作为马克思思想的本质。但是，不论怎么说，东方先生用科学家的本质来做马克思思想的本质概括是不正确的。这如同感觉是动物的共性，可以把感觉概括为动物的本质。但不可以此推导"东方先生有感觉，感觉是东方先生的本质"一样。东方先生是动物，具有动物的感觉这一共性，但感觉不是东方先生的本质，东方先生的本质譬如是维护现行的计划生育制度（东方先生的本质究竟是什么，当然又是一个仁者见仁、智者见智的问题，我这里只是打个比方）。

东方先生说："马克思是主张社会的计划调节的，既然如此，人口难道不应该纳入到这种计划调节的体系里面吗？"这句话很长，东方先生犯了多重的错误，既有认定上的问题，又由理解上的，还有逻辑推导方面的。

首先，马克思没有明确的"主张社会计划调节"的论述。这个思想是恩格斯在《反杜林论》中明确表述的。因为马克思阅读了恩格斯发表前的文章，可以认为马克思同意恩格斯做这样的阐述。但是，东方先生的理解是错误的。恩格斯是在阐述马克思批判资本主义生产方式的理论，揭示出资本主义生产"个别工厂中的生产的组织性和整个社会的生产的无政府状态之间的对立"之后，说社会力量完全像自然力一样，在人们还没有认识的时候，起着盲目的、强制的和破坏的作用。但是，这些客观的力量一旦被人们认识了以后，它们就可以服从人们的意志并利用它们来达到我们的目的。接着，恩格斯说了这样一段话。他说：

当人们按照今天的生产力终于被认识了的本性来对待这种生产力的时候，社会的生产无政府状态就让位于按照全社会和每个成员的需要对生产进行的社会的有计划的调节。

　　这样，恩格斯似乎是明确地说了"有计划的调节"这样的话了。但是，别忘了恩格斯还说了前面的一句话，那是实行计划调节的前提。即社会必须达到对"今天的生产力"的本性"被认识了"、而且有能力用这种生产力的"本性来对待这种生产力"的时候，社会的生产无政府状态才让位于"社会的有计划的调节"。我们先不讨论恩格斯讲的是否正确和是否具有实践意义。即使按照恩格斯所阐述的话语来理解，计划调节也是设置了许多条件的，是历史发展到一定阶段的事情。可能考虑到了那些空想社会主义和无政府主义将会产生的误解，恩格斯紧接着批判了那种以为国家掌握了生产资料就可以打破或废除国家、埋葬国家机器和实现有计划生产的天真想法。恩格斯在这一段话里面阐述了马克思和他的深刻的国家学说，即国家是阶级和阶级斗争的产物，是暴力工具。当国家真正可以成为全民性质的机构作为全社会的代表"所采取的第一个行动"、同时也是作为国家"所采取的最后一个独立的行动"，即"以社会的名义占有生产资料"的时候，国家就成为多余的而退出历史舞台了。恩格斯在这个地方强调：

　　国家不是"被废除"的，它是自行消亡的。

　　引语中的黑体字"它是自行消亡的"是恩格斯自己加注的，用以强调和说明生产计划调节时代的到来将是一个历史过程。我们还需要强调的一点是，包括列宁、斯大林在内的过去所有主张将一切生产资料收归国有从而实行计划调节的马克思主义者都没有注意到恩格斯论述资本主义生产的矛盾的时候，还说过一句很精辟的话。他说：

　　（生产资料）无论转化为股份公司，还是转化为国家财产，都没有消除生产力的资本属性。

　　可见，恩格斯说的计划调节不是通过简单的把生产资料收归国有就可以实现的，不是存在国家机器的时代即由政府（在国家还存在的历史阶段内也只有政府才可以代表社会行使职权）可以做到对生产的计划调节的。由资本主义的无政府生产发展到实现生产的计划调节，连同国家的自行消亡，是同一个很长的历史阶段。而后面的这一思想都是马克思在《1857-1857年经济学手稿》中产生和零星阐述的，主要包括资本主义是很长的一个历史过程，资本向全世界的扩张（就是现在人们说的"经济全球化"），以及更高阶段的社会因素的产生（如果可能地话也包括计划调节）都只能在资本主义基础上产生，等等。马克思说，如果在现在的社会中还没有产生"存在着无阶级社会所必需的物质生产条件和与之相应的交往关系，那么一切炸毁的尝试都是唐·吉诃德的荒唐行为"。就是说，马克思早在写作《资本论》之前很久就已经产生这样的思想，即当资本主义生产方式还没有发展到应该具备的阶段的时候，无产阶级过早地打碎资产阶级国家机器实现包括东方先生所说的"计划调节"，乃是一种"唐·吉诃德的荒唐行为"。写到这里，似乎可以解释为什么马克思虽然没有说过计划调节这一类的话，但还是同意恩格斯的这一表述。因为恩格斯也阐述了这样的思想，即当生产力还没有发展到应有的水平的情况下，即使把生产资料"转化为股份公司，还是转化为国家财产，都没有消除生产力的资本属性"，即国家占有生产资料仍是一种资本主义。把国家资本主义当作社会主义或共产主义，那就是马克思所说的唐·吉诃德行为。包括列宁在内的马克思主义者（列宁那时还不知道马克思有一部"1857-1859年经济学手稿"）都曾经误解了"计划调节"理论，以为采取简单的将生产资料收归国有就可以实现社会主义计划经济。这样的社会主义实践经过了许多个国家甚至长达半个多世纪的实验，基本上已经被抛弃得差不多了。

所以，东方先生，您犯了多重的错误。第一，计划调节是恩格斯说的，而不是马克思说的。尽管恩格斯最深刻地理解了马克思，但是，毕竟马克思是马克思，恩格斯是恩格斯。不能把恩格斯说成马克思，如同不能把马克思说成恩格斯一样。深入研究马克思和恩格斯，可以发现在一些问题的认识上，他们俩还是有差别的。

第二，我们暂且先不讨论恩格斯提出的计划调节的思想究竟是否有实践的意义。即使恩格斯阐述的计划调节思想是正确的，毫无疑问，恩格斯已经设置了许多条件，把它当作是一定历史发展阶段上的譬如是国家自行消亡的那个发展水平上的社会行为。但是，如同当代世界的现实证明，国家这一历史产物不但还远远没有"自行消亡"，而且几乎所有国家的政府都还在抓住一切可以抓住的机会在那里扩张。另外，历史也证明了人类至少在生产力发展的现阶段还无法做到计划生产即实行计划调节。别说我们国家的落后生产力，即使欧美国家的那样的先进的生产力也远远没有达到可以实行计划调节的水平。在苏东那些社会主义国家公开宣布转向市场经济之后，我们党和政府已经提出、并且已经渐行渐远地离开了过去那种所谓的社会主义计划经济体制的情况下，您却还要坚持那个已经被证明错误的、被实践已经抛弃了的东西。

第三，如同计划经济不一定会推导出计划空气、计划石头、计划乌龟王八蛋一样，计划调节也并不一定就能推导出计划生育。世界上过去实行过社会主义计划经济的国家都没有推导出我们现行的计划生育，我们国家 1979 年以前的社会主义计划经济也没有推导出现行的计划生育。说明我国现行的计划生育制度完全是在一种特殊的历史条件下产生的，需要做专门的研究，而不是简单地将其归结为"计划调节"就能解释得了的。不错，当年实行现行的计划生育政策的时候，国务院计划生育领导小组组长陈慕华和人民日报的社论、各级的文件，都是东方先生现在所说的："我们是社会主义国家，我们发展国民经济是有计划按比例进行的。我国的人口增长也应纳入国民经济计划，有计划地增长。"那时是用这样的理论开道，迅速建立起现行的计划生育制度。但是，我们且不说过去是否真正实行了计划经济和有计划按比例发展，也不说现在的计划生育真的是什么计划，即使如此，现在的生产都已经是市场调节了，人口还要实行计划吗？它依据什么计划的？

写到这里，顺便指出，东方先生说梁中堂"证明生育权的无限性"。我没有证明过生育权的无限性。权利或权力，都是一种自由状态。人类历史就是不断由盲目向自由发展的过程，是无限接近和逼近完全自由状态的过程。在这个过程的每一个阶段和每一点上，自由都会遭遇到来自自然或者社会因素的约束。所以，任何权利（包括权力）事实上都不可能是无限的。生育权属于人权，应该归结为公民权。公民权是现代国家的一个基本范畴。公民权主要是与政府的公权力相对而存在的。在这一对矛盾体中，必须强调公民权的绝对与神圣性。否则，公民权就得不到保障，也就没有了公民权。不错，如我所说自由总是会受到来自自然和社会的约束一样，所有的权利也都会受到自然或者社会因素的约束。但是，在具体到公民权的社会约束方面，会遭遇到历史、经济、文化甚至于道德风尚等等许许多多社会因素的约束，唯独排斥政府这一社会因素的约束。因为，公民权主要是相对于政府的公权力来说。就这一点而言，公民权是绝对的、神圣的。本来，公民权还需要借助政府的公权力予以保护和维护的。相反，如果按照"普天之下，莫非王土；率天之下，莫非王臣"，公权力可以随意覆盖公民权，政府可以以这样那样的理由带头侵犯公民权，那天下那里还有公民权！如果一个国家的公权力否定了公民权，那同时也就是公权力否定了它自己。那么，这个国家的历史发展就不是由传统社会走向现代，而是倒退了回去，就既谈不上现代社会也谈不上现代国家。所以，我只是强调生育问题完全是公民个人和家庭的私事，生育权作为公民权是绝对的、神圣的，是不可剥夺的。

（三）计划生育是毛泽东放弃了的一种设想

下面再说毛泽东。

东方先生在拙文《毛泽东"人口非控制不行"考》一文后留言说："梁中堂先生应该证明毛泽东主席根本就没有计划生育思想，这样就彻底解决了。"可让您说巧了。我在《毛泽东人口思想研究》一文（同时发表在《兰州商学院学报》2008 年第 5 期和同年由上海人民出版社出版的《中国特色社会主义理论与实践》一书）里已经证明了这一点。当然准确地说，不是毛泽东主席根本就没有产生过计划生育思想，而是由政府生产计划引发的计划生育是毛泽东 1956-1957 年曾经有过的、最终又放弃了的一种设想。我说"准确地说"，包括这一过程不是我证明的，而是中央党史研究室的一批秀才们写作的《毛泽东传》里给我们提供的证据。当然，他们没有意识到这一点，是我从他们提供的材料里发现了这一点。所以，是我发现计划生育曾经是毛泽东放弃了的一种设想。如果在"发现"的意义上说是由我证明的，也说得过去。

关于毛泽东的这一转变，我可以简略地再叙述一下。

虽然现在可以搜集到的资料显示最早提出计划生育这一词语的人似乎不是毛泽东，譬如根据《周恩来年谱》的资料，在毛泽东最早使用计划生育这一词语前几个月，周恩来就已经在国务院的会议上讲讲生育的计划这样的概念了。但是，依据毛泽东时代的中央领导集体之间的关系来判断，没有毛泽东对这一问题的明确肯定和理论阐述，毛泽东以外的任何领导人是不敢随意提出这一涉及共产党历史观和巨大方针政策、政治形象和国内外影响的重大问题的。当然，也许毛泽东不是世界上第一个提出计划生育这一词语的。但是，如同陈伯达最早用"百花齐放、百家争鸣"这一词语，但是，毛泽东把它作为党的文艺路线和政策了，并有了一些相关的理论阐述并上升为党和国家的一项方针政策之后，它就不是陈伯达而是由毛泽东提出来的了。不排除计划生育也可能属于这种情况。因为 1955 年 12 月刘少奇已经代表党中央召开了中央机关节制生育座谈会，明确提出："现在我们要肯定一点，党是赞成节育的。" 1955 年 3 月，中央对卫生部党组《关于节制生育问题向党中央的报告》明确批示说："节制生育是关系广大人民生活的一项重大政策性的问题。"说明在计划生育这一词语在 1956 年的后半年到 1957 年春天逐步公开出现之前，节制生育已经成为党和国家的一项重大政策得到贯彻和执行。1956 年 9 月，周恩来在党的八大会议上的报告上不仅明确强调这一方针政策，而且都把它们刊登在人民日报等各大报纸上。所以，不排除这一时期毛泽东身边的哪位秀才或者那位领导人有一天异想天开提出像生产一样的生育计划来。但是，别的人说是一回事，只要毛泽东接过这个话语，这样的思想从毛泽东那里提出来以后就完全不同了。毛泽东肯定和强调了以后，它就变成了党和国家的原则、方针和政策。这是毛泽东时代的政治关系。我们研究那个时代的历史，就必须按照那个时代的政治关系解构和理解历史。所以，根据现在的历史资料分析，是毛泽东创造和提出了计划生育这个词汇。

如何理解毛泽东的计划生育思想？因为在计划生育这一概念之前就已经有了节制生育，计划生育也是一种节制生育。所以，必须理解节制生育这一概念。我把节制生育归结为资本主义工业化所创造的一种符合人性的新的生活方式。因为是一种生活方式，它就已经是和工业化以来的经济社会的各个方面的发展都是协调地出现的。所以，凡是资本主义工业化和现代社会生活入侵的地方，避孕和节制生育就或多或少、或快或慢地逐步深入到当地居民的生活之中。这就是继发达国家之后，现在包括那些穆斯林国家在内的发展国家也有了越来越高的节制生育率的根本原因。我国上个世纪之初的东部城市已经有倡导节制生育的宣传。但是，这一社会现象演变为比较普遍的社会现象，成为大多数居民的一种需要则是上个世纪50年代新中国的大规模工业化建设启动之后的事情。为什么在已经有了"节制生育"这样的概念以后，毛泽东还要创造一个新词语？这是因为原来的节制生育不能准确表达他的意愿。毛泽东新创造的"计划生育"是与当时国家的计划经济相联系的。现在可以看到毛泽东最早表述计划生育的谈话是1956年10月接见南斯拉夫妇女代表团时说的一席话，说明毛泽东的计划生育是指与政府的生产计划相联系的节制生育。毛泽东说：

过去有些人批评我们提倡节育，但是现在赞成的人多起来了。夫妇之间应该订出一个家庭计划，规定一辈子生多少孩子。这种计划应该同国家的五年计划配合起来。目前中国的人口每年净增一千二百万到一千五百万。社会的生产已经计划化了，而人类本身的生产还是处在一种无政府和无计划的状态中。我们为什么不可以对人类本身的生产也实行计划化呢？我想是可以的。

毛泽东最著名的关于计划生育的论述是 1957 年 2 月 27 日在最高国务会议第 11 次（扩大）会议上的讲话。毛泽东说：

我们这个国家有这么多的人，这是世界上各国都没有的。要提倡节育，要有计划地生育。我看人类是最不会管理自己了。工厂生产布匹、桌椅板凳、钢铁有计划，而人类对于生产人类自己就没有计划了，这是无政府主义，无组织无纪律。这样下去，我看人类是要提前毁掉的。中国六亿人口，增加十倍是多少？六十亿，那时候就快要接近灭亡了。我今天不着重谈节育问题，因为我们邵力子先生是个专门的名家，他是大学专科毕业的，比我高明。还有我们李德全部长，也很注意这个问题。关于这个问题，政府可能要设一个部门，或者设一个节育委员会，作为政府的机关。人民团体也可以组织一个。因为要解决技术问题，设一个部门，要有经费，要想办法，要宣传。

可见，毛泽东不是在过去国内外有关节制生育本来意义上使用计划生育这一词汇的。毛泽东设想让人类的生育行为也像物的生产那样实行计划，把与政府的生产计划相联系的节制生育称之为计划生育。毛泽东在 1957 年 2 月 27 日所做的关于如何处理人民内部矛盾问题的讲话获得了参加扩大会议的 1800 多人的强烈拥护，特别是民主人士的欢迎。3 月 1 日，会议安排 16 位民主人士和企业家大会发言，其中马寅初发言回应了毛泽东上述关于计划生育的讲话内容。马寅初这次不到 10 分钟的拥护毛泽东关于实行计划生育的设想的发言，就是最近 30 年盛传的"马寅初在中南海畅谈人口问题，向中央建议实行计划生育"。其实是毛泽东讲了计划生育以后，才有了马寅初的所谓"建言"以及在此基础上写出的"新人口论"。这是另外一个问题。我们继续说毛泽东。毛泽东在包括马寅初在内的 16 位党外人士的发言后，紧接着在对会议所作的"结束语"即总结讲话里，又有回应马寅初的一段话。他说：

> 人口控制在六亿，一个也不多啦？这是一种假设。……现在每年增长一千多万。你要他不增长，很难，因为现在是无政府主义状态，必然王国还没有变成自由王国。在这方面，人类还完全不自觉，没有想出办法来。我们可以研究也应该研究这个问题。政府应该设立一个部门或一个委员会，人民团体可以广泛地研究这个问题，是可以想出办法来的。总而言之，人类要自己控制自己，有时候使他能够增加一点，有时候能够使他停顿一下，有时候减少一点，波浪式前进，实现有计划的生育。这一条马寅（初）老讲得很好，我跟他是同志。从前他的意见没有放出来，有人反对，今天算是畅所欲言了。这个问题很值得研究，政府应该设机关，还要有一些办法。人民有没有这个要求？农民要求节育，人口太多的家庭要求节育，城市、农村都有这个要求，说没有要求是不适当的。

从 4 月下旬开始，毛泽东一有时间就坐下来修改他的讲话记录稿。5 月 8 日，毛泽东在"自修稿第二稿"上有关人口问题的地方，增加了一段话：

> 在这里，我想提一下我国的人口问题。我国人口增加很快，每年大约要增加一千二百万至一千五百万，这也是一个重要的问题，近来社会上谈这个问题的人多起来了。对于这个问题，似乎可以研究有计划地生育的办法。如果这个办法可行的话，也只能在人口稠密的地方研究实行，并且要得到人民的完全合作。

如果有兴趣的话，东方先生可以仔细阅读毛泽东由"正确处理人民内部矛盾的问题的讲话"发生的 3 段有关控制人口和计划生育的论述，不难发现毛泽东的 3 段话按照时间顺序一次比一次严谨，限制词越来越多。不仅这样。毛泽东由 4 月下旬到 6 月中旬，一共产生了 13 个"自修稿"和 10 个"征求意见稿"，有关人口和计划生育的提法也有过多次的变动和修改，包括上面这段已经很严谨的有"似乎可以研究""如果……可行的话""也只能""并且要得到人民的完全合作"这许多个限制词的论述，在修改期间删去，又加上，又删去，又加上，反复了许多次。6 月 19 日，讲话稿即《关于正确处理人民内部矛盾的问题》的中文版在《人民日报》、俄文版在《真理报》同时发表。但是，我们阅读这一著作不难发现，毛泽东在演讲和修改过程中的有关人口和计划生育的话语一句也没有了。为什么？毛泽东谈话和讲话时难免海阔天空和无遮无栏，但在字斟句酌地修改讲话稿的时候，终于发现关于与政府计划经济相联系的计划生育思想是与自己在战争年代获得的与马尔萨斯人口论相对立的唯物历史观相冲突的。所以，在公开发表毛泽东认为自己在社会主义时期最重要的《关于正确处理人民内部矛盾的问题》一书的时候，毅然删去了有关控制人口和实行计划生育的话语。不仅这些。至此以后，毛泽东到其逝世接近 20 年的时间里，不仅再也没有在政府生产计划的意义上谈论计划生育，而且既不准许公开发表自己已经讲过的有关人口和计划生育的谈话，也没有允许政府设置管理人口和计划生育的权力机关。讲到这里，东方先生，您该明白我为什么要花费几年的时间去写《毛泽东"人口非控制不行"考》了吧？因为国务院计划生育办公室利用毛泽东逝世整理印刷的一份内部学习材料《伟大的领袖和导师毛主席对计划生育工作的指示（清样）》（后来的国家计划生育委员会和所有其他有关毛泽东论述人口和计划生育的材料都是从这个资料派生出来的）中，毛泽东有关 1958 年以后的有关论述中，说毛泽东在其晚年还有一个"人口非控制不行"的批示。按照通常的理解，批示的东西和谈话就有很大的不同，用笔所表达的话语应该是经过思考而相对成熟的意见或思想观点了。当然，如果是这样，毛泽东就成了现在大多数人所认识的、始终如一地坚持和倡导现行的计划生育的。但是，如果那样，就又产生了另外一些相互冲突和自相矛盾的问题，譬如：既然毛泽东提出了计划生育并且始终如一地坚持这样的认识，为什么他在世的时候不公开发表和宣传他的计划生育思想？毛泽东在世时发动的运动一个接着一个，经过了那么多次的国家机构改革和调整又为什么不设置他所提出的管理人口和计划生育的政府设施？等等。当然，如有些网友所说，对于现在的现实来说，毛泽东说了些什么并不重要，重要的是计划生育究竟是否合理。但是，毛泽东说了些什么曾经是重要的（现在也不能说完全不重要）。在上个世纪 70 年代中后期，在中国发生的一切都还是打着毛泽东的旗号进行的。说毛泽东批示的"人口非控制不行"的这句话就是在国家计委的报告中以"计划生育是毛主席提倡的，人口非控制不行"的形式出现的。在那个时代，一切有毛泽东的明确语言，就可以令行禁止、政通人和。所以，在毛泽东逝世以后，有不少本来不曾有过的事情都是以毛泽东的名义推动的。现行的计划生育就是如此。这也是历史。我们必须还原历史，才能认识共和国历史上的许多问题，才可以正确吸收历史经验。不错，1957 年《关于正确处理人民内部矛盾的问题》发表以后，毛泽东还有许多次自觉地或者被动地谈到计划生育、使用计划生育这个词汇。但是，这都是在节制生育意义上来使用计划生育这一概念，而不是在他原来的、与国家生产计划相联系的意义上谈计划生育的。就是说，包括毛泽东在内，都曾经在两种不同含义上使用计划生育这个词汇。所以，必须区分两种含义的计划生育。一种是工业革命以来创造的符合人性的生活方式从而由群众自发实行的避孕和节制生育意义上的计划生育，这种节制生育意义上的计划生育是在现在世界上所有的国家都被人民群众广为接受的。另外一种只是发生在我们国家的，是由政府主导和决定的、由政府分配指标的计划生育。前一种意义的计划生育是一回事，后一种意义的计划生育又是一回事。我区分了这两种含义的计划生育，为此还写了一篇题为《新中国计划生育 60 年：两种含义和两个 30 年》的长文，发表在《兰州商学院学报》2009 年第 6 期上。你们如果有兴趣，可以翻检。在研究和认识我国的计划生育实践的时候，有两个理论问题必须解决，一个是关于节制生育是工业革命创造的新生活，一个是两种含义的计划生育。这两个理论问题都是由我首先提出来的，是理解和认识这"剪不断、理还乱"的共和国 60 年计划生育历史的钥匙。离开了这两个理论认识，共和国人口和计划生育历史就是一片混沌。

东方先生，在以上叙述过程中，您可以不同意我的一些观点，但是，这几个事实无论如何您是无法否认的吧？第一，毛泽东面对公众演讲中提出了计划生育的设想（那次会议扩大到 1800 多人，可以说包括了当时的党和国家的绝大多数高级干部、民主党派领导人、无党派的民主人士和社会各界著名人士），但是，在公开出版和发表的《关于正确处理人民内部矛盾的问题》一书中，却把所有关于人口和计划生育的论述都删去了。

第二，我们不排除毛泽东创造计划生育这个词汇的时候，是出自于计划体制给他带来的困扰。因为毛泽东那一个时代的共产党企图建立一个由政府包办一切的体制，但是，吃饭问题、孩子上学问题、就业问题，不仅都已经出现，而且有越来越为严重的趋势。社会主义计划经济是无比优越的制度，为什么会解决不了这些问题？这是一个直到毛泽东逝世都困扰着他的问题。毛泽东未能解决这个问题。（对计划经济的反思，是毛泽东逝世后许多年以后，由邓小平做出来的。1986 年，邓小平开始反省计划经济的局限性。他说："我们过去一直搞计划经济，但多年的实践证明，在某种意义上说，只搞计划经济会束缚生产力的发展。"）从发表《关于正确处理人民内部矛盾的问题》一文之后，毛泽东就不再在与政府生产计划相联系的意义上使用计划生育这个词语了。第三，毛泽东在世的时候，从来没有公开发表过他的有关人口和计划生育的"语录"。第四，毛泽东在世的时候，计划生育管理部门还没有列入编制，没有获得正式的建制从而一直没有成为政府的组成单位。如果您愿意听，我还可以给您讲一件事。1979 年以来，形成一个观点，就是毛泽东 1958 年批判了马寅初之后就不搞计划生育了。这不符合事实。陈慕华在 1978 年 12 月的一次会上就说过"我们干了近二十年的计划生育"这样的话，表明当时的计划生育部门知道历史是怎么一回事。从毛泽东提出计划生育这个概念到他逝世，即从 1957 年至 1996 年，我国人口由 5 亿多增加到 8 亿多，附设在各级政府的卫生部门的计划生育工作一直在做没有政府强制的计划生育工作。但是，毛泽东却不发表自己具有指导意义的语录，不让计划生育部门成为政府机关。相反，毛泽东逝世 3 年即1979 年以后，我国历史上才开始有了政府法规约束下的、由政府分配指标的计划生育；毛泽东逝世 5 年以后即 1981 年，经过全国人大批准才正式设立了国家计划生育委员会。根据以上事实，我说与政府计划相联系的计划生育是毛泽东已经放弃了的一个设想，您不会反对吧？

（四）关于人口和计划生育

再谈几个有关控制人口和实行计划生育的问题。

你们提出，因为人要消费，所以就必须由政府来控制。如前指出的一样，这也都是逻辑推导的上的错误。第一，必须确认的是，虽然可以把人视为既是生产者又是消费者，但必须肯定首先是生产者，其次才是消费者。因为从脱离动物界直到目前的社会人类基本上属于自食其力，所以，作为生产者和消费者的统一体的人，从总体上来说，是生产大与消费。否则，就没有包括文化和各种意识形态等上层建筑在内的精神财富和物质财富的积累，就没有从早期原始时代开始以来的社会进步和发展。除了各个时代都会存在的、因个别的特殊条件所导致的极个别的单个人的消费会大于生产以外，通常的人们都是生产贡献超过其消费的。否则，他（她）的消费也不会持久。即使对于那些只消费不生产的阶层来说，他们之所以能够过上那样一种生活，也是因为社会机制构造了这样的条件使得他们可以持续地单方面的从社会（包括家庭或家族）索取以维持他们的生活，而不是发生了消费大于生产的人性。当然，社会也有这样的时候，如像我们国家从 50 年代中后期一直延续到 1980 年前后的 20 多年里，社会总体上的生产只是比较微弱地超过了消费，或者，如果不是当时的政府长期地严重限制了社会的正常消费的话，某个时候的生产可能还要低于消费。但是，那明显是属于社会体制压抑了人的生产创造性，而不是中国人就是属于消费大于生产的人种。否则，您就无法解释还是原来那一批人口是如何创造出自后 30 年来年平均两位数的增长幅度这样的中国发展的奇迹的。事实上，我们还没有考虑在这 30 年力，作为消费者的中国人一直是在以一种极为扩张的方式放大自己的消费的。所以，除了极个别情况下由于社会制约而出现生产小于或者接近消费，从而必须改造社会以外，一般情况下人都是生产大于消费的。譬如，上个世纪 60 至 70 年代城市容纳不下新成长的一代人，政府需要以上山下乡的方式送他们到农村去，实质是在计划体制下这些可以生产的人成为不生产的从而是只消费的，或者是东方先生等人所说的生产小于消费的人。但是，政府只要稍稍改变了那样的体制，我国城市不仅完全吸纳了已经积累了数十年的知识青年返城，而且以农民工等各种方式大量吸收农村人口，知青和农民工在城里创造出比农村更显著的经济效益，这才有了中国这几十年的发展奇迹。所以，是社会制度和体制问题，而不是人作为生产或消费出了什么问题。这是规律，否则人类就根本不会从动植物界脱离开来走上独特的进化过程，就没有人类历史的不断进步。第二，即使人具有消费的特性，也不能由此就推导出必须实行计划生育来。因为人既是生产者又是消费者，无论中国人外国人都是一样的。为什么其他所有国家都没有推导出要实行我们这样的计划生育制度来？如果硬要说中国人和外国人素质上有什么差别，那就是说中国人的这种劣根性是属于人种学上的缺陷，是中国人内在性的、本能的、自然的属性，是无法改变的。既然是无法改变的，又如何解释中国最近 30 年？应该说，中国人民用改革开放以来的 30 年的实践已经驳倒了那种认为中国人素质差、只会消费而不会生产或者消费大于生产之类的奇谈怪论。

从这个问题上反映出两种不同的执政理念。按照马克思的国家学说，现代国家也同样是一种暴力机器。但是，现代国家不同于传统时代就在于传统时代的统治者是靠武力夺取的，而现代是民选政府。以武力争夺建立的专制政府是依靠和运用武力、侵犯和限制人民的权利维持的，而现代国家的民选政府是接受人民的委托和代表人民执政的、依靠民主制度维持和发展的。传统的专制时代的国家君王是社会的主人，现代国家的人民是社会的主人。传统时代的君王对人民有生杀予夺之权，皇帝给大臣下一道圣旨就可以赐其死亡，更不用去说一般的老百姓了。按照恩格斯的说法，现代国家的工作人员都是社会的"公仆"，政府和国家公务人员都是为人民服务的。根据这样的原则，如同一个仆人受雇于东家为东家服务而无权议论东家的人口多寡和家庭成员素质一样，任何执政党及在其领导下的政府压根就无权提及人口是自己的包袱这一类的问题。就是说，国家和民族的人口状况是一项给予的条件，任何一个执政党或任何一届政府的任务都是做好工作进一步保障而不是限制人民权利。

我国现行的计划生育制度和政策是在一种特殊的环境和背景下产生的。虽然那时有它形成和发展的具体条件，但并不说明它就是合理的、正确的。这样的政策和制度是与现代国家所要求的人权和平等的价值观念严重对立的，与国家应该创造更优越的条件为民众提供较多的自由选择权的政府功能相违背的。所以，现行的计划生育制度和政策就在国内造成本来属于平等的公民权因民族、地区、城乡、职业等差别而发生生育权不平等，甚至于更为荒谬的现象譬如一个人的生育权要依赖于他们的父母生育了几个孩子，以及作为一个农民自己的再生育权要依赖于自己即将生育的第一个孩子是男是女这样完全未知的因素。这些法规和政策不仅是与马克思恩格斯所肯定的现代人权原则相违背，而且是与现代国家法律体系要求内部和谐一致的原则相违背、相抵触的。作为一个现代国家，必须走向世界，既独立又融于国际社会，与世界各个国家和民族交往，而现行的计划生育制度和政策，却是与包括联合国宪章在内的一系列我们已经签署的国际公约相违背的。所以，现行的计划生育制度和政策必须尽快地予以废除。

你们又说，中国人口最多，所以必须进行控制。世界上有接近200个这样一个规模的国家和地区，无论什么时候，总会有一个国家的人口最多。自然界或者社会有一个什么定律要求凡是成为世界人口最多的国家就必须由这个国家的政府制定法律对他们的人口进行严加控制？这样的定律是什么性质的、自然的或者是社会的？这条规律是谁发现的？不要说遥远的历史了，100 年前所谓现在的接近 200 个国家和地区的大多数还没有成为独立国家，独立了的国家中绝大多数都还没有实行人口普查，这个规律是如何发生作用的？它是从什么时候开始起作用的，是 1979 年吗？再过若干年印度就超过我们的人口总量了，那时这个规律还存在吗？你们将去那时的世界第一人口大国印度，宣传和监督实行我们现行的计划生育制度？

　　你们又说，石油、煤炭等资源是有限的，所以必须控制人口。要知道，石油、煤炭这些资源在地下已经躺了许多亿年了，即使按照人类已经进化 200 万年历史来计算，对于人类来说它们也毫无用处地在地下躺了 200 万年了。因为只是最近几百年特别是最近 100 多年来，它们才算作是人类的宝贵资源。你们能保证随着科学技术的进步和生产力的发展，人类不会再发现新的可以利用的宝贵资源？其次，要说消费能源和资源，10 个人也抵不上一个美国人或者欧洲人、日本人。为什么他们就不执行我们现行的限制生育的政策？还有，要说资源有限，也不仅仅是中国的事情。这几十年不让中国人说中国地大物博、资源众多，但事实上中国的资源总体上来说确实是比世界上大多数国家丰富得多。那么多几乎资源贫乏、几乎无法与中国相比的国家譬如日本，为什么不实行中国这样的计划生育？

　　你们又说，中国的环境污染严重，所以必须实行计划生育。也不对。发达国家在上个世纪 70 年代之前的环境问题也很严重。他们得到较早的发展，有了一定的经济实力，生产上又经过了那个能源转换的低效率的生产发展阶段，再加上把高耗能和高污染的生产行业转移到发展中国家，所以才实现了现在的清洁的生态环境。在他们由低级向高级阶段发展的过程中并没有实行我们这样的计划生育。其实，这一情况，就连我们国内不同地区的人口和环境状况也可以说明。许多中西部地区的环境问题比东部地区，比上海、北京等城市都要严重，这里边有人口的什么问题？中西部污染严重的城市兰州、太原、临汾等，比北京、上海的人口多？说到底，还不是因为中西部地区承担了东部发达地区需要的能源和资源的生产链条中低端环节，东部把高耗能和高污染的生产转移到中西部地区，这还不是一个经济能力、生产结构和生产梯度的发展水平问题吗？从总体上来说，如果我们走过这个爬坡阶段，我国经济社会发展由现在主要依靠煤炭转变成石油和其它较为清洁的能源结构，不仅生产效率大为提高，而且环境问题也会得到极大的改善。所以，环境、资源问题，说到底，仍然是一个社会发展水平问题，而与人口数量没有什么关系。

此外，你们对我和我的思想观点的认识也有一些偏差。

你们说我反对计划生育。不完全正确。正如前面所述，计划生育是毛泽东创造的一个词汇。但是，经过历史的演变，它具有两种不同的含义。在现代生活条件下，人们根据自己的情况自发地选择和实行节制生育，是社会的进步。我不仅不反对人们自行选择避孕和节制生育意义上的计划生育，而且认为那是一种公民权。但是，我反对由政府管制群众的生育，反对政府在毛泽东最初所谓由政府生产决定居民生育意义上推行的计划生育。

你们把我说成是鼓励生育者。不对。就像我不主张政府控制人口一样，我也不主张政府鼓励生育。我只是说，生育是公民的基本权利，是人权，是各个家庭的私事，应由各个家庭自己决定，政府不应该插手介入其间。政府强行去管本来应由各个家庭自己决定的事情，必然人为地造成许多社会摩擦，酿成许多悲剧。这是与现代国家的政府取向和现代文明的发展方向直接冲突的事情。所以，我不止一次地说过，即使退一万步需要降低生育率，那也不需要政府直接插手。世界历史已经证明，发达国家的妇女生育率在过去 200 年历史中一直在下降，发展国家在过去 3、40 年里也都出现了明显的下降，其中有些发展中国家的妇女生育率自发降低的程度甚至于比中国由政府直接干预的幅度还要大。也都说明，这样的事情不需要政府去做。

东方先生说："梁中堂作为学者，马克思也是学者，这里面有可比性。"谢谢您的抬举。但是，即使我也说过我是个学者这样的话，但是，此学者非彼学者也。我与马克思是不可比的。我说这样的话，并非自谦。听我慢慢道来。我曾经给学生讲过，如果把读书做学问就理解为学者的话，我可以是视之为学者。而且，在我们体制内的学者里面如果我不是读书最多的那也是比较多的。但是，严格来讲，我够不上学者，甚至从共和国以来就没有合格的学问家。因为，读书做学问其实是心灵上的事情，它要求没有功利观念，不急功近利，不浮躁，让思想在自由的海洋里徜徉流淌。60年来，共和国把所有知识分子悉数收罗在大一统的体制下，要么像"反右"等等运动那样将其推到体制的对立面而剥夺他们做专业的机会，要么长期受体制的许多教条的禁锢也无法产生本来意义上的学者。不用说我们这些体制内成长的一代人，就连那些原来已经有了一定成就的学者和学问家，郭沫若、冯友兰、王力、贺麟，以及巴金、沈从文、老舍、曹禺、何其芳等等，在共和国时期再也无大成就。关于这个问题，就连上述一些受惠于我国传统体制的郭沫若、老舍、巴金、何其芳等，都程度不同地感叹过，解放后党和政府给予自己的条件优越了，却再也创造不出自己满意的成果了。上个世纪80年代，学界曾经追问过"何其芳现象""郭沫若现象""曹禺现象"等等。公道地说，这30年有所好转，但并未发生根本性的转变。从总体上来说，做学问的环境和条件变化仍不大。比如现在出版的书种类多多了，但还是被有选择地在那里编译出版。不用说别的，许多搞马克思主义理论的人连《马克思恩格斯全集》国际版都不知道是怎么回事，政府庞大的"马克思主义中国化"工程却没有翻译出版国际版马恩全集这样的"工程"，可见群众读书的范围和种类还是受到了限制。另外，现在网络是进步吧，但网络是被过滤的。这是读书不自由。还有思想受束缚。过于强大的主流和主旋律，强烈的舆论一律和不允许有稍有不一致的思想和理论观点，都必然地把创新和创造性的思维窒息在可能发生的一瞬间，从而根本无法形成需要相互对立发展的各种流派。陈云曾把计划经济条件下的市场比喻为"鸟笼经济"，现行体制下的学者也是"鸟笼学者"。前几天我刚写了篇《假如马克思遇到网络管理员》，在现行的制度框架下，马克思也不会成就为马克思。

以上这是从体制等等客观环境来说的。就主观方面来讲，我也不敢与马克思相比。马克思就经常说自己是为全人类服务的。马克思几乎一生都是在极为穷困潦倒中做研究的。还有，我们知道，马克思首先是位革命活动家。革命活动要占据他并不算长的一生多少时间啊，但是，他还写了那么多的极富有学术思想的著作。如果根据列宁的指示抢救和在此之后主要由苏德两党搜集的马克思文献资料编辑出版马克思（也包括恩格斯）的著作、书信、手稿、笔记、札记等文献，将接近 200 卷，90 年代后调整的国际学术版《马克思恩格斯全集》准备出版 115 卷。从已经出版的 50 卷的文字看，马克思在世的时候自己出版的主要著作或者提出的主要具有一定学术水准的理论观点，都是建立在大量的阅读和研究基础上的。从马克思现存的笔记来看（因为马克思自己做读书笔记完全是为了自己的研究或者充实自己的知识所做的，并没有想到自己过世后会有人花费巨大的代价整理出版它们从而会有丢失），马克思几乎阅读并摘抄了西方历史上和他那个时代各个学科的几乎所有有价值的书籍。就这种勤奋和忘我的精神来说，不要说我，就是历史上有谁能够与马克思相比的呢？

李贞贤与萧亚轩、东方先生，读了这封长信，就该理清我们之间的分歧了吧？谢谢你们有耐心跟踪我的心路历程。

祝好。

梁中堂 2011 年 3 月 1 日

（分 4 次刊发于 2011 年 3 月 5 日、8 日、12 日、21 日，28 日全文重新刊发一次）

华国锋曾反对制定法规强制实行计划生育

　　我的《毛泽东"人口非控制不行"考》一文粘贴以后，易富贤先生问我，有文章说："华国锋同志十分重视计划生育工作。1973 年 7 月，他担任国务院计划生育领导小组组长后，坚决执行计划生育方针，为控制我国人口过快增长作出了贡献。"华国锋到底在计划生育方面起了什么作用？这是一个用三言五语说不清的问题。但是，我以为华国锋至少对毛泽东的计划生育思想理解的还是比较透彻的。所以，毛泽东在世的时候，当华国锋担任国务院业务小组副组长兼国务院计划生育领导小组组长和国务院常务副总理的时候，反对制订具体的"条例"和"规定"约束老百姓的生育，明确反对强制性的计划生育。那一个时期，还是处在"文化大革命"中，因为国务院副总理需要全国人大通过，这类的国家机构都已经瘫痪，新上来的几位陈锡联、华国锋等就以"国务院业务组副组长"的名义活动，实际职权相当于国务院副总理。1975 年 1 月全国人大四届一次会议上当选为国务院副总理以后，副总理吴桂贤兼任国务院计划生育领导小组组长，但在周恩来总理住院期间由第一副总理的邓小平代总理，李先念、陈锡联、华国锋三人为常务副总理"负责处理国务院日常事务"，华国锋仍然分管计划生育工作。所以，就有了下面几次讲话。华国锋反对强制性的计划生育，反对制定具体的法规限制生育的思想，代表了毛泽东主张节制生育意义的计划生育思想。需要强调说明的是，上个世纪 70 年代我国妇女生育率由接近 6.0 下降到 3.0 以下，不仅是我国人口史上、而且是世界人口发展史上单个民族生育率下降最快的时代。但是，70 年代末以前，我国那时的生育制度和计划生育政策却与现在完全不一样，总体上还是遵循毛泽东的"要征得人民的同意""要取得人民的完全合作"，不允许政府强迫命令。华国锋在毛泽东

1976 年逝世前几年正好负责和分管计划生育工作，他的讲话代表了当时党和政府的观点和立场，代表了毛泽东的相关思想（华的讲话同时也表明那时的主管部门已经有了一种希望制订强制性的法规来规范群众计划生育行为的欲望和冲动，这是研究国家行为和政府发展问题上必须注意的现象）。所以，下面摘引的华国锋的几段讲话可以算作是前篇博文"与政府生产计划相联系的计划生育是毛泽东放弃了的一种设想"的附录。华国锋的讲话取自我的"自藏文献资料"19761210 号国务院计划生育领导小组办公室《华国锋主席有关计划生育工作的讲话（清样）》。

华国锋有关计划生育工作的几段讲话

1973 年 12 月 25 日，国务院业务组副组长兼国务院计划生育领导小组组长华国锋，在全国防治慢性气管炎工作会议和计划生育工作汇报会议上讲话说：

……宣传也要适当，我们不是主张人口越少越好，马尔萨斯说人口增长快，生产增长慢，是造成贫困的原因，说人多就要打仗。我们伟大领袖毛主席认为："世间一切事物中，人是第一个可宝贵的。在共产党领导下，只要有了人，什么人间奇迹也可以创造出来。"粮食会议上，黑龙江的同志反映，人口增长快，生了个黑龙江，进去个黑龙江，一共三个黑龙江。我们说人首先是生产者，他是劳动力，就创造财富。但我们要按照毛主席的教导，"人类要控制自己，做到有计划地增长。"不计划生育，是落后的、文化不高的表现，生育太多，对大人的身体、工作都有影响，生育太密，对小孩抚养也不好，后一代身体也不好，计划生育，对大人，对后代，对整个中华民族都好，生活更幸福。道理也要讲的适当。……我们要多从宣传教育着手，解决人的思想认识问题，不要订一些条条框框限制，不要强迫命令。有的地方规定，不按计划生的不报户口。这不行。人家生出来了嘛，在新社会还要叫他健康成长。

……各省、市要订出一个切实可行的规划，但也只能是大体上的规划，不是死的。没有一个规划不好，计划生育嘛！应有个奋斗目标，作为努力方向。经过宣传，发动群众，依靠群众自觉来实现，不要采取强迫命令的办法，不要简单靠规划来限制。特别在农村，你们写的（念文件），"一般做法是：在提高群众觉悟的基础上，领导先摸底，按着'晚、稀、少'的要求，发动群众，自报公议，大队审查，公社平衡。规划制定后，向群众公布，互相监督，并反复抓规划落实。"互相监督好不好？要宣传，多做思想教育工作，不能搞强迫命令。有的地方生孩子发卡片，这样做不好。

下面讲一讲你们提的政策问题。同志们希望政策订的具体点。同志们有很多好经验，已经肯定了。我提些意见供参考研究，讲的不对，请批评，因为没有和同志们一起开会、学习讨论。

第一是关于结婚年龄问题。（念文件）"许多地方提倡男二十五周岁，女二十三周岁以后结婚，城市略高。至于城市有的提男女双方要在二十五周岁以上结婚，有的提男三十、女二十五周岁以上结婚。各地提法很不一致，因此，规定高的地方，就跑到规定低的地方去结婚。我们认为，还是城市略高为好。具体年龄，由省、市、自治区根据情况制订。"晚婚年龄是否全国要有一个统一规定？结婚年龄《婚姻法》有规定，晚婚我们提倡思想教育，宣传晚婚对本人有很大好处。但具体提多少周岁结婚算是晚婚，不一定妥当。规定女二十五、男三十周岁结婚，那么女二十四、男二十八周岁结婚就算早婚，这样不好。还是靠发动群众，靠思想教育，他懂得晚婚的道理、好处，自觉来办。全国情况也很复杂，作为国家、计划生育领导小组办公室统一规定不适宜。

第二，生育间隔与胎数问题。（念文件）"许多地方提倡一对夫妇生两个孩子，生育间隔四年左右，有的提最多两个或不超过两个，我们倾向前一个提法。"办公室同志说倾向前一种提法，我们说还是靠宣传教育。间隔四年、五年、七年、八年都可以。硬性规定都不是办法。

第三，关于农村儿童口粮分配问题。这个问题很大。有的说"过去基本口粮不分大小口不分等，鼓励盲目生育，现在要规定基本口粮按照大小口分等。"这个问题我在粮食会议上讲过，很值得研究。我们现在农村口粮分配有三种情况：一是，基本口粮按劳分配；二是，自报互评；三是，全部口粮依人分等定量。基本口粮加按劳分配，是全国多数地区的分配办法。自报互评这是粮食较多、觉悟较高的可以实行。全部口粮分等定量多数在城市郊区实行，大体分六等或七等，没有城市那样复杂。

基本口粮不分，统一规定或提倡分等定量可能在一些队出现严重问题，要慎重。基本口粮各地做法不同，按劳分配的比例有四六、三七、对半、二八、一九等，情况不同。按劳分配的粮食，是按劳动工分分配的，谁劳动力强出工多谁就多分；小孩多、劳动力少就分配的少。基本口粮订得低的地方，小孩多的户困难就很大。各地比例不一样，笼统提基本口粮分等定量，有的劳动力少小孩多的户就会受到严重打击，所以这件事情要非常慎重。

统购统销以后，有一段平均分配，人民公社化以后，是以人定量吃食堂，以后，就按六十条。要带着阶级斗争、两条路线斗争的观点去分析农村的反应，所以粮食会议上，我们说还是按六十条办事。

至于劳保条例的某些规定，可以在斗、批、改中逐步研究解决。有人提出，对因生育多，每人平均每人不到十二元的，不再给定期补助。这个要慎重一点，生三胎以上不给定额补助这也要慎重一些，我们要防止一种倾向掩盖另一种倾向。

关于避孕药物问题。……

在人口稀少的少数民族地区，还是提倡有利于人口增长的政策。对群众要进行妇幼卫生科学知识教育，多搞一些妇幼保健工作。在西藏和内蒙蒙族中，不要搞计划生育宣传。少数民族，人还是少的，应让他们的人口兴旺。

1974 年 9 月 19 日，在接见全国计划生育工作汇报会代表及女用长效口服避孕药科研总结会部分代表时，华国锋说：

各级领导要认真抓计划生育工作。我们不是因为人口多就限制生育，不能从消极方面理解。

　　提倡晚婚、计划生育，要有正确方针、政策，不能强迫命令。有的规定生第三个孩子不上户口，不发布票，不给口粮，这都不行。去年也讲了，要靠宣传、靠过细的思想教育，强迫命令就会事与愿违，带来不好的后果。

　　1975 年 5 月 22 日，国务院副总理华国锋在接见全国卫生工作会议预备会领导小组时谈话说：

　　现在有的地方出生率还很高。这方面工作还要认真抓，要做好宣传工作，注意防止强迫命令。不要一说抓紧搞，就搞摊派指标，生了孩子不给报户口。

　　《规划》主观性也大。一个单位分两个指标，人家年轻时候生一个，一派指标，待四十多岁才能轮到再生一个，当然这只是个别现象。有的单位卡得很厉害，怀孕六、七个月还非叫流产不可。要多做宣传工作，要依靠群众的自觉行动。积极性起来了，就可能搞出一些不恰当的办法。人口增长率今年农村千分之十五，城市千分之十能达到吗？

（刊发于 2011 年 3 月 16 日）

重新刊发

《政府直接干预妇女生孩子是一件很没面子的事情》
一文的按语

　　下面这篇文章曾经在这里张贴过，不知道因为什么原因，就莫名其妙地找不到了。浩瀚的宇宙里存在着一种质量超强的天体，因为它的引力非常强大，任何天体或物质只要稍稍接近，就被其完全吸引进去，就连垂直表面发射的光线都无法逃逸。据说，虚拟的网络世界也存在着像黑洞一样的天体现象，由于它的力量特别强大，世界上再也没有制约它的存在物，所以，从它前面经过的稍有亮光的信息或文章都会被黑掉。好在这篇文章尚存备份，就重新粘贴一次。但愿它时来运转，不再遭遇黑洞。

——2011 年 4 月 5 日

（刊发于 2011 年 4 月 5 日）

人口过程是不依人们的意志为转移的

按语

最近一期《瞭望东方周刊》（2011 年第 14 期）集中刊登该刊记者李静的两篇重头文章（其中第二篇是李静和他的同事王开联合采访的文章）《二胎政策逐步开放可能将在部分省份先行试点》[1]。《瞭望东方周刊》是一份严肃而有活力的政治类杂志，其选题往往新颖且赋有时代性、敏感却不乏厚重，再加上这些文章大都由很有才华的年轻记者执笔，思路清晰，文字活泼、通畅，阅读度量大，在近年新闻舆论界颇具影响力。李静的这两篇文章就其突破现行计划生育体制的限制和要求调整政策的意愿来说，无疑是目前报道相同题材的文章中比较超前的。但是，该文章仍然没有突破对计划生育问题的传统认识，一方面把人口过程当作是政府政策可以左右和决定的随意行为，政府政策严紧些生育率就低下来了，稍有松懈则"呼啦一下"就上去了。另一方面，对 80 年代我国计划生育历史的描述也基本上不符合事实，以为那个 10 年的政策忽松忽紧。事实上，那时处于党中央和国务院一线工作的领导人一直在努力说服主管部门和地方上执行较为宽松的政策，尽管所谓"宽松"也仅只是与"一胎化"比较而言的宽松。主管部门和地方坚持 1979 年的"一胎化"和中央政府希望执行"现行的生育政策"，是上个世纪 80 年代我国中央和地方在计划生育政策方面博弈的主旋律。这个过程是从 1981 年 9 月 10 日中央书记处 122 次会议和 1982 年 2 月党中央国务院颁发的 11 号文件开始的，其表现是当时处于国务院和中央一线位置的领导人不断劝说主管部门和地方由"一胎化"起步一点点地放宽、直到 90 年代

1　参见（http://news.sina.com.cn/c/sd/2011-04-05/152922239774.shtml）和《一个县的生育政策"先行先试"》（http://news.sina.com.cn/c/sd/2011-04-05/152922239774_2.shtml）

初中期为止绝大多数省市才执行的"女儿户"即11号文件上规定的"现行的计划生育政策"。所以，那个10年就中央来说没有时紧时松。就国家计划生育委员会和地方政府执行的生育政策来说，也不存在时紧时松，而是不断地放宽。李静的文章在总体的把握上出现这样的差错也难怪。现行生育政策是30多年来的禁区，至今很少有人研究它。至于历史，更没有人愿意去碰。首先理论界对这一领域的认识就浑浑噩噩，让做新闻的记者很快就清楚，是不可能的。目前，我正在阅读和消化这两篇文章，感到有必要把自己过去发表的《人口过程是不以人们的意志为转移的》先张贴在这里。一个国家的人口是该国社会历史发展的最为基本的物质条件。所以，人口过程是不以包括政府的政策在内的人们的意志为转移的。这些都应该是马克思历史唯物主义的常识。但是，我们几十年来就在这些常识上犯错误，以为可以用政府的政策随意塑造人口过程。

知道自己的观点不合时宜，所以，过去30年里很少给杂志投稿。但是，这篇文章却是应《人口研究》编辑部的特别约请撰写的，发表在2005年第1期的"人口与发展论坛：《十三亿人口：挑战与希望》"上。我那时刚刚分析完2000年的人口普查，还是回过头来系统研究我国现行计划生育制度和历史的初期，所以，对这一学科的重要范畴把握得不够精确和严谨，譬如也是用宽泛的1980年来表述"一胎化"生育政策。这是很不确切的。1979年实行"一胎化"的生育政策，是研究现行生育制度和政策的最为重要的历史范畴。因为这是历史，离开了真实，就无法理解那段历史。譬如，1980年2月开始设立中央书记处，胡耀邦已经担任总书记。如果将同年9月25日发布的"公开信"当作颁布"一胎化"的文件，就无法解释书记处122次会议为什么要纠正自己发布的还不到一年的政策。另外，那时的刊物受到的限制更严格一些，为刊物的安全着想，就不得不把对现行生育政策和制度表述得更为含蓄些。所有这些，也都是历史。所以，我在这次张贴时一概都没有改动。但是，因为自己早年的文章表达不准确和语言模糊而给读者带来的不便，则需要致以特别的歉意。

——2011年4月10日

　　1982 年的人口普查是我国第一次用现代人口统计方法进行的大规模人口调查。几乎也是从这个时候开始，逐渐形成了我国年度的人口动态监测制度。20 多年来，经过 3 次普查和 2 次 1%人口抽样调查，以及 20 多次年度抽样统计监测结果的不断调整、磨合，我国统计部门已经形成一个比较完整的人口统计体系。按照我国人口统计体系的测算，2004 年年初全国大陆人口达到 13 亿。这一测算结果，是建立在 2000 年人口普查 12.6 亿基础上的。如果根据 1990-2002 年小学招生统计和相关的人口统计资料计算，2000 年普查时我国人口已经达到 13 亿左右。1980 年，我国政府提出了一个"只生一个"的政策和 20 世纪末把人口控制在 12 亿的人口目标。但是，即使按照人口普查公告 2000 年 11 月 1 日我国总人口 12.6 计算，我国大陆妇女在 1982－2000 年其间，也平均生育近 2.3 个孩子。因为大中城市的妇女基本上是每人生育了一个孩子，所以，农村妇女在此其间实际上平均生育了 2.5 个以上的孩子。要求"只生一个"，实际生育接近 2.3 个；目标是 12 亿，却得到了 13 亿。作为客观存在的人口过程，显示出其自身的规律性。

　　人口过程乃是一种人口的生产和再生产过程。一个国家、一个民族的人口过程，是这个国家或民族所有人的生命过程的总和。每一个人的生命过程则是这个人由出生获得生命到其死亡的全部历程。在一般正常情况下，一个人由出生到死亡要依次历经幼年、青年、壮年、老年几个阶段。从人类社会之初至今的各个历史上，人的幼年和老年阶段的生命过程都是通过家庭或者家族的帮助完成的。每一个人在其生命历经青年、壮年阶段时，都要生育（复制）可以替代自己的新的生命，抚养和培养这一可以接续自己的新生命，抚养曾经生育自己和替代他、现在已经进入老年阶段从而丧失或者部分丧失生存能力的人。只是由于如此，人类社会才得以正常延续。一个个人的这一周而复始的生命过程的集合，就是人口过程。生儿育女和养儿防老，既是个人生存的需要，也是每一个民族的人口过程的具体内容。所以，一个国家的人口过程要受到这个国家平均条件下的单个人的生命过程的更替规律的制约。在传统社会里，不仅经济活动是以家庭形式进行的，每个人的生活也是以家庭的方式实现的，个人的生命过程几乎全部都是在属于他的那个家庭里面进行的。一个个家庭的生产和再生产过程，就是这一民族的人口生产和再生产过程的缩影。保持适当的家庭规模，是维持单个人的生命的保障。在已往的历史上，由于生产力水平比较低下和人类的生存条件比较差，无论一个人或者一个家庭的延续都需要有较高的生育率。

工业革命提升了人类活动的社会性，改变了传统的人口过程。首先是社会生产越来越多地取代了家庭生产，传统家庭的许多职能被社会替代，成为社会发展的方向和趋势。随之而来的是个人生命过程中的许多活动被转移到社会上进行。在这一改变历史的进程中，特别重要的是以下两种现象的出现。一是由于生产力的提高和社会化的发展，只要一个人在劳动年龄攒到足够的钱，他的老年生命过程也可以不通过家庭帮助来完成。这样一来，生儿育女和养老第一次在历史上可以成为没有必然联系的两件事情。加上生活水平和医疗条件的提高，婴幼儿死亡率大幅度的降低，人们普遍产生了少生孩子的愿望。二是从上个世纪 50 年代开始，科学技术的发展为人们提供了先进的避孕工具，从而使人类实行节制生育成为可能。想一想 60 年代开始推广的橡胶制品安全套，特薄并极富有弹性，方便、舒适、保险，不影响快感；70 年代使用的避孕药丸，一天一粒，简单、安全，几乎没有任何副作用。性也第一次在人类历史上可以成为与生育没有因果联系的两种行为，从而使越来越多希望少生育、甚至不生育的家庭把愿望变成为现实。在人类长期的进化过程中，为了鼓励生育以延续种群，提高人的生育行为的积极性和自觉性从而使人足以把生育当作一种本能，人类通过遗传逐渐获得了这样一种生理功能即在性活动过程中因刺激感官而产生一种特殊的快感和愉悦。也许上帝担心人类会逃避生育和繁殖后代的责任，才给人一种人人都希望得到的、永远也不会满足的、只有通过性活动才能获得的、与生育密切联系的特别享受。经过许多万年以后，现在人们终于能够打破上帝的最初设计，把性和生育分开了。人终于可以做到有性、有愉悦、有享受，而不要生育。性不再是少数人拥有的一种享乐行为。从这一方面讲，计划生育不过是工业革命和科学进步奉献给人类的一种更符合人性的新的生活方式。

即使如此，人口过程仍然是人口的生产和再生产过程，仍然要由个人的生命过程的总和来构成。社会发展是一个渐进的过程，生活方式、生育观念、生育行为和生育水平的变化也都是一个渐进的过程，所以，每一代人都必须慎重对待自己的生育等生命现象和人口行为。1979 年全国第二次人口科学讨论会上，我首先将人口老化概念引入研究我国人口趋势，提出"一胎化"可能带来人口老化、劳动力资源和兵源匮乏、人口年龄倒金字塔和家庭三代人的"四二一"结构等问题。会后有关部门组织了一个"自然科学和社会科学工作者"研究小组，该小组反驳说，即使实行"一胎化"的政策，"在本世纪内我们不可能碰到这些问题，在二十一世纪头二十年的时间里，这个问题也不严重"。这是一个答非所答的做法。人口老化这一概念的本质就是反映进入老年时期的人口当年是如何处理自己的生育问题的。20 世纪最后 20 年和 21 世纪头 20 年的老化问题"并不严重"，是由于 50年代到 70 年代的几十年里人们保持了较高的生育率。用当时的老化状况证明当时的生育政策，不是一种科学和严谨的作风。在传统社会里，家庭是社会生产的基本构成单位。家庭规模大意味着生产能力强、经济收入高。生儿育女是维持和扩大家庭规模的基本途径。工业革命以来，社会化生产越来越多地在许多领域取代了以手工为主的家庭生产。但是，即使在社会发展和科技进步水平比较高的今天，社会化生产和社会服务有了极大地提高，人们的生育态度仍将取决于生命过程的各阶段能够获得的状态，特别是取决于生儿育女付出的成本和养儿防老两个方面的权衡与搏弈结果。对于每个家庭的生育行为来说，社会发展和科技进步只是给人类提供了愿意少生孩子的手段，至于每个家庭生育几个和在什么时候生育，那纯粹是家庭的私事，要由各个家庭自己的具体情况来决定。在社会化服务发展水平较高的城市里，社会养老迅速取代家庭的养老职能，养儿防老的观念也逐渐淡薄，人们可以根据个人的条件选择少生甚至不生。在农村，虽然生活水平的提高和医疗条件的改善，降低了婴幼儿死亡率，降低了生育率。但是，由于生产力水平的限制，家庭仍然是大多数农民生产和生活的基本单位。由于农民家庭的养老职能在我国今后较长时期内是社会其他机构无法取代的，养儿防老就仍然是决定农民生育观念的主要因素。这些情况说明了，为什么在过去的20多年里我国城市妇女的生育率可以降低到接近1.0的水平，而广大农村却一直保持在2.0以上的主要原因。经济社会发展水平决定生育率水平，这一原理仍然在人口过程中顽强地发挥作用。

许多国家的历史也都证明了这一观点。西方发达国家由传统到现代历经了数百年的时间，其人口生育率的下降也经历了上百年。发展中国家由传统到现代所用的时间短，其妇女生育率的下降又要快得多。诺贝尔奖获得者、印度经济学家阿马蒂亚?森在《以自由看待发展》一书中引用的例子，被联合国经常用来说明同一个道理。早在1979年，中国的妇女生育率为2.8，印度的克拉拉邦3.0，到1991年中国降到2.0，该邦已经达到1.8；印度的另一个邦——泰米尔纳都邦的妇女生育率在1979-1991年则由3.5降到2.2。印度的这两个邦的计划生育成就都是在经济社会发展后，政府并没有任何强制的情况下取得的。其实，我们自己有更为生动和辉煌的例子。1970年以前，我国妇女生育率在6.0左右，到1979年就下降到2.8，平均每个妇女的生育水平在10年里下降了3.0，这在古今中外的人口史上都是绝无仅有的。需要着重说明的是政府在那10年里的作用。根据80年代之后的一些调查，1971年政府重提计划生育时，我国妇女生育率已经有了数年明显的下降。同时，我们还可以想象，"文化大革命"仍在如火如荼地进行，政府的意图肯定难以贯彻，更没有一个象1979年年底以后提出的"只生一个"的具体生育政策。1980年以来，我国农村基层干部都深以计划生育工作为累。上个世纪70年代中期，我在山西南部一个县里担任人民公社的革命委员会的主任，相当于现在的乡镇长。由于公社书记请了较长一段时间的病假，我还主持过公社的全面工作。但是，在任职其间我没有像现在的乡镇干部那样做过计划生育工作。那时的县和地区的领导机关，每年都要召开几次三级或者四级干部会议，也都没有给我们布置过计划生育工作。我任职的公社机关所在地曾经是一个老县城，公社医院实际上是东边半个县的中心医院。公社医院的支部书记是一位转业军人，负责计划生育工作，由他带领一支医务人员组成的队伍到各个村子里给妇女做"四术"。那时公社的中心工作就是抓生产、搞政治学习和社会主义教育，基层干部并没有把主要精力放在计划生育方面，县和乡镇的党政"一把手"对计划生育工作甚至于不闻不问，但那 10 年的妇女生育率却下降得最快。

相反，上个世纪最后 20 年，我们投入了很大精力和社会资源，希望妇女生育率有较大的下降，结果却强差人意。经过 20 年的努力，妇女总和生育率充其量也只下降了 0.5 左右。1980-1985 年前后是我国执行极为严厉的"一对夫妇只生育一个孩子"的时期，按照当时的统计报表和我们的感觉，全国也都几乎实现了"一胎化"。可是，根据国家有关部门所做的几次大规模人口调查，譬如国家计划生育委员会 1982、1988 和 1992 年的调查，以及 1982、1990 年两次普查和国家统计局 1987 年的抽样调查，我国妇女生育率在 1981-1987 年的绝大多数年份里都保持在 2.5 左右，明显比 1980 年已经达到的 2.24 还要高。人口过程中不依人的主观意志为转移的变化情况，说明其自身具有的客观规律性。

既然客观存在是不依人们的意志为转移的，那还有必要讨论和研究吗？当然有必要。正确认识客观性的目的在于减少盲目性、提高自觉性。试想，按照 1980 年提出的"只生一个"的政策，2000 年我国总人口仅只有 10.6 亿；到 90 年代初期实行"女儿户"政策，届时也超不过 11 亿。但是，到 2000 年前后我国总人口实际达到了 13 亿。这超过政策规定的 2 亿多人口是如何出生的呢？在那些计划生育工作不是很认真的地方还好一些。在执行政策坚决的地方，当农村妇女怀孕以后，或迟或早要被基层干部发现。通过干部三番五次地做工作，怀孕妇女必然地跟上干部去做流产。在过了一年半载或者更长的一段时间之后，这位妇女又一次怀孕，干部再做工作再做人工流产。如此反复多次，当不符合政策的孩子终于生下来后，干部每年又上门收取罚款，一直到孩子年满 18 岁。农村工作是我们党和国家的一项主要工作，和谐的党群关系和干群关系，是社会发展和进步的基础。如果制订一个合情合理、群众拥护和干部好做工作的、接近农民生育意愿的宽松政策，不仅可能比实际出生的孩子还少，更重要地是理顺了各种社会关系，有利于经济社会的协调发展。

由于人口政策是政府为了直接干预人口过程才制订的，所以，有必要就此再说几句。20 多年前写《人口学》时，不理解人口学在西方已经经过了 200 多年的发展，但西方学者却从不研究人口政策。所以，我那时关于人口政策的研究几乎是在一片荒芜的土地上耕耘。当时一个十分明显的事实是，古今中外绝大多数国家都没有明确提出过像我们国家那样规定老百姓不能生几个和只能生几个的人口政策。但是，进一步研究发现，没有明确的人口政策，并不意味着有些国家政策不对该国的人口过程产生直接的影响。譬如，发达国家的教育政策、经济税收政策、社会福利政策和公共卫生政策，从其制订者的意图讲虽然不是为了影响人口过程，但这些政策却直接导致了该国生育率下降和平均寿命的延长。这些名义上并不是人口政策但事实上已经影响了人口过程的政策，可不可以视之为人口政策？相反，有时为了影响人口过程的人口政策却不一定奏效。大家都知道，前苏联、欧洲共同体各国几十年来都有一些徒有其表的人口政策，旨在鼓励自己的妇女多生孩子。所以，不能仅仅从名义上区分什么是人口政策。我那时认为，只要是影响了人口过程的国家政策和政府行为，就应该称之为人口政策。为次，特别创造了"广义人口政策"和"狭义人口政策"两个概念。说到底，政策是一种意识形态，是一种建立在一定经济基础之上的上层建筑，属于主观意识。判断主观意识能否对客观过程产生影响，就要看这种主观意识在多大的程度上反映和适应客观存在。人口行为说到底要受到经济发展水平的限制，无论广义或者狭义的人口政策都只有在充分反映经济规律的要求、符合人口运动状态的实际时，才能起到政策制订者希望起到的作用。

（刊发于 2011 年 4 月 10 日）

瞒报漏报是基层干部对付官僚主义的一种绝好办法

按语

前篇粘贴我的旧作《人口过程是不以人们的意志为转移的》，是从马克思历史唯物主义原理来讲这个道理的。其实，人们没有从另外的思维看问题。如果细想一下，政府想做什么就可以实现什么，人类社会和历史将成为什么样子？就中国来说，如果政府可以做到心想事成，那社会早在商汤、桀纣之前很久就转过许多个弯儿了，既没有秦皇汉武、唐宗宋祖这一类雄才大略的皇帝份儿，也不会有我们现在的中华人民共和国。那些远古且不去说，如果历史可以按照政府的主观意志发展，我们何必搞市场化的经济改革？计划经济不是很好嘛！传统的计划体制下，长远规划、五年计划和年度计划，国家的建设，人民生活的改善，都是多好想法啊。不就是因为政府的这一套走不通，才寻求市场化改革的吗？我们所选择的这一改革按照许多聪明人的看法似乎就是倒退，因为说白了就是由原来的按照政府的意志调节改变为经过市场自发调节，从全社会自觉地生产倒退到盲目、自发的生产。但是，社会上的事情就这么怪。过去似乎很聪明的、自觉的生产连饭都吃不饱，现在"盲目"了，却普遍地富裕起来了。你说是过去的人聪明，还是今天的人聪明？

有持反对意见的聪明人反驳说：

如果人口过程是不依人们的意志为转移的，那么梁先生关于人口的论述就是废话，因为当这个过程是客观的不可改变的，那么你还研究他干什么呢？人口过程你干预不了，那么你还研究人口干什么，你写这些是为了什么呢？

其实，这个问题不应该只由我来回答。自然界当然是客观的，自然规律当然是不以人的意志为转移的。那么，为什么科学家还要做研究呢？科学家说的是不是就是废话呢？我不是科学家，我无法回答这些需要科学家自己来回答的问题。我可以回答我写这些的目的是什么，以及我所写的那些东西是不是废话。

1979 年国务院计划生育领导小组提出"一胎化"生育政策的时候，我在山西省计划生育办公室的两位专职干部的陪同下到几个县里调研。回到单位后，我又粗略地计算了"一胎化"发展下去的后果。因为我曾在乡镇（那时叫人民公社）领导岗位上工作过几年，知道农民很听话，认为这样的政策真的实现了的话，那将是我们国家的灾难。所以，在 1979 年到 80 年代中后期这一段时间里，总是害怕出现"一胎化"的后果。可以说，这是我在这一时期研究人口和计划生育的目的。出于这样心理，这个阶段也像最近一些年的年轻人那样，特别迫切，富有激情，寄希望于中央领导，给中央写了不少的信，要求改变计划生育政策。

80 年代初中期以后，一个特别的现象改变了我的认识。这就是基层干部的瞒报漏报。说老实话，当发现并终于弄明白了隐含其中的巨大意义的时候，我不仅由衷地高兴，而且感到特别地兴奋。由于广大农民用自己的方式拒绝了"一胎化"，使得我们国家可以避免一种严重的后果。这一现象归结到哲学上来认识，当然可以说得上客观规律。但是，既然知道客观规律会避免"一胎化"那样的后果了，为什么还要继续研究人口和计划生育呢？这是因为这样的政策人为地把老百姓符合客观实际的行为当作"违犯政策和法律"，用法规强制制止客观必然出现的事物，政府和老百姓双方都必然地受到伤害。一方面，我是属于体制内的人，我是这一体制受益的人。所以，我有责任给党和政府讲述我所认识的事情的真相，以使政府早些改变政策。另一方面，我出身于农民家庭，我就是农民这一群体的一员。农民无缘无故地受到自己政府的侵害，而作为社会的底层又很难为自己的利益获得诉求机会。由于历史机遇，我好赖还披着一张人口学家的皮。

一样的话由我说出来，总比一位农民有影响。所以，尽管因为人口学和计划生育特别没有内涵，我并不喜欢。但是，我还必须钉在这里。说实话，从上个世纪90年代以来的我国人口学家和我所讲的许多道理早在80年代以前都由我讲过了，没有多少新意了。不过，因为这个问题并没有解决，许多道理还必须讲下去。——这也是社会发展的规律。2006年春节前夕带《基督教科学箴言报》驻北京的首席记者付毕德（Peter Ford）去翼城县采访，回来的路上问我说："既然翼城县的实验那么成功，干部群众又都很拥护，为什么不在全国实行？"我回答说："这世界上有许多看似极为简单的事情，解决起来却不简单。决定国家制度和政策的因素往往不是什么道理或理由，而是权利和力量的对比。"简单的问题之所以解决起来却不那么简单，是因为足以推动其解决的力量还不够，也就是通常说的社会发展的水平还未具备解决它的条件。在这样的情况下，那些先行认识了的人就必须多进行宣传和等待，当社会比较地和充分地发展了的时候，当先行的认识成为社会的共识的时候，解决它的时候就来到了。我曾经想，不要说像我这样的庸人，即使对于发现了"看不见的手"的亚当·斯密这样的先哲如果遇到现在我国那种"看得见的手"一直不愿意退出舞台并且顽固地要在那里表演的情况下，他也只能无可奈何地在那里继续讲他的"看不见的手"的许多道理了。这就是自从上个世纪80年代初中期以来，在明白了"人口过程是不以人们的意志为转移的"的以后，在知道和不再担心广大农民"一胎化"的道理以后，我还要继续研究人口和计划生育的理由。这些道理归结到一点，就是想减少点社会内耗、不想让政府和人民之间出现不必要的摩擦。

现在再来分析我所写的是不是废话。年纪大了，就有了回头检讨自己的资格和机会。回头翻检自己过去的文章，一篇一篇都还可以拿出来阅读，不感觉脸红。1979年12月第二次全国人口理论讨论会议大会上的发言，是把我推到人口学领域的第一篇论文。它所揭示的许多道理譬如有关我国的人口老化、劳动力和兵源短缺、经济结构变异、四二一家庭等诸多社会问题，在我们国家都是第一次。"四二一"

的命题就是在这篇文章里提出来的。那个时候像人口老化这样的概念不仅没有人与我们联系起来，就是听说过西方国家的人口老化的也都属于极少数。至于那个时代背景下说中国劳动力和兵员短缺，似乎更是匪夷所思。30 年过去了，上述这些问题越来越逼近，因而现实性越来越强。我不是一个聪慧的人，我的东西不似象牙塔之类的高精尖，一点也不雅致。但是，它们都属于我们国家和民族发展中的十分现实和迫切的问题。人是历史的产物。我只是不回避矛盾，不完全选择政府所出的题目去从事自己的研究，敢于说出研究的结果。所以，是历史给予了我的那些文章一种厚重感。其实，真理都是简单的。生育是个人和家庭的私事，政府不应插手其中。这个问题无论在国外或者我们国家的过去，都不是问题。就是在我们国家的将来，我相信也不是问题。但是，一方面我们已经把这个问题上升到国家最高层面扩展到全国几乎所有的地方，为此导致的政府和群中的矛盾成为国家社会生活中的一个十分重大的问题。另一方面因为国家将这一不正常的制度和政策拖延得太久，从而使其成了一个历史阶段上的社会问题。对于一个希望不断探寻客观世界奥秘的人来说，不断重复自己已经明白的道理，那确实是废话。但是，对于社会来说，对于把这些话说给那些还不明白这个道理的人来说，对于自己希望要争取解决问题的事业来说，这些话是必须要讲的道理，它不仅不是废话，而且是必须传播的真理。

张贴在下面的这两封信是我 1987 年写给老一辈经济学家徐雪寒先生的。1982 年初春在北京西郊军分区宾馆里，因参加第三次全国人口理论讨论会，我曾因孙敬之先生的介绍并在他的房间里与先生有过一面之交。记得当时老人似乎是在社科院经济研究所的《经济研究》编辑部。可能不久后历史问题彻底平反，安排到他的老朋友薛暮桥担任主任的国务院经济研究中心任常务干事。1985 年 5 月，国务院经济研究中心、技术经济研究中心和价格问题研究中心三个机构合而为一，成立以马洪任主任的国务院经济技术社会发展研究中心，老人的关系也转到发展研究中心。徐雪寒是他那一代革命家中有学识的人。但是，这一代的革命老人往往不把自己的学识看得比组织的信仰和服从更重要。所以，他是相信中国人口多得拖了四个现代化后腿，以至于担忧人口失控会给经济社会生活带来灾难的学者。与他同时相信宋健那一套的在他们中心还有一位马宾老人。在对立的学派中，雪寒老还是一位有品格的人，可以讨论问题。读者从信中可以发现，笔者不仅把老百姓的所谓盲目生育当作有规律的客观过程，而且认为农民和基层干部的瞒报漏报是一件大好事情。这两封信最初发表于我的《中国人口问题的"热点"——人口理论、发展战略和生育政策》（中国城市经济社会出版社，1988 年出版）一书，这次张贴没有做文字上的改动。

2011 年 4 月 15 日

附录 致徐雪寒先生的两封信

一、1987 年 11 月 15 日

雪寒老 您好！

11 月初我看了"贵州日报"办的"文摘"报摘自 10 月 17 日"信息日报"上的您关于"去年人口出生率为什么回升？"的文章，因为这是个文摘性报纸，不清楚报纸对您的观点反映得是否准确。经过多日查找，今天看到该天的"信息日报"，从行文看，这篇文章可能是该报记者对您的采访。

我认为，作为一位公民、一位学者，自由发表自己对一些问题的看法，是完全正常并且应该受到尊重的。但是，您很明确地把去年人口回升的原因归结为"开了三个不应该开的'小口子'"，并在文章中批评"国家计划生育部门对此采取了节节后退的方针"。我以为您对我国去年以来的人口回升原因的分析是不妥当的。所以，出于相同的理由，我认为有必要讲以下几个方面的情况。

首先，从 1986 年开始的我国人口回升是有其政策和工作以外的客观原因的，这就是我国育龄妇女总人数的急骤增加。国家计划生育委员会和国家统计局的许多次调查说明，我国妇女生育年龄主要集中在 20—29 岁。特别是进入 80 年代后，多胎生育人数减少，以及早婚早育问题的严重，妇女生育峰值年龄由 25—29 岁前移到 20—24 岁。我们知道，婚育年龄的妇女变动基本上对本年度妇女生育状况无多大影响，当年生育往往反映前几年育龄妇女的变动情况。而正好以 1983—1984 年为界，我国刚进入生育旺盛年龄的妇女人数有很大的增长。据我国第三次人口普查资料分析，1982 年 20—24 岁妇女为 3648 万，1983 年为 4087 万，1985 年为 4638 万，1986 年为 5132 万。

1985 年同 1982 年相比，仅 20—24 岁妇女就多了近 1000 万。即使前后都能够实现一对夫妇只准生 1 个孩子，不仅人口回升是难免的，而且回升的幅度也必将是很大的。

其次，您认为人口回升是"开了小口子"，即一些地方允许 10—30%或 50%农民生 2 个孩子。其实，多少年来，我们计划生育仅仅是把 50 年代平均每个妇女终身生 5—6 个，减少到 3 个以下，特别是农村妇女生第 2 个孩子的状况一直没有什么改变。据国家统计局 1985 年上半年对河北、陕西 2 省的抽样调查（这些状况应该说是反映 1984 年以前即还没有"开小口子"时的妇女生育行为），在该年的 25—29 岁妇女中，河北省 43.7%生了 2 胎或多胎，陕西省 54.7%生了 2 胎或多胎。在 30—40 岁妇女中，陕西省 83.9%的妇女生了 2 个或 2 个以上的孩子，河北省 79.7%的妇女生了 2 个或 2 个以上的孩子。如果考虑到这 2 个省的大、中城市相同年龄的妇女大都只生了 1 个孩子，那么，这些情况应该说明，随着年龄的增长，绝大部分（农村）妇女都轮流生了第二个孩子，这是一个带有普遍规律的事情，而不在于我们的政策是否放在了允许农民生 2 个这一界限上。

还有，您认为人口回升是因为开了"小口子"，我还可以为您提供一些数据，说明事情并不一定是这样。据我对全国 10 个省的 11 个地或县的调查（这些地区大多数都是经济文化比较落后的地区），这些地方的政府十分明智地把生育政策确定为：在提倡生一个的前提条件下，允许农民生 2 个。这样做的结果，1986 年，这些地区总人口 320 万，出生人口 5.7 万，出生率为 17.68‰，比全国平均出生率 22.77‰小得多。山西翼城是您所说的三个"小口子"中的第三种即政策最宽的一种（它并不是您所说的生 2 个为 100%，因为城镇人口仍然是只生 1 个，加上农民中还是提倡生 1 个，最多只有 80%是生 2 个）的县，1986 年出生率为 13.32‰，人口自然增长率为 6.84‰，比全国自然增长率 14.08‰低得多。

以上这些情况说明，我国人口生育动态在最近几年出现回升是有其客观必然性的，合理的人口回升本来就应包括在我国由 10 亿到

12 亿的增长率之中，没有必要一提回升就害怕。另一方面，"开小口子"的地区也不一定就必然地出现回升，或者回升的幅度就一定比不开口子的地区高。当然，我们还要分析和解决那些不合理的回升问题，这个不合理的回升并不是农民生 2 胎造成的，因为我们从来没有卡住过农民的 2 胎生育。我认为不合理的人口回升就是赵紫阳同志今年"7．22 批示"中所说的两种原因，一是早婚早育，二是多胎生育。我们解决人口控制的任务主要地就是这两点。只要把早婚早育和多胎问题解决了，有些人口回升，也是正常的。

顺便说一点，从记者报道的倾向中似乎可以看出，您认为 12 亿的人口目标是建立在"只准生一个"的基础上，并把这称之为"总政策"。第一，无论根据人口学界比如中国人民大学人口研究所刘铮等同志，还是数学或控制论方面的比如说宋健于景元等同志，他们的计算都是如果每个妇女只生 1 个孩子，我国到 2000 年的总人口为 10 亿多，如果每个妇女平均生 2 个孩子，总人口 12.3 亿，即 12 亿左右。所以，应该说 12 亿的目标不是以"一胎化"为基础，而是以平均生 2 个为基础的。如果考虑到城市人口政策可以放在平均每个妇女 1 个多一点，加上普遍提倡晚婚晚育和间隔生育，人口政策完全可以更合理些，更宽容一些（我相信您也会同意在政策问题上应该有个适度，而不是越严越好）。此外，据我所知，我们党从来没有过"一对夫妇只生一个孩子的总政策"，党中央只有一个"提倡一对夫妇只生育一个孩子"的"号召"。我们不少的同志把党对群众发出的"倡议"和"号召"，当作政策和法规并要求所有的群众必须做到，是不可能不出问题的。

雪寒老，您当然知道，我国是一个 10 亿多人口的大国，各地区的地理和文化水平都不完全一样。在这样的一个比较复杂的国家里实行计划生育，即使我们党有一个统一的政策，各地在贯彻时也必须注意摸索结合当地的许多特点的一些具体做法，更何况我们目前的计划生育水平还有点象五六十年代我国计划经济的水平，国家仅仅有一个"实行计划生育"的基本国策和 12 亿的人口目标，还缺少更

　　详尽具体的政策、法规。这样，各地就必须试验、摸索一些既可以有效控制人口，又可以让大多数群众满意的办法。"小口子"是近几年来，中央领导同志和计划生育系统用来特指各地完善具体生育政策的一些试验和做法。总的来说，这些"小口子"开的都很小，除了"女儿户"外，试验的范围也不很大，所以它不可能会造成人口失控或人口回升。在实际中出现的一些人口失控或回升的现象，都是紫阳同志说的那两点，是由部分地区在计划生育方面的"放任自流"造成的。这是工作问题，而不是完善具体生育政策的问题。

　　从去年人口出现回升以来，不少的同志对中央文件要求进一步完善具体生育政策的做法表示怀疑，认为国家计划生育部门这几年把工作放松了，所以又希望把政策退到"一胎化"基础上。这是很不正确的。就是 1980—1983 年我们的弦绷得那么紧，农民仍然平均生 2 个以上的孩子。而那条影响党群关系的路是再也不能走了。所以，问题的出路只能是赵紫阳同志概括的，解决"早婚早育和多胎"问题，解决工作中的"放任自流"问题。这是对我国现行政策的高度概括，我们只要不折不扣地走这条路，才能控制好人口。可以预料，今天国家统计局发布我国人口达 10.7 亿的调查结果，还会有人把形势估计得很严重，不敢执行赵紫阳同志的"7.22 批示"。我以为大可不必。根据调查结果，1987 年 7 月 1 日比 1982 年 7 月 1 日多了 7000 万，加上抵消每年的死亡人口，这几年至少生了 1 亿人口。而在这 1 亿新出生人口中，有一部分属于 20 岁之前早婚早育，再加上 20—29 岁的 1 亿育龄妇女中至少有一半以上的妇女已经生了 2 个以上的孩子，即使全国都执行紫阳同志所强调的两点，现在到本世纪末完成 12 亿左右的目标，仍然是有把握的。危险性在于我们执行政策走过了头，结果多胎和早婚早育一点也管不了。如 1980 年以来的不少地方，好像执行了很严的生育政策，要求"一胎化"，其结果离群众的接受程度太大，脱离了群众，使不少希望生多胎的人也有了群众基础，达到他们的目的。

　　雪寒老，你们老一代学者有许多优秀品质，如对国家、对民族负责的精神以及作为一个正直学者大胆发表自己意见，批评和自我批评的作风，等等，永远是我们晚辈学习的榜样。也正是从这点出发，我很直率地谈了我的看法，我不认为这是对老一代学者的冒犯。相反，这是向前辈学习所应该这样做的。

我认为，您我之间的看法无论在学术界还是在实际工作部门，都是很有代表性的。而这些分歧在很大程度来说又都是由于很少交换意见造成的。所以，我十分欢迎您对我的批评。我向来把学术界率直的和指名道姓的批评，看作是繁荣科学的杠杆和科学繁荣的标志。

请接受一个晚辈对您的祝福。

二、1987 年 12 月 10 日

雪寒老：

11 月 27 日的信早已收到，知您正在病中，我把握不准是否该给您写信。因为，毫无疑问，您看信需要付出一定的精力，这是否是您目前的病以及身体素质所许可的。但另一方面，我不清楚在我这个年龄中的做学问的人所固有的那种通病是否会随年龄的变化而消长，即为追求某一种学术观点，总是希望不时地看到人们对其所做的评论，极希望经常地同各种意见做反复的磋商。我不知道怎样处理这一问题是正确的。所以，思想上斗争了好多天之后才确定下来，将一些基本思想向您谈一谈。

首先要感谢您以及您的夫人，写了一篇长信。您的信以及您寄的大作，对我有很大的帮助，使我从中学到不少的东西。特别是这些文章帮助我比较全面地了解了您的思想和观点。此外，需要指出来的问题是，在我们这样一个比较落后的大国里，提出"只生一个孩子"的政策（如果可以称之为政策的话），是不正确的。过去（包括 1980—1984 年），我国任何一个较大面积的地方，都未实现过这一要求。但是，我们这个国家的群众和它的各级干部，都适应了官僚主义的工作作风，并且都具有一整套对付官僚主义的办法。所以，从报表上看，也确有每年数千万的"独生子女"户的数字，但从累计总和看，全国

却从来没有接近 4000 万的数字。如果知道我国每年有 1000 万妇女进入婚龄，就不难发现，这 3000 多万的"独生子女"，不过是农村和大中城市的初育妇女的总和。而在农村，间隔二三年后，90%以上的妇女却在轮流生 2 胎。我们一些生活在大城市的和国家机关的同志往往被表面的报表数字所陶醉，以为每年都有上千万的"独生子女"数被报上来，我们国家每年都出现了上千万的"只生一个孩子的家庭"。其实并非如此。前面的年轻妇女生了头胎，就暂叫"独生子女户"，接着后面达到一定间隔期的妇女照常生第二个，甚至第三个。这是我们农民和同情农民的基层干部对付强迫命令和官僚主义的绝好办法，也是只有我国一定时期内才会出现的特有现象。

您已经看出，我不认为这种情况有什么不好。这是我国纯朴的人民对付那种脱离实际的政策、法令的一种特殊做法，它以其特有的方式表现了客观过程的规律性。一些在自然科学上可能承认客观规律性的人，并不一定认为社会领域也有规律性。所以宋健等同志天真地认为，国家订上个"只生一个"的法或政策，我国就能按"只生一个"控制人口。我始终反对这一观点。我认为，平均生 2 个孩子是我国目前绝大多数人能够接受的生育标准。我们的政策应该以此为基础，让方针和政策在每个妇女生 2 个上下调节，即"提倡生 1 个，允许农村妇女生 2 个，照顾少数民族生 3 个"。具体点说，城市基本上生 1 个，争取农村有 10%生 1 个，少数民族不超过 3 个，加上晚婚晚育，我们完全可以把人口控制在 12 亿左右。绝大多数群众满意，社会必然安定，何乐而不为？

雪寒老，您也许现在能够知道，我就是极力反对宋健同志人口学观点的那位极为顽固的"年轻人"。从 1982 年早春 2 月的第三次全国人口科学理论讨论会上见面后，只是经常看到您写的一些经济学的文章，包括您整理的关于建国后人口争论方面的文章，却一直未能有机会再见到您，但在我的心目中一直留下一位精力充沛的老学者的形象。愿您寿比南山。送上人口学方面的两本拙著，请指教。

（刊发于 2011 年 4 月 15 日）

重新粘贴

《瞒报漏报是基层干部对付官僚主义的一种绝好办法》

一文的按语

昨天用这个题目重新张贴了 1987 年给经济学家徐雪寒先生的两封信。也不知道是这个题目犯了忌，还是信中有什么敏感词，以致今天就不显示了。按说，那两封信都是 1988 年公开出版的拙著《中国人口问题的"热点"》一书中收录的，这个题目几乎是我的信中的原话，有什么不可以张贴于网的？现在的网络管理躲在黑暗中，根本不露其面目，我也无法确定是那个词冒犯了什么人的神经，也无法与他们理论。所以，我就把那篇文章分拆为 3 篇，连同这个说明，按 4 次分别粘贴。如果是那两封信无法显示，就请有兴趣的网友照我的那本书去翻检。

2011 年 4 月 16 日

（连同给徐雪寒老的两封信在内，分 5 次刊发于 2011 年 4 月 16 日）

转帖南屏晚钟先生的留言及回复

按语

几分钟之前，回复南屏晚钟先生的留言，因为操作上的失误，把南屏晚钟的留言都删除了。过去，我只是在我的博客里删除炒股一类的信息。因为我知道进我的博客的人，都不会来这里学习炒股。相反，那一类的留言过多还影响读者的阅读。除此之外，其他的留言，包括因我回了一位想生二胎的70后女孩的信就骂我一生搞了多少个女人的话，都让它原封不动地留在那里。因为，骂我的人都是很在乎我、关注我的人，能得到这些人的骂，实在是一种荣幸。但是，今天却因为不慎而删了应该保存的留言。为此，本来不该更新博客，作为补偿，把我的回复贴到博客里。另外，我一般不会在自己的博客里张贴别人的东西。因为误删了南屏晚钟的留言，就把其也张贴在我的回复之前，以使读者更容易地理解我的回复。因为误删了留言，也在此向南屏晚钟先生致以歉意。

2011 年 4 月 17 日

1.

南屏晚钟：

老梁，去广大农村看看怎么超生的吧，去看看生意人都生几个吧。不要呆在你那书房里每天写那些没脑子的文章。除非你是美狗。

2.

南屏晚钟先生：

谢谢您的提示。不过我不需要去农村或者什么地方去看人家如何生孩子，无论是农民或者做生意的，都没有必要。不仅是我，我劝您以及我们的政府也都不要老是盯着妇女，总怕人家生孩子。我之所以不需要去看，因为30年来我一直在研究我们国家的人口数量问题，知道的比任何一个人都清楚，包括国家计划生育委员会或者国家统计局、公安部的有关官员们。首先从资历上来说，我们国家没有任何人能比我作这一研究的时间长，也没有人比我研究得这么专和这么深。您所说的仅仅是局限在一些小的范围和领域，我所知道的却是我们国家的一个总体和总量。一个人去的地方再多，能见几个所谓"超生"？我所知道的我们国家30多年来被确定为"超生"的人数至少有 2 亿人口之多。我们国家有这么多的"超生"人口，还需要再像您那样辛苦地一个个地去看人家老百姓具体怎样生吗？我看还是算了吧。

一个国家有 2 亿人口被政府确定为"超生"，一个不该来到世上的人再加上决定让他（她）来到世上的两位当事人，至少应该涉及 6 亿人口。您说该是这 6 亿的老百姓出了错，还是我们政府的政策有问题？哲学上有一个说法，大量的偶然事物表现了必然，必然性是通过大量的偶然事物开辟道路前进的。老百姓生育了他们生命和生活中需要的孩子，只是我们政府人为地制订一条政策，把他们划分为符合政策或违犯政策、计划内或者超生。您所说的农村和生意人"超生"，其实就是我们政府的体制以外，那是客观规律首先通过制度的薄弱环节发生作用，也就是我说的客观规律性。您站在政府计划生育制度的立场上看待这些所谓的超生，害怕出现超生。但是，我是以极为高兴的态度对待老百姓超生的。我把包括超生的所有人口在内，都当作是我国振兴和发展的基础。再过 10 年、20 年，人们一定会感谢那些"超生"的家长们。否则，劳动力短缺现象更为严重、经济社会更趋于萧条。

先生，谢谢您一眼就望穿我属于那种没有脑子的人。我如果再多一点脑子，就可以去钻营当官发财，或者与有关的政府部门合作多做一些人家需要的所谓课题和说一些人家想让披着学者的皮的人口里说出来的话以领取丰厚的报酬。因为没脑子，几十年来就写这些没脑子的文章，不仅因为不合时宜不得公开发表因而连微薄的稿费都得不到，原来想，社会进步了，可以把我的那些没脑子的文章不计报酬地张贴在网上吧？不想现在却还是不断地被人家黑来黑去。这就是没脑子的人做的事情吧。但是，我觉得像我这样没脑子的人，总还是可以认清这个并不复杂的理儿。我们这几十年在农村搞的那种鸡飞狗上墙的事情，好像古今中外都不曾有过。看看国外所有的国家，有比我们国家发达的，也有不如我们发达的，哪个国家的政府去干涉老百姓生孩子？再想想我们自己，30 多年前政府不也是不做这样的事情吗？自古以来老百姓都是生育自己的后代，过自己的日子。现在的老百姓不过是要继续过这样的生活，却被政府贴上"计划外"和"超生"，成为犯法的事情了。老百姓有什么错？是我们的政府在 4、50 年以前突发奇想，要把所有的人都编制在一个经济体内，不仅管制社会上所有的经济资源和一切社会生活，而且逐渐地过渡到管制生育问题。改革开放以来，我们已经越来越远地离开了那种经济体制，而在生育领域内却还要死抱住这种做法不放。这能有好的结果吗？政府直接插手老百姓生孩子的事情，除了侵害群众利益从而增添老百姓和政府的矛盾、人为地制造社会摩擦以外，还能有什么好？难道这是包括您在内的政府里的那些聪明人应取的思维？可能就像你们那些聪明人不明白我们这些没脑子的人一样，我们这些没脑子的人也不明白你们聪明人。

至于怀疑我是"美狗"，算是您的抬举了。您养狗吗？首先，既然花费成本养狗，无论什么人都不会随意抓上一条去饲养。在选择时无疑还要根据主人的意图，是宠物狗还是警犬、导盲犬……，总要依据用途来决定。但是，无论什么用途，有一条是所有养狗的人都会予以考虑的，这就是狗的智商，一定都要挑选聪明的。像您所说的我这样没脑子的、一股筋的人，生来属于讨人嫌的，是无缘得到有钱、有权和有闲的人的豢养的。其次，您如果养狗也该知道即使宠物狗可以得到主人的喜爱，但是，这条狗会在主人的生活中能占有多大的比重呢？您不要简单地想象美国人没有事情干，整天在全世界培养和训练他们的走狗。美国之所以长期保持先进，是因为他们是一个十分务实的民族。美国人总是在做自己的事情，所以他们的社会摩擦相对要少、内耗少。他们不会为他们自己生活以外的事情花费过多的精力，也不允许代表他们国家的政府这样做。美国人的思维和我们中国人不一样。中国的老百姓知道政府管理印钞机，官员们花的钱都是从印钞机里转出来的，所以，中国人不仅不限制政府花钱，而且，凡是如您所希望的那一类聪明人都会想方设法从政府手里要钱帮助政府去花钱。美国人认为他们的体制与中国不一样。他们知道政府官员的一举一动都要花钱，而政府的每一个美元都是从他的口袋里拿走的。这样，美国人也不会让他们的政府去管许多与他们无关的事情，包括不允许政府在全世界养狗。即使要在哪个国家养上几只狗，我想数量也不会太多，品种和智商都要经过不一定比您这样聪明的人的智商低的美国人的精选。所以，像我这样没脑子和低智商的人，即使出于爱国的动机，想为我们国家节约一些有限的资源，去抢吃他们几张美元，当一当美狗，只恐怕还是不够格。

（刊发于 2011 年 4 月 17 日）

处罚农民不该是共产党的政策

——致胡耀邦（一）

按语

  决定粘贴 20 多年前给徐雪寒和胡耀邦的几封信，是《人口过程是不以人的意志为转移的》之后，为回答"如果人口过程是不依人们的意志为转移的，那么梁先生关于人口的论述就是废话，因为当这个过程是客观的不可改变的，那么你还研究他干什么呢？人口过程你干预不了，那么你还研究人口干什么，你写这些是为了什么呢？"的诘难的。给徐雪寒先生的信《瞒报漏报是基层干部对付官僚主义的一个绝好办法》取自信中的一句话，这个题目也同样是取自给胡耀邦信中的话。30 多年前刚出现"一胎化"政策时，因害怕真的发生那样的结局，将给国家带来灾难，才真的用心做上了并不喜欢的人口和计划生育的研究。知道了人口过程的客观性以后，知道农民并不会都"一胎化"，却又因政府强制老百姓实行节制生育，既损害了党和政府，也伤害了老百姓，所以还是放不下它。可能还是由于局限于自己所属的体制，认为党和政府的宗旨是为老百姓服务的，凡是与老百姓过意不去而处罚老百姓的政策，都不该是党的政策。但是，即使从我给胡耀邦这封信提出这个观点算起，也都过去了 26 年了。不属于党的政策何以又能维系这么长久呢？可见，不仅仅人口和经济这些基础性的因素具有客观规律性，包括政策和意识形态在内的上层建筑其实也都是有其客观规律性的，哪一类的政策属于哪个政府不属于哪个政府，都不是先验地决定的。

2011 年 4 月 27 日

致胡耀邦（一）

耀邦同志：

最近几年的形势发展很快，各个方面所取得的成就都充分显示了党的十一届三中全会重新确立的实事求是的路线、方针和政策，是无比正确的。现在，唯一令人感到不协调的是计划生育工作。

1979 年，当时的计划生育部门极不慎重地在一个自然和历史条件都有重大差别的十亿人口的大国里，提出了"一胎化"生育的要求。1980 年，中央没有用"一胎化"这种不妥当的提法，而是说要"大力提倡一对夫妇只生一个孩子"。但是，在我们这个法制还不健全的国家里，这样的提法反而成了"只准生一个"的法律依据。所以，前几年基层干部普遍出现了强迫命令和严重违法乱纪的现象。王伟同志主持计划生育委员会的工作以来，特别是贯彻中央书记处 108 次会议精神以来，费了很大的劲，使作风粗暴的现象大为减少了。但是，我们在计划生育工作上的被动局面却没有得到根本性的扭转。这是因为，计划生育工作仍然没有从"一胎化"上扭转过来，虽然上边不让强迫命令，但又要执行"只准生一个"的政策，不强制不行。

目前，在广大农村，尽管普遍要求只准生一个孩子，但年轻力壮的妇女总是想法要生两个甚至三个和四个。不同的是，前几年那种集体绝育和人流的野蛮做法不多见了。每到了一定的时候，往往是到了"计划生育月"的时候，凡出生了第二个以上孩子的家庭，只要缴纳一定的罚金就行了。至于那些缴付不起罚金的困难户，则要用粮食之类的生活资料或生产资料代替。这些年来，除各级计划生育委员会或党委抓的少数典型单位外，占全国 95%以上地区的农民并没有实行"一胎化"。这样，实际上无异于我们在实行一种完全新式的税收——"生育税"。每个家庭都"超计划生育"（实际上是超"一胎化"），每个家庭都需要缴付一定的罚金。过去，我们常常讥笑土耳其人，那里的法律规定要人们到政府登记结婚，然后，才肯承认他们孩子的合法。但是，居民们并不在乎政府的结婚证书，而通常仍然是去教堂举行结婚仪式。按说这样家庭的孩子是没有公民权的，但首先却是国家做出让步：每过五六年就由议会通过一项法令，宣布没有经过政府许可结婚而生育的孩子为合法。实际上，土耳其的那一张不经国家许可不得结婚、生育的法律，成了一张徒有其名的空文。我们是社会主义国家，不应该把政策定在根本无法达到的指标上，让千百万人去争取那种根本不可能做到的"一胎化"。

在城市，由于这几年生育孩子的大部是 70 年代后期回城取得公职的青年，慑于罚款、停发奖金、降级和开除公职，往住都不敢生第二个孩子，好像实现了"一胎化"。但是，展望前景也很不妙，随着城市经济改革和时间的推移，在个体经济和集体经济中就业的青年越来越多。当这一代青年人涌入结婚、生育年龄的时候，城市也将可能出现目前农村中那种无法驾驭的局面。

当然，最迫切的事情还是在农村，那里普遍出现了实际生育同我们的要求不一致，广大农民受罚的现象。我们党的政策历来是从群众中来，到群众中去的政策。并且大凡正确的政策，又都是能够交给群众，把政策变为群众的自觉行动。现在的计划生育政策处处受到农民的抵制，说明是需要我们认真地考虑修正生育政策的时候了。

人们普遍地对"一胎化"政策不满意，主要的还不是思想观念方面的问题，而是十分现实的生活问题。毫无疑问，我们这几年领导农民走致富的道路，速度是快的，而且今后还会更快。但无论怎样，我们都只能一步一步地走，生活水平逐步有所提高。如同小平同志所说的，2000 年我们也只能达到"小康"，2020 年之后，才争取能有较大的发展。"小康"是以"人丁兴旺"为主要特征的。我们现在要求大多数农民只生一个孩子，二三十年后，这一代农民老了，半数的老年人膝边无自己儿女和得不到自己孩子的照顾，让这些老人怎么生活？更何况，我们大多数农村的自然地理条件都很差，几十年内也难以有翻天覆地的变化。我们有什么理由说服人们，说他们晚年时即令没有孩子照顾，也能过上好日子呢？更何况，我们共产党人的历来理论都是，造成社会问题的原因主要地并不在于人们生孩子多少，而是由社会性质、社会政策、社会的各种体制所决定的。拿解放前后对照来说，解放后的人口比解放前翻了一番，但生活却提高了数十倍。就是我们掌权之后的事实也说明了这一点。70 年代我们八九亿人口，生活很紧张，升学、就业等问题都严重存在。党的十一届三中全会之后，尽管成了 10 亿多人口，反而比前几年的日子好过多了。所以，我们无论如何，也不应该把人口问题的症结归结为老百姓生了过多的孩子，以至于冒同广大农民对抗、让老百姓骂娘的风险，去执行"只准生一个"的政策，从而抵消我们十一届三中全会之后好不容易才在群众中重新树立起来的威望。

当然，我绝对不是主张人口盲目增殖。过去没有想到人口发展同经济发展都要有计划，吃了不少苦头，今后让人口继续盲目增长是不可取的。但也绝对不是说，孩子越少就越好。做什么事都要有一个限度。在生育方面控制人口增长，最好把生育水平订在农民可以接受的低水平上。目前，发达国家也平均每个家庭有两个左右的孩子，我们城乡大多数人也认为每对夫妇生两个孩子最好。实际上，计划生育部门这几年嘴上喊"只准生一个"，但实际上认为达到 1.7 就很不错了。这就是说，我们的计划生育政策以争取全国有 30%左右的家庭只生一个孩子，就算是很高的指标了。

鉴于这种情况，我们完全应该修改和完善过去的提法，在"大力提倡一对夫妇只生一个孩子"的前面，再加上两句话，变为"原则上允许每对夫妇生两个孩子，但第二个孩子必须在妇女的 30 岁左右生育，在此基础上提倡一对夫妇只生一个孩子"。这样，我们就能够把计划生育工作从当前被动的局面中解脱出来。其次，以农村妇女 20 岁为初婚和初次生育，到三十岁生第二个孩子，中间有 10 年的间隔，实际上就是这么多年的"一胎化"，等于推迟了一代人的生育年龄。到 2000 年之后，我国将同目前发达国家一样，因高年龄人口比重迅速提高，每年死亡人口要比现在多，人口增长率将会被维持在很低的水平上。最后，我们还是要在全国大力提倡只生一个孩子，特别是在城市和人口稠密地区，比如在人口密度 350—400 人以上的地区，主要推行一对夫妇只生一个孩子的政策。因为，城市和人口密度大的地区，经济和文化都要发达一些，生育率本来也就低一些。

根据我多年来的研究和计算，如果能够实行这样的人口政策，我国总人口就可以维持在 12 亿左右。第一，不论妇女在二十几岁开始做母亲，只要第二个孩子在 30 岁生育，我们在实行这种政策的最初 10 年里，就都是一孩家庭。假使从 1985 年开始，那么，到 1994 年，平均每年生 1100 万，死亡 700 万，增长 400 万人口，10 年才净增 4000 万。第二，如果在这 10 年里能够加强科学规划，争取全社会有 30%的家庭生一个孩子，1995 年到 2000 年的 6 年里，每年也仅仅出生 1800 万人口，死七八百万，6 年净增 6000 万。目前，我国总人口数约 10.4 亿，加上 16 年净增的 1 亿人口，也仅 11.4 亿。最后，如果我们再考虑到不论制定什么样的生育法，都或多或少有一部分人超越法律允许的范围，从而可能出现各种特殊的、意外的超计划生育，16 年怎么也不会比 6000 万更多。总之，把我国人口维持在 12 亿左右，还是很有把握的。

当然，执行这样的人口政策也是有不少困难的。比如，第二个孩子放在妇女 30 岁以上生育晚了点。不过，这总比不让生要好接受一些。何况，30 岁正是过去我国妇女生育中间子女的年龄，也是那些受过较高教育的妇女的初婚和初育的年龄。所以，真的实行起来，估计也不会有很大的阻力。或者，把生育年龄再适当提前二三年，即同意妇女在二十八九岁生第二个孩子，差别也不会很大，最主要的是，这样做就赢得了群众的拥护，使党的实事求是的路线一致起来了。

计划生育政策做这样的变动，也不至于引起社会动荡。几年来，全国妇女生育率大约为 2，如果能够实行新的人口战略和人口政策，妇女生育率将降到 1.7 左右，比现在出生率还要低些。虽然说提法上有"原则上允许"生两个孩子，但那将是女同志 30 岁时的事情，绝大多数的家庭即令跃跃欲试，要生第二个孩子，也只能做几年之后的规划。何况，其中仍有"大力提倡一对夫妇只生一个孩子"的内容，并不是对前几年的计划生育工作的全盘否定。相反，纠正了每年处罚一大片的做法，肯定有利于社会安定。

总书记，去年 4 月份我给您上书提出这种方案之后，经国家计生委的同志和人口学界不少学者的讨论，认为这种办法是可行的。特别是国家计生委的张晓彤和马瀛通进一步肯定了我所提措施，经过您和紫阳同志在"中央书记处会议参阅文件［1984］21 号"批示后，更增强了我的看法。从去年 8 月份开始，利用各种机会在祖国的西南成都、华南广州、东北丹东、华北几省做了不少的调查，接触了各方面的人，大家都认为现行的计划生育政策不宜再实行了。前几天，我又到山西南部的家乡做了一次调查，接触了一些小时的同学、朋友，这些来自农村、来自基层的同志，对计划生育都抱有一种强烈的不满情绪。我中学时的一位同学，现在担任一个乡的乡长，很有感叹地说："计划生育是我最头疼的工作，最大的难题和负担。"他说："每年这个时候（春节前）我都要被农民骂娘、骂祖宗。"我还看到了几个公社（乡）刚没收的农民的财产，其中有缝纫机、自行车、箱子、木料、农具。在一个人数仅 2 万左右的小乡里，这些财产被堆放了 2 间屋子。这都是那些缴不起罚款的农民被基层干部看上家里值钱的东西，作价而没收的。几位基层的同志说，他们这些执行计划生育政策的同志常常在把被折价的财物拉走的时候，农民们忍气吞声、无可奈何的表情，痛哭流涕、悲痛欲绝的吵骂情景，都在他们的心中留下了强烈的印象。需要说明的是，这些情况并不仅仅是我的家乡的事情。几年来，全国普遍如此，而且据我的乡亲们说，我的家乡还是比较稳妥、比较温和的。我的那位当乡长的同学说，他那里对怀二胎的孕妇罚 200 元，三胎 300 元，四胎 400 元。生了两个孩子后，第一年罚 200 元，之后每年 50 元，一直罚到孩子 7 岁时停止。每年的罚款都要现金，如果没有现金，则要根据各个家庭的具体情况，由生活、生产资料顶替。这些被顶替的财物拍卖后，连同被罚的现金由乡和村两级分配使用，如支付由乡和村抽调执行罚款的劳动力即"计划生育宣传员"的工资，支付计划生育的其他费用，等等。几天的调查，我对我们继续执行这样的政策很痛心。这样的政策不是我们共产党的政策，纠正这种做法是刻不容缓的事情。当前，党的十一届三中全会的路线已经在人们的心中深深扎下了根，小平同志和您等中央领导同志在广大群众中享有崇高的威望。在这种情况下，我们提出修正和完善计划生育政策，把事实上根本不可能达到的生育指标，改得比较切实可行一些，是这几年我们党反复申明的实事求是的原则所必然要求的，是顺乎历史发展趋势、顺乎民心的。

以上所言，不妥之处，在所难免，敬请批评。

送上拙著《人口学》，望指正。顺颂

安康。

梁中堂

1985 年 1 月 18 日

（刊发于 2011 年 4 月 27 日）

给中央领导讲解人口问题的是研究员还是司长？

4月27日新闻播报，中共中央政治局4月26日下午就世界人口发展和全面做好新形势下我国人口工作进行第二十八次集体学习。中国人民大学社会与人口学院翟振武教授、国家人口计生委中国人口老龄化与经济社会发展研究中心于学军研究员就这个问题进行讲解，并谈了他们的意见和建议。查国家人口和计划生育委员会网站，2009年2月13日，国家人口计生委人事司发布的"国人口党组〔2009〕7号"："经委党组研究决定，任命：……于学军为发展规划与信息司司长；……免去：……于学军政策法规司司长职务"[1]。就是说，2009年2月，于学军是由国家人口和计划生育委员会政策法规司司长调任发展规划与信息司司长的。2010年9月10日，国家人口计生委在湖南省常德市召开部分省全员人口信息化建设经验交流会。于学军作为国家人口计生委发规信息司的司长还主持了这次会议[2]。此后，再也未曾有于学军的职务调整的任命出台。这就是说，于学军是国家人口和计划生育委员会的司长，怎么给中共中央政治局讲解人口问题的时候就又变成了某研究单位的研究员了呢？

另外，查中央机关和事业机构编制，查国家人口和计划生育委员会的官方网站，该委下属并没有一个"中国人口老龄化与经济社会发展研究中心"。昨晚与一位刚从国家人口和计划生育委员会退下来的司局级干部在一起，问及这一单位，他连听说也未曾听说过自己曾经供职的机关还有一个这样的研究单位。

中共中央政治局集体学习需要聘请什么人讲课，当然是中央政治局的选择。司长、部长，科长、处长，或者任何一位学有所成的普

1　参见 http://www.chinapop.gov.cn/rsxx/gbrm/200902/t20090213_200091.html

2　参见 http://www.chinapop.gov.cn/stjzz/fzghyxxs/

通老百姓去领导机关讲课，都未尝不可。特别是如果能让包括"犀利哥"之类的极为普通和社会底层的却学有所成的老百姓给领导讲课，不仅体现了中华民族礼贤下士的传统文化，而且会给社会提供团结和谐的表率，意义深远。但是，国家公务活动是一件极为严肃的事情，一位国家公务员从事国家公务活动，却是必须向社会亮明自己的公务身份的。毫无疑问，于学军作为国家人口和计划生育委员会机关的一位老司长，不仅可以对人口和计划生育方面的问题、对中国老龄化问题、对中国经济增长问题，对人口流动和逃生问题、对黑户问题，也可以对火箭发射、天文学等等许多问题都可以学有所成，有所建树、造诣非凡，足可给党和国家领导人、给全国人民讲课。那是一回事。但是，于学军在给中共中央政治局讲解"世界人口发展和全面做好新形势下我国人口工作"问题时，不以自己堂而皇之的国家人口和计划生育委员会发展规划与信息司司长的身份出现，却特意用中华人民共和国国家机关编制上根本就不存在、社会上谁也不知道的"国家人口和计生委中国人口老龄化与经济社会发展研究中心"的研究员的身份，是要向党和国家领导人、向全国人民说什么？

（刊发于 201 年 5 月 20 日）

应蔡泳博士要求刊发其

《稳定低生育水平，让更多的人生两个孩子》

一文前所加的按语

　　1990 年人口普查前一年，我国妇女生育率为 2.14。按照我们国家的经济社会发展水平，特别是我国农村的医疗条件，这个数据应该是我国妇女生育的世代更替水平。但是，问题发生在这次普查以后。根据 90 年代后的所有调查和人口普查，1990 年以后的生育率几乎是直线下跌，1991 年降到 1.9，之后的 3、5 年就已经跌落到 1.5 以下。2000 年人口普查，达到 1.22。这个情况主管部门怎样看？国家计生委不相信生育率会下降如此快速，所以，从 90 年代中期开始，他们就提出 1.9，再后 1.8。进入新世纪，新的调查数据比此前还要低。计生委认为人口的瞒报漏报造成这个数据不准确，所以坚持用 1.8，并以此为依据给中央提供决策意见。在此基础上，中央提出继续稳定低生育。这就是说，1990 年以后的 20 年里，包括人口普查在内的所有调查的生育率政府部门并不采用，而他们提出的数据又都是凭借感觉产生的。我们国家已经有 20 年搞不清妇女的实际生育率了。旅美人口学家蔡泳根据这次普查 0-14 岁人口在总人口中的比例和数量，计算出我国生育率已经低于 1.4。所以，他出于落实稳定低生育战略选择的目的考虑，建议政府鼓励妇女生育两个孩子了。蔡泳不仅是一位优秀的人口学家，而且思维严谨，忧国忧民。出于他的文章国内并不多见，特将其转贴在我的博客上，以飨网友。

——2011 年 5 月 6 日

（刊发于 2011 年 5 月 6 日）

182

我国已悄然进入超低生育国家行列

按语

第六次人口普查的详细资料还未曾发布，总体情况和质量也都无法判断。但是，从已经公布的少量信息也还是可以推断出一些情况。其中 0-14、15—59、60 及 60 岁以上人口的三段年龄结构的变化，就很发人深思。从 1982 年以来的 4 次普查看，0-14 岁组人口在我国总人口持续增长的状态下，其占据总人口比例和绝对数都连续下跌。按照这个指标变化的趋势分析，我国生育率已经下降到 1.3-1.5 的水平。人口学将达到更替水平 2.1-2.0 以下的生育率称之为低生育，再低下去譬如 1.5 以下就可谓之为超低生育率了。显然，我们国家早已进入超低生育行列。可是，主管部门和社会仍然说我们的妇女生育率在 1.8 以上。无论高层还是社会，大家都不知道的一个情况是，从 1990 年普查以后，包括 2000 年普查在内的所有调查，90 年代中后期以来我国生育率已经低到 1.2-1.3 的水平，但是，主管部门还是说 1.8-1.9。近 20 年来，我们一直是在用一个没有调查支持的感觉数据决定我国的人口政策和发展。

从普查数据公布前一天新闻播报的内容看，有关部门给中央的决策还是稳定低生育率。中央和计划生育有关部门当然在此之前知道普查数据的。这个情况表明政府还将继续用 1.8 的生育率指导工作。不少的人口学家对此情况既愤慨又无奈。我上篇博客转帖的蔡泳先生的文章，就是在这种情况下写出来的。因为根据普查推测生育率已经下到 1.5 以下，我们还要稳定低生育，那就只好动员人们生育二胎了。他的文章是反话正说，引来一些误解。我张贴那篇文章，也不是已经改变了自由生育的主张，提倡生育二胎。

下面这篇文章，是应《瞭望》周刊的约请写的，应该是正话正说。

近 20 年来，在毫无根据的 1.8-1.9 生育率的误导下，我国生育率已悄然进到超低生育国家的行列。40 多年来，在一种特别气氛下，我国妇女义无反顾地走向超低生育率阶段，即使现在政府鼓励多生育也已经没有人理睬了。这样说，也并不是主张政府由限制再转而鼓励老百姓的生育。生孩子是老百姓自己的事情，如果政府不想要社会混乱的话，无论限制和鼓励都属于自毁江山。

——2011 年 5 月 9 日

　　因为人总是处于生育、死亡和迁移的变动状态中，无论在一个地区或者国家范围内随时把握人口的变化都是很不容易的。这样，人口的实际状态往往和人们的感觉就存在很大的出入。以上海市为例，根据政府的以往的统计该市户籍人口大约 1400 万，外来居住半年以上的人口 500 多万，所以常住人口为 1900 多万。但是，这次人口普查登记的常住人口却是 2300 多万。一个城市的人口竟然比平时掌握的多出 3、400 万，可见人口实际过程往往会与我们的感觉有较大的差别。据上海市普查办的同志讲，去年普查登记结束后，他们每天都接收几十封领导批转或者市民直接反映自己和自己家庭没有参加普查登记的群众来信。有的时候，一天会有上百封这样的信件。上海市人口普查活动已经过去了半年多，我们每次谈起这件事，无论是会议期间或者饭后茶余，都会有在座的人提出自己的家庭就没有见过普查员。即使这样，上海市的人口竟然比政府平时掌握的多出 3、400 万，可见人口实际过程往往会与我们的感觉有较大的差别。

　　用这次普查公布的 0-14 岁人口占总人口比例所推算和分析出来的我国妇女生育率也和有关部门长期以来的感觉不一致。在上个世纪 70 年代以前，我国妇女生育率大约维持在 6.0 左右。1969-1970 年，我国妇女从 5.8 的水平开始下降，到 1979-1980 年左右已经降到 2.8 左右。1990 年普查前一年，我国妇女总和生育率为 2.14。这个数据大致也与国家计划生育委员会于 1992、1997 和 2001 年的几次抽样调查相吻合。按照人口统计学上说法，如果能够维持两代人的

184

简单再生产，女儿那一代就至少应该生育 2 个孩子。因为在这两个孩子成长到生育年龄以前会有一定的死亡，事实上需要生育 2 个以上的孩子。考虑到我国经济社会发展程度，特别是农村的生活和医疗条件，2.14 可能是相当于我国两代人的更替水平。低于更替水平，被称为低生育率。问题发生在 1990 年普查后，所有的人口调查都表明生育率急剧地下降到更替水平以下。上述国家计划生育委员会的 3 次调查和国家统计局 1995 年抽样调查、2000 年人口普查，无一例外地表明 1991 年后，我国妇女生育率又从 1.9 迅速降到 1.3 左右，其中 2000 年普查前一年为 1.22。从 90 年代初期以后，我国政府宣布我们已进入低生育率阶段，但管理部门却从不相信这样低的数据。按照他们的感觉，我国妇女生育率应该是 1.9 或 1.8。进入新世纪以后，显然是因为每次调查的数据越来越低，有关部门也就不再发布调查后的生育率了。只是在必须出现生育率数据的场合，计划生育管理部门用 1.8，国家统计局有时则用 1.6。但是，无论 1.9、1.8 或者 1.6，都不是调查的结果，都没有调查数据的支持。

根据普查，1982 年我国 0-14 岁人口 3.4 亿，占 10 亿总人口的 33.6%；1990 年普查期间，该年龄组人口 3.1 亿，占 11.3 亿总人口的 27.7%；2000 年 2.9 亿，占 12.6 亿总人口的 22.9%；2010 年 2.2 亿，占 13.4 亿总人口的 16.60%。首先评价使用这一数据要比同一途经得到的生育率相对可靠一些，因为瞒报和遗漏主要发生在低年龄组特别是当年出生和接近出生年的人口群。我国还是一个需要证件才可以过正常生活的社会，随着孩子 6、7 岁上学就需要户口等证件，家长在这前后就会想尽各种办法申报正常的户口，再加上基层党政一把手往往 2、3 年就发生调任，"一票否决"已经不要现任领导为过去的计划外负责，原来隐匿的人口一般都会在 10 岁左右都得到申报和登记。由于用 0-14 岁共 15 个年龄组人口数，即使期间有 2000 万遗漏（根据对以往 3 次普查的直接比照，远远没有这么大的瞒报和遗漏），也只占总人口的一个百分点。其次，瞒报和遗漏是以上几次普查的共性，而我们主要是从变化的速度来比较和分析生育率应该发生的区间，避开了漏报对问题的影响。所以，用这一人口指标数量和比例变化来分析生育率水平，是一个比较理想的视角。

在 1982-2010 年期间 28 年里，0-14 岁人口由 3.4 亿减到 2.2 亿，减少了 1.2 亿；在总人口中的比例由 33.59%减到 16.60%，减少了 16.99 个百分点。那么，生育率变化的情况呢？根据人口普查和国家计生委的几次调查，1982 年的妇女总和生育率处在 2.79-2.86 之间。因为那时就已经发生了瞒报，我们取最高值 2.86。期间，1982-1990 年期间 8 年 0-14 岁人口在总人口中的比例下降了 5.9 个百分点，生育率由 2.86 下降到更替水平的 2.14，下降了 0.72。1990-2010 年期间 20 年 0-14 岁人口在总人口中的比例下降了 11.1 个百分点，生育率也应该继续下降。如果生育率再下降一个 0.72，那就是 1.42；如果考虑到这 20 年该年龄组人口比例下降幅度大于 80 年代，则就应该取一个大与 0.72 的下降幅度，譬如 1.0 或者接近 1.0，那就是 1.2 或者 1.3 了。由于相同程度的瞒报和遗漏在低生育率下所占的份额相对小，再增加 0.1 或者 0.2 的作为弥补瞒报和遗漏的幅度，我国现在的生育率大约处在 1.3-1.5 区间。

这样的年龄结构所应该有的生育率水平也可以得到世界人口资料的支持。根据世界银行编制的世界发展指标提供的资料，在全世界低收入和中等收入国家的 0-14 岁人口占 52 亿总人口的 31%，其生育率平均 2.8，这相当于我们国家 1982 年的年龄结构和生育率水平。在目前世界经济收入最高的欧洲经济与货币联盟的国家，其 0-14 岁人口占据 3 亿多总人口 16%，其生育率为 1.5。就是说，按照这样的年龄结构，我国妇女生育率也该是 1.5。

细心的读者可能已经发现，近 30 年来，0-14 岁组的人口不是一般的变动，而是在我国人口总量不断增长的情况下其所占份额和人口数量却都持续地在减少。这一方面表现了我国妇女生育率自上个世纪 60 年代末以来下降过程中的很少波动和义无反顾的特点，多生育早已不再是这个时代的特征。另一方面，我国将不得不面对劳动力日益减少的严重局面。过去总以为我国农业部门拥有充足的劳动力资源，其实存在两个认识上的误区。一是农业劳动力的释放是以农业和农村经济的发展为前提的，一个发展阶段上农业方面可以游离出多少剩余劳动力，有其客观的经济约束。二是劳动力资源的结构对于社会的需要和供应也会有很重要的限制，社会需要的劳动力往往是20岁左右新成长的劳动力，而我国劳动力资源中主要是50、60年代出生的大约4亿多高年龄人口。这样的劳动力资源对我国未来经济社会的发展必然产生负面的影响。此外，贸易顺差是我国经济增长的重要支柱，巨大的美元储备是我国在世界舞台发挥积极作用的强大后盾，而这些都是建立在30年来的丰富劳动力资源基础上的。我们不同于上个世纪6、70年代日本开始进入低生育率的时代，那时的日本已经形成汽车和家电等先进产业，靠自己品牌的工业产品进军国际市场，赢得充足的美元储备。我们这些年来是以"两头在外"的模式，依靠廉价劳动力为发达国家打工挣取外汇。当劳动力资源迅速萎缩，劳动价格必然攀升的时候，我国在世界市场上的优势也会逐渐消失。人的生育本质就是劳动力资源的生产和再生产。一个人口大国的劳动力供应出现困难的时候，它对于我们自己和世界市场都将是一个重大挑战。当然，问题主要还是在于我们社会反应迟钝。我国已经进入超低生育率国家行列，而因测量的偏差却使得社会茫然无知。这多少有点刻舟求剑的味道，人口变动之河已经不停顿地流淌了20年，主管部门的刻度却还在用当年曾经感觉的1.8。

（刊发于 2011 年 5 月 9 日）

"一胎化"整得农民人人受罚

——致胡耀邦（二）

按语

  这篇给中共中央总书记胡耀邦的信本来应该在 10 天前粘贴在这里，因为国家统计局公布了人口普查的结果，中间穿插了旅美人口学家蔡泳先生和我的两篇文章。接续上个月粘贴的给胡耀邦第一封的信（1985 年 1 月 18 日），现在将 1985 年 10 月 15 日的信也粘贴在这里。这封信是翼城县的"晚婚晚育加间隔"生育试点以后，给胡耀邦的汇报和建议。如果按照现在手头所掌握的资料来说，上封信应该是给胡耀邦的第二封信，这封信是第三封信。因为，1984 年春节曾经给胡耀邦递交了一篇题为《把计划生育建立在人口发展规律的基础上》的研究报告。就是在这个报告里，我按照 1982 年人口普查重新计算了 2000 年人口目标，建议实行"晚婚晚育加间隔"的生育政策。由此开始引出胡耀邦、赵紫阳给马瀛通张晓彤报告的批示和我又要求进行试点的一系列问题。在呈交研究报告的同时，应该还有一封信。按照时间顺序，这才是给胡耀邦信件的第一封。但是，我的手头没有这封信的抄件。所以，我还是按照原来的序号编下去。

  上封信在我的博客上粘贴以后，有人用揶揄口吻说："还耀邦同志，你当初为啥不敢把这些文章呈上去？胡耀邦死了那么久了，才把这些文章拿出来，谁知道你是不是现在写的？再说了，胡耀邦就是活着，你一个小人物的文章，人家会理你？"26、7 年前给胡耀邦写信，只是急于要争取改变"一胎化"的生育政策，没有想着要发表。2000 年前后。曾经萌生了把过去这些事情画一个句号，然后丢在一边的想法。这样，2004 年春节时曾自行印制了两本书，一本为《我国生育政策研究》，一本为《人口论疏》。胡耀邦的这几封信，就都收录在后面的集子里。所以，至少不能说我是现在才把它们拿出来的。另外，由于体制问题，我的这些信件的命运具体如何，确实不是很了解。但是，也不是完全不知道。有一些信，我知道胡耀邦还是阅读、批示过了的，现在粘贴的这封信就是其中之一。信送出去后，11月6日，中央信访局将我的信摘编了一期"来信摘要"，大约5、600字。11月8日，胡耀邦批示说："此件转王伟同志并国家计划生育委员会同志阅处。"随着这封信，我曾把《人口学》《人口素质论》等几本书送耀邦同志。胡耀邦在这句批示后面又用括号补充了一句话："书我留下了"。据我所知，1986年10月，胡耀邦还批示了我的一封信。

那时印制那本《人口论疏》，就是想研究公民和国家的关系。现在将20多年前给胡耀邦的信粘贴出来，也是这个目的。半个月前回应上面的"小人物"一说，我说："我们都是一个小人物，包括胡耀邦在内。"其实，比胡耀邦大的刘少奇、周恩来、邓小平，以及贺龙、陈毅等千千万万的开国元勋们、功勋们，难道不都是小人物？他们还都不是别人一句话，不仅政治生命可以被打倒或者扶起来，有的连生命保障都没有。有的时候，这些"大人物"甚至于比"小人物"还要小。譬如他们被整下台的时候，不仅政敌连周围的小人都在欺负他们。开国元勋们没有注意建立一个保障"小人物"的社会制度，以至于在另外的条件下也没有他们这些大人物的保障。所以，建立一个足以保障每一位小人物的权益的社会制度，才是中华人民共和国诞生以来的核心问题。

2011 年 5 月 15 日

致胡耀邦（二）

耀邦同志：

一进入十月，北方的气候越来越凉，继而较为寒冷，冬天就要到了。在我国，冬天照例是抓计划生育的重要时刻，也是中央酝酿新的部署，准备新年伊始，领导全国人民迈向更新高度的时刻。特别是近两年来，中央继十一届三中全会后进一步为农民松绑，两年两个一号文件，农民在致富的路上又迈开了两大步。但是，从 1979 年以来，我们在计划生育方面却一直跳不出根本不可能做到的"一胎化"格局，农民继续受到压抑。从 1980 年开始，农民每到年底去岁迎春时，一边为经济上取得的进展而拥护我们，同时又为生育上受到处罚而怨恨我们。我希望在这个冬天里能结束计划生育方面的这种状况，让农民高举双手拥护我们。

经过近 20 年的宣传，我国农民的生育意愿已经有了根本性的转变，大多数人都认识到生孩子少些对自己的生活有利。多年来的实践表明，农民对计划生育是赞成的。但是，目前我国计划生育受到农民的抵制，完全是因为我们犯了类似于"适楚北行"的错误。

从 70 年代后期我提出人口老化将是我国人口的一种趋势之后，许多数学家和人口学家都曾对我国未来人口进行过预测。不论人口学家们的观点如何不同，测算的方法各异，但因为使用的基数比较可靠，测算的结果还是比较一致的。特别是关于 2000 年人口目标，只要使用比较接近的生育水平，结果是相近的。比如我做的几次预测，现国家科委主任宋健等人的几次预测，中国人口情报中心马瀛通和国家计划生育委员会政策处张晓彤做的预测，尽管各自的方法不同，观点也不尽一致，但前两者所做的关于本世纪末按"一胎化"的生育结果是完全一致的。后者没有进行过"一胎化"生育的测算，但他们同前两家所做的关于每个妇女平均生 2 个的结果却是比较接近的。根据这些预测，如果从 70 年代末开始逐步实现"一胎化"，本世纪末，我国总人口可以达到 10.5 亿；如果每个妇女平均生 2 个孩子，期末总人口可以达到 12.2 亿。

这些计算说明，党根据我国经济社会发展规划提出的期末将我国总人口控制在 12 亿左右的战略目标是正确的，它是一个经过全国人民的一定努力就可以达到的目标。考虑到我国地域广阔、情况复杂，并且是多民族的国家，为了使实现我国人口目标的把握更大一些，在我国青年中普遍推行晚婚晚育和延长 2 胎之间间隔生育的办法，以及在此基础上提倡（的确是提倡）一对夫妇只生一个孩子，到 2000 年把我国总人口控制在 12 亿左右，是完全可能的。据计算，如果青年妇女在 23 岁生第一个孩子，30 岁生第二个孩子，城乡有 25% 的家庭只生一个孩子，本世纪末，我国总人口就可以控制在 11.8 亿的水平上。即令在今后 16 年里每年继续保持 10% 的多胎生育，人口总数也不会突破 12 亿。据此，为了顺利完成党的 12 亿的战略目标，我们应该制定这样的人口战略和生育政策，即允许每对夫妇生 2 个孩子，但必须实行晚婚晚育加间隔的生育办法，以及在此基础上继续提倡一对夫妇只生一个孩子。因为这样的办法必然能够得到群众的拥护，所以，如测算所表明的那样，实现人口目标是不成问题的。

但是，几年来，我们的计划生育不是这样，我们的目标是 12 亿，而实际的生育办法却是只准生 1 个。生 2 个的结果是 12 亿，生 1 个的结果是 10.5 亿。目标是 12 亿，指标却要按照 10.5 亿来定。"犹至楚而北行也"。高指标压得基层没法工作，只好蛮干。"一胎化"整得农民人人受罚，党群关系紧张。

当然，提出，"一胎化"的同志可能是想少生孩子，但实际却不是如此。农民现在有这样一种心理："既然你只准我生 1 个，就莫要管我什么时候生。"妇女一到 20 岁就结婚，结婚不久就生了第一个孩子。多年来，因为我们只准妇女生 1 个，并且只能靠上节育环卡她们。每年冬天"四术队"进村搞计划生育，只负责给妇女上环而不再往外取。农村妇女怕你给她上了环，刚生下第一胎就抢在"四术队"进村前怀上了第二个。青年妇女二十三四岁生了一男一女还罢了，如果连着生了 2 个女孩，她的年龄还很小，到 50 岁前还有 25 年的生育期，无论如何也要生第三个。所以，本来我们实行计划生育是为了减轻农民的家庭负担，让他们生活更富实一些，结果因为只准生 1 个同他们的生育意愿差距太大，造成人人受罚。特别是大多数地区希望用处罚的办法制止农民生第二个，结果生育后连续多年的处罚比农民多养活一个孩子受的损失还要大；为了少生制订的办法，却因为农民由此放弃了原来已经达到的晚婚而出现了多生。应该得到农民拥护的事业却遭到农民的反对；要求"生一个"，结果平均 2 个以上；提出"一胎化"是希望把人口控制得比 12 亿还要少，但因为宣传只有实现"一胎化"才能达到 12 亿，结果群众看到"一胎化"根本不可能实现，所以对 12 亿的目标也失去了信心。"播下的是龙种，收到的是跳蚤"。

人口过程作为一种特殊的物质运动有其自身的规律性。几年来，我们的计划生育现状已经充分说明它的一系列方针政策都急需要进一步修订和完善。特别是政策和人口目标不一致给我们造成的危害，已经到了急需纠正的时候了。经国家计划生育委员会、山西省委和省政府批准，我们在山西省翼城县进行了晚婚晚育加间隔的生育试点。这种生育办法深得基层干部和农民的欢迎。群众普遍认为，这样的生育政策才真正符合中央提出的"合情合理，群众拥护，干部好做工作"的原则。我们希望中央能派人到试点看一看，看这种生育办法是否成功，是否有条件在全国逐步推开。我们认为，只要把生育政策同人口目标统一起来，像目前翼城县那样，把政策制订得合理一些，完成 12 亿的人口目标是不成问题的。如果我们经过一个冬天的调查研究，能在 1986 年再为农民来一个新的"一号文件"，使农民不要在生育方面失去经济上得到的实惠，就能够进一步调动起 8 亿农民的积极性。

上次去信时送的拙著《人口学》想必收到。这次顺呈今年出版的《论我国人口发展战略》和《人口素质论》，以及副省长阎武宏任主编、我任总体设计和项目主持的《山西经济》各一册，也许有用。

此致 敬礼！

梁中堂　1985 年 10 月 15 日

（2011 年 5 月 15、16、19、21 日 4 次刊发）

寻帖启事

　　兹有本博主在自己博客上粘贴自己 25 年前写给胡耀邦的一封信，文章题目套用信中的一句话，为《"一胎化"整得农民人人受罚——致胡耀邦（二）》。不知哪位爱文心切，15、16 日两天连贴两次，均被其私自收藏。若有知晓者，望予告知，十分感谢。

梁中堂　2011 年 5 月 17 日

（刊发于 2011 年 5 月 17 日）

旧帖三贴

　　笔者旧时給胡耀邦的信曾经连续张贴两次，不知被哪位喜好收藏的人都予揭去收藏。幸好有捷足先登者，在其他社区网站予以转帖，我得以有了拷贝。还有朋友告我，说可能文章中有了敏感词被好事之徒屏蔽。情况究竟，又不得确实。无奈之下，我只好将该文分两段再次张贴。如果上次写的按语中有敏感词，自该不得见于光明；如果 25 年前的信中有了敏感词，那就说明我们的国家有了很大发展。一位普通党员 20 多年前给自己领袖说的话竟然可以发展为敏感词，社会真的进步多了。

2011 年 5 月 19 日

（刊发于 2011 年 5 月 19、21 日）

网络管理是训练神经病的好方法

　　我的一篇旧文章，在博客上被鉴定为违犯政府的网络管理规定，几次三番不许面世。那我就只把前面的按语张贴出去吧，还是说违犯政府的有关规定。我也不知道这样几句话怎样就违反了谁的规定了。这个规定是谁规定的，你们为什么不规定个消灭文字、消灭文明、消灭思想的规定？这不是更省事了！我把这几句话张贴出来，有哪位高手可以鉴定出下面的话违犯了什么规定？

　　"笔者旧时給胡耀邦的信曾经连续张贴两次，不知被哪位喜好收藏的人都予揭去收藏。幸好有捷足先登者，在其他社区网站予以转帖，我得以有了拷贝。还有朋友告我，说可能文章中有了敏感词被好事之徒屏蔽。情况究竟，又不得确实。无奈之下，我只好将该文分两段再次张贴。如果上次写的按语中有敏感词，自该不得见于光明；如果 25 年前的信中有了敏感词，那就说明我们的国家有了很大发展。一位普通党员 20 多年前给自己领袖说的话竟然可以发展为敏感词，社会真的进步多了。　2011 年 5 月 19 日"

2011 年 5 月 21 日

（刊发于 2011 年 5 月 21 日）

翼城县计划生育领导组

《关于晚婚晚育加间隔生育试点报告》

按语

这篇《关于晚婚晚育加间隔生育试点报告》是 1985 年翼城县试点工作全面铺开以后，翼城县计划生育领导组写给山西省委省政府和国家计划生育委员会的。我在上封给胡耀邦的信中，也作为附件转给了总书记。所以，也继续把它附在那封信的后面。

2011 年 5 月 21 日

关于晚婚晚育加间隔生育试点报告

翼城县计划生育领导组

省委、省政府并国家计生委：

现将我县晚婚晚育加间隔试点情况报告如下。

（一）

我们翼城县位于临汾地区东南端，是个丘陵半山区，全县共有 16 个乡镇，291 个村民委员会，891 个自然村，25.75 万多口人，55.1567 万亩耕地，人口密度为每平方公里 217 人。党的十一届三中全会以来，县委、县政府坚持"两种生产一起抓"，在带领全县人民治穷致富的同时，认真贯彻党的计划生育政策，有效地控制人口增长。近几年来人口自然增长率一直控制在 5‰以下，计划生育率在 92%以上，全县基本无多胎。1983 年和 1984 年连续两年获得全省计划生育红旗。今年 5 月份，省计生委顾问、省社科院人口研究所所长梁中堂及张广柱同志受省计生委委托，到我县就晚婚晚育加间隔试点问题进行调查讲究，受到了广大干部群众的热烈欢迎及县委、县政府大力支持。7 月 12 日，省委、省政府批准在我县搞试点。8 月初试点王作正式开始。几个月来，在省、地计生委领导下，在梁中堂、张广柱同志的具体指导下，特别是省计生委副主任肖玉英、冀永裕同志曾先后进行视察使试点工作进行顺利，发展健康。目前在宣传发动的基础上已落实了 1986 年人口出生规划，并制定了七五期间和到 2000 年的人口出生规划。概括起来说，这一段主要办了三件事：

一、对晚婚晚育加间隔的办法统一了思想，提高了认识。

晚婚晚育加间隔的办法在群众中传开后，大家欢欣鼓舞，绝大多数人说好，但少数干部群众疑虑重重。他们说，这样做是否符合 7 号文件精神，是否符合基本国策，人口会不会失控，等等。针对以上问题，我们从以下三个方面统一了大家的思想认识：一是回顾了我县计划生育工作实践，使大家认识到，晚婚晚育加间隔的办法，符合实际，符合 7 号文件精神。去年 4 月份我们贯彻 7 号文件时进行了堵大口。开小口的试点工作。当时广大农村干部和群众就反映说："要说落实 7 号文件，让群众拥护，干部好做工作，就得普遍允许生二胎。"为了进一步密切党和群众的关系，我们将全县分为五个类区，分别制定准生二胎的条件。由于开口条件过严，下达人口规划时，允许生二胎的只占现有一还夫妇的 7%，大家很不满意，因而在鉴订计划生育合同时，不少干部说"这是不平等繁约"。实际工作中，你安排了的要生，不安排的也生，计划外二胎有些地方难以杜绝。联系这些实际讨论晚婚晚育加间隔的办法，大家一致认为这个办法好。好就好在符合实际情况，合情合理，群众满意，好做工作，是计划生育政策的完善和继续，是中央 7 号文件的具体化。

二是对我县人口发展进行科学的测算，使大家认识到实行晚婚晚育加间隔的办法符合基本国策，不会突破我县人口包干指标。到 2000 年我县人口包干指标是 30 万，据测算，如果每对夫妇都在 23

周岁生第一胎，30 周岁生第二胎，全县从现在起至 2000 年将生育一胎 44，997 人，生育二胎 29，013 人，共计出生 74，010 人。若死亡率平均按 7%计算，85 年至 2000 年全县将死去 34，773 人，生死相抵实际净增 39，237 人，届时人口总数将为 294，537 人。实际测算的结果，使大家认识到实行晚婚晚育加间隔的办法突破不了我县的人口包干指标，从而解除了疑虑。

三是大摆了我县计划生育工作的成绩和经验，使大家认识到，实行晚婚晚育加间隔不会出现自由生育，人口的出生不会失控。在讨论中大家总结了我县计划生育工作有六条成绩和经验，坚信实行这种办法人口出生不会失控：一是通过几年来广泛深入的宣传，全县群众实行计划生育的自觉性大大提高，生育观已由多子多福的封建思想转变为"少生优生"的开放思想。二是县、乡、村领导重视抓计划生育工作已成习惯，各级干部决心大，办法多。三是堵大口的工作做得扎实，节育率高。全县有生育条件的妇女 89120 人，已有 17330 人做了结扎手术，17327 人上了节育环，1001 人采取了服药打针措施，长效节育率达 88.6%，综合节育率达 91.2%，目前我县基本上杜绝了多胎。四是层层建立了领导机构，有 1121 人的基层骨干力量能够适应计划生育工作的需要。五是我县自上而下形成了计划生育服务网络和信息网络，服务工作跟得上。六是我们有必要的奖惩规定。通过摆事实讲道理，原来持怀疑态度的思想坚定了，原来怕这怕那的顾虑打消了，原来信心不定的现在满怀信心了。大家都说："晚婚晚育加间隔上合国情下合民意，是落实 7 号文件的好办法。照这样办，肯定可以走出一条中国式的计划生育道理。"

二、制定了晚婚晚育加间隔试点规定及实施细则。

为了使广大农民在执行晚婚晚育加间隔中有章可循，我们在深入实际调查，反复讨论研究的基础上制定了《翼城县晚婚晚育加间隔试行规定》12 条和《翼城县晚婚晚育加间隔试行规定实施细则》82 条。制定"规定"和"细则"的指导思想是以 7 号文件为依据，充分肯走计划生育工作的成绩，积极完善计划生育政策，真证把政策建立在合情合理、群众拥护干部好做工作的基础上，使我们的计划生育工作即能有效地控制人口增长，又能促进安定团结，真证起到服从全局、服务全局作用。从这一指导思想出发，在"规定"和"细则"的条文里，我们坚持了"三个不变"。即：计划生育基本国策不变，提倡一胎、控制二胎、杜绝多胎的政策不变，在本世纪末把我国人口控制在 12 亿左右的总目标不变。同时，还明确规定了晚婚晚育期间隔的严格条件。从而保持了计划生育政策的连续性和计划生育工作的连续性。

三、细致准确地将 1986 年人口出生规划落实到户。

在层层培训干部深入宣传发动的基础上，各乡镇都组织了综合服务队，深入各村调查摸底，并采用三榜定案的办法确定了 1986 年人口出生规定，1986 年全县 23 周岁以上的已婚未育妇女规划一胎的 2721 人，30 周岁以上生了一个孩子规划二胎的 1553 人，两项合计 4274 人，与我们的测算基本吻合。落实规划时，各乡镇分管领导、计划生育助理员与各村分管同志、信息员送指标上门，取环服务上门，这样有效地堵塞了漏洞，准确地落实，1986 年人口出生规划。

（二）

试点工作虽然仅仅是开始，但广大干部群众对"晚婚晚育加间隔。无不交口称赞，显示了这一办法的强大生命力，从当前已收到的效果看，在农村实行这种办法我们初步体会到有以下五条好处：

1、党的计划生育政策群众更拥护了。过去搞计划生育，广大群众爱国家服从大局，都能较好地执行计划生育政策。但由于一律推行"一胎化"，少数群众口头上接受，心里却老惦记着生二胎，有的提前生一胎，瞅空生二胎。个别的还要抢生三胎、四胎。还有的生男孩怕招亲，生女孩怕出嫁，老无所养，有钱无人花，没有心思致富。现在县上搞试点，一般准许农民生二胎，人人喜笑颜开。一致反映说："'晚婚晚育加间隔'合咱农民的实际，合咱农民的心意，想到咱心里了。三中全会以后中央订了一套富民政策，如今两晚一间隔是爱民政策，我们坚决拥护"。

2、群众执行计划生育政策的自觉性进一步提高了。通过宣传数育，大家掌握了《规走》和《细则》的精神实质，相信党的政策不会变，生儿育女有盼头，自觉执行晚婚晚育加间隔生育。从试点到现在，全县有1420对达到法定结婚年龄的青年主动推迟了婚期，还有近百名男女青年发出晚结婚就要晚订婚的倡议。400名已婚未育男女青年自觉采取了晚育措施。80名生了一胎但不到生二胎年龄怀孕妇女主动进行了人流或引产。武池乡西张村女青年秦治萍。今年28岁，前年生了一个孩子，在试点开始时已怀孕4个月，听了广播宣传，觉得自己生二胎的年限与《规定》相《细则》精神不符，积极做通两位老人的思想工作，主动到乡卫生院引了产。

3、计划生育工作普遍受到人们的欢迎了。过去搞计划主育，指标卡得紧，群众不满意，干部登门做工作，少数人硬顶软抗，甚至于骂人打架，有的群众一见四术人员掉头就跑，或者借口串亲戚躲了起来。现在实行达种办法，大家很高兴，群众一见搞计划生育的同志，立动围上来打听消息，询问政策，有的还把工作队拉到家里倒糖水、做干面，像待亲戚一样。试点前全县36名计生助埋员就有八九名想改行，现在基本上都安心了。

4、计划生育政策好兑现了。过去一对夫妇只准生一个孩子，先进单位工作抓的紧，独生子女多，奖励面大，有的穷村负坦不起，奖励兑不了现，而工作一般化的单位超生的多，处罚面大，罚款不能全部兑现。现在实行"两晚一间隔"后，全县自愿终身只生一个孩子的人数还有800余人，国家集体能赁担得起，奖励很容易兑规。同时，允许农民家庭生二胎，一下解放了一大片。间隔生育时间虽然有点长，大家都有盼头，多数人都不愿去抢生超生而受罚，这就能较大限废地缩小处罚面。受罚面小，工作量不大，限制政策就好兑现了。

5、人口出生容易控制了。实行晚婚晚育加间隔的办法，使党的政策与群众利益一致起来了，较好地改善了党群关系，有利于提高执行计划生育的自觉性。同时，由于多年的宣传教育，群众的生育现有了很大的政变，在农村实行间隔生育后，多数人感到满意，可以有效的控制计划外二胎。既便有个别人不执行国家政策想多生，也显得很孤立，我们采用重罚的办法，大多数人不反感，工作比较好做，可以收到较好的控制效果。

（三）

　　试点工作之所以进展顺利，效果较好，主要原因是，县、乡（镇）村各级党政领导高度重视，加强管理，第一把手亲自抓；宣传发动深入细致，基本上做到家喻户晓、成人皆知；层层培训骨干，全县训练了一支2551人的基层工作队伍；同时，民政、医疗、民兵妇联、共青团各部门协同作战，保证了《试行规定》和《实施细则》的落实。但是，我们的工作做的述不够，尤其是结合学习国家计生委主任王伟同志在我县试点工作第八期简报上的批示，更加看清了我们工作的差距，回顾这段工作，主要差距是，有的地方宣传还不够深入，少数群众还没有准确地掌握《试行规定》及《细则》的精神实质；有的干部受习惯势力的影响，对实行晚婚有畏惧情绪；个别村庄规划落实的不细致、不准确。还有的同志有松一口气的思想，认为试点工作就要结束了，想放下担子歇一歇等。

　　为了善始善终地搞好试点，圆满地完成任务，今后我们打算抓好以下几项工作：

　　1、进一步广泛深入地搞好宣传教育工作。在宣传内容上不仅要宣传《试行规定》和《实施细则》，而且要进一步宣传7号文件；不仅要宣传计划生育方针政策，而且要宣传省、地、县七五人口规划和从现在起到2000年的人口规划，使大家进一步认识到计划生育工作重要性和长期性。

　　2、继续加强领导，精心指导，县委县政府要把试点工作作为一传大事抓紧抓好。分管领导要每月汇报一次，县委、县政定期研究。为了抓好典型，下一步我们打算在山区、丘陵、平川三个不同类型的地区选三个乡镇，由县委、县政府分管领导与县计生委领导共同蹲点，以利于总结经验，推动全县。

　　3、及早制定1987年人口出生规划。各乡镇在12月底以前具体制定出1987年人口出生规划，在1986年3月底以前落实到群众中去。并要进一步做好工作，落实好七五规划和从现在起到2000年的人口规划。

4、加强管理，努力搞好技术服务。在充分发挥业务部门骨干作用的同时，各部门要进一步相互配合，协同作战，严挺晚婚晚育关、间隔生育关、杜绝多胎关。当前正处于秋收大忙季节，在抓好秋收种麦的前提下，努力抓好计划生育工作，特别是信息队伍、四术人员要及时掌握各种动态，及时服务上门。今年12月，县上决定还要搞一次计划生育宣传月活动，狠抓节育措施的落实，以保证试点工作的深入发展。

以上报告妥否。请批示。

翼城县计划生育领导组
1985 年 9 月 8 日

（刊发于 2011 年 5 月 21 日）

只要实事求是，再难的事都可以顺利解决

——致胡耀邦（三）

耀邦同志：

下面这份报告是送书记处的，但我还是希望能经您亲自处理。几年来，随着我们政治上拨乱反正和经济上推行改革，政治经济工作越来越顺当了，但计划生育却一直处于同农民顶牛的状态。现在，从中央到地方，大家都知道，计划生育方面存在的问题最多，但大家都采取熟视无睹的态度。以至于您和中央其他领导在这方面有过不少批示（包括要求把计划生育建立在合情合理、群众拥护和干部好做工做的基础上，包括对用晚婚晚育加间隔的生育办法测算我国人口发展情况的批示，以及中央要求"要进一步完善计划生育工作的具体政策"等等），实际上都被搁置起来了。一方面是我们党的整体工作的形势好了，另一方面就是大家都迁就计划生育方面的问题。所以，在我们党和国家机关中自觉不自觉地滋长了一种有令不行、有禁不止的作风。

近几年，我们不同意把人们生孩子当作深思熟虑的行为，一下子把政策定在生了二胎就处罚上。现在，少说也有累计 6000 多万户的家庭（合 2 亿多人口）因为违犯了"只准生一个"的政策而正在或应该受罚。并且，只要我们继续维持现状，每年都要把 1000 多万户的家庭推到"违犯生育政策"的一边去。这纯粹是人为的。根据目前经济社会发展水平，提倡和鼓励城乡中一部分家庭生一个孩子是可以的，要求全部家庭生一个则是根本做不到的。我们把政策定在大多数人无法达到的高度上，这就是造成计划生育困难大、问题最多的全部症结。

从另外一个角度讲，我们完全有条件不做这种脱离群众的事情。

我们党根据本世纪经济社会发展战略，提出了在本世纪末将我国人口控制在 12 亿左右的人口目标，这个目标是全国妇女平均生两个孩子就可以达到的。这样的目标和指标的关系，是所有的人口学家计算的一致结果，说明我们有条件把生育政策放宽一些，而不能再紧下去了。

从 1979 年以来，我们先后以不同的形式调查过四川、广东、湖北、湖南、山东、河南、陕西、辽宁、河北、山西等不少地区，同许多省、地、县以及农村基层的同志交换过意见，改变生育政策是大家（包括一些高级干部）的一致愿望。不少同志认为：目前计划生育工作中的突出问题是理论和实践的脱离，报表和实际现状的脱离，上级和基层情况的脱离。急功近利，满足虚假的成绩是极其有害的。当然，这些同志不是说计划生育没有成绩，而是说我们为取得这些成绩，付出的代价太了，改善生育政策的事不能再拖了。

耀邦同志，我是一个党员，是由党培养出来的社会科学工作者，因为清楚地看到这一问题采取常规批示有关部门的办法得不到解决，所以直接给您写这封信。建议中央下决心解决这个问题。这一牵扯到千家万户的问题一日不解决，不仅成千上万的群众得不到解脱，而且每时每刻还会造成新的对立面。再说，解决这个问题并不是很困难的事情。党的十一届三中全会以来的实践多次证明了，只要贯彻实事求是和群众路线的原则，再难的事也可以得到比较顺利的解决。计划生育作为党的一项具体工作，也不例外。我已准备好，随时可以就我国人口和计划生育政策的转变问题向中央作详细汇报。

听王伟同志说，您已收到《人口学》《人口素质论》《论我国人口发展战略》和《山西经济》，现送上《马克思的经济理论和社会主义实践》一书，请指正。

顺致　崇高的敬意。

梁中堂　1986 年 2 月 22 日
（刊发于 2011 年 5 月 24 日）

关于人口政策的报告和建议

——致胡耀邦信的附录

按语

下面这个给中共中央书记处的报告和建议是作为 1986 年 2 月 22 日给胡耀邦信件的附录随信一起递呈中央的。正如給胡耀邦的那封信的一开头所说，"这份报告是送书记处的，但我还是希望能经您亲自处理"。该文完成于 1986 年 2 月 9 日，几经踌躇与犹豫，最后才用这种方式处理。据我所知，这份报告和建议曾印刷为"书记处参阅文件"。

2011 年 5 月 27 日

关于落实胡耀邦赵紫阳同志的批示精神按照晚婚晚育加间隔的生育办法测算我国人口的情况报告和建议

书记处：

1984 年春节，我曾将从 1979 年以来一直研究的晚婚晚育和延长二胎生育间隔的科研成果，写成题为"把计划生育工作建立在人口发展规律的基础上"的报告，写信反映给胡耀邦同志，建议进一步修正和完善我国现行的生育政策，即在继续提倡一对夫妇只生一个孩子的基础上，原则上允许每个农民家庭生两个孩子，但第二个孩子的生育须以晚婚晚育和延长间隔为前提。中央将我的报告转给国家计划生育委员会之后，该委的领导曾组织有关人员进行了讨论。在此之后，国家计划生育委员会的马瀛通、张晓彤同志又给中央写了"关于人口控制和人口政策中的若干问题"的报告，该报告除了批评我国人口控制指标过高，脱离了实际可能外，充分肯定和支持了我提出的办法。报告说："我们认为，梁中堂同志在给胡耀邦同志的信中，提出的晚育加间隔的生育办法是可行的"。赵紫阳同志看了该报告后批示说："我认为此文有道理，值得重视。所提措施，可让有关方面测算一下，如确有可能，建议采用。本世纪人口控制指标，可以增加一点弹性，没什么大了不起。"接着，胡耀邦同志也对该文批示说："同意紫阳同志的意见，这是一份认真动了脑筋，很有见地的报告。提倡开动机器，深入钻研问题，大胆发展意见，是我们发展大好形势，解决许多困难的有决定意义的一项。我主张按紫阳同志提出的，请有关部门测算后，代中央起草一个新的文件，经书记处政治局讨论后发出。"

为了落实耀邦、紫阳同志的批示精神，一年多来，我们重新对我国人口的发展进行了新的测算。与此同时，还对我国计划生育工作的状况作了一些调查研究，经国家计划生育委员会和山西省委省政府批准同意，在山西省翼城县按晚婚晚育加间隔的生育办法进行了试验。先后参加这些研究工作的还有山西省社会科学院张广柱、翟胜明，山西经济管理学院马培生、张培军等同志。关于在山西省翼城县推行晚婚晚育加间隔生育试点的情况，新华社以"人口学家梁中堂在翼城县试行晚婚晚育加间隔的生育办法效果良好"为题，在 1985 年 10 月 18 日的"国内动态清样"上向中央作过反映。这次仅就对我国人口预测的结果和当前计划生育有关问题做如下报告和建议。

一、测算情况

对我国人口测算过程分三个阶段进行：

第一阶段，为检验过去的测算结果和对比各种方案的优缺点，我们按 4 种生育水平测算了本世纪末我国人口总数。其结果是：（1）平均每个妇女生 1 个孩子，2000 年全国人口为 10.6 亿；（2）平均每个妇女生 1.5 个孩子，期末总人口 11.6 亿；（3）平均每个妇女生 2 个孩子，期末总人口 12.4 亿；（4）平均每个妇女生 2.3 个孩子，期末总人口 12.8 亿。

第二阶段，按照晚婚晚育加间隔的方式测算本世纪人口。

晚婚晚育加间隔的生育办法不同于以上任何生育办法，它是在 70 年代周恩来总理提出的"晚稀少"的基础上更进一步的控制方案。我们测算的具体条件是：第一，城市基本维持一对夫妇只生 1 个孩子，农村有 5%的家庭只生 1 个孩子；第二，妇女平均 23 岁初育；第三，第二个孩子在妇女的 30 岁时生育。经过计算，得到 2000 年我国总人口的理论数据 11.8 亿。

第三阶段，对第二阶段测算的结果进行分析和修正。

以上数字都仅仅是计算机显示的结果，它同实际还有很大的差距。第一，在运算过程中，从 1982 年起，电子计算机每见一位 23 岁妇女安排一个第一胎，每见一位 30 岁的妇女安排一个第二胎。但 1982 年人口普查资料表明，该年几乎有 40%不足 23 岁的妇女已经存活 1 个孩子，50%不足 30 岁的妇女有了 2 个孩子。另外，30 岁以上的妇女中还有一些未生育或仅有 1 个孩子，电脑都按照已有 2 个孩子计算。经过冲销，计算机至少重复计算了 2000 万个孩子。第二，我国是一个自然条件与社会发展水平都很不平衡的国家，加之多民族并存，需要规划一定比例的多胎生育。如果以 10%的多胎生育计算，2000 年总人口为 11.9 亿；如果以 20%多胎生育计算，期末总人口 12.2 亿。

此外，我们还计算过实行晚婚晚育加间隔的生育办法以后，下一个世纪前 50 年的人口增长情况。进入下一个世纪以后，随着我国本世纪 50 年代以来出生的 7 亿人口进入高年龄层，提高了老年人的比例，死亡率将由现在 6—7 年逐渐上升到目前发达国家 13‰左右的水平上，而那时每年进入婚龄的青年只有 800 万对左右，平均每个家庭生 2 个孩子，全社会自然增长率就会保持在 3—5‰。到下一世纪 30 年代，当我国总人口达到 13 亿时，我国人口可能达到稳定状态。

　　分析以上测算情况，第一，计算所得的各个数据是可靠的。过去，人口学界有不少的测算，如宋健等同志 1979 年的计算：（1）妇女平均生育率 $\beta=1.0$，2000 年时的总人口 10.5 亿；（2）$\beta=1.5$，11.3 亿；（3）$\beta=2.0$，12.2 亿；（4）$\beta=2.3$，12.8 亿。我们第一步测算的结果同这些数字基本一致。而晚婚晚育加间隔的生育办法，既不同于 $\beta=1.5$，又不同于 $\beta=2.0$。因为计算了 25% 的独生子女家庭，加上几乎一代人推迟了生孩子的年龄，就使期末的总人口数减少 3—5 千万。第二步测算晚婚晚育加间隔的理论数据 11.8 亿，低于平均生 2 个而接近于平均生 1.5 个孩子的数值。

　　第二，我们假设今后有 25% 左右的妇女生 1 个孩子，是比较切合实际的指标。目前城市基本上做到了一对夫妇生 1 个孩子，今后，如果我们逐步把政策放宽到城市有 20% 的妇女可以生 2 个孩子，也仅仅占全国的 4% 左右。在计算中，农村只算了 4—5% 的一胎率。考虑到不婚、不育等因素，农村中做到 5—10% 的一胎率，是有可能的。同时，随着经济社会的发展，本世纪城市化过程和更多的农村青年转向城市，在实际控制中都会增加独生子女的比例。

　　第三，设计的晚婚晚育率也都是比较现实的。我们假设妇女在 23 岁初育，这是最近几年不号召晚婚都可以达到的标准。早在 70 年代，我国妇女平均初婚年龄就已经达到 23 岁，平均初育年龄超过了 24 岁。根据 1982 年普查资料，二十五六岁的妇女才平均 1 个孩子，比我们计算中 23 岁平均生 1 个孩子要高二三岁。

　　70 年代，我们妇女平均生 2 胎的年龄是 26.4 岁，我们今后提高到 30 岁，实际是二十八九岁就可以给生育指标而不采取避孕措施了，比 70 年代曾达到的水平推迟了二三年，相信这是大多数家庭都可以做到的。

　　第四，多胎比率以 20% 计，是一个通过做工作可以达到的指标。因为这个数字相当于今后十几年逐渐进入婚龄的少数民族妇女和农村中所有连生 2 个女孩家庭的总和，希望生 3 胎的家庭，大致也就是这些家庭的工作难做一些。

总之，测算的情况表明，在我国推行晚婚晚育加间隔的生育办法是可行的。

二、农村现状迫切需要完善生育政策

目前，农村生育形势迫切要求完善生育政策，这表现在以下几个方面：

第一，早婚、早育、抢生、超生的现象严重。70 年代，我国妇女初婚初育年龄都已经很高。从提出"只生一个"的办法以来，各级党组织不好再抓晚婚晚育了，早婚、早育、抢生、超生的现象普遍发生。从全国妇女生育率抽样调查得到的材料看，1979 年到 1982 年上半年，不满 20 岁结婚的妇女占当年结婚总数的比例由 11%上升到 26%，晚婚率由 52%下降到 47%，妇女平均初婚年龄由 23 岁下降到 22 岁（现在又下降了近 1 岁），初育年龄由 24 岁下降到 23 岁（现在又下降了 1 岁）。由于抢生，妇女生育二胎间隔由过去的 3 年左右下降到不足 2 年。

第二，农民不仅普遍抢生 2 胎，而且多胎比率也都很高。为了了解目前人们的生育意愿，我对 4000 多名农村青年进行了调查，结果表明：希望生 1 个孩子的占 9.4%，希望生 2 个孩子的占 82.7%，希望生 2 个以上的占 7.9%，平均希望理想子女数 2.0 个。根据国家统计局最近在陕西、河北、上海等 2 省 1 市的调查，目前没有存活子女或只有 1 个存活子女的理想子女数，上海市为 1.16——1.65 个，而陕西、河北二省为 2.00—2.24 个。说明生 2 个孩子是绝大多数农民的生育意愿，它基本上反映了我国农村的经济社会发展水平。把生育指标定在不准生 2 胎上，不仅做不到，而且因为对立面太大，连多胎生育也管不了。国家统计局的资料表明，陕西、河北 2 省农村自 1980 年以来出生的孩子中，一、二胎各占 45—38%，四分之一以上都是多胎，根本原因就是处罚 2 胎，致使生多胎的也不感到孤立。

第三，全国"独生子女"数停滞不动，农村独生子女率相对下降。独生子女本来是指不再生第二个孩子的家庭的子女，现在，实际上是把生了第一个孩子还没来得及生第二胎的都统计为独生子女。据抽样调查，1982 年年中，这样的"独生子女"全国总计 3300 多万，到 1985 年年初，两年半里至少有 2000 万对青年结婚。同期，全国新出生的孩子至少也有 4000 多万，而"独生子女"家庭只增加了 200 多万，达到 3500 万。这个数字说明，除了大中城市"独生子女"绝对数增加之外，农村中独生子女率反而相对下降了。

第四，由于不切合实际的高指标，压得各级弄虚作假。除上面所说把"头胎子女"改为"独生子女"统计外，各级上报的"一胎率"同实际上的差别，已经大致使统计数字到了毫无参考价值的程度。以陕西、河北、上海为例，据国家计划生育委员会的统计，1982、1983、1984 和 1985 年上半年，陕西省的独生子女率分别为 63.5%、65.9%、66.5%和 62.2%，而国家统计局调查表明，同期出生的孩子中头胎子女仅为 44.3%（城乡合计）。同期，河北省统计独生子女率分别为 70.5%、78.4%、75.7%和 71.3%，而实际上，该省的一胎率才46.8%。上海市分别统计为 92.9%、96.6%、98.5%和 98.6%，实际上只有 80.6%。在多胎生育统计中，河北、陕西 2 省 3 年半里上报的都不超过 10%，少时仅只有 3—4%，实际上却都超过了 25%。

第五，侵犯群众利益的问题近年虽有减少，但违法乱纪的现象经常发生，党群关系紧张的状况仍然存在。同 1984 年中央 7 号文件下达前比较，计划生育方面违法乱纪、侵犯群众利益的事减少了，党群关系有所缓和。但是，因为中央提出的"要进一步完善具体生育政策"的精神没有得到贯彻，广大农民并没有从高指标下面解脱出来。几年来，受罚的群众不仅没有减少，实际上每年仍以 1000 多万户的速度递增。

第六，生育政策不明确，基层干部无所措手足，农民群众人人自危。中央 7 号文件是纠正过去不合理的生育办法的开端，要求把计划生育工作建立在合情合理、群众拥护和干部好做工作的基础上。但是，两年过去了，我们还没有拿出一个足以替代过去"只准生一个"

的高指标的生育政策的办法，以至干部群众现在无所措手足，老的办法被否定了，新的生育政策又没有，农村基层干部无法做管理工作，农民无法计划自己的家庭生育。目前，生2胎仍然是要受罚。尽管大多数农村因受罚面太大而使现行政策无法实行了，但广大农民还是因为"违反生育政策"而处于不安的状态中。

三、关于完善生育政策的几点建议

几年来，实践表明，关键性的问题并不在于我们允许不允许农民生2个孩子，农民正在那里生2个孩子，这几乎与我们的政策无关。同党的其他各项工作一样，关键性的问题仅仅在于我们敢不敢在计划生育领域里贯彻实事求是和群众路线的原则。最近，民政部统计的材料表明，社会养老是个负担十分沉重的问题，我们应该尽量避免这个包袱。到1985年，我国60岁以上城镇老人1720多万，无依无靠的老人虽然只占0.7%，仅35000人，每年国家就需拿出6000多万元和10000多工作人员来瞻养、照顾这些无依无靠的老人。我们不要说让一代人只生1个孩子，只要一代人中有30%的青年只生1个孩子，就会造成15%以上的老人无孩子照顾，这对社会将是个十分沉重的负担。所以，只生1个孩子的比例如果超过一定的限度，留给后代的并不一定是幸福。中央领导同志多次强调既要控制人口增长，又要造成一个好的年龄结构，是很有道理的。从1979年以来，中央提出"提倡"生1个孩子，但各地在执行中实际上把"提倡"当做政策。具有直观和现实主义特征的我国农民，意识到解决养老问题还要靠自己的家庭。所以，尽管不少地区强制生1个孩子，但广大农民还是从切身利益出发平均生了2个孩子。从长远看，这并不是坏的事情。

从我国经济社会发展的趋势看，我们也有条件允许农民生2个孩子，以满足大多数农民家庭维持简单再生产的需要。党中央根据我国经济社会发展规划，提出本世纪末将我国人口控制在12亿左右的水平，这是整个社会不实行晚婚晚育、平均生2个孩子就可以做到的。如果要求大部分城市青年只生 1 个，农村少数人只生 1 个，再加上晚婚晚育和延长 2 胎生育间隔，即使社会上仍有现在这么多的多胎生育，把我国人口控制在 12 亿左右的水平，也是有把握的。为此，建议当前计划生育抓紧做好以下几方面的工作。

（一）在群众中普遍进行关于人口目标的教育

从 1979 年以来，为了让更多的家庭只生一个孩子，直到最近，我们仍然宣传说，只有至少一代人的"一胎化"，才能解决我国人口问题和实现 12 亿的目标。这样，不少人认为，只有"一胎化"才能把人口控制在 12 亿左右。经过一段实践以后，因为我们根本无法做到"一胎化"，所以广大群众连实现党的 12 亿目标的信心也失去了。

现在，我们需要在全体人民中普遍地进行党的人口目标的教育，说明 12 亿的人口目标是同我国经济社会发展水平相适应的，它不是建立在"一胎化"基础上的，而是平均每个妇女生 2 个孩子就可以实现的。只是因为我国经济社会发展不平衡，各地的经济和自然条件差别很大，为了提高保险系数，才需要在有条件的地区和单位鼓励一部分家庭只生 1 个孩子。所以，这是接近我国大多数群众生育意愿的目标，是科学的。实现这样的目标是有条件的，从而提高干部群众做好计划生育工作的自觉性和完成本世纪末控制人口目标的信心。

（二）调整各地人口包干指标

目前，各地区的人口指标是在历年计划生育工作的基础上逐步形成的。过去，因为人口年龄性别构成不清，我们在分配指标时习惯于"鞭打快牛"、层层加码和"留有余地"，使各地的人口包干指标苦乐不均。现在，因为各级手上都要有余地，造成不少地区每个妇女只生 1 个孩子，也难以完成人口指标，人为地增加了紧张气氛。为了使各地的人口计划同实际情况更加吻合，需要在全国调整人口包干指标。调整的原则是根据我国人口地理分布和人口构成的特点，以全国人口的增长幅度为基准线，确定各地区的人口增长速度和人口指标。一般地说，城市人口比重大、人口密度大、少数民族人口比例小、年轻人比重小和经济文化比较发达的地区，人口指标稍紧于全国的平均增长幅度（15%），相反，人口指标可以稍松一些。

（三）完善具体生育政策

在修订和调整各地人口指标的基础上，要尽快完善具体生育政策。因为，如上面所述，没有一个比较明确的生育政策，于控制人口的需要、于人民的日常生活都是极为不利的，应该尽快结束目前这种状况。在修定和完善具体生育政策时，全国的生育政策不宜统得过死，原则上要宽、要相对稳定，要扩大地方的权限。各地在保证完成调整后的人口包干指标的前提下，可以制定自己一定 15 年或更长时间的具体生育政策。

对于全国统一的生育政策，中央只需要制定出极少的几条具有原则性的意见，如继续提倡一对夫妇只生一个孩子；提倡晚婚晚育；城镇居民原则上一对夫妇只生一个孩子；除少数民族外，一般家庭不许可生 3 胎……。除此而外，中央主要审批各省（市、自治区）关于本世纪内人口发展规划，并监督其执行情况。

各省有权在不违背中央精神的前提下，根据自己的包干指标和实际情况制定人口政策和人口规划。生育指标紧的地区和单位，可以通过制定出足以诱导较多青年自愿只生 1 个孩子的办法和措施，也可以通过提高晚婚年龄，延长 2 胎生育间隔的办法，适当增加生 2 胎的比例，以缓和人口指标同人们生育意愿的矛盾。生育指标松的地区和单位，则可以降低晚婚年龄和缩短 2 胎生育间隔，等等。总之，人口包干指标下达给各地后，相应地要扩大各地的权力，以使权责相适应。

由于几年来执行我国绝大多数农民无法做到的只生 1 个的政策，致使目前每年成千上万的农民受罚，使计划生育成了与群众普遍对立的工作，与党的十一届三中全会以来党的整个工作不协调，同 12 亿的人口目标不协调，同越来越好的形势不协调。我们已经赢得建国以来政治、经济等方面形势最好的时期。几年来，农民对我们各方面都满意，就是对计划生育有意见。所以，现在应该是中央下决心解决这一问题，使千百万农民得到解脱的时候了。无数的事实都证明了，我国的农民群众是听党的话，跟党走的。只要我们的政策合理，体现了群众的利益，是从群众中来到群众中去的政策，就可以变成广大人民群众的自觉行动。计划生育完全可以做到这一点。

　　以上报告当否，请批示。

梁中堂 1986 年 2 月 9 日

（刊发于 2011 年 5 月 24 日）

影响当前完善计划生育政策的几个模糊认识问题

——致胡耀邦（四）

按语

本报告签署的日期是 1986 年 10 月 8 日。和前面几封给胡耀邦的信不同的是，这个题目是原来就有的。我手上返回胡耀邦圈阅的复印件表明，这篇文章是让我正在党校学习的同学李建民抄写的。另外，那个时代的交通就是靠邮局，我想最早应该是 9 日寄出去的。胡耀邦是在 13 日处理这份报告的。他在这份报告上他的名字上画了一个圈，表示已阅读。在所画的圈旁批注说："既然他已另送了紫阳同志一份，这份就转給王伟同志参阅。"

2011 年 6 月 2 日

耀邦、紫阳同志：

从 1984 年 7 号文件和你们对国家计划生育委员会马瀛通张晓彤所推荐我提出的晚婚晚育加间隔生育办法的报告批示以来，我国的计划生育工作又有了新的进展。同时，由于我们不少同志在思想上还存在一些模糊认识，又直接影响着我们进一步完善具体生育政策和人口控制工作。这些模糊认识是：

一、把完善生育政策同 12 亿的目标对立起来

人口学界几年来的测算表明，党的 12 大提出在本世纪末将我国人口控制在 12 亿的目标是正确的、合理的。所谓正确与合理，是因为这个目标在今后 20 年里平均每对夫妇生 2 个孩子就可以达到目标，而这样的生育指标是比较接近我国农村经济社会发展的水平的。如果城市能继续维持在平均 1.2 或 1.3 个，少数民族以及农民中还

可以有一部分生 3 个。这样的结果不仅被我的测算所证实（我的计算结果今年 3 月份已向党中央书记处报告，每个妇女生 2 个，届时 12.4 亿），而且宋健于景元等同志的几次计算都是如此。国家科委今年 7 月 18 日给中央报告中的最新测算结果也大致如此。这次他们的测算是让前 9 年每个妇女平均生 2.5 个孩子，后 9 年平均 1.5 个，本世纪末总人口达 12.5 亿（前 9 年逐年进入婚龄的妇女比后 10 年多一些）。这种情况充分说明，倘能在 80 年代就实现每个农村妇女生 2 个，城市妇女生 1 个多孩子，12 亿的人口目标是可以实现的。

我国计划生育工作的历史还不太长，具体生育办法需要完善的方面也很多。但当前的主要问题还是因为农村经济社会发展水平低，农民对不让生第二个孩子有意见。完善生育政策，其焦点就在于能不能让农民生第二个孩子。既然各种测算的结果可以满足农民生 2 个的要求，那么，把完善生育政策同 12 亿的目标对立起来，一听说妇女生了 2 胎，一提完善生育政策，就怀疑 12 亿保不住的观点，显然是不对的。事实上，科学而合理的人口目标也应该是同人民群众的根本利益一致的。因为，就当前的生产水平来说，我们无法担负农民的养老问题，独生子女家庭少一点，对我们国家是有利的。

二、把 12 亿的目标同 10.5 亿的人口指标混淆在一起

根据我们和宋健等同志的分别测算，如果每个妇女生 1 个孩子，2000 年我国总人口 10.5 亿；如果平均生 2 个孩子，届时总人口 12.3 亿。这就是说，根据城乡经济社会发展水平上的差别，要求城市的生育指标较紧一些，城乡妇女生孩子尽可能晚一些，允许农村妇女生 2 个孩子、少数民族妇女生 3 个孩子，12 亿目标是无多大问题的。但是，从 1980 年以来，我们一直在执行一条只准农民生 1 个的办法。这个生育政策是 1979 年我们党还没有提出 12 亿的目标的时候，从事计划生育工作的同志为了实现我国总人口到 2000 年"不增不减"提出来的。因为年龄结构上的原因，即使到本世纪末实现了"一胎

化"，也不可能达到人口不增长。12亿的人口目标提出来之后，我们的宣传和具体生育办法仍然停留在只准生 1 个上（我这里是讲实际生育办法，因为尽管中央是说"提倡生一个"，但基层和计划生育部门是执行"只准生一个"）。从测算的结果看，平均生 1 个是 10.5亿，生 2 个（包括城市）是 12 亿。就是说，只准生 1 个的办法是实现 10.5 亿的指标，允许生 2 个的指标才是实现 12 亿的目标。我们的目标是 12 亿，但至今90%以上的地区仍然是使用 10.5 亿的指标，这是造成计划生育工作紧张、上下干部疲于奔命、农民群众怨声载道的根本原因。这多少有点像 1958 年，那时我们仅仅有生产 300 万吨钢的能力，给果提出一个"1070"来，弄得举国上下不得安宁。

同时，这一目标和指标上的错误组合配搭，是形成计划生育部门盲目急躁和灰心丧气两种极端倾向的重要原因。对于一少部分人来说，根据长期的宣传，实现 12 亿是以城乡"一胎化"为前提的，见现在农民中不少在生 2 胎，急躁情绪又有所抬头，要恢复前几年的严厉作法。另一部分同志相信，目标是以"一胎化"为前提的，只准生一胎的办法在农村是行不通的，所以又认为党的 12 亿目标"保不住了"，对计划生育失去了信心。我们只有明确了 12 亿同"一胎化"的办法并无必然联系的时候，才有可能制定出正确的生育办法，纠正我们干部群众中普遍存在的以上两种十分有害的思想情绪。

三、把控制人口增长同限制每个妇女终身生育简单地等同起来

一些同志近些年从国外人口学家那里拿来一些现成的人口公式（他们天真地认为全世界会有一个"公认的"公式或方法），把我国的人口数字往里一代，以为这样就可以得出我国的人口前景和人口政策。实际上，我国的计划生育有许多方面是国外人口统计指标无法概括的。从 1983 年以来，我国的人口学专家和计划生育部门逐渐发现西方的人口统计指标并不能完全反映我国的计划生育实际，比如

国家科委今年 8 月份给中央的报告中所用的"总和生育率"，是同我国的实际生育状况是极不相同的东西。这些同志错误地认为，总和生育率就是妇女平均终身生孩子数目，只要把这个数字压下来，控制人口的目的就达到了。事实并非如此。许多有头脑的计划生育干部用不少事实说明，总和生育率下去了，不一定孩子少生了。而孩子少生了，总和生育率则不一定下降，这些都说明人口现象是一个很复杂的社会问题，弄清它需要许多人口学专门知识，从国外搬来的人口公式和人口预测方法并不能解决我国的人口问题。

除了减少每个妇女终身生育孩子数目外，晚婚晚育也是减少妇女生育水平的一个基本途径，它甚至是历史上调节妇女生育水平的传统方法。古代统治者为了达到鼓励增殖的目的，大都是采取鼓励早婚的办法。国外一些学者近几年也开始醒悟这一点。比如我们在最初刚提出只准生一个的办法的时候，是得到美国的科学界及舆论界的支持的。去年有一位美国人口学家在同我交流中就说，美国人口理事会的研究人员开始计算说，只要中国妇女能推迟在 25 岁生育，即使生 2 个孩子也可把人口控制在 12 亿以内。这位人口学家对我说："美国的学者开始提出支持您的观点的见解。"说明国外在有关我国人口控制的问题上也有不同的认识。科委报告说航天部的同志用"世界公认的科学方法"，是很轻率的。

从社会控制论的角度说，推迟生育往往是同减少妇女终身生育数目的作用是相同的。如果我们像推骨牌一样让每个年龄组的妇女头胎和 2 胎都分别推迟 2-3 年，这就等于 2000 年内有四五千万妇女少生了 1 个孩子，但对每个家庭来说这没有多大损失。所以，农民是乐于接受的。上面说过，12 亿是城乡妇女平均生 2 个可以达到的目标，如果能在此基础上晚婚晚育，再加上提倡一对夫妇生 1 个孩子（城市有 70-80%，农村有 6-7%的妇女只生 1 个），即使因管理及少数民族等因素部分生 3 胎，也完全能实现 12 亿。所以，我们不能和农民一样把眼睛死盯在 2 胎上，他千方百计地要生，我们拼命地要堵，必然形成很大的对立。如果变成让农民晚婚晚育和延长 2 胎间隔，不但每年的实际生育水平低了，而且计划生育的事情也好办了。

四、把控制人口和开口子绝然对立起来

从中央书记处 108 次会议和中央 1984 年 7 号文件提出"开小口、堵大口"以来，计划生育在向科学性和合理性的方向上迈进了一大步。但是，今年以来，有些同志看到各地人口出生率有些回升，就立即惊慌失措，这是大可不必的。

这几年的"开小口"仅仅是指允许部分农民生 2 胎。即使全部农民生 2 胎，也都是在 12 亿目标之内的，没有什么可怕的。怕也没用。根据我国的条件，绝大多数的农民都非要生 2 胎不可。几年来为不让农民生 2 胎，各地把能使的法子都使尽了，也挡不住。"非不为也，是不能也"。这里面有一个十分重要的辩证法思想，是我们几年来没有悟出来的，结果在"一胎化"的 3 个"副产品"上吃了大亏。

一是当实际工作部门提出"一胎化"，并且说 2000 年以内政策不变。农民认为既然这样，等待几年以后生 2 胎也是受罚，所以，不如让孩子早结婚早生育。农村妇女往往不到 20 岁就结婚，一结婚就生孩子。当然，早婚的原因很多，但同 70 年代相比，现在的早婚早育是同我们只准生一个的政策相联系的。一是你只让人家生一个，他说我迟生早生一个样，反正是一个，第一个生的都很早。二是我们把工作的全部精力放在堵人人想生的第二胎之上，没有精力管人家早婚。早婚成了"一胎化"的第一个"副产品"。

还有，现在我国大多数农村的计划生育就是县或乡镇医生每年给育龄妇女做一次透视、上环或人工流产。因为只准生一个，七八年以来，我们的医生只给妇女上环而不负责取环（一取环就怀孕），而妇女自己又无法取出，所以，想生育的妇女最怕你给她上环。刚结婚一年的妇女就生了 1 个孩子，抢在你农闲时医务队进村前就要怀上第二胎。所以，现在农村妇女二十二三岁就连生 2 个孩子，结婚年龄、初育年龄以及生 2 胎的间隔都比而年代初下降了 2 岁左右。早

育成了"一胎化"生育办法的第二个"副产品"。

还有第三个"副产品"，这就是多胎。因为只准生 1 个，所以希望生第二胎的就成了我们做工作的对象。农村几乎人人需要做工作，精力上顾不过来。此外，因为生 2 胎的就成了违犯政策，生 3 胎、4 胎的也就同生 2 胎的性质一样了。生多胎的不孤立，反而受人们的同情。这是几年来多胎率一直得不到降低的根本原因。

现在反过来，开小口子，允许农民生 2 胎，但不准生多胎，必须晚婚晚育，大多数农民就不同我们对立了。工作面小了，既有利于推迟生育，又有利于堵多胎，控制人口的目的就容易达到了。这就是"控"和"放"的辩证法。我国古代有"文武之道、一张一弛"的说法，是指在政治生活中处理"紧"和"松""宽"和"严"的关系。当前我们计划生育也有一个控和放的问题。过去我们紧的失了度，现在只有放才能控。如果再紧下去，控的目的是不可能达到的。

中央领导同志，近几年在完善生育政策方面我们才刚刚起步，而今后的 10 年因为 60 年代到 70 年代生育高峰期出生人口陆续进入婚育期成为我国人口发展上的关键。正确的抉择只能是沿着 1984 年 7 号文件和今年的 13 号文件前进。到 2000 年之前，我国计划生育工作上的真正危险不是农民生不生 2 胎，而是有多少农民生了多胎，但要有效制止农民生多胎，就必须痛痛快快地允许生 2 胎，目前这样犹犹豫豫是不行的。倒退到"一胎化"上更是没有出路的。象目前这样犹犹豫豫是不行的，倒退到"一胎化"上是更没有出路的。国家科委以及马宾等同志关于控制我国人口的愿望是值得赞赏的。但他们的人口学知识不足，并不真正懂得自己的数字的含义以及社会学和人口学的一系列关系。比如马宾不长的文章中连人口学基本范畴都不知如何用，说明他仅有一个为人口增长而焦急的情绪，但并不懂得人口本身的辩证法。再比如，于景元的几次测算都表明平均生两个孩子就可以实现 12 亿，而他们几年来一直在讲只有生一个才不至于突破人口指标。如果他这次的报告公布出去，更是会让外国人笑掉牙的。他和宋健作为在我国控制论领域中有影响的人，不知怎么算的帐，竟能说我国从 1980 年到 1986 年里少生了 1 亿多人口。而事实是，70 年代末我国每年出生人口就控制到 2000 万以下，进入 80 年代后，平均每年进入婚育年龄的妇女比 70 年代末的人数要少 100 多万。即使这几年继续保持六、七十年代最高年头的生育水平即每年出生人口二千七八百万人，6 年总共也不过出生一亿多人口。当然，这种情况对于我们任何一个人来说都是这样，即在自己熟悉或精通的领城里，是个内行或里手，而到了别的领域里就难说有多大把握了。但中央的决策如果受了这些影响，被贻误的将是我国已经取得的安定团结的政治局面和计划生育工作。

我国计划生育从本质上来说是受人民群众欢迎的，现在这样被动，完全是人为的。基层干部早已看到了问题的实质和出路，但因为没有主动权，还是得沿着错误的方向滑。今年 5 月份，我在山西省临汾地区调查研究，地委和行署的主要领导同志都一致认为现行政策不仅无法完成十二亿的任务，并且一直在起着败坏党的声誉的作用。地委书记杜五安同志是一位很有头脑，很有魄力的领导干部，他和专员王民等同志在座谈会上说："如果上级给我们自主权，让我们按照我们临汾地区的实际情况制定自己的人口规划，我们地委和行署敢立军令状，保证完成上级交给我们的人口包干指标。如果发生什么问题，首先处分我们俩。"基层领导同志出于维护党在农村中的威望所说的话和对目前生育政策踏步不前的焦急心情，使我很受感动。但由于体制问题，主管职能部门个别人的反对，致使该地委和行署向上级汇报的愿望都无法实现。如果我们在计划生育问题上也同经济工作一样明智一些，像万里同志讲的，中央将指标放给下面，然后给地方一些主动权，这项工作也不至于如此被动和艰难。倘不足信，请你们特许临汾地区一试，如何？

顺送紫阳同志《山西经济》一册（耀邦同志已送过），该书是在省政府领导下，由我主持编写的。

梁中堂 1986 年 10 月 8 日（此件分送耀邦、紫阳同志）
（刊发于 2011 年 6 月 20 日）

由被骂美元收买的美狗引出的陈年旧事

（一）

近来发现，美元和狗是改革开放以来使用频率越来越多的两个词语。因为美元从上个世纪的第二次世界大战以后被充当世界货币的角色，改革开放以来，走向世界，进出口贸易，出国开会，留学培训，观光旅游，自然都少不了美元。不过，虽说出国的人越来越多了，毕竟就 13 亿人口来说，还是少数。只是最近几年随着中国经济发展和出口量的增长，中国经济在世界经济格局中的地位发生了改变，特别是中国政府手上持有巨量的美元储备成为美国事实上的第一债权国，美国政府重演 40 年前逼迫日元升值的历史剧，要求本来不直接与美元挂钩的人民币升值。这样，围绕美元和人民币的话题就构成中美之间的纠纷和摩擦的中心。另外，人民币汇率的变化必然影响到它的购买力，一般人也就都开始关心物价和人民币汇率的变化，谈论起美元了。至于为什么狗也会成为几十年来使用频率最高的词汇之一，更是与中国人的日常生活有关。据瑞士和中国等国家的一些一流的科学家们的多年研究，狗是大约 15000 年前开始由居住在东亚的人类从狼的一个品种里选择培育，又逐步扩展到世界各地的。由于狗在动物世界中智商比较发达，再经过人类长期的有目的的选择，就有了适应人类需要的各类品种，成为人类最亲密的伙伴和助手。但在改革开放以前，社会贫富一拉平，绝大多数人都得不到温饱，我估计能够养狗的人家可能比过去任何时代都要少。这些年人们富裕了，养狗的人多了，说到狗的话题也就多起来了。加上因为狗多了，一些地方的政府管理不适应，出台打狗杀狗的规定，也很富有新闻性，引发社会更多的议论。有兴趣的人可以在网上搜索一下，这些年狗在网上的频率可能是比美元还要多的词汇（果不其然，我刚才用谷歌搜索了一下，美元词汇有 8660 万条，狗已经达到 2 亿 8900 万条，不在一个等量级别上）。不过，这几天狗在网上出现频率高，则是因为一群动物保护组织的成员在京沈高速公路的收费站成功拦截一辆給北京运送食肉狗的卡车，解救了几百条狗的生命，引来各种的议论。这让我想起几百年前活跃在大西洋和英欧各国港口拦截贩卖奴隶的船只解救非洲奴隶的事迹。我们从小学过阶级斗争的理论，知道奴隶的反抗一定是从产生了奴隶制度的那一天就开始了的。但是，资本主义时代对非洲黑奴的解放运动却是与那些从阿拉伯人手上接过买卖奴隶的肮脏历史一样长久，是由白人清教徒发起并持续了几百年才取得成功的。在这些基督徒看来，包括那些被当作奴隶的黑人在内的整个人类都是上帝的羔羊，都有得到上帝恩宠的权利，都有平等的、应该尊重的尊严。在包括曾经在几百年奴隶贩卖中获得巨大利益的大不列颠联合王国在内的欧洲和欧洲殖民地范围内，首先是美国和英国的解救奴隶的义士们争取到了国会立法的支持，通过了废奴法案。根据英国的有关法案，凡是踏入联合王国国土的所有奴隶都自行转变为自由人。其实，就连那些驾驶巨大帆船驰骋大西洋贩卖奴隶的枭雄在内，整个人类创新的能力也并不那么强。往返于非洲和南北美洲的那些装载奴隶的船只，几百年来所走的大西洋中央航线也还是哥伦布从欧洲出发所走过的。废奴法案颁布以后，这些装满了黑奴的船只如果继续像以往那样停靠在英国港口补给，船上的奴隶事实上就已经得到了解放。所以，只要这样的船只停靠在英国码头，解放奴隶的人士就会涌上船只，释放船上的奴隶。再到后来，义士们援引该法案，不仅进入联合王国的领土，包括驶入英国的领海，甚至于公海上只要踏上属于英国的船只，奴隶就自行获得解放。前几天高速路上拦截车辆解救狗的场面，在几百年前的英国港口、领海，甚至于大西洋公海上，持续上演了数百年。有人可能不同意我将解救狗和解救奴隶的事情混为一谈。持这一思想观点的人是在现代社会的思维，如果是在 4、500 年以前，那些提出解放奴隶的声音刚刚发出的时候，社会上认可的声音一定还没有今天支持解救狗的人的比例高。在今天的大多数人看来令人发指的跨大西洋贩卖奴隶的事业能够持续数百年，不仅因为那时的社会上层支持，而且是几乎所有欧洲国家的政府都是予以支持并且从中得到巨大利益的。1789 年那个在世界上高高张扬自由、平等、博爱等人权旗帜的法国人，就曾在此早 100 年的 1685 年颁布过一个《黑人法典》，规范主人和奴隶间的权利和义务，公然宣布奴隶为主人的"动产"，规定了主人随时可以用严酷的刑罚处置奴隶的各项纪律。法国人的表现不仅说明人性本来就具备有丑恶和美善两个方面，而且告诉我们历史上往往不乏有这样的例子，即社会的上层或社会大多数有时所拥有的观念和认识并不见得是善、是美。因为在那个时代，上层人都是不把奴隶当作人看待的，不少的人对待奴隶未必会有对自己的狗更珍惜。就拿美国来说，华盛顿、杰弗逊那一代美国的开国元勋们，虽然大都是主张解放奴隶的。但是，这并不影响他们照常使用奴隶。传说年迈的华盛顿需要换取的假牙，就是即刻从年轻的奴隶的嘴里拔下来按上去的。1807 年，美国总统杰弗逊早于英国签署了废止奴隶买卖的法令，却无法实际根治全国的奴隶制度。50 年后，美国最高法院又通过斯科特案又推翻了总统签署的废奴法令，判称凡是被贩卖到美国的非洲后裔，无论其是否已经解放为自由人，均不能享有美国公民权，不受美国宪法的保护。当时的总统林肯气愤地说："房屋分成两半就会倒塌。我相信，在半是奴隶、半是自由民的国家里，政府也长久不了。"不久，就爆发了南北战争。所以，美国的奴隶解放实际上是经过了一场内战才得以实现的。即使这样，尽管黑人在法律上成为自由人了，但与白人的事实上的不平等还历经了 100 多年。据现在也仅只有 40 年之前，美国的学校和公共车辆上也还都实行黑人与白人的隔离。10 年前，恐怕不会有人想到今天有一位叫奥巴马的黑人担当世界上最强大国家的总统。所以，从 15 世纪以来的几百年解放奴隶和消除种族的历史过程中，曾经是少数人的理念和观念，逐渐被绝大多数人所接受，丰富和改变了人类的理念和思想。从这个事例联想到最近几十年活跃于国际社会的绿党和保护动物的世界组织发展趋势，真的不敢预言那些解救狗的环保主义者在今后几百年里会对人类产生什么样的影响。

本文当然不是讨论环保主义者解救狗的问题的。最近出现一个新名词叫"美狗"，在网上很火爆。前面说谷歌搜索的狗的词汇量接近 3 亿条，其中美狗就有 1.5 亿，占去一大半。如果不是这个网络新词汇，狗的频率就打了一半以上的折扣。所谓美狗，乃"美帝国主义的走狗"之谓也。这是我们中国人把狗的优点借助过来当反话骂人的。由于狗的智力比较高，再加上人类长期的定向选择，狗在不少的方面可以与人性相通。久而久之，狗就有了忠诚、善解主人意图、替主人做事、严于职守，等等的特性。有的时候，狗的表现甚至于比一些人还可靠。这就有了用主人和狗的关系来比喻，咒骂和鄙视处在相当于狗的位置上的那个人。不过在我看来，即使这样，那个处在狗的位置上的人的身份如何，也要由处在主人位置上的身份来决定。主子显贵了，他的狗也不是随便就可以当的。记得小的时候，可以用得上"美国走狗"这个称号的人可谓寥寥无几，越南吴庭艳，南朝鲜李承晚，再加一个被赶到台湾的蒋介石。这几个人有一个共同点，那就是占领一小块贫穷的地方又要维持反动统治，就必须投靠反动透顶的美帝国主义，由美国政府出钱豢养他们，他们也听美国主子的话、为美国主子做事。你说他们不是美国走狗是什么？但是，那时候可以享受到这个桂冠的也不容易。他们这几个人虽然统治的地盘都不大，却也不是什么人都可以站到那个位置，可以配人骂这个话的。也不知道现在工业发达了，"美狗"也可以像工业品那样成批地制造了，还是美元升值了，一下子成倍、翻番地被制造出来了。网上一个题为"五毛和美狗"的短文说："你说他是贪官，他说你是美狗！你说警察打人，他说你是美狗！你说拆迁，他说你是美狗！你说物价太高，他说你是美狗！你说房价太贵，他说你是美狗！你说城管打人，他说你是美狗……"一共用了 10 多个排比句子。这些说法没有调查，也就没有发言权。但有两个例子可说明现在的人视"美狗"为廉价，随意送人。在最近几年的反对现行计划生育政策的许许多多战士当中，有两位特别优秀，文章写得多，战斗力也很强，这就是易富贤和何亚福。易富贤先生因为生活在美国，有人骂他美狗，何亚福先生小时跟随父母从越南回国，有人骂他越狗，似乎美国和越南的政府都在反对我国的计划生育。但就是被骂为美狗的易富贤先生，最近 2 年做了大量的研究，连续写出 3 篇文章《美国控制发展中国家人口计划曝光》[1]《洛克菲勒基金影响中国人口政策》[2]和《中国人口学摆脱不了洛克菲勒基金的魔掌——段纪宪的桥梁作用》[3]，恰恰指出我国计划生育是在美国支持的联合国人口基金的援助下发展起来的。他还有一个基本观点，是说联合国人口基金秉承美国政府和洛克菲勒家族的旨意，给中国无偿援助是为了以计划生育的方式杀中国人。这几篇文章不仅说明骂易富贤为美狗的人纯粹是胡说八道，而且按照动辄骂人的网民的逻辑来推理，易先生完全可以把那些拥护计划生育的人称之为帮助美国杀中国人的美狗。另外是我亲身的经历。前些年朋友为我开了博客，但我却很少有时间为博客写文章。偶尔张贴一些论文，不仅文笔生硬、晦涩，而且得出来的几句结论性的话又都躲在一个个逻辑推导的后面，篇幅又臭又长，阅读的人很少。最近半年多，连续写了几篇文章，其实说的话全是过去论文的结论，只是用直白的语言表述出来了，譬如避孕和节制生育是工业革命以来的符合人性的生活方式，所以会随着现代化的发展得到越来越多的人的选择。但是，人民自发的实行是一回事，政府的强制又是一回事。我国计划生育是在一个特殊的时代产生的，现行的计划生育政策越过了公权的边界进入了私权领域，干涉了公民和家庭的私事。现行的计划生育制度侵犯了公民基本权利，制造了大量的社会摩擦，不利于社会和谐发展。作为一个日益走向现代文明国家行列和遵守承诺执行一系列国际公约的、负责任的国家，我们必须取消现行的生育制度，归还人民的生育权。其实，这些话在过去的论文里都反复地说过许多遍。但因

1　参见 http://guancha.gmw.cn/content/2009-06/17/content_936306.htm

2　参见 http://www.blogchina.com/201103141104737.html

3　参见 http://yi.fuxian.blog.163.com/blog/static/10900580220113189 1254549/

为直白，读者多了些。不过这样一来，就有人在我的博客上留言，骂我是美狗，似乎我得到了美国政府的资助，吃了美元，替美国政府说话，反对我国计划生育。说这个话的人真的不知道是我吃了美元，还是我现在所反对的计划生育吃了美元。另外，他们只是知道美国政府在"冷战"时期反对和封锁我们，是我们的敌人。所以，继续从"冷战"思维出发，我们所做的一切都是被美国发对的。所以，他们实际上也搞不清美国政府究竟是反对还是支持我国的计划生育。既然我国政府推行计划生育，那美国政府一定就是反对的。这其中的故事，骂我的人一点都不清楚。

（二）

要说吃人家的美元，无论就时间发生的先后还是具体的数量，在我们中华人民共和国的历史上，都是由计划生育部门开创了先例的。上个世纪的 60 年代中、后期，我国先后清还苏联和国内建设公债的债务以后，就向世界宣布成为既无外债有无内债的国家。一个穷国没有别的，似乎以此为志气，当时的国民也颇为自豪。以至于到了 70 年代，发展到受灾后也不接受国际救灾援助的程度。1976 年唐山大地震，国际社会根据震级和震源来自于一个规模不小的工业城市，就知道已经发生了何等惨烈的事件。即使如此，中央政府也没有接受任何国际社会的帮助。时间仅过了 2 年，联合国人口活动基金（1988 年改称为联合国人口基金）找到门上来，要给予中国的计划生育提供无偿援助。经过一系列的非正式接触后，1979 年 4 月，国务院批准成立了以国务院计划生育领导小组副组长兼办公室主任栗秀珍为组长、外交部国际司副司长何理良为副组长的国务院人口小组，负责与联合国人口基金谈判接受援助事宜。5 月 30 日，联合国人口活动基金代表吉尔和中华人民共和国国务院人口小组组长栗秀珍签署了合作备忘录，联合国人口基金准备在人口普查、人口学训练和研究、人类生殖和计划生育科学研究、避孕药具生产和包装、计划生育有关活动和宣传教育及通讯等方面予以帮助。9 月 9 日，中华人民共和国政府代表、对外经济联络部副部长石林，联合国人口活动基金代表萨拉斯共同签署方案协定。10 月 30 日，共同签署了 1980-1984 年第一个周期 5000 万美金的援助计划即人口和计划生育系统有名的 P01 项目。应该说，5000 万美元即使放在现在也是个大数。但在那个时候，对于中国的一般的政府部门来说可能就是一个接近天文数字的大数目。因为从 1970 到 1988 年，我国进出口每年都属于入超，各年贸易逆差在几亿美元到 150 亿美元不等。1978 年，我国出口总额才 97 亿美元。1971 年中国加入联合国，按照经济能力缴纳会费，仅为 104 万美元。中国现在已经被忽悠成仅次于美国的世界第二经济大国，每年的会费也不过 4000 万美元。了解我们国家外汇管理制度的人都知道，那个时代除了政府手里有美元以外，不允许企业和老百姓手里由外汇。而政府手里的外汇即美元也全是依靠出口商品换取的。每年贸易逆差，说明连政府手上也没有富裕的外汇。这就可以想象到 5000 万美元，在那个时候对于中国是一个什么概念。但是，在联合国人口基金与国务院人口小组正式接触后才发现，援助基金有一系列技术问题影响援助资金和援助项目的到位，即联合国基金不便于直接给中国政府，必须以援助民间组织的方式进行。为此，1980 年 4、5 月，计划生育部门突击成立了北京计划生育宣教中心和上海、成都计划生育分中心，成立了隶属于国务院计划生育办公室的中国计划生育协会和一直到县一级的计划生育协会，中国人口情报资料中心（即现在中国人口与发展研究中心前身），北京计划生育科学研究所（即现在国家人口和计划生育委员会计划生育技术研究所前身）、上海计划生育科技所，南京计划生育干部培训学院，以及教育部牵头以中国人民大学人口理论研究所为人口研究中心和以复旦大学人口研究室、北京大学人口研究室、吉林大学人口研究室、中山大学人口研究室、四川大学人口研究室和兰州大学人口研究室（到 80 年代初，这些研究室都改称为研究所）作为华东、华北、东北、华南、西南和西北地区的人口研究中心，成立了中国社会科学院人口研究中心（中国社会科学院人口与劳动经济研究所前身）为全国社会科学研究系统的人口研究中心，等等。可以说，30 年后的今天，我国计划生育部门所具有的规模和全国高校、研究单位中的人口学研究机构，基本上都是在那几个月形成的。在一定程度还可以说，现在的规模似乎比那时还萎缩了。以人口研究机构为例，我国从 1952 年院校调整取消了社会学，也取消了过去附设于其下的人口学。所以，上个世纪 70 年代，我国高校和研究单位基本上没有人口学研究或师资方面的专业人员。在本专业和所学学科里较有基础的专业人员又不愿意转行从事人口学研究，所以，除了中国人民大学的人口所力量稍强以外，绝大多数的所谓人口学研究机构都只有少量的几个专职人员，其他都属于挂名和兼职。即使如此，各类人口学研究机构成立后，联合国的援助很快就开始到位。1980 年代还是一个封闭和物资困乏的年代，国内商店还根本看不到的电视机、录音机、录像机、传真机、复印机，以及轿车、商务车（那时统统都叫面包车）等等。学校见了这些援助物品，大都予以截留，至少都把汽车留到了校部，研究机构遇到外事活动之类的公务再向学校申请派车。此后，联合国人口基金还于 1985-1989 年援助了第二个周期（5000 万美元）、1990-1994 年第三个周期（5700 万美元）、1998-2002 年第四周期（2000 万美元）、2003-2005 年第五周期（1340 万美元）、2006-2010 年第六周期（2250 万美元），以及正在进行的 2011-2015 年的第七个周期的援助。上述各个援助周期所注明的仅是核心援助的金额，除此之外，联合国人口基金在每个合作周期期间还会拉上联合国的其他机构比如粮农组织、世界卫生组织等，拉上一些国家的政府比如日本政府、西班牙、英国等国家，以及其他国际组织或企业譬如世界银行、亚洲银行等作为配套资金要求他们在此基础上再给予一些的资金支持。另外，从第三周期以后的各个合作周期的资金明显减少，是因为联合国人口基金的援助有着自己的资金分配原则，而中国的善于出统计数据的制度使得中国在接受了 3 个周期的援助后国内计划生育的许多项指标都迅速达到或者超过其资金分配的原则，相应的资金支持就得到了减少。如果检索印度受援助的情况，我们所受援助减少的时候，印度的相应援助周期的资金支持力度大多了。譬如人口基金支持印度的 1997—2002 年（第五周期，10000 万美元）、2003—2007 年（第六周期，7500 万美元）、2008—2012 年（第七周期，6500 万美元）。80 年代初中期，联合国人口基金援助第二、三个周期期间，一些高校和地方社会科学研究单位又先后成立了一些人口学研究机构。根据签署的项目规定，上述研究机构都分配了多少不等的出国留学名额，或者派遣中青年教师去国外接受长短不一的人口学培训。我们敬爱的蒋委员长蒋正华、人口学界的常青藤田雪原，都是联合国人口基金项目的受惠者。另外，出国参观学习其他国家的节制生育活动，参加国际性的人口和计划生育会议，也是联合国人口基金援助项目的议定内容。所以，早在 80 年后期开始的我国各级官员的"出国潮"之前很久，计划生育官员和人口学的大腕们用国际社会提供的美元出国，已经成了家常便饭。直到前几年的一次会议上，邬沧萍老先生在饭桌上谈及人口学最初被高校的传统学科看不起，不想做了人口学的老师以后，经常出国让包括学校那些领导在内的同事们都羡慕不已。邬先生是中国人口学界重镇中国人民大学人口所的元老，70 年代中期开始和刘铮一起为计划生育做宣传，7、80 年代一直为计划生育部门服务，出国的机会当然很多。饭桌上除了先生以外，可能就是我也算作人口学界的老人了。邬先生对我说："老梁也去了不少个国家吧？"我回答说，一个国家也没去过。邬先生似乎有点意外，连忙补充一句："老梁是异军突起。"我自己当然清楚地知道自己是什么。异嘛，不仅确实地异了，有时甚至于还被看作是体制的另类。但是，至今却没有一支队伍，既谈不上"军"，也没有什么起色。但我理解他的"异军突起"也不是空穴来风。与主流的人口学和计划生育部门的理念和主张相比较而言，我不仅有与之相异的人口理论，有对人口过程和计划生育工作的不同理解、不同解释，以及我国人口发展战略、人口生育政策都与当时主管的政府部门有着明确不同的主张，而且也许在大多数人看来更重要的是有一个试点。山西省翼城县实行的"晚婚晚育加间隔"生育试点是在我的争取下并且按照我的主张进行的，那是一个历经 26、7 年的一个人口实践，却是中国其他任何人口学家都不曾有过的。2005 年春节前夕，国家人口和计划生育委员会在小汤山举办专家委员会。在一次饭桌上，人们说起计生委主任张维庆不到 40 岁就已经担任副省长的时候。张主任则对着我说："那时你也年轻。"张在山西担任副省长时，我兼任他分管的省计划生育委员会的顾问。后来，他改任省委常委、宣传部长，我又在其领导下的社科院任副院长。所以，一直都受其领导。听张主任这一说，我赶忙说："那不一样，我们哪敢与张主任相比。"张主任则冲着我说："怎么不一样，你也很早就有了自己的主张和体系的嘛！"邬先生和张主任，一个学界元老，一个政坛大员，都不需要恭维我，所说也算实情。

中国的计划生育和人口学是在抢吃美元的情况下丰满、繁盛起来的认识，是我一贯的观点。90 年代以后，联合国人口基金直接援助高校和研究机构的项目基本结束后，人口学就显现出萧条和冷落。加上这一个时期国家计划生育委员会明确生育政策以"女儿户"的现行生育政策为基准，结束了 80 年代不断改善生育政策的不稳定局面，计划生育部门需要人口学为其做事的情况也越来越少了。人口学家普遍感觉到了寂寞和惶惑。2000 年前后，国家人口和计划生育委员会资助北京大学做振兴中国人口学的课题研究。2001 年专家委员在北京天鸿科苑召开会议，听取张纯元教授关于如何振兴中国人口学的课题汇报。我发言说，在座的专家委员堪称我国最优秀的人口学家。但是，大家回顾一下所谓 80 年代的人口学繁荣除了竞吃美元而建立的研究机构外，在人口学学科建设上我们还作了什么？这些年我们大家除了做了一些计划生育方面的课题外，在我们自己所从事的人口学自身发展方面又做了多少事情？张维庆插话说："我们就是一家嘛。"我回答说："计划生育和人口学有联系，但又不是一回事。"张反问："二者有什么不同？"我说："计划生育是政府的一项具体管理工作，而人口学作为一门社会科学和人文学科，有着自己特定的研究对象、研究方法、范畴和学科体系，这些都是需要从事人口学工作的人加以推动和发展的。"人口学依附于政府的一项具体工作，仅仅做主管部门交办的所谓研究任务，说有关方面希望说的一些话，则永远得不到应有的发展。这当是另外一个问题了。

（三）

为什么联合国人口基金会对中国的计划生育和人口学如此慷慨大方？因为联合国人口基金就是以支持发展中国家的节制生育活动为宗旨建立起来的国际机构。联合国为什么要建立这样的机构？这就要从足以影响联合国等国际社会的那些美国等发达国家的有钱人的理念和意识形态说起。除了发达国家的那些有教养的、有钱人所具有的像早年的解救奴隶之类的西方价值理念中的一些人文主义思想以外，他们在对发展中国家贫穷人存有某种同情心的同时，有不少的人还是相信马尔萨斯的人口论，认为人口在无妨碍的情况下是以几何级数无限制地增长的。客观地说，马尔萨斯在目前的全世界的思想界仍有很大的市场，总被说成拥有科学的理论，是大师级的思想家。其实马尔萨斯只是开创了以人口问题为借口争论资本主义工业化带来的各种社会矛盾和问题的党派分歧和意识形态论争的先河。现在人们所说的人口问题其实是从资本主义起源以后逐渐产生的一种社会现象。它本质上是人类脱离传统的以直接占有自然物为基础的社会发展到占有劳动成果为基础的历史阶段上的社会现象。在这一历史阶段里，人与资本的关系替代了原来狭小的直接的以个人或者家庭占有自然物的单纯的生产关系。在这一社会历史阶段中的人口的生产和再生产的本质关系，也就是人们极为关切地推动人口过程的背后的规律性因素究竟是什么，因为这段历史还不够长，显示规律性的现象还不够多，从而需要人类认识事物的重复现象还比较少，对它的认知也就还很不够。但是，马尔萨斯来得很直接。他把社会发生的一切问题的根源直接归结到人口本身，是人类自身的生殖造成了人口问题。因为人类历史尚处在私人占有的阶段上，富人充分拥有养活自己和家庭的生活资料，那出现的生活资料不足的问题当然是穷人自己造成的。这样的观点很自然地为世世代代有钱人所接受，受到一

232

切掌握权力的人们的追捧。当然，作为一种已经充分发展以后的、极富有生命力的资产阶级党派性极强的意识形态并不这样单纯和简单，它已经被资产阶级知识者阶层打扮得极富有知识和科学的外观，被当作现代社会由人类启蒙到接受高等教育的一系列知识体系的重要理论基础和所谓的科学常识，其中人类具有无限的生殖力、穷人喜欢生孩子和"越生越穷－越穷越生""只有一个地球"、世界变暖，以及笔者所从事的人口、资源和环境经济学的学科教学和研究的基本理论和出发点的许许多多观点都是这一理论体系的一部分。上个世纪 40 年代中后期，由第二次世界大战结束带来的育婴高潮先是从发达国家开始，接着一系列民族国家独立和工业化推动发展中国家重复发达国家此前的经济道路和一些社会现象，人口增长的势头在世界范围内持续发展。具有马尔萨斯头脑的知识分子首先注意到这一问题，早在 1948 年，福格特就发表了《生存之路》，提出有限的地球空间和无限的工业增长下的人口增长、环境和资源问题等等新马尔萨斯主义者观点，引起美国知识界以及社会上层的不安。特别是这一问题受到以洛克菲勒家族为代表的一些美国财团的长久、持续的关注，最终形成一个足以影响政府内外政策的意识形态。到 50 年代末 60 年代初，这一思想体系的核心观点就是发展中国家的人口增长已经威胁到美国等发达国家的安全。影响和改变发展中国家人口政策，劝说和帮助发展中国家实行节制生育，成为美国外交政策的一个重要内容。但是，毕竟由发达国家政府直接劝说发展中国家政府接受控制本民族自身的人口的外交政策是一个过于敏感的政策，所以，美国政府就把目标转移到联合国。不过，由联合国直接劝说自己一部分成员国减少自己本民族的人口似乎也是一个很难启齿的事情。在洛克菲勒第三等国际社会颇有影响的一些人士的游说下，联合国人口活动基金就应运而生了。联合国除了人口司，在设置人口基金这样的机构，多少有点像政府机关的下属事业单位一样，既有政府的招牌便于开展工作又突破了机关的许多限制。

联合国人口基金为什么会找到中国？联合国人口基金选中中国

的计划生育予以资助，当然主要地还不是因为中国的计划生育落后。首先，中国是世界上第一人口大国。从 60 年代初中期开始，中国一直以较高的增长率增加人口。对于那些害怕发展中国家人口猛烈增长的人们来说，抑制人口首先就应该从中国和印度这些人口大国开始。而在此之前，联合国人口基金已经把印度拿下，开始了 1974-1979 年的第一周期的 4500 万美元的援助。如果中国也被攻下来，接近发展中国家一半的人口就被纳入到控制的行列。其次，从 60 年代以来发展中国家的人口增长率越来越高，但是除了中国大陆以外，绝大多数的发展中国家人口都还没有下降的迹象。中国从 70 年代初期以来实行计划生育的宣传越来越响亮，出生率明显地在下降，开展节制生育已经有了一定的基础。再其次，上个世纪 70 年代，美国或者联合国直接与某些发展中国家就控制人口问题进行对话还有一定的困难。1974 年世界罗马人口会议上，联合国和发达国家的代表企图把人口增长当作发展中国家贫穷和落后的原因，就被当作马尔萨斯的观点而被发展中国家的代表所拒绝。中国加入联合国以后，中国在第三世界即发展中国家具有极为显著的示范作用。所以，攻下中国这一个堡垒，在联合国人口基金的战略中具有十分重要的意义。

中国政府为什么同意联合国人口基金的赞助？在那个冷战背景和还把意识形态看的相当严重的情况下，中国政府有这么大的转变，这应该和受国际社会马尔萨斯主义思潮影响以及毛泽东逝世后中国政府对中国自身人口问题的认识有关。有朋友过去曾经问及我关于人口爆炸论和罗马俱乐部报告对中国影响的问题。我认为，由于冷战，国际上从上个世纪 40 年代末逐渐演变的越来越强大的马尔萨斯主义思潮，对于中国的普通老百姓没有直接的影响，但对于中国党和政府的领导人是有影响的，对于高级知识分子和中高级干部也是有一定影响的。因为，虽然说是帝国主义的封锁，但是，并不封锁党和国家领导人对世界动态的了解。新华社每天有几大本的"国际参考"，报道世界各地的新闻。总参、中联部、外交部、经贸部等其他的几个渠道也随时都有世界各地发生的新闻报告中央。另外，高级知识分子也有特别的渠道譬如同专业的国际会议，国家级别的研究单位比较齐全的国外大的媒体的报纸、杂志和出版物，也可以断断续续地获得一些国际社会的信息。比如从竺可桢的日记上可以发现，竺可桢在 1951 年年初就读到了福格特的《生存之路》。而该书在中国第一次以中文版出版发行，平民百姓知道这本书已经是改革开放以后的 1981 年了。还有，新华社所办的报纸《参考消息》发到县团级。因为战后的马尔萨斯主义是被美国主流的社会意识形态当作正确而科学的知识予以对待的，国际社会潜意识地把马尔萨斯主义当作正确的理论观点予以宣传和认知的。所以，即使在冷战时代，除了党和国家领导人以外，一些高级知识分子和中高级干部也会有一些特殊的管道和《参考消息》接受马尔萨斯主义的国际新思潮的影响。从 50 年代以后，人口爆炸和人口增长会阻碍经济社会发展的马尔萨斯主义的许多观点都已经成为国际社会的主流认识，国际间交往和发展已很少有对这一问题的批判。中国情报和新闻单位选送的新闻也基本上是传送世界各大新闻机构的稿件，这些无批判性的稿件久而久之对于我国中上层就产生了一定影响。特别重要的是，从 50 年代中期开始，我国城市居民生活、学生升学和就业，医疗文化的发展等等，都出现很大的困难。相对于城乡人民群众的需求来说，我国农业生产也是处于增长不快甚至徘徊的状态。社会主义制度具有无限的优越性，生产为什么总是跟不上人口增长的需要？包括毛泽东在内的那时领导人，都不会从改革社会主义经济体制来看问题，那么，把人口当作社会发展障碍的替罪羊就成了自然的事情。有所不同的一点是，对于毛泽东来说，他似乎意识到这样的观点总是与从战争年代获得的人民群众是推动历史发展的动力的唯物历史观相矛盾的。所以，毛泽东从未明确提出过中国人口多是负担的命题，但中国人口不时地还是存在在他的心里深层的阴影。毛泽东去世后，政府不仅在理论宣传上而且在实际工作上都把人口当作负担了。所以，70 年代后期，我国与联合国人口基金合作能够有认识上的默契，一拍即合。

（四）

　　我倒不像有的朋友怀疑联合国人口基金等国际社会事先就有以计划生育的方式杀害中国人和发展中国家人口的预谋。相反，我甚至于认为如洛克菲勒第三那样的著名社会活动家和国际著名人士可能都具有像早年为解放奴隶而奋斗的清教徒那样高尚的情操，否则，如果属于那种热衷于阴谋诡计和思想品格猥琐不堪的人，再有钱也不会具有极高的人格魅力从而在美国和国际社会具有那么广泛的人际脉络。即使如此，这些发达国家民族中的极有教养阶级的智者，尽管他们从道义上会做许多的善事，但骨子里是否就看得起贫穷的国家和社会上穷苦的人，那又是一个问题。出于信仰马尔萨斯的人口论，以为穷人的生殖会无限地膨胀以致贫穷国家的人口增长会窒息和淹没他们发达而高贵的人种，所以要支援发展中国家尽量少生孩子，这是否是洛克菲勒基金会、福特基金会以及以美国为首的富人们资助包括中国在内的发展中国家的计划生育的意图和目的，那都不得而知。我是相信人口过程是一个不以人们的意志为转移的客观过程的。所以，发展中国家的人口过程不过是紧紧跟随发达国家重复一段人口增长的历史，因为现代化的发展越来越多的人选择避孕和实行节制生育的新生活，接下来，也就带动妇女生育率的下降和人口增长放缓。这是历史的必然。在这种情况下，美国的一些有钱人持有马尔萨斯那样的意识形态，害怕人口爆炸这个巨大的风车，愿意拿出钱来帮助穷国和穷人实行计划生育，甚至帮助我们国家培养人口学家和复兴我们的人口学，这些对于我们来说，都是好事情。特别是30年前与联合国基金合作是我国打开闭塞的国度实行开放的一个重要窗口，一方面，我们利用联合国人口基金的援助极大地改善了我国避孕和节育的药具生产，接受了科学和先进的节育和避孕、围产期保健的方法，大幅度地降低了母婴死亡率，这都是直接有惠于千百万人民的事情。可以说，如果没有人口基金的援助，在那个年代中是没有多少资金使用在提高避孕和节育的质量方面，不只是节育质量而是广大妇女经受的身心痛苦会更多。另外，第一周期的援助项目帮助我国进行 1982 年人口普查，这是我国自 1964 年以后中断了 18 年的人口普查，也是我国第一次现代意义的人口普查。第二周期的援助帮助国家统计局进行 1987 年 1%人口抽样调查。这两次援助对于提高我国人口调查方法和技术手段都有极大的帮助。第二周期的援助还促成我国成立了直接在政府领导下的老龄委组织机构。1979 年 12 月第二次全国人口理论讨论会上，我提出随着极为严紧的"一胎化"人口生育政策将迅速出现人口老化问题，第一次将人口老化范畴引入我国人口研究。但是，会后除了批驳我的人口老化观点以外，首先是陈慕华等政府部门的领导，接着是宋健和田雪原都重复"本世纪不存在人口老化问题""下一世纪最初 20 年也不存在老化问题"，从而告诉中国人，说中国的人口老化是下世纪很多年以后的事情。联合国人口基金的援助帮助我国政府客观地认识老化问题，从 1987 年开始承认老龄化问题，并成立了政府领导下的老年学会和人口老龄化研究机构。可以说，由于有联合国人口基金的作用，我国关于人口老龄化问题的研究至少提前了 15 到 20 年。还有，连续几个周期的援助项目都包括了为中国培养人口学家，期间送出了大批高校刚毕业的大学生和在职的教师、研究人员。我国目前很活跃的这一批人口学家，基本上都具有人口基金项目资助的背景。二是通过与人口基金援助项目的合作输入了更多的国际社会的先进理念。譬如 90 年代以后的合作中，联合国人口基金注意贯彻 1994 年国际人发大会重视个人的需求和权利而不是实现人口数量的目标，帮助中国政府在计生工作中以人为本，强调个人的生殖健康权利和妇女权利，督促中国各地普遍在计划生育中所要求的生育间隔的要求，明确决定间隔是居民个人的权利，等等。实际上，联合国和国际社会从上个世纪 6、70 年代的以来的一系列国际公约都强调生育是基本人权，生育孩子的数目和生育间隔即生育的时间都应该由各个家庭决定，这些都是许多国际公约明确规定。但是，可能由于封闭，这些也都是 70 年代到 80 年代我国计划生育管理部门所没有的。所以，联合国人口基金的援助和合作项目对于打破封闭和接受新的理念，都具有极强的现实意义的。
"金钱没有臭味"。我们可以接受有钱人的援助，也可以不接受。接
受援助，是运用一切可以运用的条件发展我们自己，没有什么可以批
评的；不接受援助，弘扬我们民族志气，自己的事靠自己的力量办，
精神可嘉。但是，这两种方案，我宁愿选择前面一个。因为避孕和节
制生育是现代社会条件下更符合人性的一种生活方式，利用援助可
以给我们国家带来先进的技术，尽快地改善我国的节育条件，给千百
万普通人以更方便、舒适的生活。

我们国家30年前在一种特殊的历史背景下制订强制性的生育政
策，是我们国家自己的问题，基本上与人口基金的援助无关，使用这
笔援助经费学习成长起来的那一批人口学家没错，用这笔经费出国
学习、考察和交流的人口学家和计划生育官员没错，甚至于计划生育
部门接受援助改善办公设施也都没什么错。错就错在我们政府做过
了头，侵犯了民众的权益。31 年前，当联合国人口基金要求与我们
接触送美元上门的时候，"一胎化"生育政策已经箭在弦上；当正式
签订援助协议的时候，该政策已经实行了近一年了。而在此之前，计
划生育在一些省份比如广东省，类似于现行生育政策的许多做法也
都在不少的农村出现了。对于中国政府来说，制订怎样的政策，是与
联合国人口基金没有什么关系的，与美国政府更没有什么关系。关于
这个问题，我曾经对朋友说，毛泽东实际上是个民族主义者，对于那
些敢于针对中国的、与外国勾结和出卖民族利益的人和事是极为痛
恨的，在中国政府的上层是不存在与美国或者联合国勾结制订人口
政策这样的事情的。"一胎化"等极为严紧的人口政策的产生和出
台完全是中国自己的事情。

但是，70 年代末中国计划生育侵犯群众利益这些情况，美国政
府和联合国等国际社会都是了解的。事实上，从 1979 年中国政府自
己提出"一对夫妇生育一个孩子"的政策以后，美国的媒体没有少
对我们的政策予以喝彩和表扬。记得一直到 1990 年前后，连美国《科
学》这样的学术刊物还在称赞中国的"一胎化"生育政策。即使到现

在，除了国会中个别议员和美国政府关于中国人权报告等文件中偶尔提到我国计划生育侵犯人权的问题外，没有明显的证据表明美国政府是反对中国计划生育的。美国政府中偶尔发出的反对声音，并不表明是反对我们现在的计划生育，这多少有点像我们党和政府也常常批评计划生育工作中一些违法乱纪行为一样，它的目的并不是否定计划生育，而是针对计划生育工作中违反人权的事情。事实上，马尔萨斯主义是支撑美国政府的主要意识形态之一，所以，无论美国政府还是美国社会的上层人士，可能都属于恐惧中国人口的无限增长会淹没美利坚合众国，以至于是支持中国政府的控制人口的政策的。应该说，这是美国政府的态度和基本观点。对于绝大多数美国人来说，并不会关心中国的计划生育问题。在关注中国计划生育的那部分人中，绝大多数是和他们政府的认识一致的。如像我所指出的那样，节制生育是工业革命创造的一种生活方式，已经在世界上获得包括许多教会在内的绝大多数人的认可，美国人民更不会反对中国的计划生育的（美国反对堕胎即反对人工流产自由的人其实也不是反对节制生育）。在反对中国计划生育违反人权的美国人中，也许有个别人从骨子里就是有一种仇视或歧视中国人的人，但他们也确实抓住了我们的阴暗面；还有更多的批评我国计划生育的人就像数百年前致力于解放奴隶的清教徒一样，该是具有高尚道德情操的人。相反，支持和纵容我国现行计划生育制度的人至少在这个问题上缺少一种高尚的情操。因为像基辛格这样的人，他们都知道中国政府强制的做法是违反人权的，要么因为要和中国政府保持良好的关系而不愿意得罪中国政府。比如联合国人口基金是援助中国计划生育的吧。1985年我在山西省翼城县争取的"晚婚晚育加间隔"普遍允许农民生育两个孩子的试点开始以后，在国内外都有很大的反响，不少的研究人员去过那里考察。1987 年，美国人口学家田心源考察后向人口基金驻北京代表拉奎安（A. A. Laquan）做过介绍。第二年春，中国人口学会常务副会长陈道从翼城县和大同新荣区考察回北京后也向其做过介绍。陈道在此前担任中国社会科学院理论规划局局长，是早期中国人口学规划和人口基金第一、二周期援助项目的重要参与者，应该在人口基金驻中国办事处有一定的影响。此外，我还亲自向其发过邀请，希望能在适当的时机对该县进行考察。30 年来，联合国人口基金在中国的活动几乎没有中断过。他们不可能不知道翼城县的实验，但是，从未有任何一位代表或者工作人员对该项实验表示过兴趣。之所以如此，应该是他们都很清楚地了解到国家计划生育委员会对这一实验没有应有的意见决定的，所以，人口基金也不会自行对中国官方有异议的事物表示出自己的兴趣。这是外交和国际社会公务交往的原则或者潜规则。另外，可能更多的美国和其他发达的国家人认为中国人确实太多了，不靠这样的办法把中国人减下去，又有什么办法呢？这一部分人也是使用两种人权标准的，对于他们高贵民族来说是要讲人权的，是需要尊重公民自愿实行节制生育的；但对于中国人这种贫穷人来说，急需要的是把他们的人口数量减下来，这些落后民族就不一定需要人权。所以，我们也不要在这个问题上继续持一种幼稚的认识，以为反对我们的就是敌人，不反对我们的就是朋友。对于他们来说，那是一种价值观念，公事公办，外国人的态度说明不了很多的问题，重要的还是我们自己如何感受自己的问题。

（五）

但是，接受人口基金的援助不等于放弃思想意识形态的斗争。发展中国家作为工业化的后来者，是接受一种新的生产方式，重复发达国家的一些经济社会过程。如同一个国家内部穷人与富人之间的思想斗争一样，富人企图把贫穷的根源归结到穷人生孩子上一样，在世界范围内，发达国家把发展中国家的贫穷的原因也归结为是老百姓生孩子造成的。发展中国家和发达国家之间，只不过是世界范围内的穷人与富人之间的关系。所以，作为发展中国家必须反对发达国家制造的人口爆炸论和宣扬的是人口增长造成发展中国家贫困的马尔萨斯主义人口论的意识形态。人口学本质上是资本主义工业化才开始出现的一门新学科。按照马克思在 1857-1859 年期间的经济学研究，人类社会将依次历经直接占有自然成果、占有劳动成果以及在占有劳动成果的基础上成长和发展起来的更高级的社会 3 个阶段。人类第一阶段从脱离动物界的原始时代算起该有几十万甚至上百万年，第三阶段将是无限长的历史。按照这样的思维来理解，我们现在处在第二阶段上怎么说也不是 300 年或者 500 年可以计量的。但是，在目前这个历史阶段上，决定人口过程的社会规律究竟是什么，一时还无法说得清楚。从世界历史来看，资本主义工业化的初期就产生了由死亡率下降造成的人口自然增长，出现了相对于资本而言的人口过剩，以及资本主义条件下的生育率下降等等人口现象。随着资本扩张发展为世界市场，资本主义的人口现象随着资本主义经济的扩张也扩展到发展中国家。当发展中国家重复发达国家的历史的时候，自然产生了新马尔萨斯主义。所以，发展中国家反对新马尔萨斯主义的斗争只不过是 200 年前英法资本主义时代党派意识形态之争的继续和发展。

直到现在的有识者阶级都喜欢把马尔萨斯人口论说成是赋有科学性的理论，但是，只要一进入马尔萨斯理论体系就可以发现全都是直观层面的简单、臆想和武断的命题。譬如人类生存必须依赖于食物，人类在无妨碍的情况下以几何级数增长和谷物以算术级数增长，等等，不无稚嫩和浅薄。那些推崇马尔萨斯人口论科学和艰深的有教养的知识阶层，不过是自己坚信，同时也要别人相信贫穷的人是因为他们生育过多引起的，贫穷的人不可以把自己贫穷的原因归结到社会制度方面的道理。富兰克林说过，做一个有理性的动物真好，总可以找到理由做自己想做的事。有教养的富人只不过是在为自己的利益寻找理论依据，哪里是真的推崇一个 200 年前思想浅薄的马尔萨斯。想一想，当初马尔萨斯匿名发表"人口论"的小册子的时候，才是一个三一学院毕业不久的年轻神父，哪里会像牛顿或者达尔文那样的科学家从事严谨的科学研究。但是，马尔萨斯之所以一举成名和长久不衰，就在于他开创了拿人口问题说事并用他的人口论掀起了社会各个阶级的极其尖锐、对立和极强的党派意识形态的论争。因为用人口说事极为容易地把社会问题归结为穷人、穷国和穷地方所导致的贫穷原因，所以，马尔萨斯的关于人口生育和人口数量决定社会发展的理论就很自然地被以资产阶级为代表的统治阶级和一切富有阶级接受并成为代表他们的意识形态。上个世纪 40 年代中后期，随着世界大战的结束几乎所有被卷入战争的国家和地区先后都出现了育婴高潮。50 年代初中期，欧美发达国家的补偿性生育过去后，妇女生育率重新进入大战前就已经表现出的下降过程。但是，发展中国家和地区却因为民族独立和民族国家工业化，表现出因为死亡率下降而导致的人口增长态势。发达国家的精英们极为恐慌发展中国家这种趋势长期保持下去，害怕本民族人口在世界上所占的比重会越来越小。所以，以美国为首的发达国家的学者重新祭起马尔萨斯人口论。从 40 年代末的《生存之路》到 60 年代后期的《人口炸弹》，特别是 70 年代初期罗马俱乐部报告《增长的极限》，新老马尔萨斯主义理论成为国际社会的主流意识形态。按说，这一意识形态是与我们共产党的理论主张格格不入的。因为，如我在 1985 年 1 月 18 日给中共中央总书记胡耀邦的信中说："我们共产党人的历来理论都是，造成社会问题的原因主要地并不在于人们生孩子多少，而是由社会性质、社会政策、社会的各种体制所决定的。"但是，以美国为首的对落后国家和落后民族的歧视性的新马尔萨斯主义的观念是十分露骨和一点也不掩饰的。譬如《生存之路》中对印度人口增长的描述说：

　　对于目前印度的处境，英国即使不是罪责难逃，也是要负主要的责任的。据估计，在英国把和平强加在印度头上以前，印度的人口还不足一亿。疾病、饥饿和战争遏制了人口的增长。但英国人在非常短的时间内，便平定了战乱，而且通过兴修水利，积极贮藏粮食，以及在大批人有被饿死的危险时输入粮食，大大缓和了饥荒。某种程度的工业化以及医药卫生条件的改善，对人口的增长也有一定的作用。随着经济和卫生条件的改善，印度人便随着自己的性子，像鳕鱼那样大肆繁殖起来了；正如钱德拉昔哈所指出，男女性交成了印度全国的一项体育运动。

关于中国，福格特说：

据估计，在过去一百年，中国有一亿人被饿死。如果有谁以为中国以后不会发生饥荒，那只是幻想。

目前中国有将近五亿人口，每天都要把他们的肚皮填饱。

即使建立起国内和平和实现这些计划，对于中国和世界其他国家来说，也并不一定是什么好兆头。因为这样一来，中国很可能像印度那样发生人口爆炸……目前中国可能遭到的最大不幸就是其死亡率的降低。

我们曾眼见中国的一位普通老百姓倒在路旁，咽了气，他所遭受的苦难也随同死亡而结束了。他，以及千千万万同他一样的人的遭受的苦难，是无法用语言来表达的，哪怕是但丁的语言也无能为力。这将有千百万人这样死去，这是无论如何也避免不了的。这些男女老少将像被上供的牲畜一样，活活地饿死，饿死在人类毫无节制生育和对土地资源的恣意滥用这样两座祭坛上。

战后以美国为首的国家提出来的控制人口的主张，最初就是建立在这样一些思想认识基础之上的。这种把落后国家的人民，把穷苦人和社会底层的人当作垃圾一样看待的观点，认为社会的穷困就是由穷人生育造成的观点，当然是与共产党人的马克思唯物主义历史观直接对立的。所以，与国际社会的这一马尔萨斯主义思潮的斗争也应该是党的义不容辞的责任。但是，随着 1979 年中国政府转变原来自力更生和不接受外援的姿态接受人口基金的援助开始，也转而接受人口爆炸论的马尔萨斯主义观点了。应该说，在我国，与国际社会上的新老马尔萨斯主义意识形态的斗争是由我担当起来的。也就在 1980 年我国高校和研究机构纷纷成立人口学研究机构分得美元的时候，我通过《人口学》一书的写作对国际社会的这一马尔萨斯主义思潮进行了系统的批判。不仅在那个时候，时至今日，它仍然是我们国家这一方面唯一的一本书。我在 1981 年春节前将书稿送交出版社时所写的序言里明确说，推动我写作本书的主要动因就是要证明"人口决定论"的马尔萨斯是正确的呢，还是"经济决定论"的马克思是正确的。

　　与马尔萨斯主义论争和批判新老马尔萨斯主义是贯穿我的《人口学》一书的红线，特别是对马尔萨斯主义的最新变种罗马俱乐部的报告的批判是我在该书最具重要的内容。在该书中，我用了一章的篇幅客观地介绍了马尔萨斯及其人口论，再用一章介绍了马尔萨斯主义的发展及其变种。在后一章中，我用"马尔萨斯开创了先例""杰文斯借题发挥""凯恩斯领会了精神实质"和"美国人接过了旗帜"等题目系统梳理了自马尔萨斯以来马尔萨斯主义的发展和来龙去脉。接着，又用 6 章的篇幅集中批判了罗马俱乐部的报告。书中不仅批评了人口爆炸论、适度人口论、人口生态论以及技术悲观主义和技术乐观主义等马尔萨斯主义的理论观点，而且以"人口和粮食""人口和能源""人口和资源""人口和环境"等句式为各章的题目，具体分析批判了罗马俱乐部的"梅多斯报告"在更大范围发展和扩张马尔萨斯的命题。这类的句式和语言在今天已经很平常，但在 30 年前却是很独特和新颖的。1981 年 2 月的全国第三次人口科学讨论会议上，我请跟着宋健上会的七机部二院计算机站的张正卿同志用毛笔把我的《人口学》目录抄录出来张贴在大厅的时候，参加会议的代表为我独特的理论结构所轰动，一下子涌到我的房间要求代为订购山西人民出版社准备出版的这本书。前一时期寻找资料，还翻出那次会议上全国各个人口机构要我代为预定的 2、300 本订单。于景元那几天在会上遇见我，说罗马俱乐部的报告在世界上有很大影响，似乎是批判不得。与马尔萨斯主义大举进入我国思想界的同时，我的《人口学》也曾经孕育了一代人。上个世纪 90 年代初，中苏边贸兴起，在黑龙江省的一个地方遇见刚退下来的国家计划生育委员会宣传教育司司长沈国祥，听人介绍我是谁以后，立即说到《人口学》曾经是他们人口学知识的启蒙。2005 年 6 月浙江大学和《中国人口科学》在杭州联合举办的一个会议上，遇见深圳大学人口所所

长杨中新先生，说及 80 年代初期教育部下达由北京某名牌高校牵头
编写人口学著作，大家正在发愁时，梁中堂的《人口学》一书出版，
其独特的结构帮了我们的大忙。杨先生年龄要比我大好多岁，早期在
辽宁大学经济系工作，我们并不相熟，论年龄和社会地位都要比我高
得多，没有必要恭维我。特别是先生说到该书的结构问题，本是我的
一个得意之处。所以认可杨先生虽经过多年，仍是在述说的一个实
情。我在决定写这本书之前，偶读到一份社会科学快报之类的内部材
料介绍前苏联莫斯科大学经济系人口研究中心瓦连杰伊主编的《人
口学体系》一书的人口学体系和结构。早两年，商务出版社已经出版
了他主编的《马克思列宁主义人口理论》一书的中译本。我对瓦连杰
伊关于人口学体系的凌乱和毫无内在逻辑，很不以为然。相反，我认
为一门科学体系应该是黑格尔所说的基本范畴开始，是历史的和逻
辑的同一，要从人类对这一科学领域认识的起点开始到较为充分的
认识的自然展开。我的《人口学》就是自己运用黑格尔这一主张的一
个尝试。1986 年年底，高校和研究单位恢复已经终止了 20 多年的评
定职称，我所在的省委党校因为没有成立高评委而被分到教委系列
代评。山西省高校高评委委员、经济学科组组长毕士林老先生当时是
山西财经学院副教授、《山西财经学院学报》主编，是当时山西省唯
一一位具有高级职称的经济学家。毕老当年在我国政务院内务部时
参加了第一次人口普查，后来翻译了一本俄文版的统计学，也是我国
老一辈的统计学家。毕老 60 年代下放到山西，在山西财经学院用英
文版做教材，给计统系本科生教授马克思《资本论》。当山西省委党
校评审的教授和副教授的材料送到高评委后，他发现没有我，等负责
职称评定的副校长段祥田、周学增第二天上会后，毕老就问我的材料
哪里去了。两位副校长说，梁中堂已被校内评为研究员走研究系列
了。毕老对他们说："研究员和教授相同的待遇，那也可以。梁中堂
的《人口学》比莫斯科大学瓦连杰伊的那本人口理论强多了。"连同
沈国祥、杨中新，以及毕士林老先生在内，都是那个时代的人们对我
《人口学》的一些评价。因为 30 年来主流的人口论已经在淡化马克

思的人口理论，已经不再批判马尔萨斯主义，所以，我们和以美国为首的发达国家所持有的马尔萨斯主义的意识形态的斗争还没有结束。30 多年来，因为还没有一本足以代表我们党和政府主流的意识形态的学术著作愿意直接与美国为代表的马尔萨斯主义叫板的书，所以，我的《人口学》就还没有过时。

在人类这一社会组织中，因为党派对立的特殊性质，人们往往最痛恨从自己营垒里杀出来的人。1978 年，我开始接受组织分派，奉命作计划生育研究和宣传。1983 年机构改革中，我被省委任命为省计划生育委员会的顾问。1984 年，省委省政府又决定为我设置一个副局级的人口研究所。特别是 1988 年，国家计划生育委员会刚一设立人口专家委员会，就聘请我担任专家委员。其实，最初的专家委员会仍然是联合国人口基金援助规划的人口学机构的影子。细心的人会发现，在第一界专家委员会的组成中，其原则是中国人民大学和中国社科院人口所两个全国研究机构的牵头单位各出两名专家委员，各大区设置的地区研究中心各出一名专家委员。可能是因为彭珮云的北京大学情节，北大人口所也是两名专家委员。但是，我既无庙堂高位又不在国家那些吃美元的高校和国家级别的中国社会科学院的研究机构里面。我从一开始就清楚地知道，我能够进入那个被誉名为专家的机构，完全靠的是我自己的学术地位。我从不把被人家聘用当作是对我的礼遇。相反，我觉得我进入了他们的机构是抬高了他们的学术水准和社会影响。我也清楚地知道由于自己的原因并不讨人喜欢，但可能是因为"请神容易送神难"，这一坐就是 20 多年，直到前两年以达到退休年龄为由被从国家人口和计划生育委员会专家委员会剔除为止。所以，不管怎么说，在别人的眼光里我都算是一个体制里的人。一个体制内的人，许多年里却一直写一些批评、批判甚至于要求政府取消现行的计划生育制度和政策的文章，遭人忌恨，放几条恶狗整日里围着我狂叫，在所难免。有道是，"一犬吠形，百犬吠声"，有时遭致更多狂犬的围攻，敌意、抹黑甚至于被妖魔化，都是我应有的收获。我清楚知道自己在干什么和会得到什么。只是把联合国人口基金及其幕后的美国政府说成是反对我国计划生育，把我国现行计划生育受到联合国人口基金和和美国、英国、西班牙等国家的政府在内的国际社会的支持一笔抹杀，以及竟然把 30 年来一直批判美国政府的马尔萨斯主义意识形态的老夫也喊作美狗，不仅是继续"冷战"思维和党派斗争中常会发生的黑白颠倒的非道德做派（如果仅仅是这一点的话我反而不去计较的）的结果，更主要的是对这一时期的历史的无知。竖子无知当可教也。先引出一些头绪，也算是給有心继续研究的人提供一些线索。

——2011 年 5 月 10 日

（分 5 部分刊发于 2011 年 6 月 9 日）

中国已悄然进入超低生育国家行列

人是社会物质生活条件的必要因素、没有一定的最低限度的人口，就不可能有任何物质生活。而一个国家的存在和发展所能够达到的规模，是以劳动人口的规模和本身就是一切生产力的条件的大量人口为前提的。所以，妇女生育率即平均每一位妇女一生生育孩子的数量就成为一项重要社会发展指标，它告诉人们社会将以什么样的规模发展。因为世代的更迭与繁衍主要通过女性来完成，家庭或社会如果要以相同规模发展，做母亲的这一代就必须生育一个女儿并让她活到生育的年龄。在通常情况下，新生育的婴儿男女基本平衡。所以，要保障下一代人与母亲这一代相同，就需要生育两个孩子。考虑到新一代成长到生育年龄总有一定的死亡，因为经济社会发展水平的不同替代生育率往往又会在 2.1-2.2 甚至于更高一些。就是说，达到生育年龄的这一代妇女需要平均生育 2 个以上的孩子，才可以保证人口规模不变。

30 多年来，我们一直在编织一个美好的梦。这个梦的一半是人口的快速萎缩，一半是经济社会的巨大发展。因为这个梦只有中国人在做，所以，我把它称之为中国梦。其实，一个基本的事实是，有史以来的所有社会繁荣都是伴随着人口不同幅度的增长而来的。仅举与我国改革开放以来同期的几个主要国家的数据，毫无疑问，它们都是考察期内在世界经济总量中占有较大份额的国家。美国在 1980－2002 年总人口由 2.3 亿增加到 2.9 亿，英国由 5600 万增加到 5900 万，法国同期由 5400 万增加到接近 6000 万，日本由 1.17 亿增加到 1.27 亿，等等。其实，如果愿意，读者可以对照任何国家的经济与人口发展的具体数据，虽然幅度不一，但人口伴随经济的增长和发展却是一样的。可以说，世界历史还没有提供一个事例，可以证明哪个国家或民族的经济社会发展了而人口却在减少。

为了在现实中追求那个梦，政府通过制订极为严紧的生育政策加速人口萎缩。这样，生育率就成为考核各级政府的重要指标。从上个世纪 70 年代末到 80 年代，政府的考核主要以计划生育部门的报表为依据，瞒报漏报也主要发生在计划生育部门。1990 年的人口普查表明计划生育部门报表的水分已经大到无法使用的程度，有关部门自然把普查结果当作那一时期考核的依据。这样，与人口生育相关的瞒报漏报也就扩展到统计部门。从那个时期开始，包括我国人口普查在内再也无法得到比较接近实际的数据了。按照 1990 年的人口普查计算，普查前一年我国妇女总和生育率为 2.14。这是一个接近更替水平的数据。自后，国家统计局和国家计生委各自都做过许多次的人口抽样调查，表明 90 年代初之后的生育率迅速下降到 1.5 以下，最低的还有 1.09。国家计生委有理由不相信这样低的数据。他们认为，1990 年以后我国妇女生育率已经达到更替水平以下，即人口统计学上的低生育阶段。但是，不会低到 1.5 以下，应该在 1.9-1.8 左右。进入新世纪以后，无论国家统计局或者计生委，都不再发布新的调查数据。当然不是没有，而是低到有关部门不愿意相信的程度。所以，政府就继续按照 1.8 的感觉来描述我国生育率水平。这些情况说明，从 1990 年人口普查以后，读者经常看到的生育率是有关部门连续使用了 10 多年的一个感觉数。

最近普查公报提供的 0-14 岁人口占据人口总数的比例的变化，为我们间接推导妇女生育率提供了一个依据。根据普查，2010 年我国 0-14 岁人口占全体总人口的 16.6%，比 2000 年普查时减少了 6.29 个百分点，比 1990 年减少了 11.1 个百分点，比 1982 年减少了 17 个百分点。因为 80 年代的计划生育考核主要在计划生育部门内部进行，统计部门和人口普查方面的瞒报漏报还没有发展到后来那样严重的程度。所以，我们用那两次普查的资料作为参照物推导现在的生育率。1982－1990 年两次普查的 8 年期间，0-14 人口在总人口中的比例下降了 5.9 个百分点，生育率由 2.86 下降到 2.14，下降了 0.7。

1990—2010 年 20 年期间，同一年龄组的人口比例下降了 11.1 个百分点。假设按照 80 年代的速度再下降一个 0.7，生育率就是 1.4-1.5；如果下降再多一点，譬如说下降 1.0 或者接近 1.0，那就是 1.2-1.3。考虑到一定程度的瞒报漏报，再增加 0.1-0.2 的幅度，我国妇女生育率应在 1.3-1.5 之间。

这个数据至少有两个方面的支持。一个是国家主管部门在 90 年代中后期以来提出的 1.9-1.8。因为 2000—2010 年 0-14 岁人口在总人口中的比例又下降了 6.3 个百分点，说明生育率在国家计生委提出那个感觉数据之后的最近这 10 多年里，肯定又有了一定程度的下降。下降了多少？即使是 80 年代下降幅度的一半，也都到 1.5 以下了。二是对照世界银行提供的世界人口动态的资料，目前有欧洲经济与货币联盟的 0-14 岁人口比重与我国相近，此外俄罗斯、匈牙利、西班牙、瑞士等国的比重也都与我们相近，其生育率都处在 1.5—1.3 之间，个别的甚至达到 1.1-1.2，也都支持了我们的推算。

如果把低于更替水平称之为低生育，那么，再低下去，已经离开更替水平很远了就可以谓之为超低生育了。显然，当有关部门 10 多年里用不变的刻度度量生育率的时候，中国的实际生育率却马不停蹄地沿着 60 年代末至 90 年代初的 5.8 的高度到更替水平下跌形成的轨道和趋势，又迅速地越过了 1.9-1.8 的界碑，直驶 1.5 以下。虽然主管部门一直到现在还在用低生育来度量，但中国实际已悄然进入超低生育国家行列。目前，世界上处于超低生育国家主要发生在欧盟。此外，还有以经济持续衰退的日本和增长乏力的俄罗斯为代表的一些国家。前者生育率在 1980—2002 年期间由 1.8 下降到了 1.3，后者同期由 1.9 下降到 1.3（两国总人口和总劳动力还是增加的）。其他一些经济发达的大国，比如美国、英国、法国，生育率都还保持在 2.0 左右。根据中国生育率 40 年来从接近传统时代的高生育率一路下跌过程中很少波动和义无反顾的特点，以及已经处于超低生育国家的历史经验，达到这一水平的妇女生育率即使经过政府长期的刺激和鼓励，都已很难再有回头。

人类作为一种会劳动的社会动物，其生育行为本质上就是一种劳动力的生产和再生产。我国生育率持续 40 多年下降带来的直接后果当然是劳动力的短缺。但是，人口学界和计划生育部门一直把我国劳动力资源总量比较大当作不会发生劳动力短缺的理由，这是很不妥当的。劳动力总量表明了我国经济社会的规模比较大，如同一个国家的资本总量巨大不足以保障不会发生资本短缺一样，人口和劳动力总量大也不等于无论何时都不会发生劳动力短缺。一个国家的劳动力供应是由需求和供给两方面因素决定的，如果经济不景气，社会发展缓慢，对劳动力的需求自然减少。那是另外一个问题，暂且不去讨论。我们这里仅从人口学的角度讨论劳动力供给问题。生育率持续下降会直接带来两个问题，一个是新成长的劳动力人口减少，一个是劳动力人口年龄结构老化。前一个问题给社会带来的困难最近几年已经发生，这就是农民工明显减少，东部发达地区和大中城市招工难，劳动力价格上升，只不过主流的理论把这些现象解释为农民工第二代的观念变化等因素。其实，只要用数据来分析，就不难明白其中的道理。上个世纪 80、90 年代，每年达到 20 岁的人口平均在 2500 万左右，最多的时候 2800 多万。过去的 10 年平均每年有 2300 万左右的人口进入 20 岁的年龄，个别年份会有 2500 万以上。最近几年每年进入 20 岁的人不到 2000 万，今后几年仅只有 1600 万左右。如果未来的中国还要保持过去的经济增长态势，而面临劳动力供应趋势的这样变化，怎么敢保证说劳动力供应还是充沛的呢？

法国老一辈的人口学家索维说过，只有当膝盖疼痛或者膝关节不灵时，我们才会想到膝盖。1961－1974 年出生的大约 3.5 亿人口所经历的不同年龄段，一直是近半个世纪里对我国经济社会发展过程最具影响力的人口因素。所不同的是，这一庞大的人口群体在其上学、就业、结婚和住房等等需求阶段，社会深切地感到了压力。特别是在计划体制的限制和束缚下，更加剧了全社会的疼痛感。但是，当这一群体成长为劳动力之后，在刚刚过去的 20 多年里，社会在收获这一庞大劳动力人口贡献的劳动成果的时候，当我们在总结过去 2、

30 年国家经济社会的巨大发展的时候，却又普遍地忽略了他们。不过，我们马上就会感觉到了他们的存在。现在，这部分人中年龄大点的已经超过了 50 岁，最小的也接近 40 岁了。再过 10 年，当这部分人以平均每年 2300 万的规模退出劳动岗位、而进入劳动年龄的人口却还不到 1500 万的时候，当这一群体开始步入老年阶段，农村老年家庭需要亲生儿女照料其生活，城市中养老院和医院需要大量护工、护士，许多家庭需要保姆为其服务的时候，社会就会反省从他们这一代人开始的"一胎化"生育政策究竟给历史带来了什么。

如果把生育率下降过程看作是工业现代化的一个必然结果，不同的国家来的快慢、程度都有所不同。那么，我们国家的生育率的下降本来也没有什么值得大惊小怪。但是，因为这样几点，我们终究与其他国家还是有较大差别。第一，其他所有国家的生育率下降都是自发产生的，而我们国家因为政府的推导其幅度就可能大而激烈。第二，我们属于发展中国家，经济未得到充分的发展，生育率就下降到比许多发达国家还要低的程度，一是对较高比例的老年人的养老问题没有足够的准备，二是劳动力短缺时不会像发达国家有足够的吸引力。第三，我们是一个 13 亿人口的大国，届时发生劳动力短缺可能不会像那些仅只有 1、2 亿，或者几千万、几百万人口的国家那样，都只是一个小缺口。这就都说明，我们必须对进入超低生育阶段的社会后果未雨绸缪，早做准备。

除此以外，我以为当前最为重要的还是尽快取消现行的计划生育政策，归还民众的自由生育权。自由生育是人类自古以来的基本制度。作为一项基本人权，自由生育也是现代国家法制和一系列国际公约的基础。但是，根据我们现在实行的这种由政府管制和发放指标的生育制度，各个居民家庭能否生育、生育几个和什么时间生育，都改由政府决定。这不仅破坏了自古以来国家法律法规所沿袭的传统和法律体系内部和谐一致的原则，更重要的是与民众世世代代形成的传统文化、公理和常识相违背，与群众实际生活相冲突。这是"邵氏弃儿"、临沂暴力执法、"黄陂事件"、利辛县"土牢"关押农民等等许多政府严重侵犯民众权利，以及大量农民背乡离井逃避生育管理和千百万妇女需要通过反复多次的"妊娠－流产（引产）"实现生育的悲惨事件的制度根源。30 年来，因计划生育而伤害民众和侵犯群众利益的事件一直在破坏政府和人民的血肉关系，严重损害着我国的社会机体。如果说现行的计划生育政策是在过去因害怕人口的高生育高增长而制订的话，那么，在超低生育状态下，它连继续存在一天的理由都没有了。

——2011 年 6 月 1 日
（刊发于 2011 年 6 月 19 日）

美国何以用极少的人口维持农业大国的地位？

上面那篇题为《中国已悄然进入超低生育国家行列》的文章粘贴在博客上以后，有人评论说："我只能说，你没深思熟虑做出的文章。其一、社会发展不能依靠庞大密集的劳动力；其二、控制生育不但不会拖累社会经济，只会促进改善社会和谐。"其实，这篇文章就是根据新的人口普查资料推算我国的人口状况，就是说，它仅仅依据普查资料描述一下资料未曾说明的我国妇女生育率现状，至于由此引发的问题还未来得及深入思考和研究。但是，这位朋友说的这两个问题，肯定是他自己没有仔细阅读我的文章，更未能"深思熟虑"。关于后一个问题，即说控制人口"促进改善社会和谐"，就是不负责任的说法。远的不说，我的那篇文章的最后一段列举了有计划生育引起的"邵氏弃儿"、临沂暴力执法、"黄陂事件"、利辛县"土牢"关押农民等恶性事件，稍稍点击搜索一下，就知道都是经过官方网站或者媒体证实的，有些甚至于是国家计划生育委员会的主要官员承认和认可的。由于几十年来对计划生育部门的过分的保护，绝大多数侵害群众利益的事件是不允许浮出水平面的。所以，我这里列举的仅仅是冰山一角。其实，也用不着说多少的道理，只要愿意思考，就知道计划生育是否会促进社会和谐。按照上个世纪 70 年代末以来的政策生育率计算，30 多年来应该生育 3 亿多人口，而实际生育了 6 亿左右的人口。那么，至少应该有 2-3 亿的人口属于违犯计划生育政策生育的人口。设想一下这些超生的人口经过了多少次的基层干部上门工作后被人工流产才得到的，以及至少 2、3 亿的超计划生育人口又要经历多少次的干部登门罚款、几亿人口无法得到正常的户口而又必须在孩子上学前想尽各种办法拿到户口……。只要是一位普通的中国人，就不难体会到广大民众的艰辛和我国基层社会的干群关系。特别是在农村，计划生育并不是简单地说你不生就算了，即使那些只愿意生育一个孩子的夫妇和生育了两个孩子后下决心不再生育的夫妇，也必须采取结扎手术以后干部们才会放心。所以，不结扎的农民夫妇必须经常去乡里的卫生院透视女方带的节育环是否正常。这一项工作即使作为农民工在千里以外的城市打工，每年也需要回到她所在的乡镇做这项身体透视和检查。相比于一个由公民自由选择生育的社会，我们这个由政府管制并且每时每刻都在制造摩擦的社会状态，如何谈社会和谐呢？

至于把技术进步和社会就业对立起来的观点，则是一个社会不发达状态下的认识。随着近现代科学技术的进步和社会发展，特别是最近半个多世纪以来的科学进步和社会的发展，这样的认识至少在发达国家越来越少了。传说公元 3 世纪末 4 世纪初在位的罗马皇帝戴克里先时期，有位技术人员设计出可以吊起庙宇的巨大圆柱的机器，而戴克里先明确说："我宁可养活老百姓。"200 年前，卡特赖特在访问棉纺纱厂后深受启发，设计发明出动力织布机。当省长写信约卡特赖特去巴黎的时候，他曾犹豫不决，因为搞不清楚是受赏还是坐牢。被历史学家称之为工业革命的时代开始到以后的一段时间里，人们总是对提高生产率持怀疑和敌视的心理，破坏生产机器的事件也不时地发生。到上个世纪 50 年代，社会还对"自动化"持有一种恐惧心理。1962 年，法国还发生过农民破坏机械化农场的事例。至此以后，西方飞速发展的历史教育了人们，技术进步排斥就业的观点在那些发达国家已经越来越少了。但是，与不发达的社会状态相适应，这样的认识在我国还是存在着。1979 年 12 月，我在提出"一胎化"的生育政策会迅速导致人口老化和劳动力短缺等社会弊端后，反方也是用这种观点批驳我的。他们说随着我国的现代化，社会越来越不需要那么多的劳动力。1980 年初春，我在辩论中说：

从整个社会的发展趋势看，劳动生产力的提高和科学技术的进步，总是扩大社会需求量和刺激生产规模，从而为社会开辟新的行业以及扩大就业面。联动式蒸汽纺纱厂的建立排斥了数万架手摇纺车，但同时却开创了几十亿人的工业化时代；汽车的发明敲碎了马车夫的饭碗，但却为较之高出千万倍的人们提供了新的现代化劳动岗位。

那时候表面上是和宋健田雪原辩论的，实际驳斥的是陈慕华。因为宋健田雪原只不过重复了陈慕华 1979 年 12 月 18 日在全国计划生育办公室主任会议和 1980 年 1 月 9 日在军事科学院上的两次讲话中反驳我关于人口老化的观点。重读我上述那几句话，似乎还应该做一些补充才更全面。因为技术进步不仅仅是扩大了就业岗位，实质的问题在于经济社会在更大范围内的发展才导致了科学技术的进步和发展。社会领域的某一个方面某个时候所取得的技术进步，是以这一时代的社会整体的进步和它所达到的应有水平为前提的。没有社会整体的进步和发展所应取得的水准，就不会有某一领域的技术进步。要理解这个道理，也许没有再比美国农业部门的发展更适合的例子了。目前科学技术最为发达的美国实际上也是一个以农业起家的现代国家。从殖民地时代开始，美国一直保持世界农产品主要出口国的地位，农业是该国产业的主要支柱。即使是现在，美国仍然是世界上最大的农产品出口国。2008 年，作为全球最大的谷物出口大国，美国农业出口达 1153 亿美元。在美国的历史上，农业人口也曾经是占全国比例最高的部门。但是，随着农业生产技术的提高，在农业部门就业的人口和农业人口的比例一直在下降。按照《帕尔格雷夫世界历史统计》的资料计算，1850 年美国农业部门的经济活动人口占据全社会的 64%左右。1910 年，美国的农业人口还占总人口的 35%。1957—1997 年，农业人口由 12%下降到 2.4%。不用说，随着农业人口和农业就业人口比例的减少，农业部门的劳动生产率却得到大幅度的提升。以几种主要农产品产量为例，1937—1998 年，美国小麦生产量由 28788 千吨上升到 69410 千吨，玉米生产量由 67132 千吨上升到247943 千吨。

从表面来看，美国农业的发展历史似乎证实了生产技术排斥劳动力，减少社会对劳动力的需求。其实并不是这样。因为我们仅经过简单分析就会发现，美国传统农业能够得到巨大发展，实有赖于美国的机械化。而美国机械化的发展又有赖于钢铁等冶金工业、采掘业、能源和电力工业、机器制造业的发展，有赖于包括化肥和农药生产在内的整个化学工业的发展，有赖于包括生化技术在内的生物工程和培育新品种的种子工业的发展，而所有这些与农业相关的工业部门的发展又有赖于交通运输业、通讯业，以及金融服务行业的发展。与此相关，又必须有科学、文化和教育业的发展，有先进的医疗卫生事业，等等。如果我们以农业发展的线索作为我们的考察系，分析整个社会的发展过程，全社会就是以农业的需求和刺激逐渐带动起来，因为农业生产技术的提高和需要，才有了现代社会的整体的进步和发展。在这个过程中，农业、工业和服务业 3 个产业构成了一个整体的现代社会。与传统的农业社会中各个不相关联的、相互独立的自然经共同体完全不同的是，现代社会是一个以市场为纽带组织和发展起来的统一的有机体，某一个部门的某个局部的细小进步有时可能刺激社会整体的发展。反过来也一样，某一方面的进步和发展也有赖于社会整体的进步和发展，很难说短缺了哪一个部分农业和全社会还可以得到正常的发展。这样，从局部看因为技术进步似乎要减少劳动力，但从整个社会来看却是更大规模地扩大了对劳动力的需求。200多年前美国独立的时候仅只有 300 多万人口，现在接近 3 亿人口，在同期内比中国增长快多了。在长期的市场自发配置下，目前美国80%左右的人口集中在城市，而在从事经济活动的人口中仅只有 3%的男性和 1%的女性人口从事第一产业的农业劳动，32%的男性和 12%的女性从事第二产业的工业活动，65%的男性和 87%的女性在从事第三产业的服务性活动。由于按照市场的规则形成的统一经济体，正是97%以上的劳动人口从事第二和第三产业方面的经济活动，才保障了不到 3%的劳动力维持其世界农业大国的地位。所以，那种认为技术进步排斥劳动力的观点仅仅是把目光局限在农业领域内，没有思考农业部门的先进技术是哪里来的。没有更多生产部门的出现如何有农业部门的先进技术？没有更大市场的刺激农业部门如何会得到发展？这几个都属于极为简单的问题却都是与人口的增长，与劳动力的需求和增长相关联的。

考察世界历史，特别是考察世界近代史可以发现一个基本事实，即所有国家的发展都是和人口的增长、劳动就业人口的增长同步的。随手举几个例子 1980-2002 年，美国总人口由 2.27 亿增加到 2.88 亿，劳动就业人口由 1.10 亿增加到 1.48 亿；英国同期人口由 5630 万增加到 5920 万，劳动就业人口由 2690 万增加到 2960 万；日本人口由 1.17 亿人口增加到 1.27 亿，劳动就业人口由 5720 万增加到 6800 万；印度同期总人口由 6.87 亿增加到 10.49 亿，劳动力则由 2.99 亿增加到 4.7 亿。我没有罗列期间的经济增长数据，因为大家知道这些国家在此期间的经济增长是必然的，至于具体增长的数据在这里并不重要。重要的是随着经济的增长其国的总人口和劳动就业人口都在增长。如果愿意，读者可以列举世界上随意哪个国家的资料，都显示出经济社会的发展和人口增长、劳动就业人口的增长呈现正相关的关系，至少目前还没有任何一个国家向我们提供相反的事例，表明那里的经济社会巨大发展的同时人口却在持续减少。当然，没有的事情不等于不可以实验。比如说，就从中国开始，走一条和世界其他国家不同的道路，向全世界提供一个人口减少而经济社会却可以得到持续发展的实例。如果这样的实验不承担风险，不需要成本和不需要牺牲群众的利益，不妨可以做个实验。30 年来得历史已经证明这个实验是需要付出巨大成本，妨害广大人民群众的正常生活，甚至是侵犯许多群众利益的实验。有一条世界各国已经证明的康庄大道不走，却还要坚持以牺牲人民群众的利益为代价选择一个前途未知的道路，还要说这个每时每刻制造社会摩擦的事是和谐，该不是哪里出了问题？

（刊发于 2011 年 7 月 10 日）

美国传统农业何以能现代化？

上篇博文《美国何以用极少的人口维持农业大国的地位》张贴以后，有人立即诘难我说：

美国的经济伴随着人口的增长这是事实，但博主似乎搞错了一件事：美国的人口增长是建立在于中国类似的自然资源上却只有中国人口的 1/5 的基础上的增长，这种增长可以提供劳动力以及消费市场，而中国的人口增长则是在一个极为庞大的基础之上的增长，这种基础上的人口增长只能增加庞大的社会负担，岂能把这两种增长混为一谈呢？

其实，我们这位朋友如果稍稍愿意客观和公正一些就知道我的文章不是、也没有把两个国家的人口和人口增长并列比较和研究，我只是回答我的题目要说的问题，即美国为什么能够用占不到总人口3%的劳动力维持一个世界级的农业大国的地位？这其中的道理就是因为美国的农业已经是由原来的以手工为主的传统农业发展到现在的现代化农业。这个现代农业是以市场为纽带的现代科学技术和经济社会的充分发展为前提的，舍弃了占据总人口 97%劳动力在第二、三产业的经济活动，就是说，如果没有强大的现代的工业制造，没有雄厚的现代科学技术、现代金融等等事业的发展，也就没有世界农产品出口大国的美国。所以，我们不只应该看在美国农业部门就业的少部分人，同时还需要看到站在美国现代农业背后的由 200 万增长到 3 亿人口的整个经济体。

但是，美国怎样就由传统的农业发展到今天？这当然是与社会其他各业一起相互作用，不断地更新换代，相继、轮回和反复地产业升级的结果。事实上，世界上相对发达的国家都经历了这样的历史过程。应该说，除了少部分由古老的城市发展起来的国家以外，现在的世界各个文明大国几乎都是从传统的农业走过来的。由传统到现代，有的国家由农业逐步转变为工业或者什么经济产业为支柱、为特征的国家，而包括美国、加拿大、澳大利亚等国家因自然资源丰富其农业生产还很强大，也都只是国家在实现产业升级换代、经济发展的过程中因势利导，成功发展的结果。在这一发展过程中，发展农业或者发展工业、发展旅游业都不是本质问题，我也不是在宣传和赞美美国在实行以发展农业为基础的发展战略。事实上，美国农业产值在现在的美国已经占比例很小，如果按照三次产业的构成来划分，以农业为主的第一产业在美国国内生产总值中占不到 2%，第二产业占到 25% 左右，被传统的马克思主义理论家们认为不生产的第三产业占到了 70% 以上。所以，如果不是我那个题目仅仅是为了说明那篇文章所要说的内容，用"美国何以用极少的人口维持农业大国的地位"作为一个命题不仅是错误的，而且是犯了常识性的错误。因为，严格来讲，美国已经不是一个农业国家，那何来"美国是农业大国"的称谓？美国并没有刻意要走以农建国的道路，那又何以有"美国维持农业大国的地位"？我在这里并不是要讲这些道理，我只是说美国由传统的农业发展为仅仅用少数人口就可以获得世界上农业大国的地位，是以需要更多人口支撑的现代工业和现代服务业为前提条件的。传统农业发展为现代农业，本部门的劳动力相对减少了，而其他社会部门的劳动力却以更大规模的速度扩张和增长着。社会各个经济产业升级换代是一个人口和劳动力不断增长的历史，这是包括美国在内的所有发达国家所走过的历史，是全世界所有国家的近现代历史。截至目前在内，世界上没有任何一个国家的产业升级是通过全社会的劳动力减少和总人口的萎缩实现的。美国能有今天的发达程度，从人口因素来考察，由其建国前后 200 多万人发展到现在接近 3 亿人口，200 多年增长了 100 多倍，是同期我们国家增长速度的几十倍。我们可以设想一下，在美国 200 多年的发展过程中，仅仅依靠它自身的人口的自然增长还是远远无法满足其经济增长和社会发展需要的。是美国以其独特的优越的制度吸引了全世界许多国家的人民向往和憧憬，源源不断的移民保障了美国飞速发展所需要的人口。如果我们愿意再讨论深入一点，就会发现还不止这些，在经济增长和社会发展所需要的人口增长的过程中，劳动就业人口同期增长的比例会更高。以 1980 年到 2002 年的资料来说，期间美国总人口由 2.27 亿增加到 2.88 亿，年均增长率 1.1%；劳动就业人口则由 1.10 亿增加到 1.48 亿，年均增长 1.4%。社会的进步和发展就意味着总人口中越来越多比例的人参与到社会，成为经济活动人口。因为不止美国如此，而是一个规律性的现象。譬如 1980-2002 年期间，英国由 5630 万增加到 5920 万，年均增长率 0.2%；劳动就业人口则由 2690 万增加到 2960 万，年均增长率 0.4%。日本同期由 1.17 亿人口增加到 1.27 亿，年均增长率 0.4%；劳动就业人口则由 5720 万增加到 6800 万，年均增长率 0.8%。印度同期总人口由 6.87 亿增加到 10.49 亿，年均增长率 1.9%；劳动力则由 2.99 亿增加到 4.7 亿，年均增长率 2.0%。我说过，如果愿意，读者可以挑选目前世界上任何一个有影响的国家，不仅人口随着其经济社会的膨胀而增长，而且劳动力增长是以比人口更高的速度增长着。这其中的内在性的联系虽然我们还无法说得清楚，但说得清楚的一个问题是经济发展和产业升级需要伴随着人口和劳动力的增长。最近几十年来，国际社会的那些有教养的阶级仅仅抱怨和谴责"人口大爆炸"，却没有把近现代历史上的人口增长和同期的知识大爆炸、科学技术和经济社会的巨大发展联系在一起。

另外需要说明的是，我的文章显然也不是要把中国和美国的人口加以比较研究。我基本上不做与别的国家进行比较研究的工作。因为，要进行国家与国家的比较研究，不仅要对自己而且必须对所要进行比较的国家有很深入的认识。深感自己这方面的功底浅薄，轻易不敢涉足。早年曾经有过一篇中印人口的比较研究，纯属应付一次国际会议。前几年参加一本书的编写，旧文新作，也都是一些皮毛的文章。所以，写文章免不了会涉及不同国家的道理，与其说是深入细致的比较研究的结果，不如说是逻辑推理的产物。记得前几年国家人口和计划生育委员会的官员在论及到我国出生人口的性别失衡问题时，转嫁说这是世界上许多国家比如南韩和印度都有的现象。我当时有一个回应。一个是南韩的性比例问题是一个暂时性和曾经发生的社会现象，等我们提及的时候已经得到了有效地解决，一个说有关印度因对女性的歧视而出现的性别失衡是一个根本不存在的问题。前面一个是引述事实说话的，后面一个就全靠逻辑推导了。重男轻女和对女性的歧视是一个几乎所有的国家都存在的社会现象，是一个大历史发展阶段上的问题。它的起源要归结到男性的雄激素导致的男性强悍的体格和与其他氏族因争夺土地等自然资源的厮杀、与野兽擒拿格斗和从事农业生产所需要的强壮体力。所以，对女性的歧视也是直到现在发达国家在内的这个历史时代的基本特征。否则，也就没有了西方发达国家的绅士风度和女权主义运动。但是，重男轻女和歧视女性是一回事，而由此导致性别失衡又是一回事。这个问题不需要过多的研究。印度作为一个传统色彩十分浓厚和社会发展相对落后的国家，性别歧视问题一定是存在的。不过是否由此导致了出生性别比问题，这就看这个古老的民族是以人丁兴旺地走向现代了，还是人口不断萎缩而毁灭了？一个民族能够生生不息，世代繁衍下来，即使有严重的重男轻女和性别歧视问题，那一定也会有相当重要的民族文化和社会机制解决它给生育问题带来的负面影响，否则，这个民族早就因为出生性别比失衡而走上自我毁灭的道路了。印度人口现在还在以比我们高的速度增长着，那一定不会有我们所臆想的性别比问题。

　　所以，我并不花费太多的精力去做与别的国家的人口的比较研究的。我总是想把自己有限的精力用在现时问题的研究上。自从1979年实行古今中外所有国家都没有过的现行的计划生育制度以来，违犯生育政策出生的人口少说也有2、3亿之多。这2、3亿人口如果涉及2亿个家庭，一个家庭平均4口人，少说也是7、8亿人啊！首先，涉及几亿人口的事情，总应该是反映了客观发展规律，说明是政府的政策有问题，而不该是几亿老百姓的过错吧？其次，想一想几亿违反政策出生的人口这一事实发生在各级政府坚决执行党的计划生育政策和绝大多数基层干部认真工作的状态下，它是通过多少个亿的"妊娠－流产"和"流产－再妊娠－生产"才得以实现？还有，几个亿的违反政策出生的人口成为事实后，基层干部需要多少亿次的登门收缴超生罚款？还有，在我们这个需要证件才能获得正常生活的国家里，那些违犯政策超生的几亿个孩子因为没有户口就得不到证件而他们的父母又必须获得包括户口在内的各种证件需要多少亿次地往返于我们政府各个相关的部门和掌管权利的干部们的门厅？还有……，我关心的是，我们不是要建设和谐社会吗，但这大量的人为社会摩擦每时每刻都在我们的周围发生，这个社会何以和谐？

（刊发于 211 年 7 月 12 日）

2、3 亿超生人口是个打了折扣的数据

按语

本来接着上面两篇有关美国现代化和人口、劳动力增长关系的文章之后，应该粘贴《中国何以现代的？》。但是，因为上篇的文章结尾又提出了我国计划生育 30 年至少有 2、3 亿超生人口的问题。这样的观点和说法，在我近几年的文章里不时地出现过，除了《论改变和改革计划生育制度》的长篇文章里有个简单的交代以外，几乎没有说明过这个数据是怎样得来的。前几天（7 月 7 日），《凤凰周刊》的记者电话采访，我答应做一份文字的答复。现将其穿插在这里，算是对我的这个说法的一个交代。

2011 年 7 月 18 日

李光同志：

刚才电话里回答您说给英国《柳叶刀》杂志的采访中有您所提出的问题，翻阅了一下给他们的回复，发现是在前几天的博客里的内容，同样没有详细的推导和计算。首先需要说明的是，关于超计划生育数据是我国人口统计中最说不清的一个数。我曾经写文章说，自从实行计划生育考核制度以后，人口统计就有了弄虚作假。而核心的问题就是违犯政策生育的数。如果说早期的瞒报漏报还未发展到全局性的程度的话，1990 年普查以后因为计划生育系统公开用普查数据考核工作，瞒报漏报很快就发展到了制度和体制的层面。1990 年以来，我们基本上已经没有比较接近实际的人口数据，而在瞒报漏报的各种指标里面，最主要的还是要隐瞒超计划生育的人口数。所以，要了解违犯政策出生的人口，只能用推算和估计的办法来解决。

要认识这个问题，首先需要了解两个方面的数据和背景。一个是1979 年实行现行的计划生育制度以来出生的全部人口。按照 2000 年普查的资料，1979-2000 年历年总出生的人口即 0-21 岁共计 4 亿多一点的人口，如果考虑到低年龄的瞒报漏报和 22 个年龄组在存活期间的死亡人数，大约 4.5 亿人口；因为新的普查没有公布分年龄的人口数据，我们还不能知道最近 10 年出生的人口情况，如果 2000 年到 2010 年普查期间 10 年每年按照 2000 万出生人口计算，约 2 亿人口。那么，1979-2010 年期间 31 年共出生约 6.5 亿人口。另一个问题是期间的政策生育率，即按照政策允许出生人口计算的生育率水平。因为 30 多年来全国的或者个别地方的生育政策一直在变化，所以各个时期还有不同。但是，如果从大的方面来划分，1979-1990 年全国基本上是实行一对夫妇生育一个孩子即"一胎化"的政策。在这期间，80 年代中期有所松动，但照顾生二胎的也仅占当年生育一孩的 10%（不是占每年实际生育而是占一孩人数的 10%）。90 年代初开始按照中共中央 1982 年 11 号文件规定的允许生育了一个女孩的农民家庭再生育一个即"女儿户"的政策，但是，直到现在京、津、沪 3 个直辖市和江苏省、四川省的大部分地区也还都没有执行到这个宽度的政策。这个政策的概念意味着，如果全国不分城乡地实行"女儿户"政策，占总人口 50%左右（因为初生婴儿中男女比例为52:48，实际应为 48%）可以生育两个孩子。但因为现在只是在农民中实行这样的政策，实际只占总人口中大约 35%实行这样的政策，再加上 11 号文件中规定的少数民族可以生 3 个。就是说，90 年代初期以来 60%以上的人口还是实行"一胎化"的政策。

其次按照 2005 年的 1%人口抽样调查计算，过去 30 年的我国独生子女家庭总共刚刚超过 2 亿个。如果按照 2000 年计算，独生子女还不到 2 亿个家庭。然后我们分两步计算，一个是 1979－1990 年应该扣除 10%按照政策允许生育 2 孩的家庭生育的两个孩子约 4000 万（即允许 2 亿独生子女家庭的 10%可以生育 2 个孩子即有 4000 万属于政策允许生育两个的孩子），在 1979 年截止到 2000 年生育的 4.5

亿人口中有 2.4 亿合法出生的人口，违犯计划生育政策生育的人口仍然有 2.1 亿。第二步，我们再考虑上 1991－2000 年农村中开放"女儿户"和少数民族普遍允许生二胎、个别允许生三胎，按照政策计算的合法生育人口数应该大于 2.5 亿。所以，在 2000 年总共出生的 4.5 亿左右的人口中，按政策生育率计算约 60%属于符合政策生育的人口，约 40%即接近 2 亿人口属于违犯政策出生的人口。

时间又过去了 10 年，即 2010 年如何表述？如果最近 10 年出生的 2 亿多人口中约 30%属于政策生育率不许可生育的人口，应该是 6000 万即 2 亿多属于政策生育率不允许生育的人口。

以上都属于"纸上谈兵"，即按照政策生育率来划分的。实际情况当然不止这些。因为，上个世纪全国都是按照政策和指标双向管理，即有指标但不符合政策、符合政策但没有指标，都不允许生育。否则，就是超计划生育，或者笼统地讲违犯生育政策生育。即使现在，还有部分地方仍然按照这个办法进行管理。比如说，政策规定是一对夫妇允许生育一个孩子。但是，实际的管理规定生育要通过个人和家庭申请、经过主管部门审批发给准生指标后的生育才属于计划生育。否则，单位没有指标，个人或家庭还没有申请，虽然申请了但还未曾批准，在这样的情况下即使是第一胎生育也都属于超计划或者违犯政策生育。政策生育率许可的第二胎生育也完全有这样的情况。所以，30 多年来，符合生育政策但因为没有得到生育指标生育而被当作超生、违犯政策生育的，并非少数。所以，截止 2000 年，大约有接近 2 亿人口，2010 年有 2、3 亿人口属于超生或者违犯计划生育人口，都属于已经打了很大折扣的数据。

还有一个简单的计算办法。根据 1980 年代的测算，从 1979 年开始每个妇女生育 1.5 个到 2010 年全国 11.6 亿人口。按照 2010 年普查是 13.4 亿人口，即多出了 1.8 亿人口。30 年前的测算当然没有想到生育人口会有瞒报漏报问题，但现实社会这却是一个很严重的现象。如果考虑到瞒报漏报，应该是比那时多出了 2 亿左右。假使我们先把 1.5 近似地当作全体人口的"女儿户"政策生育率（因为几个省市没有实行这个政策实行"女儿户"实际还占不到全国农民人口的 50%），那么，这多出的 2 亿人口首先就是违反政策的人口数。然后我们再细分，第一，农民的"女儿户"和少数民族政策，实际政策生育率仅只占总人口的 40%左右。第二，考虑到上面所说的不同时间里的政策生育率的不同，80 年代允许生育二胎的政策生育率仅只占当年一胎生育的 10%，即使加上"照顾实际困难"的一些允许生育二胎的条件生育的二胎，90 年代也占不到 50%。第三，在所有政策生育率中还有一定比例的因为没有及时得到指标生育属于超计划生育，等等。这样，2010 年超计划生育或者违犯生育政策生育的人口应当远远超过 2 亿人口。

无论怎样，说有 2 亿多或者 2、3 亿的超计划生育人口，怎么也不会过分。

不知道说清楚了没有。

祝好。

（刊发于 2011 年 7 月 18 日）

中国何以能现代？

　　为消除一些不必要的误会，需要在这篇文章的一开始就界定清楚这里所说的现代的涵义。因为博文的阅读对象不像专业的学术期刊那样整齐，面对层次不一的读者，应该为各方面的读者便于理解自己的意图着想和应对一些读者的非难。比如上面两篇博文发出去以后，有人提出说我在把中国和美国的人口加以比较，但两国的国情是完全不同的。意思是因为两国的国情不同，则不可比较。其实，如同每个人都与其他人不同一样，每个国家的情况也是不同的。各个个体和个性的不同，不是不可比较的理由。问题是我确实没有在学术研究上对美国和中国进行比较，所以，我声明说我只重视研究我国的现实问题，并没有对中国和美国进行专门的比较研究。有人又反驳说：

　　老梁头儿啊，你口口声声说"我的文章显然也不是要把中国和美国的人口加以比较研究"，可你的言论却明显就是与美国在作比较，不光跟美国比，还跟印度，英国，日本都作了比较。你不是自相矛盾，自抽耳光吗……"从人口因素来考察，由其建国前后 200 多万人发展到现在接近 3 亿人口，200 多年增长了 100 多倍，是同期我们国家增长速度的几十倍。"请问老梁头，中国同期为甚莫人口增长缓慢……200 年前中国总人口（人口基数）是多少，如果也像美国一样增长 100 多倍，请问老梁头，你的脚往哪儿搁……老梁头不仅作比较，而且是做了混蛋混乱的比较……

　　上面的引文除了几个标点符号我做了改动，以便使其更规范一些以外，包括错白字在内都未作更正。这位朋友显然是站在维护现行的计划生育的立场上反对我的。只是他没有进一步反问一下自己的提出的问题，为什么美国在建国后的 200 多年里人口增长了 100 多倍竟然实现了由传统向现代的转变，而同期中国的人口仅仅增长了几倍却受到 100 多年来包括美国政府在内的西方殖民主义、帝国主义和现在国内外拥护剥夺中国老百姓基本权利的所谓有较高的理论教养的人士的长期非难？不是说中国的妇女只知道生孩子、也特别能生孩子吗，但是，为什么历史偏偏让不能生孩子的美国的人口增长了那么多，而善于生孩子的中国人口增长速度却相比下那么地缓慢，中国人口增长明显比美国慢的原因难到就是您所说的是为了让今天的老梁头的脚有地方搁？这一点老梁头真的没有弄明白，否则，如果有像您那样聪明的脑袋，那真该配被您骂混蛋又混乱了。

至于我声明说我只是描述了美国等国家的实际状况，而没有对其做进一步的比较研究，是因为我清楚描述和比较研究的差别。人口学从目前的进展来说，仅仅是一门描述性的学科，即像美术学科方面的素描一样只是把人口现象和人口过程描述了下来，而隐藏在人口现象背后的深层的原因和推动人口过程的人口规律，现阶段的社会发展还未能充分地显露，人们对其还未能像物理学上的重力原理那样对各种力学现象做出了本质性的解释。比较是人类认识客观世界的一种最基本的方法。在一定程度上来说，我认为它几乎是人类思维所具有的一种本能和最为原始的方法。婴儿从母体分离最初的时期开始就对一些事物有所分辨，该说明比较简直就是人类的本能。但是，科学上所说的比较研究和日常生活中的概念还是有严格界线的。也许是因为世世代代的知识的积累，再加上科学技术的较大发展，20世纪下半叶人类在许多领域都兴起了比较研究，以至于比较研究学在不少的学科和领域里都已经有了较大的进展。在这些比较成熟和势力强大的学科里，比较研究对所进行比较的对象、学科范畴、研究方法等等方面都有着严格的界定。由于人口问题的复杂性和人口学学科的落后，真正对这一学科了解比较透彻的人都懂得从事人口的比较研究是一项极富有风险性的事情。所以，至今尚未有人从事比较人口学的工作，人们对人口现象的所谓研究，还只是限于一般的描述。明白了这个道理以后，我们就可以把一般的比较和科学研究方面的比较比喻为一个儿童口中的美国和一位美国历史学家所理解的美国概念的差别一样，又如同我们常常使用的"1＋1＝2"和陈景润研究结果的"1＋1＝2"的差别一样。我在上几篇文章中对美国和世界上其他几个国家的人口以及经济社会发展数据的罗列，对中国自己数据的使用，即使相互之间有所比较，其实都仅限于实际的描述和简单的逻辑推理。这样的比较，如同常识上运用1＋1＝2一样，虽说是不错的，但毕竟谈不上比较研究。所以，如同天真烂漫的孩子可以把自己所认识的一切道理都归结为真理，一个在学科上素无修养的门外汉也可以有足够的胆量和勇气对自己并不熟悉的问题颐指气使地说三到四年，但作为一位严肃、严谨的学者则要想避免恩格斯批评杜林把"人总会死的"之类的陈词滥调当作自己发现永恒真理那样的错误，他就必须时时提醒自己和读者哪些属于一般逻辑推理就可以得出的结论，哪些才是经过自己艰苦研究后所得到的。

现在，我们再回过头来定义这篇文章中所说的"现代"。现代是和传统相对应而言的，现代是指资本主义工业所开创的社会，是资本主义生产方式对传统的农业社会的经济、文化等社会全面的改造。随着历史的发展，资本主义生产不断提升而经历不同的阶段，按照不同的标准社会也经历了不同几个发展阶段。马克思曾沿用黑格尔把早期资本主义称之为市民社会。上个世纪中叶，随着第二次世界大战的结束，各个落后民族相继摆脱帝国主义和殖民主义的统治获得政治独立的同时，纷纷选择工业化的道路。人们把发展中国家实现工业化的过程称之为现代化。由传统到现代，使落后的中华民族能够赶上或超过世界先进民族、并列于世界先进民族之林，也是一百多年以来中国几代先进分子的追求。1954 年 9 月，毛泽东在全国人大一次会议开幕词中把"建设一个具有现代工业、现代农业和现代科学文化的社会主义国家"当作国家的奋斗目标。1975 年 1 月，第四届全国人大会议上，周恩来在政府工作报告上又增加了一项国防现代化而成为大家后来熟悉的"四个现代化"。也就是在这次会议上，周恩来代表党和政府提出了发展国民经济的两步设想，即第一步，在 1980 年以前，建成一个独立的比较完整的工业体系和国民经济体系；第二步，在本世纪内实现农业、工业、国防和科学技术的现代化，使我国国民经济走在世界前列。上个世纪 70 年代末，华国锋和邓小平主政的时期，反复重申要在 20 世纪末实现这个目标。

越过 21 世纪第一个 10 个年后，分析我国现代化所达到的位置，也许是有意义的。马克思说："各种经济时代的区别，不在于生产什么，而在于怎样生产，用什么劳动资料生产。劳动资料不仅是人类劳动力发展的测量器，而且是劳动借以进行的社会关系的指示器。"在分析劳动资料发展变化的各种因素里，能够准确判断生产力发展尺度的莫过于能源结构的变化。我们知道，人类从利用柴草和庄稼秸秆为能源到煤炭的历史，标志着人类社会由传统到工业社会的过渡。在工业社会里，以原煤为主要能源到石油又是工业发展的两个不同阶段。分析 1978-2009 年我国能源消费情况，全社会消费量由 57144 万吨标准煤增长到 306647 万吨标准煤，能源消费总量增长了 5 倍多。但是，分析能源消费结构的具体构成，除了火力发电的二次能源在电力构成中的比重略有上升从而标志着工业生产技术指标略有进步外，煤炭占能源消费总量的比重同期由 70.7% 下降到 70.4%，石油和天然气、水电、核电、风电等能源消费所占比重几乎没有较大的变化。因为工业方面的能源消费在所考察期间由所占总量的 65% 左右上升到 71% 左右，所以，如果近似地将整体的能源消费当作工业发展的重要指标，那么，能源消费总量和消费结构的变化说明，30 年来我国工业生产技术变化不是很突出，工业生产只是在原来的技术水平上有了较大规模的发展。

关于农业现代化的标准，1978 年以前我正在我国北方一个农业县的人民公社担任革命委员会的主任，相当于现在的乡镇长。对于缺少优良品种和缺少农药、化肥，几乎是靠天吃饭和全部耕作依靠人力、畜力的农业来说，我们基层干部所向往的农业现代化的目标就是机械化即播种、收割和田间管理的机械化，先进的抗旱和排涝系统，农作物的优良品种，以及现在大家已经痛绝的化肥、农药。上个月陪同中央电视台的一个节目组去山西省翼城县采访，顺便拜访了南吴村支部书记王启宝。王启宝是 1985 年我在那里开始搞"晚婚晚育加间隔"普遍允许农民生育两个孩子的计划生育试点的时候就已经担任支部书记的村干部，曾被县委授予"功勋书记"。王支书告诉我说，现在所谓农民种田的时间，一年下来也没有几天。那里主要生产冬小麦，因为使用播种机和收割机，也就是播种和收割的时候各需要3、5 天。现在使用的新品种，庄稼生长出来后连杂草都没有，仅仅依农时播种一次收割一次，小麦生长期间基本上没有什么事情可做。所以，其他的时间里，绝大多数农民都外出打工去了。这一点和距离不远的黄家铺村有点相同。前次去翼城县的时候，我去看望已经退下来的黄家铺村原支部书记黄登高。黄也曾被县委授予"功勋书记"称号。闲聊中他告诉我说，平时村里仅剩下老人和妇女、儿童，强壮劳动力大都去县城或者外地打工了。与黄登高给我说的情况有点不同的是，南吴村有的农民还在县城买了商品房，不时地会在县城住几天。由于县城楼房有好的取暖设备，在县城有住房的农民冬天都会在那里度过。那天去镇子上吃饭的时候，我不仅坐过王启宝开的自家车，而且还看见有几辆小车停在不同的巷子里。那几天翼城县平原的几个乡镇正赶上收割小麦，第二天我们回太原的高速公路上，看见临汾段有不少的由收割机组成的车队由南向北地驰去。5、6 月份中国的北方正是收割冬小麦的季节，随着气温由南向北传递不断升高，麦子也由安徽、河南、山西、河北、辽宁逐渐到了成熟的时候，那些投资购置了收割机的机械专业户的收割机队伍也由南到北地赶季节。翼城县地处山西省农业资源相对较好的晋南地区，农业条件好，农业机械化有了一定程度的发展。但是，我国农业的总体发展却远谈不上现代化问题。别的先不说，上两篇文章所说的美国农业仅只使用占总不到人口 3%的劳动力生产出世界最多的农产品，每年仅我国购买的美国粮食就占该国出口总量的 20%以上，成为美国棉花、粮食等农产品的最大出口国。2009 年，我国农业方面的就业人员占全国 38%，得到国内生产总值的 10.3%，反映出农业领域与发达国家的差距。

　　和发达国家比较，无论工业、农业还是科学技术都还不在前列，远远谈不上现代化。但是，30 年来我国的确得到巨大发展，在许多方面的发展是我国历史上任何时代都无法比拟的。譬如，根据经济总量排，中国已经成为仅次于美国的经济大国。还有，一改 70、80 年代几乎年年对外贸易赤字的状态，最近 10 多年外汇储备不断增加，预计今年将达到 3.2 万亿美元，成为美国最大的债权国。中国能够在世界上越来越具有较大的话语权，与经济能力的巨大扩张是分不开的。本文所说的现代，就是特指我国目前的经济社会已经有了较大发展但尚未达到现代化的状态。所以，在一定程度上也可以把本文的现代理解为"现在"。就是说，本文是要拷问我们国家何以在最近 30 年取得现在的成就的？

一提到现在的成就，绝大多数人都会异口同声地将之归结为有计划转向市场化的改革。但是，如果仔细分析起来恐怕与事实还有所不符。首先，我们通常都将现在的改革源头理解为 1979 年 12 月份召开的十一届三中全会，可是那时我们党和政府的主流意识形态是绝对排斥市场化的，是把市场当作资本主义批判的。不少地方政府取缔农村的集市贸易，农村老太太在房前屋后放养的几只鸡所下的蛋都必须由供销合作社收购，偷偷拿到过往行人较多的路边试图自行出卖就会当作"资本主义尾巴"予以批判。我们检索那次会议的文献，根本没有市场这个词汇。其次，我国正式认可市场经济最早可以追朔到 1993 年党的十四届三中全会，但那时的提法是建立社会主义的市场经济。我们知道，市场经济就是以市场导向为原则的经济制度，这该是明确的。但是，社会主义市场经济是什么？从未有什么人说得清楚。再其次，计划经济是指由政府管制经济资源按照政府的计划配置资源的经济制度，市场经济是由市场自发配置资源的经济制度。这是泾渭分明的两种不同的经济体制。直到目前为止，土地、矿山等一切自然资源都属国家所有，政府仍然以央企的形式控制着几乎所有国家命脉性行业，中央政府每年以宏观调控目标为核心制定出经济计划和出台一系列政策，并且政府的调控目标总能得到实现。换个表达方式，就是说，经济社会还是按照政府的计划发展的。当政府还在主导资源配置，仍然是配置资源的主角的时候，事实上就谈不上市场经济。

即使按照我通常的说法，即我国市场化的改革还未曾破题。但是，30年来，我们毕竟还是取得了前所未有的发展。一是明晰了政府体制和政府以外的城乡其他各种不同经济成分之间的关系，解放了政府体制以外的广大城乡劳动力。在1980年代之前的大约30年里，政府体制和农村集体经济、城市手工业合作社经济的关系事实上是不明晰的。农民和城市手工业者本来不属政府体制，但是，政府一直按照计划要求和领导、有时甚至于直接管理城乡的集体经济，调动农民从事公共建设。十一届三中全会以后，政府逐步放开，特别是农村实行联产生产责任制以后，农民实现了自主经营，在生产上有了自主权，可以在种地和进城打工等各种经济活动之间进行选择。二是政府通过"抓大放小"，甩开了一大批包袱，事实上进一步解放了城市劳动力。政府将长期亏损的中小企业从体制内甩出去，直接目的是为了减轻负担。这些不规范的改革损害了绝大多数被改革的国家职工，其中不少的人在这次改革中付出了极大的代价，构成了现在城市贫困户的主体。但是，有一个好处是，这些企业的广大职工不再困守在体制内等待政府发放微薄的工资，不少人自谋职业，成为城市市场经济的重要力量。三是中国承诺遵守世贸规则，加入了世界贸易组织。这是一个很重要的举措。世贸规则其实就是发达国家的市场经济规则。中国加入这一行列，就要受到这一组织规则的约束。市场经济规则体现在以自由交换和自由竞争为原则的、经过立法机构批准的一系列国家法权规范和法律体系。对于我们国家来说，这些市场规则不是内生性的，而是从外部嵌入的。所以，尽管我们根据世贸组织的要求在不长的时间内出台了一个符合市场原则的国家法律框架，尽管这个法律框架还不能保证得到无条件地实施，但重要的是保障了我国经济社会发展的方向，表明市场化的趋势是不可逆转的。

从以上分析来看，平时大家说的市场化改革在党和国家的最高层面并没有这样一个明晰的改革目标和理论思维，在具体的改革步骤上也未曾走出政府放弃占有国家重要经济资源这样关键性的一步，在具体的经济社会发展过程中政府仍然充当配置资源的主角。所以，从我国应该进行的市场化改革的目标和任务来说，与历史发展的要求来看，我们做得还很不够。但是，我们毕竟是在朝着市场化的方向发展。30 年来，政府仅仅在体制的边缘做了一些文章，相当于在旧体制上打开了一个缺口，如同在僵硬的体制边沿推开了一个缝隙，富有创造性的人民就在政府体制以外通过劳动创造出巨大的财富。

为什么原来的体制仅仅打开一个缝隙就可以得到极大的创造力？原来，传统的计划体制不仅束缚了体制内生产力的活力，而且通过政府的权威把本来属于体制外的广大城乡劳动力也严格地限制住了。本来，政府没有能力统揽一切，但在旧体制下政府就是要包办一切，政府严格限制计划以外的经济活动，限制政府计划以外的资本和劳动力流动。举例来说，50 年代初期实行计划经济后不久就已经发现原有的学校无法满足城市新成长的孩子上学的需要（农村孩子没有学校属于那个时期历史以来就存在的问题），但是，政府又不允许社会办学。所以，北京市从 1956 年前后出现小学毕业后上不了中学的问题，1957 年就开始通过办沙河农场接收上不了学的青少年。还有，按照世界发达国家走过的历史，随着经济社会的发展，传统农业不断释放出的剩余劳动力转移到效率较高的制造业和服务行业。但是，在我国传统的计划体制下，制造业和服务行业都属于政府体制，一切用工都需要按照政府的计划批准和分配。但是，政府计划越统越死，经济社会发展缓慢连体制内职工家庭新成长的劳动力，这就出现60 年代后以知识青年上山下乡的形式把城里的劳动力分配到劳动效率低下的农村。1980 年代以后，政府体制不仅放开了农村和城镇集体经济所属的劳动力，而且把体制内人数众多的中小企业也强行推到体制外。与此相应的是，政府放低了许多行业进入的门槛，允许资本和劳动力在一定范围内有条件地流动。这样，市民运用少量的货币资本，在政府体制外逐渐发展起来一个与政府体制不同的经济体来。随着体制外的经济体的壮大，体制外经济不仅吸纳了大量劳动力帮助政府解决了社会不稳定问题，而且体制外的税收越来越大从而构成财政收入的重要来源。尝到甜头的政府开始鼓励和保护体制外经济的发展。30 年来，体制外经济已经成为推动我国经济发展的主要力量。过去，主流意识形态仅仅抄袭西方经济学把我国政府经济和传统农业称作为二元经济。其实，这样的直接对照是不恰当的。伯克和刘易斯所说的二元经济，一个是传统的农业经济，一个是现代市场经济。我国原来的二元经济中的传统农业是一致的，政府的计划经济仅仅对照了现代性而未曾对照其市场性质，这一点是不同的。了解这一点对于分析我国 30 年来的经济发展和目前的经济社会现状具有无比重要的意义。在改革开放以前和以后，政府经济和传统农业之间的关系并没有发生实质性的变化。但是有所不同的是，在政府计划经济和传统农业的旁边逐渐发展起一个新的经济体，这个新经济体基本上是依照市场的需要和政府政策许可的程度发展起来的。30 年来，我国经济主要有赖于这一第三种经济成分的迅速成长才得以有了巨大发展。位于城市的政府经济以外的第三种经济的存在，一方面补充了政府经济的不足，另一方面吸纳了城乡绝大多数劳动力。第三种经济不仅是根据市场的需要生存和发展的，而且在与政府经济和传统农业交往的准则也是市场关系。所以，我国目前的经济结构实质上是一种三元经济，即城市中的政府经济和非政府经济、传统农业等三种不同类别的经济体。在我国目前特殊阶段，因为非政府经济属于政府经济的补充，由于政府经济仍然控制着国家命脉，政府经济尚属于非市场化的性质，决定了非政府经济也不可能完全的市场化。所以，我宁可把非政府经济当作一种准市场经济。但是，这个准市场化的经济的存在，给我国经济社会提供了进一步发展得空间和注入了充分的活力。主流经济学家根据日本、南韩等国家发展的历史断定我国经过了30 年的高增长以后也将结束高增长阶段，至少从制度层面的分析来看是不正确的。我国政府还掌控着几乎所有重要经济资源，仅仅把这些资源从政府手里释放到民间让其通过市场自发配置，社会就可以获得巨大的经济效益；从统计数据上我们虽然得到几乎占 50%以上的城市人口，但实际城市化的人口比这个数据要小得多，把在传统生活方式下的大量农业人口转化为现代市场经济条件下的社会还有很大的发展空间，把所有的人都纳入到一个统一的市场经济体制下面，这是我国经济持续增长必须具有的条件。

制度保障当然很重要。没有适合的经济制度任何民族都得不到应有的发展。但是，创造财富的毕竟是人，而不是制度。是人的劳动创造了社会财富，取得了经济增长和社会的发展。只是在传统的计划体制下，不许可政府以外任何资本的存在，不允许人们自谋职业。政府没有能力包办一切，却硬要包办一切。当路子越走越窄的时候，只好将 50 和 60 年代相继出生而逐渐成长起来的人口几乎都放在劳动效率很低的农业部门，致使许多正值劳动年龄的人也都无法养活自己。旧体制完全颠覆了毛泽东的"世间一切事物中，人是第一可宝贵的"著名论断，人在传统体制的挤压下构成了人口问题。但是，当这个体制稍稍打开一个缝隙的时候，当政府逐步放宽对资本和劳动的管制，允许在政府经济旁边成长起一个新经济的时候，原来被当作负担的人又都变成了现实的劳动力和社会财富的创造者。1978—2009年，全国就业人口由 4 亿人增加到 7.8 亿。其中，农业部门的就业人员由 2.8 亿增加到 2.9 亿人，工业部门由 0.7 亿增加到 2.2 亿，服务业由 0.5 亿增加到 2.7 亿。同期三次产业的人力构成为由 70.5：17.3：12.2 转变为 38.1：27.8：34.1。分析其中的变化，改革前 70% 的劳动就业人口都集中在传统的农业部门。30 年后，农业部门的劳动力数量仅有极少的增加，而第二、三产业增加了 3.7 亿劳动就业人口，几乎是新增加劳动力的总和，达到 4.9 亿，比改革开放前全社会的劳动力还多。一方面，劳动就业人口增长了将近一倍，创造财富的人口总量有了大幅度的增加。另一方面，新增加的劳动力几乎全部参加到第二、三产业方面，从事更有效率的生产劳动。在旧体制中，人是不创造财富的；在新的经济条件下，几乎扩张了一倍的劳动人口都在从事更有效益的工作。这几乎就是我国能够从传统到现代（现在）的全部秘密。 （刊发于 2011 年 7 月 25 日）

中国还能保持经济高增长吗

——我们能否实现现代化？

上篇说《中国何以能现代》中的现代，就是指中国的现在，——有了一定的发展，甚至于和自己历史上任何时代比较，都可以说是巨大的发展。但是，从现代化来说，与美国等发达国家比较来说，却还相当落后。这怎么说？最近大家议论中国建航母的事情。国防部已经宣布我们是在改建原苏联废止建造的瓦良格号，而不是中国自己制造航母。为什么中国不自己制造？现在世界上美国、俄罗斯、英国、法国、意大利、巴西、印度、泰国等许多国家都拥有航空母舰（本人没有进一步考证，拥有不等于有能力建造），我国拥有很长的海岸线，建造航母应该是很合乎情理的事情，为何以澳门的一家企业名义买人家几十年前建造了半拉子而废弃了的航母，又绕了多半个地球拖回来改建？还不是自己的水平还不够，建造不了？航母在上个世纪第二次世界大战出现的时候，美国、英国、俄罗斯、日本、德国都曾建造和拥有过航空母舰。从我们现在的能力来说，当然比第二次世界大战时那些国家的制造能力强多了。但是，如果建造一艘相当于上个世纪 40 年代、50 年代，甚至于 20 世纪 80 年代发达国家航母水平的航空母舰，我想是有能力的。我之所以把我国建造航母的能力设定在上个世纪 80 年代，就是因为原苏联瓦良格号是在 80 年代设计开始建造的。假设我们使用这艘废弃航母，不是因为制造不了这个水平的航母，而是为了花费较低的成本。不过，即使我们建造出相当于瓦良格号那样的航母，那也是上个世纪 80 年代的现代化，而不是 21 世纪的现代化。这就像现在我们全国的道路上跑的都是在中国制造出来的汽车，但是，从自己的生产水平来说，我们还是不具有自行生产现代轿车的能力。20 多年前，我们也可以生产像那时的红旗、上海之类的轿车，但那都达不到当时的现代水平。所以，那时才有了引进国外现成的生产线的举措。这些情况都说明，虽然我国经济总量让国内外的一批天才的数学家们这样算、那样算地算成了世界排名第二了，从能力方面来讲，其实还是很落后的，都不是谈得上谈不上而是远远没有资格衡量自己够不够现代化的水平。

怎样才能达到现代化？那当然是快速追赶。如同赛跑一样，大家都在前进，我们本来就落在后面，即使以相同的速度跑步，我们还是不能走到前列。在拥有了 30 年的快步发展以后，达到可以建造前苏联上个世纪 80 年代航母的水平，却仍然无法建造达到 21 世纪先进水平的航空母舰。要拉平与发达国家之间的差距和赶上发达国家实现现代化，当然必须有较高的发展速度，首先是要有比较高的经济增长速度。90 年代末，因为我国经济增长速度放缓，政府提出了不一定要追求高速度的观点以后，就有一批人论证说经济发展不能单纯追求 GDP。本世纪以来，经济增长乏力，又有一批人根据日本、南韩等国曾经的高增长，说一个国家的高增长也就是 2、30 年，我们国家高增长历史已经结束，意即经济增长速度低了、降了下来，都是正常的。我们真的很佩服古今中外都会有一些绝顶聪明的人，总是能依据政府的需要制造出各种各样为政府服务的意识形态来误导社会视听。日本、南韩等国家为什么经过 2、30 年的高速度就缓慢了下来？我们没有做很多的研究。但是，我们知道他们基本上完成了市场经济制度的建设，接近或者已经达到一个现代国家的水平。我们还看到，美国和欧洲的英、法等发达国家相对于发展中国家经济增长速度都比较低，如同正在发育成长的婴幼儿、青少年和成年人的差别一样，一个已经成熟的经济制度的经济运行和发展本身就相对平缓一些。毫无疑问，我们还是一个欠发达的国家，需要成长，需要持续地较高速度以赶上发达国家。如果承认我国已经基本结束高速增长的历史，那就暗含一个命题即中国永远赶不上发达国家也就永远无法实现现代化。这当然是一个与我们国家前途、命运攸关的大问题，需要经社会广泛的讨论，用更深刻的理论分析来证明，而不是用那种暗渡陈仓和偷换概念之类的伎俩就可以搪塞过去的。当然，社会发展的客观过程也不是说人们自己希望高增长就可以高增长的。马克思就认为，社会经济形态的发展是一种自然历史过程，有其相应的自然发展阶段和规律性。现在速度虽然放缓，但我们毕竟曾经高速增长过。如果说不再高速了，那就必须回答过去足以高速和现在高速不再，以及以后为什么不能高速的问题。上一篇文章已经分析，我们过去 30 年为什么有持续的高增长？那是因为传统制度打开一个缝隙，在国家体制旁边成长起一个准市场化的新经济，改善了传统的计划经济严格限制劳动力流动的政策，数亿劳动力扩张到劳动效率较高的第二、三产业方面。这是一个很简单的道理。原来的政策强行把人们禁锢在农业上，不允许有创造性的人自由选择职业，而新的政策给了人们流动的自由。由于劳动力相对自由的流动，充沛的劳动力资源得以有效利用，才有了数亿人民创造的巨大物资和精神财富。

那为什么增长又放慢了？

首先，因为停止了改革。实践证明传统的计划经济体制是一个无法保障持续发展的经济制度。党和政府已经确定我国改革的任务是实现"计划经济体制逐步向社会主义市场经济体制过渡"，就是说，要完成由政府配置经济资源到市场自发配置资源的体制的转变。上个世纪 80 年代到 90 年代初主要做了两件实质性的工作，一个是解放体制外的农民，实行联产承包责任制，允许农民自主经营和外出打工。二是放开中小企业即把原来体制内的中小企业连同职工甩向体制以外。这两项改革举措实际上是在体制以外（农村经济）和体制的边缘（国有中小企业）做了一、两个小动作。因为毕竟有一小部分资本和劳动力可以在体制外按照市场信息得到一定的自由配置，所以很快就成长起一块与国家计划体制和传统农业都不相同的经济体。但是，代表我国生产能力的大企业和国家命脉性的行业，以及重要经济资源还都掌握在政府手里，由政府管理和管制。一方面，躺在政府身上的企业往往缺少竞争和创新能力，从而是没有活力的。另一方面，由政府配置资源的效果往往是不好的。所以，从上个世纪 90 年中期开始，本来继中小企业从政府手上推出去之后，应该继续推进改革，把大企业推到民间去，才可以真正实现市场化改革。但是，由于政府不愿意自觉推动改革，使得我国最有生产能力的经济成分得不到有效发挥，经济增长和社会发展就受到了严重的限制。

其次，政府所属的垄断经济阻碍了发展。其实，问题并不简单到政府所属的大企业不改革就为止了。90 年代中期很快完成"抓大放小"中的放小以后，政府所属大企业在我国经济社会迅速发展过程中利用其"独自一家，别无分店"的行业地位，都很快扩张形成了垄断性的企业。在我国经济社会中处于命脉性地位的行业自不必说，就是包括航空一类的在有些具有一定竞争性的行业中的为数不多的几家国有企业凭靠政府设立的过高的门槛限制和保护，相互之间也会达成一定的默契，一致对付消费者。和资本主义国家的垄断组织形成的历史不同的是，资本主义国家是在自由竞争的过程中形成卡特尔、辛迪加、托拉斯和康采恩等垄断组织的。而我们国家的垄断组织形成则简单得多。因为原来的计划体制本来就是政企合一的。市场化改革，特别是加入世贸组织的要求国家监管符合市场规范，政企必须分开。这样，面向市场的绝大多数行业本来就只有政府所属的一、两家企业，即使政府所属的少数几家企业因为竞争出现矛盾，政府监管部门也很自然地以调停人的身份出面协调使之很快达成一致对付消费者的协议。这样，不仅仅因为这些标志我国最先进生产力的企业继续受传统体制的约束不能发挥作用，而且因为政府的保护和凭借垄断地位必然地通过垄断价格攫取国民的财富。在现代社会里，一个人的社会生活是多方位的，而他的社会角色却是受到限制的。如同在一个专制国家中包括在国家机关中供职的公务员也必然地受到专制制度的统治一样，在国家各个庞大的垄断组织的面前包括那些国企的老总们在内也不得不接受垄断企业的盘剥。众多庞大的国家垄断组织在不断侵蚀人民创造的财富。

还有，传统的管制制度严重影响了经济社会的发展。在计划体制和极左的意识形态指导下，政府对一系列行业都设置了严格限制的准入政策，这已经成为下一轮我国经济发展和社会进步的制约因素。在现代国家的经济构成中，第三产业已经成为创造社会财富的主要领域。譬如全世界在 2003 年生产的国内生产总值中，按三次产业排列分别占据 3.8：28.3：67.9，其中发达国家为 1.8：26.9：71.3。全世界大约 50%的人口集中在城市，最发达国家 80%左右的人口集中在城市。而我国 2003 年第三产业才占总量的 33%，2009 年的三次产业的结构也仅达到 10.3：46.3：43.4，城市人口大约占 45%左右。一方面是传统的意识形态不承认医疗、教育、文化和金融等领域也都属于产业领域可以自由进入，另一方面是政府所属的企业利益唆使拒绝资本的自由进入。和上个世纪改革开放之初所不同的是，80、90年代政府放松零售、饮食服务和手工加工业的管制，只需要投入少量的货币就可以吸引刚刚回城待业青年和农村廉价劳动力。过去 30 年主要依靠劳动力在简单生产岗位上的流动就可以创造财富的经济模式已经升级到比较高的阶段，这个阶段的特征是劳动力必须通过与资本的结合才可以转化为现实的创造财富的劳动。在这样的情况下，继续维持过高的门槛，实际是限制资本的自由流动。资本不能自由流动，较高素质的劳动力得不到雇用，就会处于闲置状态或者从事一些非专业化、较简单劳动岗位的工作，这都是极大的浪费和经济增长速度低迷、社会发展缓慢的原因。

主要是政府控制着国家命脉性行业的经济资源和大型企业，所以有能力继续维持传统的经济体制和对社会经济发展实施与过去计划经济没有本质区别的所谓调控。我们还是要追究一些根源性的问题，即为什么改革，改什么？传统的计划体制是一种由政府控制和按照计划配置资源的经济制度。按照设想来说，这是一种由人们的意志来安排生产的一种经济制度，当然是很理想的。但是，实践证明它无法实现经济持续发展，是一种极为波动和浪费的经济。原因在什么地方？就在于经济社会的发展的复杂性。人们对于现阶段经济社会发展的客观规律尚未得到足够的认识，其发展计划和政策也就无法适应经济发展过程。在传统的计划体制时代，各种计划和重大经济政策产生时的主观意愿都是十分良好的，譬如农业合作化和人民公社、公私合营，总路线、大跃进，四清运动和文化大革命，等等，都不乏有良好的愿望。但是，实际上都是严重破坏了生产力。另外，现阶段社会各个集团都有极为强烈的、不同的利益诉求，政府计划和政策必然受到不同利益集团的影响而在权利的操控下产生违背客观规律的政策，这都必然地损害经济的发展。相对而言，严格限制政府直接干预经济过程，让社会依据市场信息自发配置资源反而成为一种比较合理的经济社会发展制度。事实上，我们是在经过3、40年的具体实践以后才总结出来的历史经验，明确提出改革的目的就是要实现由计划经济向社会主义市场经济的过渡。市场经济就是由市场配置资源的经济制度。借故"社会主义"市场经济继续坚持政府"宏观调控"，实质上代表了政府和政府所属的一部分大企业的利益，坚持由政府配置资源的制度。但是，客观规律是不以人们的意志为转移的。政府拒绝改革，继续直接干预经济过程，是必然要付出代价的。从上个世纪90年代末以来的经济增长速度放缓，在实行制度改革的主体还未曾提到日程的情况下就出现了结束较高经济增长的问题，就是政府许多政策实际抑制经济发展的结果。

那么，我国是否能保持较高的经济的增长？从制度层面来看，我国最具有能力的生产力还被束缚在传统的体制下不能发挥应有的效力，日益壮大的政府企业依靠垄断优势吞噬着社会的财富从而窒息了社会的创造力，传统的极左意识形态和既得利益集团阻止改革使得资本在第二、三产业的许多领域无法自由流动，以及政府留恋权力而不愿意改革，都是推进改革和影响经济快速发展的障碍。我国改革是在政府的领导和推动下进行的，及时的市场化改革才是我国经济持续高增长的制度保障。因为，我国距离像发达国家那样成熟的经济体制还有很广阔的空间，要把占国内生产总值40%左右的第三产业提升到70%以上，让80%以上的人口都集中在城市里从事高效率的生产劳动，都是经济增长和社会得以提升的巨大发展空间。所以，说到底，我国能否继续保持经济高增长，还都有赖于政府的自觉改革。

　　不用说，聪明的读者一定会意识到，我们的文章还缺少一条对未来劳动力供应状况的分析。因为，经济增长是依靠劳动者创造的。我国经过了一个连续 40 年的剧烈、持续的生育率下降过程。从世界近代史来考察，法国、英国等发达国家虽然经历了 200 年、100 多年的生育率的持续下降过程。但是，这些国家生育率的数百年的下降是在市场自发推动下缓慢下降的，直到现在，美国还维持在 2.0 以上，英国、法国都在接近 2.0 的水平上。我们国家是在政府的巨大推手的作用下仅用了 40 年的时间就把生育率打压到 1.4 左右的水平，这是古今中外没有的。还有，美国、英国等所有发达国家虽然生育率在下降，但因为不断从发展中国家递补其总人口却一直在增加。从前几年开始的我国劳动力短缺对我国经济发展的影响，以及再过 15 到 20 年左右，我国也出现人口负增长时国家能否发展到足以吸引外籍劳动力的程度，这都已经不仅仅是经济是否可以持续增长和现代化，而是现在必须研究解决的现实问题了。

——2011 年 8 月 1 日

（刊发于 2011 年 8 月 2 日）

我为什么反对限制自由鉴定胎儿性别

按语

前面连续写了 4 篇有关美国何以现代化和我国何以现在，以及今后能否保持持续高增长从而实现现代化的文章后，本来要结束这个单元，转到其他话题上。但在文章后面读到几个有关我国改革目标和方向问题的读者留言，所以又萌动了再续写两篇关于所谓西化和迷信政府的文章。从这个想法来看，现在这个位置本来应该是题为《西方市场经济制度是人类优秀文化的结晶》的文章，因为近几天在忙另外一件事情，总是没有时间。今天看到国家人口和计划生育委员会联合公安部、卫生部、国家食品药品监督管理局、总后勤部卫生部、全国妇联等共 6 部委共同召开"全国集中整治'两非'专项行动电视电话会议"，继续把使用 B 超鉴定胎儿当作出生性别失衡的原因，从而人为地将其当作非法行为予以"整治"[1]。我从一开始就对此持反对态度，所以，特别把我在 1988 年 7 月国家计划生育委员会第一届专家委员会第一次会议上的有关发言粘贴在这里。

国家计划生育委员会专家委员会是 1988 年彭珮云任国家计划生育委员会主任的时候开始组建的、具有一定虚拟性质的非常设组织。在彭珮云担任主任的 10 年里，国家计划生育委员会往往会把自己的工作计划、即将制订的法规和为中央、国务院起草的以中央和国务院名义出台的有关计划生育工作的文件，先拿到专家委员会上征求专家委员的意见。B 超鉴定胎儿性别的技术在上个世纪 80 年代中后期刚刚传到我国，那时可以配备 B 超设备的医疗部门也不算很多。但是，各地使用 B 超鉴定胎儿性别的现象却很多。为此，国家计划生

1　参见 http://www.china.com.cn/zhibo/2011-08/16/content_23196333.htm

育委员会拟定了一个禁止使用 B 超鉴定胎儿性别的文件，拿到新成立的专家委员会上征求意见。记得参加这次会议的规模不大，共有 10 几个人。会议上除了我以外，其他专家委员都表示支持和拥护制订这样的法规。我以为在人类由盲目和必然到自由状态的发展历程中，利用科学发现实现自由总是不会错的。相反，反对人们运用科学技术、企图要人们继续停留在愚昧、盲目和无知的状态上，注定是要失败的。把人类在科学技术上获得的进步当作发生社会问题的原因，肯定是认识上的偏差因而必定是错误的。一个女人怀了孕，或者一个男人的老婆怀了孕，他们急切地希望知道所怀的是男孩还是女孩，科学已经用极为简单的方法解决了这个问题，为什么不允许当事人当个明白人？主要基于这样的认识，才有了这个发言。作为会议发言《怎样渡过第三次人口生育高峰》中的一部分，该文曾收录在我的《我国生育政策研究》和《人口论疏》两个自印本中。

2011 年 8 月 18 日

关于性别鉴定问题的发言

　　顺便说一下我对性别鉴定的看法和基本态度。

　　我没有想到这个问题在我们这个层次引起这么多人的反对。我是赞成性别鉴定的，并认为允许性别鉴定有利于人口控制。为什么说性别鉴定有利于人口控制呢？因为人们的生育意愿和生育行为中就包括一个人们对生育子女的品种的追求。现在不少盲目生育就是因为对品种追求无法实现，他希望生个男孩而生的都是女的，所以就再要生一个。如果允许性别鉴定，怀孕后很快决定出是否理想，不符合要求就及时流产。这样，盲目生育就少多了有的同志以怕性别构成失调为由反对性别鉴定，说搞性别鉴定就会造成男性多于女性。这种道理不一定成立。主要是我们国家有其具体的国情，第一是他一定要在品种上有一定的计划，在不允许性别鉴定同时政策又很严厉时，他会

286

以溺婴的方式追求性别上的目的。第二是超生，不达目的誓不罢休。通过超生的方式达到他必须要男孩或女孩的目的。如果没有溺婴或超生，不搞性别鉴定也许可以阻止住人为的破坏性别比例，但因为有溺婴和超生的方式，不让鉴定除了增加人口的盲目生育外，于性比例并不利。

我认为不允许性别鉴定是同计划生育的目的相违背的。计划生育本来就有两个方面的内容，一是在人口数量方面的计划，一是质量包括性别上的追求。性别鉴定是人们在生育方面取得自由的第一步。试想人们还不能在性别上选择的时候，有可能在新生儿的身体素质及数量的控制方面取得较大的进展吗？我个人以为，性别鉴定是遗传基因选择的前提。因为性别是由染色体的数量决定的，而基因是染色体内部携带的，人们首先在染色体的数量方面取得自由了，才有可能再深入进去改变基因。因为基因是更高一个层次上的研究课题了。所以，我认为谁能在性别选择上取得突破，谁就应得诺贝尔奖。因为这实在是解决了人类历史上的一个大难题，在生育上取得了一个很大的自由，人们不再由靠数量或概率来求品种了。

当然，现在搞性别鉴定也有许多问题，比如经费问题、设备问题、农村的设施等条件，我认为这都是任何一个科研课题在其初期都会遇到的问题。我们只有让其存在，允许搞，这些问题才有可能逐步得到解决。

性别鉴定是当前生育方面的一个大的科研课题，这一科研课题同现实发生冲突后，我认为让传统的包括政策的东西服从科学，而不是让科学服从传统的观念、现行政策。无数历史事实都说明，科学同现实冲突，最后总是科学会取胜的。我们共产党人不能用限制科学课题的研究为现实的传统的东西开脱。我认为，至少我们应该采取一种不干预的方针来对待，而不是明文禁止搞性别鉴定。如果那样，我们就可能坠落到中世纪教会对待科学的立场上。

（刊发于 2011 年 8 月 18 日）

B 超无力承受的重负

过去读欧洲中世纪经院哲学史，有"狗把石头当作疼痛的原因"之说，不由联想起儿时玩伴一起在村巷行走，每每看见有人家的狗从前面经过，必用石块砸击。若击中的是脾性懦弱的，往往会夹紧尾巴哀叫着逃窜；如若遇到凶悍一点的，有时就会恼怒地紧急掉头追赶着从身上滚动下来的石头，逗得一群小子直乐。上次张贴我在 1988 年不同意限制人们自由使用 B 超的发言后，引来不少人的反对，说是 B 超导致了人口性别比失衡。为此，我将手头保存的一份资料张贴在这里，供有兴趣的读者阅读和了解在没有 B 超的情况下我们得到的是什么。因为那是 20 多年前的文献，有必要做一些交代。

首先，读者需要知道，80 年代的浙江省有一批很了不起的干部，敢于实事求是、面对现实。这批干部不仅仅在经济战线，因为浙江省的民营企业就是在这个时期起步，再后来就是该省经济的大发展。我知道，在计划生育领域里，他们也很了不起。（我那时就听说过这个报告中所提到的许行贯副省长，是很一位负责任、有能力的领导干部）1982 年党的 11 号文件提出的现行生育政策，在绝大多数地方贯彻不下去，浙江省是比较早试行女儿户的地方。特别是调查报告中所提到的金华地区，是我们国家比较早允许生育了一个女孩的农民家庭再生一个的试点地区。现在来说的话，女儿户的政策不算什么。但比起不分城乡的"一胎化"，那可是对将近一半农民的解脱，在当时是一个很大的跨度。不错，这个报告披露出浙江省一些地方弃婴、溺婴现象，而且从报告的行文来看，这种现象不是所调查的地区才有的，应该是全省较为普遍的问题。但是，也不要认为是属于浙江省特有的现象。事实上，80 年代全国各地不同程度都存在过。只不过浙江省的领导干部敢于面对现实，及时发现和积极应对，主观上希望寻求一些解决的办法。其他没有留下历史资料的地方，并不等于没有这些问题。

其次，这个报告产生于1988年4月，我在专家委员会的发言是7月，几乎是在同一个时期。那时还是完全的计划体制，不仅外汇极为紧缺，而且外汇管理和进出口的权限也都集中在中央一级的国家机关手里。再加上教育和医疗卫生都被当作是服务的性质，国家把有限的外汇都放到生产部门，每年拨付给卫生部门的额度极为有限，进口设备还很难到达地、县一级的医疗单位。该报告从头到尾都未直接提及B超，到了最后才说："卫生部门要加强管理，严禁用科技设备器材进行胎儿性别测定，违者要给予政纪、党纪处分，并追究所在单位领导的责任。"不说医疗而是说"科技设备器材"，都说明那时B超在我国还不是很多，至少农村还未有这一技术。

再其次，从时间跨度上来分析，报告中所反映的弃婴、溺婴现象都是发生在1981年到调查前的1987年之间，文中还有"几年来，各地政府已对弃婴、溺婴问题引起重视"之说，说明这一问题都是在1980年左右逐渐发展起来的。这与1979年不分城乡地在全国推行"一胎化"生育政策，改变自50年代中期由政府宣传和倡导、群众自愿实行计划生育的政策为政府分配指标，用行政的、经济的和法律的手段强制实行计划生育制度的时间是相吻合的。

第四，根据该报告，金华市、宁波市、台州地区及建德县1987年的统计，仅送交民政局的弃婴共1485人；金华、义乌、三门、黄岩、温岭县民政部门在1986年和1987年两年收容的弃婴1026人；黄岩县、温岭县、金华县等3个社会福利院分别从1981年、1982年、1984年至1987年共收容弃婴1349人；金华市1987年1月至1988年2月群众收养的弃婴770人。由于弃婴、溺婴的对象基本上都是女孩，不少地方的性比例达到140、150。这些数字虽很惊人，但却不是完全的统计。因为，社会从来没有这一统计渠道。上述的数据都是来源于民政部门实际遇到的弃婴因而发生经费支付才算有了统计的，特别是进了民政部门的福利院，要按人头领取经费，这才有了相关的数据。至于溺婴，实际情况就更无法知道了。所以，这些数据并不是实际的发生数字。正如报告中所说，实际的数据比这些还要大。

第五，从这个报告来看，这些地区大量存在的弃婴、溺婴现象无疑反映了社会和人性中丑恶的一面。但是，我不同意把责任归记到老百姓头上。在中国历史上，穷苦人家因生活所迫，弃婴、溺婴甚至于卖儿卖女都是屡见不鲜的。但是，1949 年以后，这些现象在新中国本来已经基本绝迹了。已经消失的现象突然间又大量复现，就不能将根源归结到传统文化和老百姓的品质方面，而应该是党和政府要深切反思和正视的问题了。

最后，我还是想给 B 超说几句话，恢复 B 超的好名声。我不知道 B 超技术有了多少年的历史，但知道 B 超具有鉴定胎儿性别的功能的时间不是很长，也就在 1988 年之前的 1、2 年的样子。至于该设备配置到县级和县级以下的医疗卫生部门，应该在 1990 年前后。也就是从那个时代开始，有关部门就有了时紧时松的严厉打击。现在的提法是"非医学需要的胎儿性别鉴定和选择性别的人工终止妊娠行为"（简单概括为"两非"），并且据说要在全社会营造严厉打击"两非"行为的舆论氛围，"下决心，出重拳"，要"形成高压态势，产生震慑作用"，等等。但是，在我们国家，将人们自由鉴别胎儿性别和自由实行人工流产规定为"非法"本身就决定了这一执法过程的尴尬。因为现代国家是建立在保障每一位国民的基本权益和人权基础之上的。我的胎儿在我的体内，我当然有权了解包括性别在内的胎儿一切情况。国家允许妇女有人工流产的自由，孕妇随时都可以终止妊娠（医生出于安全考虑，拒绝实施大月份引产和有特殊情况的人工流产，那是另外一个问题）。那么，我自愿要求给我实施人工流产术，政府如何确定它们合法或者违法？更何况，如果她的这个胎儿属于计划外怀孕，政府该帮她拿掉还是鼓励她生下来？所以，问题的症结不在于政府主管部门是否将某种社会行为列为合法或者非法，而在于事情本身的性质。科学是上帝送给人类的智慧果，每一个人都有权享有它。B 超十分方便地解决了妊娠早期的胎儿性别这一世世代代的难题，政府如何能以别的人会发生选择性别流产为由剥夺我的知情权呢？更何况，人工流产在我国本来就是合法、自由的行为，而在现实中我们的管理部门事实上还是需要大量的违背本人意愿的强制性人工流产。在这样的背景下，政府如何依据行为动机来确定其是否违犯法律呢？我主张我们国家也应和世界上其他所有国家一样，让人民和医生自由使用科学器材，是因为人民大众的自发选择总是符合社会发展趋势的，从而也是进步的，它也是任何政府的力量都制止不了的。读了浙江省的报告，读者就可以想象到，如果没有 B 超的话，我们国家现在将是一种什么情况？由此再来回答这个问题，一个正常的社会究竟是把大众和科学技术隔离起来好，还是允许人民自由选择科学技术、与科学技术结合好？

下面附件的原题为《关于我省部分地区弃婴溺婴情况的调查报告》，为了不至于引起误解，我将其改为现在的文字，正文则未有任何变动。

2011 年 8 月 23 日

附录　1988 年浙江省联合调查组对部分地区弃婴、溺婴情况的调查

2 月 5 日许行贯副省长在一个关于弃婴问题的材料上批示："弃婴问题是一个值得忠实的社会问题，要全社会来关心和制止这个问题。请计生委和民政、妇联、卫生、公安等部门研究，应如何妥善解决，采取哪些有效措施。在全省计划生育基层工作会上研究一次。"为此省政府组织上述五个单位进行了研究，并派出了联合调查组。于 3 月中旬至 3 月底，对金华市、宁波市、台州地区及建德县进行了调查。现将调查情况报告如下。

一、弃婴、溺婴情况严重，有的地方正在继续蔓延

（一）弃婴情况

1. 民政部门收容的弃婴

金华市、宁波市、台州地区及建德县扔弃在城乡各地的婴儿被群众拾到后，送民政部门收容的，据 1987 年统计共 1485 人，其中女婴 1469 人，占 98.9%；男婴 1 6 人，占 1.1%。

金华、义乌、三门、黄岩、温岭县民政部门收容的弃婴，1986 年、1987 年两年共 1026 人。

黄岩、温岭、金华县的三个社会福利院分别从 1981 年、1982 年、1984 年开始统计至 1987 年共收容弃婴 1349 人，其中女婴 1308 人，占 9 7%；男婴 4 I 人，占 3%。

另外，一些市、县还有一定数量的弃婴因民政部门经费有限，无力全部承担，只好由各乡（镇）政府出钱，委托民间临时抚养。

2. 群众私自收养的弃婴

据金华市统计，1987 年 1 月至 1988 年 2 月共 7 70 人。其中女婴 744 人，占 97%，男婴 26 人，占 3%。

据反映，每年实际的弃婴人数要比上述两项统计的人数还要多。

（二）弃婴的几种手法

1. 有目标丢弃。在摸清对方是一胎男孩户而想要多子女的，患有不孕症想收养子女的等情况后。双方事先互相通气或没有通气，将婴儿放在竹篮子里丢弃在对方家门口，对方往往就收养下来。

2. 没有目标的丢弃。这些婴儿大多丢弃在容易被人发观的地方，如街头路口、车站、码头、客车车厢里，有的甚至丢到政府部门门口。也有一些是丢弃在荒山野林中，这些婴儿存活率较低，被发现时往往已奄奄一息。

3. 表面弃婴，实为寄养。一些人事先与亲戚朋友私下串通，将婴儿丢弃在他们的家门口，由他们拾养，自己暗中负担抚养费。

4. 弃女婴，调男婴。黄岩县沙埠乡胡飞岳夫妇为了要个男孩，

生了女孩后，以 300 元人民币买通邻村农民胡顺发深夜潜入第一人民医院妇产科婴儿室，偷换男孩一名，在群众中造成很坏影响。

5. 将婴儿丢弃或暗地寄养后，谎报自己婴儿死亡。为了对付有关部门查核，有的用小猪、稻草包上衣服做假尸掩埋。金华县袁东乡有一农户抱来他人死婴冒充自己的死婴。义乌县杨村乡有人弄来大月份引产下来的胎儿冒充自己的死婴，欺骗群众和有关部门。

（三）溺婴的情况

各地已发现的溺婴人数不多。其原因：一是溺婴比弃婴更为稳蔽。二是婴儿是溺死的还是正常死亡的，很难验证区别。再是溺婴与弃婴相比，溺婴确实少得多。从调查的几个地方来看，查实后司法部门已处理的溺婴者案件只有 8 例。

(四)溺婴的手段

溺婴的人数虽然不多，但是手段都很残酷。

例如：温岭县苍岙乡刘云荣，石塘乡陈祥辉，车关乡陈素菊生下二胎女婴后，不给穿衣哺乳，喂敌敌畏，用带子勒脖子的手段，将婴冻饿死、毒死、勒死。

义马县毛店乡杨炳方、朱巧仙夫妇将刚出上的二胎女婴撒在尿桶里溺死。

义乌县 23 里镇金祖镇、黄岩县上研乡许加林，分别将生下不久的二胎女婴丢入"千童池"，"天打岩"死婴乱葬坑内，摔伤摔死。

临海市邵家渡乡有一村民，发现妻子生第三胎是女孩时，未等断脐就把婴儿摔死，并使产妇子宫外翻，留下后遗症。

二、弃婴、溺婴的原因

1. 重男轻女，传种接代宗族观念等封建残余思想影响。有人认为"女孩不是后，男孩才是根"，"有男不怕人欺"。

2. 目前农村中家庭经济收入的多少，一定程度上取决于这个家庭南劳动力的多少。特别是山区，海岛更需要有强的男劳力。

3．一些单位在招工、升学、分配中歧视女性，很多乡办企业男女同工不同酬。农村分责任田，宅基地时男女差距较大，有的规定女孩到25岁后责任田取消。这些做法将低了妇女的地位。

4．社会福利事业跟不上，老有所养的问题还没有根本解决，父母考儿子赡养的传统习惯一时难以改变。

5．一些农民夫妇家一胎生了女孩、照顾生育二胎又是女婴，为了达到再生一个男孩的目的，就将二胎女婴丢弃、溺害。也有一些本来就是计划外超生的女婴，在弃婴、溺婴时还有逃避超生处罚的目的。

6．一些家庭把残疾婴儿视为包袱，丢向社会。各地福刑院收收容的男弃婴，大多数是残疾的。

7．宣传教育不够，一些人法制观念不强，不认为弃婴、溺婴是违法犯罪行为。

8．对弃婴、溺婴查处不力。区、向政府由于对弃婴、溺婴者的查找、验证药耗费大量时间、人力、财力，困难很大。而公安、司法部门则认为没有明确的法规可依，难以受理。因此，对弃婴者最多只是罚款、结扎，有的还难以兑现。对溺婴者抓住的更少。弃婴、溺婴者没有受到应有的惩处。有的甚至感到老实的吃亏，一些人互相看样，胆子越来越大，越演越烈。

三、弃婴、溺婴的社会影响及后果

1．弃婴、溺婴影响了正常的社会秩序、社会治安。群众围观议论，一些人怀疑计划生育政策，一些人怀疑法律的严肃性。这将不利于安定团结，精神文明建设，经济发展和民族兴旺。

2．损害了儿童、妇女的合法权益。弃婴受到冻饿，体质很弱，疾病很多，死亡率高。金华县社会福利院1987年收容弃婴152人，死亡30人，死亡率为20%，比正常婴儿死亡率高10倍。另外，一些县没有社会福利院，弃婴寄养在山区贫困农民家中，既没有母乳，又缺乏营养，往往生长发育不良。

3．干扰了计划生育工作。

①一些夫妇为了生育男孩，对出生的女婴丢弃或暗中寄养以后，

隐瞒不报出生或谎报婴儿死亡，又再生育。造成人口出生数高于统计数。

②性别比例失调。

金华市计生委统计 1987 年婴儿女男比例 100：126，其中浦江为 100：153。临海的性别比，从 1982 年的 100：一百零八逐年上升到 1987 年的 100：144。

全省 1986 年、1987 年初生婴儿性别比为 119.61 和 117.79，按正常性别比例 107 来推算，全省所少的女婴：1986 年为 30950 人，1987 年为 29603 人。这其中除少报、漏报瞒报（私自寄养在外）的，最主要的原因是弃、溺女婴所致。

4．增加了国家和社会负担。金华县社会福利院每年经费为 6.5 万元，实际支出 10.5 万元。宁波市儿童福利院每年要拨款 8 万元。义乌县民政局 1987 年请人代养弃婴（短期 1-2 个月）平均每个弃婴开支 70 元。

5．增加了乡政府和计生、民政、公安、司法等部门工作压力，为处理弃婴、溺婴牵制了大量精力。

6．个别人私自收养弃婴、代养婴儿，成为超计划生育的防空洞，可能出现变卖儿童。金华县里亭一对（捡）破烂老人，收养了 6 个女婴，其中一个是别人为逃避计划生育叫他暗中代养的。2 个女婴以每个 675 元抚养费，交河南人收养去。义乌绸城镇湖清门一户姓丁的老太太，去年年底收养了 4、5 个弃婴。有一个诸暨人愿出 2000 元买一个婴儿。

四、各地对制止弃婴溺婴已经采取的一些措施

几年来，各地政府已对弃婴、溺婴问题引起重视。做了不少调查研究，采取了一些措施。金华、义乌、鄞县、奉化、宁海、临海、黄岩、温岭、建德县等，县政府都下大国有关制止弃婴、溺婴的文件。有的区乡还制定了一些乡规民约。如金华、鄞县、建德县决心大，工作抓得紧，有一定成效。

有的县规定，生育二胎后婴儿死亡的，必须在 48 小时内报告乡

政府。有的规定对报死婴的要查明原因，查看埋葬现场，对出生婴儿去向不明的，按弃婴或非正常死亡论处，今后不再安排生育指标，给予处罚、夫妇一方结扎绝育等处理。

对发现弃婴先查找弃婴主，查到后令其抱回，并要罚款或夫妇一方结扎。查找不到弃主的一律送民政部门收养，不准私自收养弃婴，否则按超生处理。

各地还加强了制止弃婴、溺婴的宣教育和各有关部门的协调配合。

五、当前存在的问题

1. 各地对弃婴溺婴的重视程度不同，有的虽然看到了问题的严重性，但没有采取有力措施。现行法规中对处理弃婴、溺婴没有具体可行的规定，没有负责受理的部门。由此产生了部门之间互相推诿的现象。如1986年椒江市下陈镇有一未婚者将生育的一个婴儿，闷死在化肥袋里丢弃在公路边。事发后玻公安部门认为是遗弃罪，应由法院受理，而法院认为是杀人罪，应由公安都门侦破，相互推诿，不了了之。

2. 查处弃婴、溺婴工作任务十分繁重，乡政府或计划生育人员难以承担。加上目前流动人口数量很大，有的全家外出不和去向，有的多年不归。省政府虽已发了通知，但真正管理起来还很困难。这些人中计划外生育、弃婴、溺婴的情况比较多。

3. 早婚早育，非法同居日趋增多，缺少有力的制止措施。这些人的计划外生育是产生弃婴、溺婴的潜在因索。如东阳县郭宅乡的一位18岁姑娘，将私生婴儿弄到旱地土坑活埋，4小时候被群众发现（未死）。

六、我们的建议

1. 要求省人大、省政府对弃婴、溺婴情况引起高度重视，制定相应的法规，下达文件，明确各有关部门的职责，并列入部门的业务工作和责任考核范围。要全社会都来关心和解决这一问题。

2. 加强制止弃婴的法制宣传和社会主义精神文明教育，使广大群众认识到弃婴、溺婴是违法犯罪行为。把保护妇女儿童的合法权益和破除封建的生育观念，作为长期的工作任务。

3. 政府要制订必要的规定，切实保障妇女的平等权利。在入学、招工、分配工作、劳动报酬、划分承包地、宅基地时不能任意制订重男轻女的土政策。照顾好独生子女户，特别是农村一个女孩户。办好社会福利事业，解除老年人后顾之忧。

4. 公安、司法部门要重视查处弃婴、溺婴案件，构成犯罪的应依法追究。要抓住典型案件，公开审理和宣判，对贩买婴儿的要坚决打击。对符合收养的弃婴要严格履行法律手续，要求省政府明确制止早婚早育、非法同居。

5. 加强计划生育管理工作，提高避孕节育措施的有效率，减少计划外怀孕，对大月份孕妇和产后去向不明的，要及时追查。加强流动人口计划生育管理。今后计划内生育二胎婴儿下落不明的，申报婴儿死亡查无实据的，一律不再安排生育，夫妇一方要做结扎手术。

6. 做好优生优育工作，普遍实行婚前检查，制止近亲结婚。做好孕产妇保健，放置药物致畸，减少残病儿出生。卫生部门要加强管理，严禁用科技设备器材进行胎儿性别测定，违者要给予政纪、党纪处分，并追究所在单位领导的责任。

省联合调查组
一九八八年四月

（刊发于 2011 年 8 月 23 日）

莫言小说《蛙》实为报告文学

　　早在前篇博文写作之前，中国作协第八届茅盾文学奖评选的事已经闹得沸沸扬扬。自那篇《B超无力承受的重负》粘贴出去之后，莫言《蛙》已获奖，就想以此为题写篇文章。之所以迟迟没有动笔，是因为几位坚决反对我的读者一直没有出现。20多年前的人口专家委员会上，我没有想到有那么多的专家委员都同意政府把代表新科技成果的B超和人民隔离开来，不许可人们自由使用先进医学设备。经过20多年，我把那次会议的发言粘贴出来后，同样没有想到今天还有那么多的反对者。包括20年前的专家委员和现在国家计划生育委员会的官员在内，几乎都把　B超当作造成我国人口出生性别失衡的原因。所以，我再把1988年浙江省联合调查组对本省部分地区弃婴、溺婴调查报告张贴处来，说明导致性别失衡的原因在于现行的计划生育制度，如果不是B超，我们会有更恶劣的社会后果。因为希望看到一直反对我的几位网友的意见，所以就把上一篇文章在首篇的位置多放了几天。但是，该等的朋友还是未曾出现。史上有"退避三舍"之说，我已退"七舍"了。所以，就不再等了。

　　莫言《蛙》是以计划生育为背景题材的小说。蛙，取娃的谐音，意生娃。而且因医学形容男性精子有青蛙蝌蚪状，更喻人的繁衍如蛙一般即使生存环境倍生艰难，仍可做到生生不息。早在2009年该文在《收获》第6期上首次发表，我已阅读过，深为作者敢于触碰敏感题材而生敬意。在《蛙》一书中，农民因为超生和计划外怀孕，处罚、扒房，强制人流，因为生育而背乡离井、流离失所，以致不少人失去生命，令人须臾感叹。但是，我读这篇小说，因知其真而将其当作纪实文学来读的。而且，因为对这一领域比较熟悉，还能够读出作者在不少的故事情节上有意将其恶劣程度予以淡化。这次获奖，会有不少的新的读者，许多人会以为它是小说，由作者虚拟的。所以，我将一些资料转贴出来，以表明《蛙》所叙述的情节在生活中确实都存在。

1984 年 2 月 27 日到 3 月 7 日，国家计划生育委员会根据中央书记处 108 次会议决定，召开全国计划生育主任会议。新任国家计划生育委员会主任王伟在会上讲话说：

有的地方出现过用野蛮的办法，抄家、封门、砸锅、扒房子、毁坏庄稼、牵走牲畜，破坏群众的基本生产资料和生活资料，甚至围村突击，拉人游街、变相监禁群众、株连亲属、乡邻等。

在同期的另外一次会议上，王伟还批评有的地方甚至组织"夜袭队"，晚上去抓计划生育"超生户"或结扎对象。也是在这次全国计划生育委员会主任会议上，联系计划生育工作的中央书记处候补书记郝建秀在讲话中说：

最近看到一份材料，有一个乡去年十月份扒掉一家计划外怀孕户的房子时，还召开了现场会。……可是这个乡在召开了扒房现场会之后不久，又出现了三十八名计划外怀孕妇女。这不是越闹越僵持了吗？这个地方的干群关系搞得非常紧张，有人骂计划生育干部断子绝孙，有人装疯卖傻打干部，有人放火烧干部家里的东西，有人砸干部家的玻璃窗。中央领导同志接到这样的群众来信不少，也有不少人为此上访。有些地方矛盾激化，出了人命。

还是这次会议上，中央政治局委员、中央书记处书记、国务院副总理万里在讲话中说：

因为工作难度大，你们在工作中，有一点这样那样的毛病，中央是谅解的。任务那么重，农村的面有大，旧的传统思想影响很深，经济、科学、技术又落后，在这种情况下，要完成这个任务，发生一些强迫命令，是可以理解的。但这绝不是支持你们去搞强迫命令，那个做法是不合适的。例如扒人家的房子，逼得妇女去逃难，搞得不能生活，这太过分了，太脱离群众了。即使是个别现象，也不能不引起重视。现在农民有了生产责任制，生活改善了，如果在过去饿着肚子的时候发生这样的事，他们非造反不可。在座的各位都要正视这个问题。我们不向外宣传，不告诉外国人，但在内部，你们自己的毛病自己检讨，中央不批评你们，也不责备下边，但要好好进行教育，总结经验教训，改进工作。我们批评的，主要是过去国家计划生育委员会，不重视这个问题。我曾亲自批了一份反映河北省妇女因强迫结扎去五台山地区逃难的材料给国家计划生育委员会的领导同志，要他们赶快纠正一下子，加强群众工作。但他们根本不重视，当作耳旁风，连个回信都没有。强迫结扎，不能那么做。那个做法太脱离群众，是违犯党的政策的。

从上述三位领导的讲话可以看到，莫言的《蛙》其实一点都没有虚构，只是把社会中实际发生的相关情节嫁接到了一起。所以，我建议读者把其当作报告文学来读更恰当一些。

——2011 年 9 月 6 日

（刊发于 2011 年 9 月 6 日）

公共政策中没有计划生育的位置

这里所说的计划生育是指我国现行的计划生育政策，即由政府决定国民生育数量和生育时间的生育制度。随着人们对计划生育问题不断深入的认识，呼吁停止计划生育声音逐渐高涨，逼迫有关方面不断改变策略，先是提出"坚持计划生育基本国策，逐步完善政策"，接着又故意放风要搞"单独生二"的试点。现在，又提出一种朦胧的"分步骤、有过渡"的逐步完善政策之说。几年的实践已经教育了群众，有关部门其实什么也不做，就是想尽可能地抵制变革用以维持现行的计划生育制度。但是，已经走向世界的国民已经认识到，在一个现代国家里，生育权属于基本人权，完全是国民的私事，公权不该插手其间。所以，现在的要害已不是什么"双独生二""单独生二"或者"放开二胎"，而是放弃现行的计划生育政策，归还民众的自由生育权。

一、公共政策中没有生育政策的位置

我国现行的计划生育制度是在国家还没有正式走出国门和开始融入现代世界以前产生的一种政策。在一定程度可以说，计划生育是计划经济和极为集权的体制送给我们的最后一枚苦果。在现代所有国家里，都没有这样的政策。为什么？就是因为生育是应该由国民自己及其家庭决定的事情，国家不得以任何理由加以干涉。要讲述其中的道理，可以从马克思主义的历史唯物主义、从恩格斯《私有制、家庭和国家的起源》谈起，从《旧约·创世纪》"起初上帝创造天地，地是空虚混沌，渊面黑暗……"说起，也可以从"自从盘古开天地，三皇五帝到如今……"开谈，讲述无数的大道理。要不讲，也真不需讲那么多大道理。因为问题本来就像我要花费我自己的 100 元任何人都无权干涉那么简单。

说这个问题简单，是因为把生育权归结到基本人权是从 1948 年联合国《人权宣言》开始到 1966 年《经济社会文化权利国际公约》和《公民权利和政治权利国际公约》等一系列国际公约的明确规定。譬如，1948 年 12 月 10 日联合国大会第 217A（III）号决议通过、后又经《公民权利和政治权利国际公约》第 17 条得到重申的《世界人权宣言》第 12 条规定：

不得对任何人的私生活、家庭、……任意干涉。人人有权享受法律保护，以免受这种干涉攻击……。

1965 年，世界卫生大会《第 18、49（1965）号决议：人类生育》明确生育权问题：

一个家庭中人口的多少应该由每个家庭自由决定。

1966 年 12 月 17 日，联合国大会通过的第 2211（ＸＸ i）号决议规定：

……各国在行使制定和推行它们自己的人口政策的主权时［应当］充分考虑到家庭的大小应该由每个家庭自由地决定这一原则。

1968 年 5 月 13 日，在德黑兰召开的世界人权会议通过的《德黑兰宣言》第 16 条规定：

父母有自由负责地决定子女人数及其出生时距的基本人权。

1969 年 12 月 11 日，联合国大会通过的《世界进步和发展宣言》第 4 条：

父母有自由而负责地决定其子女的数目和出生间隔的专有权。

1974 年 8 月 19-30 日在布加勒斯特召开的联合国世界人口大会通过的《世界人口行动计划》第 14（f）段规定：

所有夫妻和个人都有自由而负责地决定其子女人数和生育间隔以及获得这种决定所需的信息、教育和方法的基本权利……。

1979 年 12 月 18 日联合国大会 34/180 号决议通过、1981 年 9 月 3 日生效的《消除对妇女一切形式歧视公约》第 16（1）、(e) 条重申：

缔约国……应保障妇女在男女平等的基础上有相同的权利和自由负责地决定子女人数和生育间隔，并有机会获得行使这种权力的知识、教育和方法。

1994 年 6 月，联合国召开的国际人口与发展大会通过的《关于国际与人口发展行动纲领》进一步明确提出：

这些权利的基础在于承认所有夫妇和个人均享有自由、负责地决定生育次数、生育间隔和时间、并获得这样做的信息和方法的基本权利，以及实现性和生殖健康方面最高标准的权利。

2005 年，联合国人口基金在其《世界人口状况》中说：

生殖权利是人权，尤其是妇女人权的核心。生殖权利源自承认所有个人和夫妇的基本人权，即不受歧视、强迫或暴力作出关于生育的决定。这些包括最高标准的健康权利和决定孩子个数、生育时间和间隔的权利。它们还包括安全生育的权利，以及所有的人有保护自己不受艾滋病毒和其它性传播疾病感染的权利。

国际人权体系不断强调生殖权利的中心地位。生殖权利被认为不仅本身具有价值，而且对能否享有其他基本权利起到关键的作用。国际社会把自由选择生育孩子的数量和时间看作是一项基本人权，包括自愿实行节制生育，被放在促进妇女人权的活动的核心位置。这是不同于早期只关注限制人口快速增长，有些时候以牺牲妇女权利为代价的一种全新模式。

从联合国宪章到国际社会的一系列公约这样约定，并不是那个人或者那一伙人，甚至于不是一个或者几个国家随意性的要求，它是人类数千年文明社会自然发展的结果。恩格斯说：

在现代国家中，法不仅必须适应于总的经济状况，不仅必须是它的表现，而且还必须是不因内在的矛盾而推翻自己的内部和谐一致的表现。

出于和谐一致的原则，现代国家一致性地在国家法权体系中没有一个干涉家庭生育行为的法规。就是说，在一个国家公共政策中，没有像我们国家计划生育法这样的干涉国民生育行为的法规的位置。如果在一个现代国家的法律体系中设置了这样一个法规，那不只是公权对私权的侵犯，其实还包含对政府自己的伤害。

二、我国生育政策收获的是社会摩擦

我国政府是在 1979 年用"一胎化"的现行生育政策取代了原来政府号召和倡导性的政策。1982 年出台的现行的计划生育政策一方面是对"一胎化"的纠正，另一方面也是对其所作的妥协，所以，它基本上也是以"一胎化"为基础的。主要体现在沿革了 1979 年以来形成的用经济的、行政的和法律的手段要求国民遵守生育政策的规定，实行极为严紧的政策指标。国家人口和计划生育委员会及其人口学家一致说，由于 30 年来的计划生育政策使得我国少生了 4 亿或者多少人口。似乎这就是现行的计划生育政策的成就。我们暂且不说少生孩子是好还是不好的问题。中国这 30 年就是少生人口了，难道就是现行的计划生育政策的功劳？从 1969-1979 年，中国妇女从平均生育 5.8 左右下降到 2.8，10 年下降了大约 3.0 个孩子。这 30 年的现行生育制度，从中央到基层的居民组织，以及各级党和政府都花费了很大的力气抓计划生育工作，按照国家人口和计划生育委员会的数据说，也就由 2.8 下降到 1.8。在没有现行的计划生育政策的情况下，我国人口生育率就下降得很快了，怎么能准确地确定这些年少生孩子就是生育政策的作用呢？世界上几乎所有的国家都没有我们这样的政策，却都比传统时代的生育率低，那是什么原因？特别是我们周边的国家，比如南韩的生育率就比我们低。按照世界银行的资料，泰国的妇女生育率在 1980-2002 年其间由 3.5 下降到 1.8，而同期我国由 2.5 下降到 1.9。我们有极为严厉的现行的计划生育制度，泰国却是让国民自由生育。所以，即使从生育政策直接要控制人口的这个目的来考察，它的效果至少是不确定的。

相反，我们倒可以确定属于计划生育政策的另外一些效果，譬如核查违犯计划生育政策的人数以及相关的社会后果。现在人们往往笼统地说实行现行的计划生育政策，其实，在过去的 30 年的不同阶段里，全国实行的政策是有较大差别的。如上所说，1979 年提出"一胎化"政策，1981 年 6 月确定了邓小平—胡耀邦的政治架构后，1882 年 2 月就出台了现行的生育政策。和"一胎化"比较，现行的计划生育政策突出的一点就是允许生了一个女孩的农民家庭可以再生一个。但是，直到现在还有个别省市并未执行它。即使在上个世纪 80 年代里，绝大多数地方也没有实行。截止 80 年代末，全国的政策仍然基本上只准许生一个，按条件允许生育二胎的人口每年还占不到新生人口的 10%。90 年代初期，全国绝大多数地方才开始实行以"女儿户"为核心的现行生育政策。这样，按照实际的政策生育率即政策要求的生育水平，和现在我国实际的人口数量，过去 30 年至少有 2 到 3 亿是属于政策不许可出生的人口。[1]

现在我们再来分析 2、3 亿超生人口具体是什么含义。首先，我们必须承认，绝大多数基层政府和干部都是很认真负责任地执行生育政策的。所以，有那么多的超生并不是超生妇女一次性计划外怀孕就可以生育的。干部一定都是在她们怀孕后多次登门做细致的工作，然后采取了人工流产的措施。过去有过人工流产的统计，后来不做了。曾经的统计有接近 1 的人流比，即每出生一个孩子会发生一个

1　实际计算见我的博客《2、3 亿超生人口是个打了折扣的数据》
　　http://liangzhongtang.blog.163.com/blog/static/10942650820116181054 52646/

人工流产。那么高的数据当然是个别年份，如果我们按照 1：0.5 计算，30 年生育接近 7 亿人口，至少有 3 亿例人工流产。然后再知道，2、3 亿超生其实是妇女接近 6 亿次怀孕实现的。因为超计划外怀孕的人就是想生这个孩子，所以，基层干部不可能去登门一次就可以成功的。如果按照每做一个人工流产需要干部登门 2 次计算，干部为此要登门大约 7 亿次。2 亿多超生人口出生后要就是管理部门收取罚款。农民的罚款几乎都不可能一次性清理，不少的地方规定收取到孩子年满 12 岁，有的地方更长或者更短。如果每年按照登门 1 次计算，这 2、3 亿超生人口意味着干部 30 亿次以上的登门收缴罚款。还有，我们国家是一个需要凭证才可以正常生活的。超生人口不可以上户。这样，为孩子着想，轮着家长找相关干部上户或者没有户口也要上学等等。按照每个农民办户平均需要跑 2 次，也是 7 亿次登门找干部。如果我们将 2、3 亿超生人口按照每个家庭 4 口人计算，被政府划到违犯生育政策范围的人口少说也是 8 亿。

好了，现在我们可以盘点 30 年的现行计划生育政策收获的是什么：

① 3 亿次人工流产；

② 7 亿次登门做工作要求计划外怀孕采取补救措施；

③ 6 亿次的怀孕生育出 2、3 亿人口；

④ 30 亿次登门收取罚款；

⑤ 7 亿次农民登门要求办户；

⑥ 8 亿人口涉及违犯生育政策。

正如上面我们所说，生育率下降究竟是因为经济社会的发展还是生育政策的结果，乃是一个无法具体确定的问题。但是，上述这些数据却与经济社会的发展一点关系都没有，它们全都是由现行的计划生育政策造成的。这些数据背后隐藏的不是财富的创造，而是社会的内耗和摩擦。受到伤害的固然是群众，但是，又岂能仅仅是群众？政府无端地设置一条政策界线，将一个超过全社会三分之二的人口人为地划分到违犯政策的一面，等于把这个群体推到了自己的对立面。政府在取得超生罚款的同时，难道不也在收获执政者向来忌讳的民怨？

三、人口学家和江湖术士

按照马克思提供的认识人类社会的理论框架，人类已经走过了一段很长的路程。但是，与无有终结的未来比较，社会目前还处在较低的发展阶段上。如果把早期自然发生的人的依赖关系当作第一个社会形态，那么，以物的依赖性为基础的资本主义时代则属于第二阶段，在这个阶段，"形成普遍的社会物质变换，全面的关系，多方面的需求以及全面的能力的体系"。然后，建立在个人全面发展和他们共同的社会生产能力成为他们的社会财富这一基础上的自由个性，是第三个阶段，也就是通常人们理解的共产主义社会。"第二个阶段为第三个阶段创造条件"。因为第一、第三阶段都有十分漫长的历史，所以，所谓"第二个阶段"即我们现在所处的阶段与这两个阶段相对应也应该有一个不很短的历史期。在第二个阶段上，社会物质生产越来越社会化，人作为劳动力也被编制到一定的社会结构里。社会生产越来越作为一种异己的力量，从一开始就超越了人们的认识和控制。与此同时，市场经济制度即由市场自发配置资源的一种社会制度应运而生。

和物质生产盲目无知相适应的是，人类对于自身的生产和再生产也知之甚少。究其原因，可能还是因为社会发展尚处在较低的水平，马克思所说的第二个阶段的社会各个方面都还未经过充分的发展，各方面的规律性没有充分的展示，社会的认识也就只能处在盲目和零散的状态上。与人们对经济社会发展的认识来说，对人类自身繁衍即人口的生产和再生产的认识，社会处在更无知的状态上。如果把人口学当作关于人口的生产和再生产的科学来看待的话，它目前尚处在搜集资料的阶段，表现为分别由各个科学零星地对人口过程有一点点的了解，分设为各个学科的人口经济学、人口社会学、人口历史学、人口地理学、人口生理学……按本质都谈不上是人口学，而分属于经济学、社会学、历史学、地理学、生物生理学等学科。我在 25 年前就曾说过，人口学目前还是一个大拼盘。如果各个学科把从属于自己学科的有关人口知识的部分都分别拿走以后，就没有什么关于人口生产和再生产过程的人口科学。人们目前对于人口整体的发展的认识其实属于一无进展，人口学还远谈不上一门完整的科学。甚至于在国内外的学科设置上，都没有人口学的位置。

不过，在目前有关人口学的分散的知识体系里，发展最好的要算人口统计学，即关于人口过程状态描述的科学。曾经在西方教会中孕育数百年的生命登记制度，再加上经过近代有了巨大发展的数学的提升，人口统计在统计学里脱颖而出。现在人们所说的人口学和所谓人口学家，绝大多数都是指人口统计学和从事人口统计的学者。但是，即使如此，也只是比较好地把人口现象如人口在一定空间的分布、移动，以及出生、死亡和自然增长状态的描述，比较确切地反映出人口过程和人口轨迹。至于说被描述的人口现象背后的原因，也是人口统计学无法说得清楚的。国外严谨的人口统计学者，也仅把自己的职责限制在描述方面。

如同整体的落后一样，我们国家的人口学也是处在一个比较落后的状态上。大约 30 年以前，我们才开始学习人口统计的各项指标和指标体系，练习人口登记和人口调查等统计方法。需要说明的是，统计学实际是一门中立和独立的算数学。一方面我们接触这门知识的时间还不够长，另一方面因为政府对经济社会和人口发展的全面考核，所以，直到现在我们的人口统计距离实际还是偏差得一塌糊涂。至于人口学，也只是从 1980 年前后才开始有了一些对人口过程的初步描述。上个世纪 80 年代末 90 年代初，从国外回来一批人口学家。但是，因为没有确切的数据，其实大家都在那里"假数真做"。所以，在这样的情况下，那些顶着人口学家桂冠的人，如果恪守本分，愿意严谨地计算和描述，也勉强无愧人口学家的称号。如果越过本分，把自己化装成掌握了科学极限的超人，说科学的人口学表明我国人口怎样，政府现在就应该实行怎样的人口政策以管制老百姓的生育，那就说明他已沦落为江湖骗子。

不要说与 30 多年前比较，我们已经有了一批学有所成的人口学家。即使没有人口学知识，走出国门的人也都知道世界上其他任何国家的公共政策中都没有我们这样的生育政策。但是，一些具有留学背景和能够经常周游世界的所谓人口学家竟然还在编织这样那样的说辞用以维护剥夺人民生育权的现行政策。呜呼！一个国家缺少知识的悲哀，远比拥有一批失却了做人的底线的专家学者更幸运些。

——2011 年 9 月 15 日

（刊发于 2011 年 9 月 15 日）

自由生育权是一个不容讨论的问题

　　笔者上篇博文《公共政策中没有计划生育的位置》在 9 月 15 日粘贴以后，可能因为集中编辑了联合国等国际社会的一些公约中关于自由生育属于基本人权的条款，不到两天就被屏蔽了。我觉得还是管理网络的官员少见多怪。从朱镕基到温家宝，中央政府都越来越用正面的认识理解人权概念了，最基层的那些官员却还继续把人权问题当作不准许谈论的话题话题。21 日，国务院新闻办公室主任王晨在京会见出席第四届北京人权论坛的外方代表时表示，人权是具有世界普遍意义的重大问题，中国愿在人权领域与世界各国平等对话、加强合作，在完全平等和相互尊重的基础上与世界各国相互学习、取长补短，共同推动国际人权事业的健康发展。这该是中国主流意识形态在人权问题的认识史上的一次大飞跃。

　　人权，即作为人应该具有的基本权利。按照传统的法学理论，人权概念来自于自然法，强调其与生俱来的特点，要求国家在法律上明确承认和保护，以便使得每个人在个性、精神、道德和其他方面的独立获得最充分与最自由的发展。与所有认识论范畴一致的是，人权观念也是随着历史的发展不断丰富和发展的，是指包括个人的生存、名誉、信仰、言论、结社和财产等方面的神圣不可侵犯的权利。人权一方面因为国家体制问题，另一方面是斯大林对马克思的误读，过去的所谓社会主义国家都是排斥现代人权这一历史范畴的。1948 年，联合国 48 个成员国就《世界人权宣言》举行投票的时候，前苏联率领当时的社会主义阵营的 8 个国家和南非投了弃权票。因为受苏联的影响，很长时期以来，我们国家的主流意识形态对待以人权观念为核心的自由、平等等一系列观念也一直都持抵制甚至于否定的态度。以前苏联为主导的所谓正统的马克思主义，在有关自由、平等和人权等理论问题上的认识是十分错误的，在实践上也给原来的社会主义国家的制度建设造成很大的误导和损害。自由、平等和人权都曾经是资产阶级用以反对封建专制制度的旗帜，也因为经过资产阶级的张扬才使得自由和平等在经济社会的各个领域都得到了发展，所以，把这一系列范畴与资产阶级和资本主义相联系也并非完全没有道理。不错，作为历史的范畴，自由、平等、博爱和人权等等范畴还有很大的局限性。在今天，自由既不是真正和全面的自由，平等也不是事实上的平等。但是，这种局限性是因为社会发展水平从而属于历史发展条件的制约形成的，并不是这些范畴自身的局限。相反，这一历史局限性总是通过社会的发展不断得到突破和超越，从而使自由、平等和人权等范畴的具体内容不断得以提升，并且通过分享的人群不断扩大而逐渐丰富、扩充和丰满起来。先进阶级和革命政党对其批判的目的不该是否定和抛弃它们，而应是承认、接受和推进它们，通过改造社会和推动历史的发展丰富它们，使自由和平等的旗帜进一步得到张扬，博爱和人权的理念在经济社会的各个领域不断得到扩张。人类社会的进步和发展在很大程度来说就是通过自由、平等和人权这一组范畴的内涵越来越越丰富，惠及的人民越来越多，从而逐步逼近马克思所说的自由人的全面发展的社会状态。所以，马克思就不只是对这一组范畴的局限性给予批判，而且在更多的场合还论证了它们历史的必然性和合理性。我曾经在《论改革和改变现行的计划生育制度》一文中指出，人权观念不仅是马克思理论宝库的重要内容，而且是马克思首先从历史发展的角度和资本主义生产方式的经济关系中推导并论证了平等观念的客观性，为人权理念的产生做出了合理的解释。[1] 虽然我们还不能说因为马克思对资本主义现时代的有关自由、平等和人权观念等历史范畴的廓清，然后才有了 20 世纪国际人权事业的大发展，但是，至少说明马克思早在现代人权事业大发展之前就对人权理论进行了许多具有开拓性的阐释和研究。马克思不仅没有一般性地反对人权理念，而且对人类正确理解它还颇具贡献。

---

1 参见 http://liangzhongtang.blog.163.com/blog/static/10942650820078141044416883/

人权作为一个人的基本权利，强调这一法学范畴具有无比的神圣性。所谓神圣，就是不得以任何理由剥夺，不许可来自任何方面的侵犯。人权是现代社会生活的准则，尊重人权是每一个生活在现代社会的人做人的底线。因为，现代人权是以历史发展到排斥人生而就有高低贵贱之分的社会特权和以人人平等为前提的，它承认每一个人都具有同一的和相同的质，每个人都具有相同的基本权利。如同一件商品的价值需要通过别的商品才可以体现一样，一个人所具有的基本权利也是通过别人的神圣性和不可剥夺性来反映的。对别的人的人权的尊重，正是对自己的尊重。一个社会如果有部分人的人权得不到保障，那么其他所有的人也绝对不会是生活在安全的环境里。一些人在某些方面的权利得不到保障，那一定是另外的人在另外的方面和另外的问题上的权利得到了剥夺。一个令个别人失去安全感的社会，一定也是全社会都无法获得安全感的社会。所以，人权是现代国家的基础，保护人权是每一个现代国家的主要职责。人权，是一个现代文明国家不容讨论的、必须由政府公权力予以竭力保护的问题。一个国家必须致力于建设一种足以保护每一位国民基本人权的制度，而无论他（她）的地位何等卑微，也无论其如何穷困潦倒或者疾病缠身。中外近现代史上无数的事实说明，特别是我国 10 年文化大革命的历史说明，如果一个国家没有建立起一个能够保护每一位普通公民的人权制度，那么，它在某种条件或一些特殊情况下也无力保障包括国家元首在内的那些处在国家权力机关的人们的安全。一个强大的现代文明国家不仅在于它有能力保护普通国民的基本人权不受来自于民间的侵犯，更在于绝对不允许公权力对他们的伤害。致力保护国民基本人权不受伤害，是现代国家政治上层建筑的制度建设的核心问题，也是一个国家的文明和法制发展程度的标示或界碑。

30 年前，当"一胎化"生育政策刚刚出台的时候，我就听到美国两种截然不同的声音，一个声音说中国的计划生育好，另一个说不好。其中说不好的就是借人权问题说事。因为自己的孤陋寡闻，一直相信那种宣传，即世界反华势力用心不良，希望中国永远落后，害怕我们发展起来，就制造出人权理论用以反对我们的计划生育。随着我国与世界越来越多的交往，过去无法得到的一些文献相继被翻译成中文，才发现问题不是这样。读者已经看到笔者重新编辑在一起的国际公约，不是我们在上个世纪 70 年代末实行了现行的计划生育政策以后，国际社会为了针对我们才制造出计划生育违犯人权的一些理论和言论，而是在我们之前很久，从 40 年代末期的联合国宪章和 50、60 年代的一系列国际公约开始，生育权属于人权的条文就已经出现了。这样，事情就成了是我们的计划生育工作违犯了早就存在的国际公约。因为我们受到过去正统的马克思主义意识形态的影响，对人权理念持反感和排斥的态度，对国际社会的认识还是存在很大的盲区。历史进入 20 世纪以后，特别是联合国宪章和世界人权宣言以后，国际人权事业有了巨大的发展，如果对现代人权理念缺少足够的认识，就根本无法正确理解现代国际关系。现代人权理念已经成为一个落后国家走向世界和融入国际社会，建设现代文明国家绝对迈不过去的桥梁和阶梯。

国际社会把自由生育权当作基本人权，这没有什么不可以理解。因为，在现代人权领域内，生育权是一个远比财产所有权等等权利更拥有无比优先的法学范畴。财产权是属于生命个体以外的社会关系赋予的一种社会权利，而生育则直接与一个个生命体内在的生理能力和生命现象紧密相连。如果说人权来自于自然法，那么生育行为则完全属于一种自然性质，更显示其具有的不可剥夺性。所以，因为人权具有不容讨论的性质，那么，公民的自由生育权就更是一个不容讨论的问题。

我国计划生育的无数事实说明，如果不维护国民的自由生育权，受到伤害不仅是群众，而且也还有政府自身。在曾经的一篇文章里，我用原国家计划生育委员会主任王伟、中央书记处候补书记郝建秀和政治局委员、国务院副总理万里的讲话证明，作家莫言在《蛙》里所写的那些因农民超生而推墙扒房、追赶怀孕妇女以致死伤人命，都是真实发生的事情。有人说，这些事情是由于基层干部执法水平低造成的，也是领导要求改正的。还有人说，这样的问题在其他所有部门都可能发生，甚至在西方发达国家也难免。这是混淆了发展阶段性和技术性、方法性问题，与政策性、制度性两种不同性质问题的界线。

30 年来，我很少批评基层干部的所谓作风和方法问题。因为我知道，大凡那些出问题的地方，往往都是由基层干部认真执行政策，积极工作造成的。譬如曾经出现过的给即将结婚的处女上环的怪现象，经常性地出现要怀第一胎的妇女做人工流产的不合情理的事情，其原因就在于本单位的生育指标少。如果基层干部不认真对待上级下达的计划生育指标，睁一只眼闭一只眼，表面应付一下，哪里会有这些事情发生？还有，强制实行孕检，强制实施人工流产，以及追找计划外怀孕的孕妇，也都是为了完成上级下达的任务。还有，不断发生的大月份引产，以及引产前给胎儿注射毒针，也都是基层干部认真工作的结果。所谓的大月份，干部往往都是从其刚怀孕时就开始做工作了，一直做到现在 8、9 个月了才勉强松口愿意跟上干部去做流产的。您说，现在是该做不该做？不做，不仅这个生下来完不成今年的计划，而且按照计划外对待收缴罚款时她（他）还会说"我同意人工流产，是你们不给我做"。如此下去，其他的人纷纷效仿，还有计划生育政策吗？既然大月份引产，往往引下来的又都是有生命的活婴。引产个活婴，同样超生，倒不如允许其正常的生育。这样，听起来令人发指的给胎儿注射毒针的事情就发生了。如果基层干部不认真做工作，哪有这些事！还有，在农村的计划生育管理中，普遍有对接近 40 岁的已生育两个孩子的妇女要求实行结扎手术的。许多人都会对此感到不可理喻，认为这个年龄的妇女在以前生育旺盛的年龄段里都没有生多胎，现在即将退出生育年龄了，为什么还要人家绝育？这是因为，要生育多胎的，特别是农村中已经生育过两个女孩后还想要生育一个男孩的，就在这个人群中。在此之前，有不少的妇女一直在等待解除和放宽政策后再生育一个，直到现在政策还未有松动，再等下去自己已经没有生育能力了，不能再等了。所以，在一些地方，这个年龄段的妇女可能是最危险的群体。不错，她们中绝大多数可能真的是不准备再生了。但是，其中确实也有一些人是一定要再生的。您如何能区分她们？为工作计，只有全部结扎才保险。还有，为什么会出现连坐？计划外怀孕应该做人流、绝育对象应该来结扎，却找不到了，怎么办？只好把她的公婆或者娘家亲属拉来"办学习班"。既然集中在乡镇，总得让他们白天吃饭、喝水，晚上睡觉吧？如果不付费，没有一点压力，人家照常不理睬。所以，要求参加"办班"的人每天还需要交 100 或者若干元，应该解决的问题一天不解决，就不允许她的亲属回去。参加办班的农民就像没有支付能力的人坐在计程车上一样，要交的费用随着时间的延长不断地在增加，一直到心理承受不起的情况下，想办法把自己该做手术的人喊回来。所谓私设"土牢"的事情就是这样产生的。还有，为什么"有的地方出现过用野蛮的办法，抄家、封门、砸锅、扒房子、毁坏庄稼、牵走牲畜，破坏群众的基本生产资料和生活资料，甚至围村突击，拉人游街、变相监禁群众、株连亲属、乡邻等"？因为该做结扎或人流手术的对象找不到，计划生育罚款收缴不上来。在农村，过日子虽然一家一户不一样，但在执行政策方面攀比心理却很强。如果有一个可以例外，后面就都会如此。因各种原因，往往会出现对立和僵持。干部在这个时候退下来，这项工作就等于放弃了。逼迫得没办法，只好"拔蛮"。可见，出现这些问题，首先都是干部认真工作的结果。有人说基层干部水平低，工作方法有问题。实际上，我们的干部在建国前就已经有了丰富的群众工作经验，解放后又经过土改运动、农业合作化、人民公社、文化大革命，一个运动接着一个运动，基层政府和农村干部在群众工作方面一个个都是行家里手。只是计划生育政策本身就和群众的利益直接冲突，与现代国家的其他法规相互矛盾和对立，才导致了干部要么不认真，而认真工作了就会出问题。这是政策和制度造成的，不是干部的工作方法问题。要消除基层政府和群中的社会摩擦，就必须改变计划生育制度和取消现行的计划生育政策，归还民众的自由生育权。

　　——2011 年 9 月 28 日星期三（刊发于 2011 年 9 月 28 日）

人口学家与江湖术士

谨以此文献给即将召开 2011 年年会的中国人口学会。

——题记

这本来是前面一篇文章中的一个小题目，有必要将它扩充为一篇单独的文章。因为，人口学作为原本意义上的人口统计学，仅仅限于对人口过程和现象的描述；如果作为探求人口生产和再生产规律的科学，因为现代社会尚未得到充分发展从而决定人口发展的各种经济社会因素未能得到足够的展现，所以还无从认识。特别是因为现阶段的人口过程充满了各种利害关系，不同社会集团的人们因为利益、立场和出发点的差异，对同一个人口问题往往都会做出迥然不同的、甚至于截然相反的解释，更增添了认识的复杂性。为此，人口学现在还仅处在已有一定发展基础的譬如经济学、社会学、历史学、地理学、现代医学等社会科学、人文学科和自然科学的襁褓中。在目前国内外的学科设置中，人口学还不是作为一门独立的学科出现。除了我们国家这 30 年来人口学和人口学家大行其昌以外，国外很少有人会以人口学家的身份现身于大学讲台和科学论坛的。相反，比较严谨的学者往往都把自己的工作仅限于以深厚的学科背景为支撑譬如从经济学或者社会学等学科出发研究、阐释和描述已经发生的人口现象，模拟未来的发展趋势。在实力强大的发达国家的众多学者中，竟然没有一位聪明人以人口学家或者其他什么科学家的身份起草一份人口发展报告建议政府推行某种使自己国家更加强盛的人口生育政策。

但是，与国外不同，在新中国，自从毛泽东提出计划生育的概念以后，这样的人口学家和所谓的其他什么家的大师却大有人在。1980

年 2 月，七机部设计火箭轨道工程技术的宋健反串人口学领域，以"百年预测"的所谓科学成果论证当时正在全国推行的"一胎化"生育政策是中国必须接受的最佳选择。凭借数学功底做控制论专业的宋健是在国门初开的 1978 年欧洲之行中才知道国外用控制论方法测算未来人口的。回国后，他把从国外同行那里得到计算人口的一大摞资料甩给年轻的李广元，算是这一帮搞数学的人开始接触人口问题的研究。但是，即使从 1964 年的那次人口普查算起，也已经 15 年没有普查数据了。更何况在此之前的人口普查和统计都与现在的人口统计学根本不是一回事，中国那时根本没有宋健从欧洲带回来的资料中的数学模型所需要的人口数据和相关指标。李广元主要从公安部得到一些与户籍相关的人口资料，就开始了他们的人口测算。一年以后，终于搞出了一个按照中国妇女总和生育率（那时中国的人口统计中还没有这个指标和数据）分别为 1.0、1.5、2.0、2.3、3.0 等 5 种假设情况下的"百年人口预测"。因为这些搞计算机技术的人无法把计算出来的情况写成像样的文章，就又找到了 1979 年 4 月刚从教育部调到中国社会科学院经济研究所的田雪原。两方面的人 1980 年 1 月走到了一起，2 月 13 日就向社会宣布重大的"百年预测"结果。"自然科学和社会科学工作者合作研究人口问题首次对我国未来 100 年人口发展趋势作了多种测算"作为大号、黑体的通栏标题，发表在 14 日的光明日报和人民日报，鼓吹"当务之急是尽快把人口增长率降下来，向'一胎化'方案过渡"。针对 2 个多月前我在成都会议上提出的"一胎化"会导致中国人口迅速走向老化的观点，文章反驳说，本世纪内不会发生老化，下个世纪头 20 年这个问题也不严重。"在比较遥远的将来，人口老化问题真正出现以前，完全可以根据科学预测，及早地调整育龄妇女的平均生育率，把人口发展相对稳定在一个比较理想的水平上。所以，我们毋须为将来的人口老化而担心，更不必为中国未来人口减少而多虑。"由于"一胎化"政策造成很尖锐的社会矛盾，1982 年 2 月，邓小平一胡耀邦体制确立后，中央出台了以农民"女儿户"为重要内容的现行的生育政策。上个世纪 80 年代，党中央和国务院一直在做地方和国家计划生育委员会的工作，要求把"一胎化"的生育政策调整到现行生育政策方面。已经担任国务委员的宋健和他的那一帮人对此百般抵制，不断给邓小平写报告，反复标榜自己使用的"国际公认的"科学方法表明只有"一胎化"的生育政策，才是中国的选择。1986 年，我在提交中国人口学会举办的"中国人口发展战略讨论会"的一篇论文《评宋健于景元的人口测算》中反驳说，世界上从来就没有什么"公认的"科学预测方法，人口预测仅仅是那些测算的人设定的一些条件下的人口发展大势。我在文章里还引用了 30 年代 4 位科学家对瑞典的人口预测和 7 位科学家对美国的人口预测，说明从来就没有谁的预测真的准确过。（该文收录在 1988 年由中国城市经济社会出版社出版的我的《中国人口问题的"热点"——人口理论、发展战略和生育政策》一书，有兴趣的读者可以在该书第 218、219 页看到这两个图）

我们且不说更多的细节，就说这帮人都是刚开始接触人口，从没有任何知识积累所以是从零开始，第一，没有西方控制论测算人口的数学模型所匹配的数据和人口统计指标。第二，宋健小团体反串人口学从事人口测算的历史满打满算也只有一年多点的时间。第三，田雪原调到中国社科院经济所还不到一年的时间。第四，搞数学的宋健小团体和经济研究所的田雪原合作不到两个月的时间，这帮人敢对社会说他们的计算是"社会科学和自然科学"结合的科学成果。请读者自己判定，一帮从其他学科反串进入人口学领域，把用极不匹配的数据的计算称之为科学研究结果，并且要老百姓去实践他们的计算结论，这样的人口学家（如果接触人口问题不到一年就可以称之为人口学家的话）与江湖术士有什么区别？

更有甚者，明明早在 1979 年 4 月 5 日，李先念就代表党中央和国务院在中央经济工作会议上提出"订出切实有效的办法，包括法律的和经济的办法，鼓励一对夫妇最好只生一个孩子"；6 月 18 日，中共中央主席、国务院总理、中央军委主席华国锋在全国人大会议的政府工作报告中提出"要订出切实可行的办法，奖励只生一个孩子的夫妇"；6 月 27 日，国务院副总理兼计划生育领导小组组长陈慕华在中央党校给来自全国的高级干部讲计划生育课，两次提出"一胎化"的词句，要各地干部现在就打电话回去，实行战略重点的转移。人民日报在报道这次讲课的新闻报道题目就是《把工作重点放在"最好生一个"上来》。1979 年 12 月，陈慕华在全国计划生育办公室主任会议上讲话说，"一对夫妇最好生一个孩子，这是从今年以来开展计划生育工作的实践中，总结出来的控制人口增长的好经验。""把计划生育工作的重点，转移到一对夫妇最好生一个孩子上来，是解决我国人口问题的战略任务。"1980 年 1 月 9 日，陈慕华在军事科学院的报告中要求"从现在做起，按农村百分之八十，城市百分之九十夫妇一个孩子"。2 月 3 日，陈慕华在国务院计划生育领导小组等单位召开婚姻家庭计划生育新风尚座谈会上又说，"把计划生育工作重点放到抓一对夫妇最好生一个孩子上，是解决我国人口问题的一项战略任务。……只有逐步做到城市百分之九十五、农村百分之九十的育龄夫妇只生一个孩子，到本世纪末，我国总人口才能够控制在十二亿左右。"

这些情况都说明，早在宋健 1980 年 2 月 13 日出现以前，陈慕华就已经不遗余力地为"一胎化"政策工作了将近一年了。明明是这帮在那时还不起眼的一帮舞文弄墨的书生向陈慕华的"一胎化"政策上靠，可是，随着时间的流淌，最近 20 年，宋健田雪原等人逐渐把历史说成是他们先有了一个百年预测，提出了"一胎化"，党中央接受了他们的意见。受他们的诱导，美国的人类学家 Susan Greenhalgh 还写了一本在国外很有影响的书，说中国这次人口决策因接受国防科学技术专家的意见，改变了那种说我们国家是长官决策的认识。该书出版以后，宋健以沉默的态度认可这一说法，田雪原还不断撰文加固这一误导性的认识。按照这样的做派，把这帮人与江湖术士联系在一起其实还不够确切，简直就是江湖骗子。

还有，进入新世纪以后，由我们敬爱的蒋委员长蒋正华牵头搞了一个包括全国政协副主席徐匡迪、原国务委员宋健在内的，囊括了许多两院院士的"国家人口发展战略"。蒋正华与宋健有比较接近的学科背景，只不过所出身的西安交大属于地方军，他在上个世纪 80 年代初中期进入人口学领域的时候，最多属于宋健的跟班，被宋健及其嫡系的那帮人看不起。现在因政治身份当了名义上比宋健大的大官，就又当别论了。2004 年，蒋正华异想天开要做国家人口发展战略的研究。我们知道，中国的所谓人口发展战略，少不了要做人口测算。在此之前，2000 年 10 月 1 日，我国进行了一次人口普查。但是，国务院人口普查办公室根据 10 月 5 日初步汇总的全国人口不到 12 亿的结果，立即决定停止预定的普查程序，要求全国的普查员回头再做一次"补查漏报"工作。经过将近 20 天寻找遗漏人口，全国总计为 12.4 亿。即使如此，这个数据比国家统计局 1999 年年底的人口数还少 1600 多万，甚至于比 1998 年年底还少 300 多万。为了与此前公告的人口数据衔接，国务院人口普查办公室又增加了 2000 多万，公告我国总人口 12.6 亿。本来，人口普查是由中央政府领导的一次权威的独立的人口调查。可是，这次普查期间违犯普查程序安插一个"补查漏报"和最后空降 2000 多万，显然都是用 1999、1998 年等平时的人口动态检测来影响和决定人口普查。蒋正华数学学科背景和接受联合国人口基金资助在印度学习人口统计当然应该懂得人口普查和调查应该遵循中立和独立原则，当然懂得这是一次失败的人口普查，其数据无法使用。如果做人口战略研究，计算未来的人口究竟该用那个数？国务院公告 12.6 亿，应该说是国家认可的我国人口总数。但是，这其中有 2000 多万属于空的，没有具体的性别、年龄以及空间分布、职业构成，是无法拿来做测算使用的。用 12.4 亿？国务院普查办公布全国人口数为 12.6 亿就直接否定了 12.4 亿，也是不可使用的数据。还有，测算人口数据必须确定妇女生育率，按照 2000 年人口普查的资料普查前一年的妇女生育率为 1.22，几乎所有的人认为太低，不真实；除此之外，其它数据又都没有权威性的调查支持，国家计划生育委员会使用 1.8-1.9，都只是一个估计的数据。所以，如果是一位严谨的学者，应该知道不具有作战略研究的基本条件。但是，蒋正华竟然敢做这个课题。当时的国家和人口计划生育委员会还号召各个省、市、自治区的计划生育部门动员全国的人口学研究机构都来做这个题目。2004年6、7月份，我那时还在山西省政府所属的一个单位工作，一次由省政府的一位副秘书长召集的"国家人口发展战略"课题启动的会议上，我讲述了因为上述的理由根本没有条件做这个课题，并指名道姓地批评蒋正华这样做是欺世盗名和明确拒绝参加这项研究。2006年春节前的国家人口和计划生育委员会的专家委员会上，我在发言中再次申述上述理由，并说我将拭目以待，看我们敬爱的蒋委员长怎样做这个课题。一年多以后，"中国人口发展战略"竟然真的做出来了。整个课题报告可以不交待计算的数据是怎样来的、具体如何处理，但可以有发展目标、有要求今后30年继续把妇女生育率控制在1.8、有继续稳定现行生育政策的建议，等等。据说，该课题递交中央后，成为编制中国"十二五"计划的基础。一个不具备测算条件的所谓"国家人口发展战略"的重大课题，就是这样糊弄国人的。

根据我对这段历史的叙述，即使没有人口统计学知识的读者也完全可以自行判断出来，近30年来在我国似乎产生重大影响的两次人口测算恰恰都是根本不具备人口统计学计算要求的基本条件而由当事人瞎糊弄出来的结果。我之所以说"似乎产生重大影响"是因为这种影响完全是人为地制造出来的。即使完全按照人口统计学的要求条件经过人口统计学家（简称人口学家）很严谨地测算是一回事，人口发展的实际过程又是一回事。不用说那个在人口学家的电脑里或者被打印在纸上的东西纯粹是按照人口学家的假设条件计算的结果，就是客观的人口过程究竟是怎么一回事现代科学还根本没有弄明白。不错，如同每一滴水珠汇总为一条江河或大海一样，各个家庭的人口实践也最终演绎出全社会的人口过程。但是，与那个可以直接从江河海洋分离出无差别的水珠迥然不同的人口过程除了化学的、物理的运动以外还有生物的和社会的运动过程，人口的生产和再生产会涉及有利害关系的不同集团和处于不同社会条件下的各个家庭，以及有思想、有感情的人。这样，那个总是处在运动状态的总人口过程和千百万社会条件都不相同的家庭之间究竟是一种怎样的必然联系却是在目前的社会发展阶段中人们还无法解释的问题，从而各个家庭的具体生育和社会总人口之间的关系本来是人类还根本没有提出要解决的问题（这就是除了我们国家以外世界上任何国家的政府和他们的人口学都没有想管制自己的老百姓生孩子的原因），我们国家却出现了两位大科学家，一个宋健和一个蒋正华，竟要求老百姓按照他们的所谓"科学计算"去生孩子。宋健蒋正华，一丘之貉也。两人除了一个先有了伪装的科学计算从而获得政治地位和一个先有了政治地位从而拥有了伪装的计算似乎有所不同外，在欺世盗名的手法上连一丁点的创造都没有。由于成长于乱世之中而又不自律，就既缺失了传统文化中"处江湖之远忧其君、处庙堂之高忧其民"的士大夫风尚，又没有得到资本主义市场熏陶的职业操守。宋健蒋正华似乎属于知识分子，但是却迷恋官场仕途和习作无德政客的那一套作派，无法从已有的知识升华出独立的科学品质从而获得现代知识分子精神，所以才会沦落为江湖术士一般把所有之技当作骗取功名利禄的手段。

上篇博文《自由生育权是一个不容讨论的问题》[1]是直接根据联合国等一系列国际社会的公约所约定的生育权属于基本人权推导出来的命题。从上个世纪40年代中后期联合国产生以来，以联合国宪章和世界人权宣言为标示，人权理念和人权问题已经成为影响国际关系发展的一个基本要素。与此同时，现代人权理念也已经成为一个国家建设现代文明和法制社会的基本考量。人权，按照恩格斯的理论，就是资本主义时代超越了民族国家范围的、普遍的自由和平等权。在现代社会里，人权问题是一个现代国家和现代国家的公民的底线。它不是一个需要论证、协商和讨论的理论问题，而是要求政府和每一位公民必须予以尊重、遵守和保护的社会实践。这本来就是一个

1　参见 http://liangzhongtang.blog.163.com/blog/static/10942650820118283375421l/

不言而喻的问题，经我叙述和归纳的命题又如此简洁、明了，还是遭到反对，充分说明在这些人的心灵中根本就没有放置人权这一概念的土壤。马克思在《资本论》中从资本主义社会的经济条件导出现代平等和人权观念的时候说，它们"只有在人类平等概念已经成为国民的牢固的成见的时候，才能揭示出来"。我国一般平民（我相信那些达官显贵们是不屑于在我的博客上留言的）对人权的无视和淡漠（达官显贵们持这样的表现倒是可以理解的），一方面反映了我国政府过去对这一类问题认识的偏颇从而在现代人权观念在全世界都有了极大普及的那个刚刚过去的半个多世纪里没有对我们国家的公务人员和民众给予人权理念的教育，另一方面按照马克思说的"人类平等概念已经成为国民的牢固的成见"来衡量表明我们国家还处在相对较低的历史阶段里。与我国经济社会落后相适应的是，我国自然科学和社会科学的各个领域总体来说也都还是落后的。但是，相比之下，我国人口和计划生育的领域倒是一个相对超前的一个学科。说其超前，也并不是学术水平比国外先进。因为国内连比较接近我国人口实际的数据都没有，即使是有作为的人口学者也都只能像学生习作那样在那里假数真做，所以，其学术水准也是无法与国外先进相比的。但是，30 年来，因为联合国人口基金等国际社会的资金支持，为我们培养了一批人口学家。现在主要高校和研究单位的人口研究机构的重镇，其领军人物基本上都是海归，在国外受到过多年的系统教育。即使个别国内培养成才的骨干，只要身处部属高校的人口研究机构或者国字号的研究单位，也都有许多的机会出国交流或者做访问研究。所以，中国的人口学家都了解全世界就只有我们国家实行由政府决定国民生育的计划生育制度，知道大量国际公约明确规定生育权属于基本人权，懂得生育行为作为人权是一个不容许讨论而必须尊重和保护的问题。过去，我国政府不允许公开讨论生育政策，大家只好在计划生育体制内寻求相对合理和宽松的办法。现在，当停止计划生育的民间呼吁日渐高涨的情况下，现代知识分子应该与人民站在一起督促政府尽快停止计划生育政策。相反，如果还在那里编造各种精巧圆滑的理论和制订一些所谓"逐步完善、分步放开"之类的所谓狗屁规划而让人民持续承受不合理政策的折磨，那就失去了做人的底线。

——2011 年 10 月 6 日

（刊发于 2011 年 10 月 6 日）

再议人口学家与江湖术士

上篇文章《人口学家和江湖术士》张贴出去以后，有人暴跳如雷，以为是对贤者的不敬。其实，大凡江湖术士都是绝顶聪明的人，所以在当世时往往也都被奉之为贤者。特别是我国历史上最初出现的被称之为方士者即有一技之长的人，都堪称为当时的科学家。所以，南怀瑾先生就不赞成把后来的江湖术士笼统地归结到早期的方士一类里。但是，江湖术士从早期的方士演变而来，应该是没有问题的。人类在早期对自然和社会现象大都迷惑不解，所以有了拜天、拜地、拜鬼神的活动。特别是感天感地，对于天地有一种普遍的敬畏心理。由于人际关系的单纯，那时无论部族的领袖或者一般的人，都还少有后来的狡黠，崇拜天地之心也都是纯洁的。司马迁说："报天之功为封，报地之功为禅。"封禅即人类为纪念、祭祀天地的活动到司马迁时代少说也已经持续了数千年，礼数活动因为时间久远而被历史淹没，"其详不可得而记闻"。推测来看，在社会首领祭拜活动中，一定少不了一些可以在人和天地鬼神之间沟通的人物。但是在《封禅记》里，司马迁从尧、舜、禹传说时代记述，长久的历史中都没有方士之类的人物出现。可能是因为部落或氏族首领，以及后来的商周天子的祭祀活动多了，一些绝顶聪明的人逐渐发现自然和社会现象中有不少是与天地无关的事情，所以那些可以通天地鬼神的人就对那些封禅活动产生了怀疑，慢慢对天地不恭起来，接着就出现了敢在封禅和祭祀活动中钻空子的人。司马迁笔下的第一个方士是徐市。因秦始皇希望得到长生不死药方，而传说只有神仙是不死的。所以，"齐人徐市等給秦始皇上书，言海中有三神山，……仙人居之"。于是，秦始皇帝遣徐市发童男女数千人，入海求仙人。从史书来看，春秋战国时代，方士已经出现，但还未发展到张扬活跃的程度。推测秦汉以后方士盛行的直接证据，就是《史记》《汉书》虽对方士都有记载，却没有单列门类介绍。范晔的《后汉书》辟列专章，题写《方术列传》，则把方士的来源和盛行的缘由交代得清清楚楚。"汉自武帝颇好方术，天下怀协道藝之士，莫不负策抵掌，顺风而届焉。"因秦汉帝王迷信，遂方术兴盛。也不知道是自然条件还是社会的原因，总之一定有什么缘故，似乎山东是个擅于出产术士的地方。至少，史上记载最早的几位方士都是来自于山东。"齐人少翁以鬼神方"晋见汉武帝，被拜文成将军。栾大者，胶东宫人也。"尝与文成将军同师"。翻译成现在的语言就是与少翁有相同学科背景的栾大，被拜为"五利将军"。可见在那个时代里，就是凭借着现在的人们所看不起的捉神弄鬼的伎俩，就可以当上中央大员。李少翁栾大这些人在当时无疑都属于智商很高的人，他们所专有的特长在那个时代也都像今日的科学一样因被主流社会认可而红得发紫。一方面是后来有不少的皇帝不信那些玩意了，另一方面吃这一碗饭的聪明人越来越多了，而能被皇上认可并封为中央大员的人毕竟有限，不少的方士开始走江湖混饭吃才流落为江湖术士。即使这样，敢在江湖行走的人，也大都比那些老实巴交的百姓有绝对的高智商。

　　上篇文章把宋健蒋正华喻为江湖术士，并不是因为他们用了无法使用的数据预测了人口。即使不像宋健蒋正华那样装模做样地搞测算，一个人根据自己周围有了不少的人生了二胎、三胎，从而感慨地说"用不了多少年我们国家就会达到 20 亿"；或者，依据自己不少的同事懒得结婚，结婚后又都不愿意生孩子从而感叹"用不了几年我国人口会下降的只剩下 2 亿人口"，那也无须我们去批判或者评论人家。如果宋健蒋正华都是在那里做学术研究，我同样不会评论他们。但是，宋健蒋正华要把他们的测算当作公共政策的依据，要把自己的玩意说成是科学的从而论证说现行的生育政策給广大人民群众的伤害是合理的、正确的，从而是符合客观规律的，那就不一样了。30 年前，宋健他们使用的西方预测方法是建立在西方市场经济国家的经济社会统计制度上的，而我国当时是遵循苏联计划体制的统计。1982 年在联合国人口基金援助和指导下下进行第一次现代人口普查以前，我们国家就没有宋健依循的人口测算模型所匹配的人口数据，宋健不仅能搞出个"百年预测"，而且这个数据还证明了当时正在推行的"一胎化"政策是中国的"最佳选择"。从 1982 年开始，虽然我国人口统计逐渐使用了西方国家的统计体系和方法，但却因为计划生育政策发生瞒报漏报而越来越远离实际，以至于 1990 年普查以后就再也得不到比较接近实际的人口数据了。别的且先不用说，两次普查的生育率由 2.14 下降到 1.22，就没有人相信过。2000 年的人口普查无论从哪一方面来评估，都是一次失败的普查，因而也没有可用的人口数据。同样没有条件做测算，蒋正华不仅主持做测算了，而且测算的结果还能证明现行的生育政策是有成效的，从而是正确的、合理的，要求继续稳定现行的生育政策；不仅凭空知道现在的生育率是 1.8，而且要求未来 30 年中国妇女总和生育率继续保持在 1.8。更有甚者，蒋正华宋健二人最近联名上书中央，谏言稳定现行的计划生育制度，抨击当前日渐高涨的要求停止计划生育的民意，进而批评计划生育部门中个别干部有动摇之心和调整政策之意。因为宋健蒋正华要用他们的测算证明现行的计划生育政策，那就超出了个人发表意见和学术研究的范围，必须揭露他们如江湖术士一般可以用无生产出有、从根本不具备测算条件出发制造出一切维护现行计划生育制度依据的伎俩。

现行的计划生育政策是从"我国是一个社会主义国家，国民经济是有计划按比例发展，人口也应纳入国家计划，有计划地增长"出发推导出来的，但是，因为经济周期和人口生产周期的巨大差异，从来就没有人再进一步证明国民经济计划如何就能直接决定出各个家庭的具体生育来？再后来，因为计划经济体制受到了重大质疑，国民经济是有计划按比例发展的话已经不再说了，但计划生育却仍然在推行着。30 多年来，计划生育说是计划，其实是政府和百姓之间的一场混战。1979 年以前，计划生育主管部门给各个省、市、自治区下达出生率计划，主要管理平均每千人的出生人数。省、地、县，一直到乡镇（公社）或者街道，再到村（生产大队）或者大型厂矿企业，一级一级地下达经过层层分解的计划任务。因为各级都需要留有余地（实际上就是克扣计划指标），形成越往下越是严紧的计划。这样的计划与各地（单位）的人口结构或者婚姻、生育状况都没有直接的联系，就是看你上一年的水平然后视情况略有降低。譬如，某公社1977年的出生率23‰，1978年下达的计划指标可能就是22‰。因为越是先进的地方，完成任务越好的地方，下一年的计划指标越紧张。所以，那时的计划生育系统把这称之为"鞭打快牛"。基层的计划生育管理也没有更多的工作要做，就是按照上面分配的计划指标再分给希望生孩子的家庭。那个时候虽然在本系统也有排队和评比先进，但是，如果你并不在乎要当先进，上级也还不至于对不执行计划生育的个人和单位有太过意不去的事情。1979年以后就不一样了。从这一年开始，计划生育要求制订一定的政策，用行政的、经济的和法律的办法限制生育。在当时的国务院计划生育领导小组指导下，各个省、市都迅速出台了计划生育"暂行规定"，1月份先是要求按照"最好一个最多两个"的政策口径制定法规，6月份就改为"计划生育工作要把重点转移到最好生一个上来"即用"一胎化"的口径制订行政和经济制裁措施。从此以后，虽然如以前一样还是层层下达出生计划，但基层实际上是按照"一胎化"生育政策要求的。1981年邓小平解决华国锋问题以后，80年代邓小平领导体制形成，处在党中央国务院第一线的领导人为纠正"一胎化"而制定了以农村"女儿户"为主要内容的现行的计划生育政策。但是，1982年2月颁布该政策时，中央听从国家计划生育委员会党组的建议，文件中不要明确写上"女儿户"的字句，而是以"确有实际困难"代替。这一下，国家计划生育委员会在整个80年代一直按照"确有实际困难"的字面执行，因为严紧的生育政策同群众的矛盾很尖锐，有时基层社会关系很紧张，国家计划生育委员会就像挤牙膏一样，过几年出台一个放宽生育二孩具体条件的政策，大约经过10年也都没有走到"女儿户"的政策上。80年代有了明确的计划生育政策以后，国家计划生育委员会的计划仍然下达，但是，因为各地都有具体的政策规定，也就出现了计划指标和政策双层控制的局面。在计划生育部门要求从紧从严控制的思想指导下，一个家庭希望生孩子，即使该单位有指标但该家庭的情况不符合政策则不得分配生育指标；同样，即使该家庭的生育符合政策但该单位没有指标也不得生育。还有，既然是计划生育，那总该有个计划目标吧？其实在一开始并没有。1982 年，正式确立的人口和计划生育目标是"本世纪末把我国人口控制在 12 亿以内"。根据当时的计算，这是一个允许每个妇女生育 2 个即可以达到的目标。但是，整个 80 年代，全国都是按照"一胎化"政策的要求在做管理工作。后来，12 亿以内又改为"12 亿左右"。根据 2000年普查公报，全国总人口 12.6 亿。但是，从来没有人评价说 12.6 亿是完成了人口计划还是没有完成，完成了怎样，没有完成又怎样。政府对于一个全党和全国人民奋斗了将近 20 年的计划目标，一个把不少基层单位的干部群众逼迫得鸡飞狗跳墙的目标，到了计划期末的时候，一点言论都没有，十足地表明了那本来就是一个无所谓的事情。还有，根据蒋正华 2007 年的"国家人口发展战略"制订的人口计划，2010 年我国人口为 13.6 亿，而普查公告为 13.4 亿。3 年相差 2000 多万，这该是完成了计划还是没有完成计划。如果算完成了计划，那为什么当初要多打 2000 万？要知道 3 年多划 2000 万就是2000 万的超生家庭，把 2000 万人为地划归到违法生育的行列，当然不是一般的社会问题；如果属于未完成计划，又有什么弊端，应该吸取什么教训，今后该有那些改进，以及原来的计划多打了 2000 万是正确的还是错误的，2000 万的误差是必须的还是可有可无的，等等，既然人口和生育计划被说成是全党和全国人民都必须重视的大问题，可这样的计划在 20 年的目标、10 年的目标到期的时候，既没有党中央国务院对这一问题的总结，也不见国家人口和计划生育委员会或者其他任何官方对此有一丁点的交代，它究竟重要还是不重要？政府部门对此可以不做任何交代，说明此项计划完全是无关紧要的。既然可有可无，继续维持它有什么意义呀？无数的事实都说明，计划生育根本不是一项符合社会发展需要的社会计划，它纯粹就是要老百姓生育得越少越好，最好是大家都不要生。所以，30 多年来的计划生育工作根本不是像其他执法部门那样按部就班地正常执法，而是全面处于临战状态，对所有有条件生育的育龄妇女监督、监视、检查，动员采取长效节育措施和补救措施，成为该部门的日常工作。计划生育部门既不是执行计划，也不是推行什么政策，而是要求尽可能少地生孩子。由此才有了给处女上环、要新婚妇女的第一胎流产、为即将临产的孕妇引产、强制 40 岁大龄妇女结扎，以及围村突击、拉人游街，株连亲属、乡邻，私设土牢、变相监禁群众，抄家、封门、砸锅、推墙扒房、毁坏庄稼，有了"妇女不妇检，房屋有危险""该扎不扎，房倒屋塌；该流不流，扒房牵牛""该扎不扎，见了就抓""喝药不夺瓶，上吊就给绳""宁可血流成河，不准超生一个"，有了一些百姓的倾家荡产和背乡离井、流离失所。计划生育把人们推到无序的混乱状态，使社会陷入到混战之中去，"这实际上是让我们做一件根本不可能实现的事情，或者是在引导全国人民打一场根本不可能打赢的战争。"（见我为 1985 年全国第四次人口科学讨论会提交的论文《试论我国人口发展战略和中国式的计划生育道路》，拙著《中国人口问题的"热点"》第 136-137 页）但是，宋健蒋正华不仅主张继续维持这一状态，而且希望再延长 30 年甚至于 100 年。

在民众呼吁自由生育权日益高涨的情况下，用很多的笔墨来谈宋健蒋正华并不是因为他们真的有多么重要。其实，他们也不是决定政策的人。最近几年有把宋健称之为"一胎化"的设计者，一方面可能是受 Susan Greenhalgh 那本书的影响，而 Susan Greenhalgh 还是受宋健本人及其那个小团体的诱导。另一方面，是因为前些年社会进步的程度还不够，人民不好直接批评政府，就以宋健来说事了。实际上，宋健 1980 年初春出世前，"一胎化"的政策已经在全国推行将近一年了。譬如按照宋健是"一胎化"设计者的说法，中共中央书记处 1980 年 6 月 26 日会议接受了宋健的建议，9 月 25 日中共中央

"公开信"正式公布"提倡一对夫妇生育一个孩子"的政策。而我的手头却有一份辽宁省人民政府 1980 年 4 月份做出的《关于计划生育工作若干问题的补充规定》，其核心内容就是将"一胎化"作为法规取代一年前该省以"最好一个最多两个"为基本政策制订的"暂行规定"。把宋健说成是"一胎化"的设计者，问题主要还不在抬高了宋健的地位和作用，更重要地是人为地拔高了我国经济社会发展的历史阶段，混淆了我国决策制度的性质和原则。实际上，在现阶段，即使宋健蒋正华当上中央大员了，也还是像文成将军、五利将军那样，属于方士角色。有读者会问，既然如此，你为什么三番五次地和他们过意不去呢？问题就在这。虽然他们不属于决策者，却用一些貌似科学的东西混淆视听，把本来简单的问题复杂化，使得客观上并不合理的问题却具有了合理的外观。这样，揭露宋健蒋正华就成为争取自由生育权问题不可或缺的部分。

我国现行的计划生育制度是在一个特殊的历史条件下产生并得以维持下来的。那是一个闭关锁国的时代，国人都还囿于计划经济体制看问题。在计划体制下，国家掌控所有的经济社会资源，排斥其他经济成分。政府解决不了人民的基本生活需要，却又不给国民经济自由。在经济体制的束缚下，劳动者不仅无法实现人尽其才，绝大多数人的整日劳动却连自己的基本生活资料都得不到满足。"社会的条件只能适应一定的人口。"在那个时代里，世间最宝贵的人变成了多余的东西。一方面，改革开放以来的中国自身的伟大实践已经证明人是社会最宝贵的因素。另一方面，随着中国走向世界，一个极为简单的道理就是自由生育权属于人权。恩格斯把人权归结为普遍的、超越各个单独国家和民族范围的自由和平等权。所以，它具有世界和人类的普世价值。而且，从上个世纪第二次世界大战结束以后，人类自觉不自觉地在以现代人权理念为基本价值观念重新架构世界新秩序。现代人权理念既是理解现代国际关系的一个基本理论，又是处理国际纠纷和从事国际斗争的基本武器，更是建设现代文明国家制度的基本前提。我的上一篇文章《人口学家和江湖术士》之所以放在中国人口学会召开年会前两天发表，并且明确标示"谨以此文献给"中国人口学会，并不仅仅是为了批判宋健蒋正华，而是写给全体人口学界的同仁以共勉的。中国总体上落后但人口学界和计划生育部门并不落后，接受国外高等学府教育的人比例相对要高，出国的人数平均比例相对也要多，自由生育权属于人权的国际公约又很多。在这样的情况下，当民众争取自由生育权的呼声日渐高涨的时候，如果还有人鼓吹"放开两胎"或者"双独生二""单独生二"，那无异是在维护现行的计划生育制度和继续容忍侵犯人权。所以，如果有这样的人口学家，当他阅读笔者最近的两篇文章，以为笔者仅仅是在抨击宋健蒋正华，那我就要大声地对他说：这里说的正是阁下！

——2011 年 10 月 18 日

（刊发于 2011 年 10 月 18 日）

戳破马寅初神话

　　这本来是一篇论文的题目，说得更准确一些，应该是一本正在写作中的专著的副标题。该书主要资料的搜集和形成现在主体性观点的研究线索，大约都是在 3 年前基本完成的。去年以来，断断续续地写作了两个稿子，但距离完成和出版还有不少的关卡需要突破。今年 7 月将手头的一篇文章改定后，临时决定把书的前半部分以副标题为题目，先做成一篇独立的论文。这样做的目的，主要是把现在似乎不可逾越的障碍暂时搁置一段时间，而以确凿的历史事实为基础，叙述清楚当年马寅初受批判的历史经过，让社会更多层面的人共同反思这一被混淆和颠倒了的历史。也许，在连续完成上述两篇有关江湖术士的博文以后，接着粘贴这篇论文是再适合不过的事情了。因为，一方面，在一般人看来，在盛产人口学家的中国，以人口学的特殊本领可以把官做到堪称为中央大员的也只有三个人，其中两位在世者宋健蒋正华简略述评已经做过，接下来就应轮到已故的马寅初了。另一方面，马寅初似乎就是现代中国人口学的鼻祖，至少宋健田雪原都争着抢着要把马寅初作为他们进入人口学界的直接领路人，以显得从一踏入门槛就占据着很高的阵地。1981 年 2 月 21—28 日在北京西山北京军区招待所召开的第三次全国人口科学讨论会暨中国人口学会成立的开幕式上，已经大红大紫的宋健被邀请讲话。那天他都讲了些什么，不是时间长已经忘记，而是当时给我的印象就只是背诵了一篇盛赞马寅初不畏强暴主张计划生育的祭文。当选副会长是宋健在中国人口学大会上唯一的一次亮相。因为几乎同时就有了七机部副部长和航空航天工业部副部长（这两个名称实质上是一个职务的前后不同的称谓）、国家科委主任、国务委员兼科委主任等等的职务，可以说有了全中国所有学科的大平台，宋健再也不屑于参加人口学方面的活动（但他在需要的时候却从不拒绝人口学家的称谓，只是有的时候要突出自己控制论和系统工程的学科背景，似乎是比通常的人口学更为科学和高级的人口学家）。所以，对于人口学界的绝大多数人来说，有幸能亲眼目睹宋健的风采，那次闪亮登场夸赞马寅初既是第一次，也是最后一次。但是，只要论及与人口学的渊源，宋健还是不忘马寅初。"受激于马寅初的风范，面对令人堪忧的中国人口，我邀约于景元、李广元等，应用控制论的理论和方法接续研究人口问题。"俨然一位人口学家马寅初的虔诚弟子。至于田雪原似乎与马寅初更为直接。"一九七九年发表《为马寅初先生'新人口论'翻案》并编辑出版他的《新人口论》后，我也由探讨经济学转向研究人口学……"。再经若干年后，田雪原叙述马寅初对其成长影响的历史渊源就更为悠长和清晰。"1959 年笔者作为初入北大的一名学子，一踏进校门便赶上第二次批判马寅初新人口论。当时知少识浅，课余时间找来马老的几篇文章和批判他的文章对照着读，感到马老讲得颇有道理，那些批判文章大都千篇一律，空喊政治口号，由此心中有些愤愤不平。后来马老无名'蒸发'，笔者的心中不平又平添几分；再看马老誓死为真理而战，铮铮铁骨掷地有声，便有意搜集一些相关资料，并且一直保存下来。还时不时地想到这桩公案，难道事情就这样了结了吗？甚至想到会有翻案一天的到来。1976 年粉碎'四人帮'后，笔者曾动笔撰写为马老翻案的文章……"可见，举凡中国人口学界大师一级的人口学家，大都在人口学家马寅初接受批判时就受其激励而终归成就为大人口学家。但是，历史上的马寅初其实是听了毛泽东的计划生育的演讲之后才写作"新人口论"的。在 50 年代，马寅初跟在毛泽东后面写农业合作化、写资本主义工商业改造、写"百花齐放、百家争鸣"的"双百"方针、写大跃进、写"农业八字宪法"……，几乎宣传和解释毛泽东所有的政策。人口方面的文章仅仅是马寅初诠释党和毛泽东的许许多多方针政策的很小一个方面，把马寅初说成人口学家是连马寅初本人也不会同意的事情。因为马寅初形式上和实质上都是紧跟党和毛泽东的，所以，党和毛泽东并没有批判过马寅初。马寅初受批判实际上是那个时代里民主人士相互之间的事，更是与主张计划生育毫无关系的事情。马寅初"铁骨铮铮"的那些话是针对组织批判和围攻的民主党派和民主人士的，而不是对着所谓陈伯达康生或者所代表的党和政府的。这样，叙述出马寅初事件的真实经过，一方面是还原历史真相，另一方面也是揭露宋健田雪原的，撕破他们出场的伪装，揭露其出道的行头就是假的。因为论文是要颠倒 30 多年来几乎所有关于马寅初问题的认识，我就不得不把许多关键性的证据原原本本地呈现出来，再加上需要澄清的问题太多、太复杂，文字就特别的长（约略 6 万字）。但是，作为博文，我只能将展现历史真相的《马寅初事件始末》的文章大义约略叙述如下，有兴趣或者感觉疑问的读者可以阅读《中共山西省委党校学报》（电话 0351-7985580），拙文已经在该期刊今年第 5 期上全文发表。

1979 年后半年，社会很快制造了一个神话，说民主人士马寅初是比党和毛泽东更早认识社会主义新中国人口问题的贤哲，毛泽东把马寅初接进中南海，畅谈人口问题。党和毛泽东先是接受马寅初的建议，决定控制日益增长的人口，实行计划生育，后来却又反悔批判了马寅初。其中陈伯达和康生起到了极坏的作用，他们不仅指名道姓点名说马寅初是马尔萨斯，而且组织理论界在《光明日报》《新建设》等报刊杂志上围攻、批判马寅初和他的"新人口论"。面对陈伯达康生组织的批判，真理在握的马寅初公开发出"我虽年近八十，明知寡不敌众，自当单身匹马，出来应战，直至战死为止，决不向专以力压服不以理说服的那种批判者们投降"的誓言。经过 1958、1960 年两次批判后，马寅初不仅被迫辞去北京大学校长职务，而且被党和政府免去了全国人大常委职务，离开了中国政治和学术舞台。于是乎，中国人口有了"错批一人，误增 3 亿"。在此以前，宣传口径还说"计划生育是毛主席倡导多年的一项伟大事业"，从此，这样的话语就不再出现了。再后来，1981 年初春，中国人口学会成立，百岁老人马寅初被推选为名誉会长。马寅初俨然成为新中国主张计划生育第一人，中国人口学的鼻祖。

但是，当年的历史却不是这样。

　　首先，马寅初可不是一般的民主人士。1949 年 10 月 1 日，毛泽东在天安门城楼上宣布中华人民共和国中央人民政府成立的时候，马寅初就站在毛泽东右侧稍后一些的位置上，与毛泽东之间隔着半个林伯渠，其距离之短，从马寅初不时地探头看望毛泽东手上的讲话稿可视一斑。从这时起到第一次全国人大召开以前，马寅初是经常参加毛泽东主持中央人民政府政务会议的中央人民政府委员（除了 7 位主席副主席外，其他 56 位委员中还有如林彪、邓小平等许多委员实际上都是很少出席会议的委员），担任以陈云为主任的中央财经委员会副主任、华东军政委员会副主席，以及浙江大学校长、北京大学校长等重要职务。因为中国最高政治权力机构几经变动，今天的人们已经很难理解那时马寅初的地位究竟有多高。这么说吧，1955 年干部定级的时候，毛泽东、刘少奇、周恩来等党和国家领导人都是行政二级，马寅初为行政三级，是相当于上个世纪 80 年代中期以来的国务委员或国务院副总理、全国人大副委员长、政协副主席才可以靠上的级别待遇。

　　马寅初既是接受西方教育的知识分子，更是传统的中国文人。早在地下党动员他由上海去香港再伺机北上参加政协和中央政府的时候就说，"我可无功不受禄呀"。所以，党和毛泽东给了马寅初这么高的待遇，马寅初总是在忠心耿耿地为党工作。现在的主流观点把马寅初打扮成为新中国贡献了控制人口的主张，实际上，马寅初除了以经济学家的身份写了大量的文章宣传党的各项方针政策以外，最大的贡献是帮助党和毛泽东找到了一种改造知识分子的形式，实现了毛泽东周恩来的一个夙愿。毛泽东在建国前后认为，建设一个新中国，没有大量的知识分子是不行的。但是，从旧中国过来的知识分子不是长期受封建主义的教育就是帝国主义的影响，不进行思想改造就不能为新中国服务。毛泽东甚至于认为，知识分子的思想改造是新中国民主改造和逐步实行工业化的重要条件之一。1950 年 6 月，毛泽东就在党的七届二中全会提出这个问题了，但因为一时找不到好的方式而迟迟没有开展。1951 年 6 月，马寅初执掌北京大学后，组织北京大学教授学习会，向周恩来提出请党的领导人为其辅导。毛泽东、周恩来抓住这一机会，要求教育部首先组织北京、天津高校教师组织学习会，接着又将这一形式推广到全国，知识分子改造运动由高校再中小学和一切知识分子相对集中的文化、科技、体育、文艺等领域。由于马寅初属于最早留学归国和五四时期就在北京大学教授经济学从而是最有资历的老一代知识分子，再加上北京大学在全国高校以及解放后国家政治生活中的地位，由马寅初组织北京大学教授自我教育学习会在全国知识分子中就不显山露水如水到渠成般地自然开展起来。马寅初如"二传手"般接过毛泽东周恩来传过来的改造知识分子的这颗球，又十分便当地将其传递到全国，为党和毛泽东立了大功。关于马寅初在知识分子改造运动中的作用，中共中央文献研究室编写的《毛泽东传》和《周恩来年谱》都有记载。因为马寅初在建国初期极高的政治地位，在这次知识分子改造运动中是充当领导者和批判、改造别人的角色的。但是，当中国经济社会的进一步发展和政治架构变化以后，民主党派和民主人士在中国政治格局中的作用式微，民主人士和马寅初淡出政治核心而失去国家最高权力机关赋予的光环的时候，群众运动的批判之火就必然地烧到了那位曾经帮助党和毛泽东点火的人的身上了。

再回到我们直接关心的问题上。历史上的马寅初并不是上个世纪 70 年代末现行的计划生育制度迅速形成时所宣传的那样，我的研究至少揭示出以下几点。

1. 马寅初是一位经济学家。马寅初 1914 年美国哥伦比亚大学毕业的博士论文就是《纽约市的财政》，民国时期的大量专业论著都是财政、金融和中国经济有关的内容。认为人口多是中国经济落后的重要原因，主张节制生育等有关人口方面的文章，在马寅初的旧著中就有，但比重并不大。新中国以后，马寅初大量的论著都是诠释党和政府的经济政策方面的内容，其代表作《我的经济理论哲学思想和政治立场》就是解释党的过渡时期的总路线的。《新人口论》仅只是该书 4 篇附录文章之一，也不是马寅初的主要成果。

2. 因为马尔萨斯主义总是把人口当作经济社会发展的决定性因素，而马克思以十分激烈的态度批判和否定马尔萨斯，所有传统的马克思主义把节制生育等同于马尔萨斯主义。1949 年 9 月，中国人民政治协商会议即将召开之际，毛泽东连续发表了 5 篇批判美国政府"白皮书"的文章，其中最后一篇文章的主题就是批判美国政府的马尔萨斯主义观点。在此后的几年里，党和政府对人工流产和节制生育问题是持否定态度的。所以，包括马寅初在内的那些解放前就主张节制生育的知识分子在这一个时期也都不再发表自己的意见了。1953 年以后，党的上层开始对节制生育问题改变认识，内部会议已经讨论改变限制避孕和节育的政策。处在中央机关核心领导层的邵力子和马寅初都有机会了解到党的上层对这一问题认识上的变化，比较早地在外界重提他们一贯主张的节制生育观点。1955 年 7 月，马寅初开始提出控制人口问题的时候，全国卫生部门已经开始在城市里宣传避孕和节育知识，中央政府已经组织生产避孕药械了。特别是 1955 年 3 月 1 日，党中央以批转中央卫生部党组报告的形式转发全国，提出"节制生育是关系广大人民生活的一个重大政策性问题"，明确赞同节育了。所以，马寅初并没有比党和毛泽东先一步提出控制人口和实行节制生育的主张。相反，马寅初是在共产党允许的时候才重提出他的主张的。

3. 毛泽东在 1957 年 2 月 27 日最高国务会议第十一次（扩大）会议上所做的"正确地处理人民内部矛盾"讲话中，有一段生动幽默的、主张实行计划生育的演讲。这是党继半年前周恩来在党的八大会议上明确提出节制生育的主张以后，党的最高领导人又一次在较大、较为公开的场合（这次会议扩大到党和国家高级干部、各民主党派负责人和民主人士 1800 多人）提出这一主张，而且是第一次公开提出计划生育的概念。毛泽东说：

我们这个国家有这么多的人，这一点是世界各国都没有的。它有这么多的人，六亿人口！这里头要提倡节育，少生一点就好了。要有计划地生产。我看人类自己最不会管理自己。对于工厂的生产，生产布匹，生产桌椅板凳，生产钢铁，他有计划。对于生产人类自己就是没有计划，就是无政府主义，无政府，无组织，无纪律。（毛主席这个话引起全场大笑）这个政府可能要设一个部门，设一个计划生育部好不好？（又是一阵大笑）或者设一个委员会吧，节育委员会，作为政府的机关。人民团体也可以组织一个，组织个人民团体来提倡。因为要解决一些技术问题，设一个部门，要拨一笔经费，要想办法，要做宣传。

3 月 1 日，大会组织了包括马寅初在内的 16 位民主人士发言。马寅初在发言中主要回应了毛泽东讲话中那段主张实行计划生育的话。马寅初表示拥护毛泽东有关计划生育的观点的发言共有 1000 字，约 10 分钟。这就是 30 多年来被主流人口学家所乐道的"马寅初中南海向毛泽东谏言"。毛泽东有关计划生育的讲话以后，1957 年初春有关计划生育的提法就开始在全国流行。许多社会学家、经济学家和社会贤达都纷纷发表文章，宣传节制生育和计划生育。马寅初的几篇有关人口和计划生育问题的文章，以及 1957 年 7 月 5 日以人大会议发言的形式在人民日报发表的"新人口论"，都是毛泽东关于计划生育的演讲以后这一背景下的产物。

4. 马寅初最初受到批判是在 1958 年北京大学的"双反"运动中。"双反"运动是 1958 年大跃进前夕党和毛泽东发动的一场席卷全国的政治大动员，"大鸣、大放、大字报、大辩论"是这次运动的主要开展方式和武器，"领导引火烧身"和"人人写大字报，人人被贴大字报"都是这次运动的主要特点。高校的"双反"运动实际上是老教授和旧知识分子的又一次炼狱，只是绝大多数人经过知识分子改造运动、"三反""五反"和反右斗争，已经有了对付群众运动的经验，这就是傅鹰教授总结的"运动来了，群众骂你三分混蛋，你承认五分，鼓掌通过"。由于国家最高权力机构的演变，1954 年全国代表大会后，马寅初从原来的中央人民政府委员改任全国人大常委。虽然北京大学校长的职务没有变化，但是，1957 年 10 月，为了加强高校的领导，党从国家机关抽调 1000 多名领导干部担任高校的领导。原来担任铁道部副部长的陆平进校担任北大党委第一书记兼副校长以后，学校改为党委领导下的校务委员会负责制，学校的日常工作和几乎其他所有的活动都由陆平主持和领导了，校长马寅初已经被晾在一边。失去政治光环的马寅初在师生中已经不那么神秘了。马寅初历来都是运动的领导和动力，从未做过对象，没有对付群众运动的经验。由于不服水土，师生給马寅初贴大字报，马寅初也給师生反贴大字报。大字报批评马寅初，马寅初也张贴大字报提出反批评。这样，相对于其他校领导来说，马寅初的大字报就多一些。如果公平一些说，因为马寅初校长毕竟平时与学生和青年教师接触少，比起许多老教授来所受到的冲击就轻微多了。8月1日，马寅初离校视察5个月，给他张贴的大字报就少多了。

　　5. 以光明日报和《新建设》为代表的报刊杂志对马寅初的批判是从光明日报刊登北京大学給马寅初张贴的大字报开始的。光明日报是面对高校和国家机关、文化界和包括民主党派在内的其他各界的中上层知识分子的报纸，"双反"运动开始后就把北京大学等高校的运动当作报道的重点。马寅初像对待校内张贴他的大字报一样，对光明日报上批判他的文章予以回应。从4月19日光明日报开始刊登批判马寅初的文章，到7月24日，该报刊登了马寅初两个长篇答辩和反批评的文章，其中后一篇分4天每次将近半个版面予以连载。随着马寅初在外地视察，8月中旬以后，光明日报基本上已经没有批判文章。11月29日，该报刊登一个编辑部文章和北京大学的3篇批判文章后，实际上已经结束了批判。但是，马寅初不愿意就此结束。批判活动基本结束整整一年后，1959年11月，马寅初借在《新建设》刊登"就大跃进的情形，作出一个科学解释"的长篇论文的机会，明确提出"接受光明日报的挑战"，实际上是对光明日报叫板宣战，从而发生新一轮的对马寅初的批判。马寅初是在那时受到了不公正的批判，但却不同于一般的知识分子受批判。马寅初在运动中还有很大的主动权，有力量实行还击，能够把自己的文章发表到希望刊登的光明日报、《新建设》或者《北京大学学报》任何一个报刊上，这不是那个时代每个被批判者都可以享有的特权。

5. 文化革命前的光明日报还不是今天与人民日报同等地位、属中共中央管辖的光明日报。那时的光明日报是各民主党派主办的报纸。1957 年 11 月，因原光明日报社社长章伯钧和总编储安平双双打成右派而改组时，马寅初就是作为民主党派的领导人参加会议的。被马寅初等民主党派领导人送上任的新任社长杨明轩总编陈此生都是比马寅初资历浅出许多的民主人士，未过半年就在光明日报上刊发批判自己的文章，马寅初难免会有极大的不满。《新建设》原属光明日报管理的杂志，1959 年划归中国科学院哲学社会科学部（相当于现在的中国社会科学院的前身）管理。马寅初是这个学部的委员（相当于现在的院士），也算是该杂志的领导。除此以外，进一步分析 1958-1960 年两次批判马寅初的 18 份杂志，基本上都是理论界和学术界的刊物。中共中央机关报人民日报曾在一篇批判右派分子费孝通等人的文章中顺便点名批评了马寅初，但文章对马寅初和几位著名右派还是有区别的。由陈伯达主编的中共中央机关刊物《红旗》杂志属于半月刊，期间共出版 48 期，没有刊登一篇批判马寅初的文章。1948 年 7 月份以后，除了西藏自治区以外的全国各个省、市、自治区党委都办有一份机关报和一份理论刊物，期间没有发表过一篇批判马寅初的文章。这些情况说明，党和政府不仅没有直接组织批判，而且对马寅初这一类有政治身份的民主人士还是有政治担当的。

笔者在整个研究中特别寻找批判马寅初过程中陈伯达康生所起的作用，遗憾的是，期间根本没有二人的身影。笔者一一检查了最近 30 年来有关陈伯达或者康生批判马寅初的文字，全都属于穿凿附会、无中生有、查无实据。就是说，批判马寅初与陈伯达康生根本无关。陈伯达康生批判马寅初，完全是 1979 年塑造马寅初这尊神的过程中根据需要杜撰的。

由此再分析马寅初那段表现铁骨铮铮的誓言。1958 年光明日报对马寅初的批判，并没有影响党和毛泽东对马寅初的使用。1959 年元旦结束连续 5 个月的视察回来后，马寅初频繁地出席北京高层举办的会议，其中包括盛大集会出现在主席台上和参加毛泽东邀请的小型会议。4月份的两届换届的会议上，继续当选全国人大常委，只是把原来兼任的全国政协常委调整为全国政协委员。所以，马寅初完全知道自己继续得到党和毛泽东的信任，与自己捣乱并过意不去的就是那帮比起自己资历还浅的民主人士。所以，马寅初要与之战斗到底的仍然是那帮家伙，他下战书的标题就是"接受光明日报的挑战"，显然是对着民主党派主办的光明日报及其光明日报的领导杨明轩陈此生的，这与陈伯达康生及其背后的党和政府都是八竿子打不着的事。

6. 马寅初把《我的经济理论哲学思想和政治立场》看作是自己的代表作，而批判马寅初的文章也始终都是针对这本书的。具体分析期间两年多公开发表的 138 篇批判文章，其中属于学术动态和综述性的文章计有15篇，明确从马寅初《我的经济理论哲学思想和政治立场》一书的整体性或者引申出某些问题予以批判的文章有 6 篇，批判马寅初哲学思想的文章 41 篇，批判经济理论的 16 篇，批判马寅初"新人口论"和马尔萨斯主义的文章 43 篇。而在批判马寅初人口论的文章中，分歧从来都不是要不要节制生育和计划生育，而是通过分析具体上纲上线把马寅初归结到马尔萨斯主义和资产阶级思想，以及反动政治立场上。党和政府从 50 年代初提出节制生育和计划生育以后，从来就没有终止过，即使在光明日报批判马寅初的 1958 年，仅人民日报上宣传计划生育和介绍先进典型的文章就从未中断，"计划生育好处多"的标题通俗、醒目，令人难忘。马寅初受批判是与要不要实行计划生育根本无关的事情。

7. 马寅初对于学术批判底气十足，敢于决战到底。但是，面对北京大学校办秘书揭发其在商务印书馆有股票 68000 元，在上海闸北火力发电与自来水公司有股票约 20000 余元，每月还收取房租 160 余元。根据韩的揭发，马寅初在土改中对政府没收他的土地表示不满。马寅初说："我们家的土地是我写书得来的钱买来的，为什么要没收我的土地？"在资产阶级右派向党猖狂进攻的时候，马寅初说：

"中国可能要出现匈牙利事件，要发生第二次革命。"马寅初还对史良批判章伯钧、罗隆基表示不满，公然说："罗隆基和章伯钧是民主党派中的优秀人才，应该团结他们。""章乃器是个高明的经济学家，他说定息不是剥削是对的。"校办秘书揭发中所提到的史良、章伯钧、罗隆基均为民盟中央领导人，其中史良时任司法部部长，章伯钧任交通部部长，罗隆基任森林工业部部长。章乃器为民建中央领导人，时任粮食部部长。章伯钧、罗隆基和章乃器等 3 人在 1957 年均被划为右派分子。毛泽东点名批评"章（伯钧）罗（隆基）同盟"后，史良代表民盟中央委员会在民盟内有一个长篇批判发言。如果马寅初对于毛泽东亲自点名批判的章罗同盟鸣冤叫屈，话语传到中共中央和毛泽东那里，将引起什么后果？还有，马寅初所持股票数量在那个时候可不是小数目。作为国家高级干部，领有巨额工资，享受特殊供应，政府給配有秘书、警卫、司机、厨师和几套宽敞的住房、轿车，自己却还拥有大量的股票和房产，不是资本家是什么？马寅初从辩论会下来血压就陡升到 190 度，由此住进医院，退出了战斗。

8. 马寅初的北京大学校长本来就是兼职。所以，北大校长去职并没有影响马寅初的政治地位和其他的待遇。1962 年患病从此下肢行动不便，就是以人大常委的名义视察期间生病引起的。1965 年 1 月两会期间，马寅初当选为全国政协常委。在党和国家的人事安排中，同级人大代表和政协委员、人大常委和政协常委都是相同职级的职务。马寅初在文化大革命中没有受到冲击。1972 年患直肠癌，经周恩来批准手术方案。1976 年 1 月，马寅初出席周恩来遗体告别仪式。1977 年，华国锋组织文化大革命以来最盛大的"五一"游园活动，马寅初就坐在轮椅上出现在华国锋出场的中山公园的活动中。1978 年，新一届全国政协会议召开，马寅初以大会执行主席的身份几经出现在各大媒体上，并继续担任以邓小平为主席的政协常委。12月，党的十一届三中全会上，陈云被补选为党中央副主席，马寅初立即发去贺电。以上情况都可以说明，那次批判活动与党和政府没有关系，所以才没有影响到马寅初的政治生命。

　　笔者将历史事件还原并非说马寅初受到的批判是合理的。那是一个很不正常的年代，特别是知识分子在那个年代普遍都遭受了不寻常的政治和生活磨难。马寅初作为一位从旧中国走过来的知识分子的命运，是从他充当"二传手"角色帮助党和毛泽东实现知识分子改造政策的那次政治运动就已经决定的了。但是，那是另外一个问题。我们这里要澄清的是，马寅初并不是因为"新人口论"罹难的，甚至于节制生育、计划生育和人口问题都不是马寅初受批判的原因，为什么20年后会有一个马寅初因为主张计划生育遭到党和国家的批判，制造一个比党和毛泽东更为英明的知识分子神来？尤其值得深思的是，在马寅初的问题上，至少有 3 位当事人应该是了解事情的来龙去脉的，这就是当年担任中共中央总书记的邓小平、党中央副主席陈云和任职中宣部副部长、帮助毛泽东掌握意识形态的毛泽东秘书胡乔木。当年的马寅初又非一般人物，党和政府是否批判过，上述 3 人在当年绝非会不知道。1979 年，所谓为马寅初平反过程中，以上 3 人又分别都起到不同的重要作用。特别是新华社宣传马寅初的所有材料都要经过胡乔木的审批，不仅出现了马寅初因为人口问题的"谏言"而受到批判，而且是受到陈伯达康生组织的批判。按照工作的性质，1958-1960 年无论公、私都是胡乔木与陈伯达康生联系最多的时期，应该知道马寅初被批判是与二人无关的事情。历史何以至此，需要人们做深入的研究。

　　即使如此，我却没有把马寅初列入江湖术士一类的人物当中去。尽管在研究过程中发现，马寅初也绝不是治学严谨的学者。相反，因为进入官场，还是有不少的政客作风。这和他所处的时代与体制有关。特别是 1979 年的时候，马寅初已算百岁老人，将近 20 年前下肢已经瘫痪，7、8 年前又做过直肠手术，这些对于一位老人的身心打击造成的后果都不可低估。所以，无论马寅初的体力或者智力的实际状况都很难为那次社会造神活动负有直接的责任。但是，马寅初可以不为此负责，而用肥皂泡吹起来的马寅初神话却必须澄清。

　　——2011 年 10 月 27 日（刊发于 2011 年 10 月 27 日）

马寅初事件始末

    我的《马寅初事件始末》在《中共山西省委党校学报》2011 年第 5 期上发表以后，11 月 2 日，我的在读博士生王永华在网上荡出台湾政治大学徐文路先生 2008 年写作的博士论文《马寅初事件的多重解读》，并将其介绍给我。应该说，徐文路先生的论文是此前所有关于马寅初的论著中最有水准的文章。因为，徐文路叙述的论文多少还是站在拥有的一些资料的前提下所做的研究，而此前几十年几乎所有大陆有关马寅初的文章却都是按照 1979 年建议中央为马寅初平反的那位记者的文章口径不断增加的溢美之词，少有搜集资料并根据一手资料进行相关的研究。徐文首先肯定了马寅初开始讲人口问题的时候，共产党和毛泽东已经提出实行避孕和节育这一基本事实。其次，徐文还指出毛泽东在提出计划生育的主张以后就再也没有停止过。第三，批判马寅初是与刚刚过去的反右无关的事情。仅这样几点，站在大陆以外的徐先生就比所有内地的作者都要高明。但是，徐先生还是没有识破上个世纪 70 年代末大陆塑造的马寅初这尊神的本质，相反受其影响认为马寅初是从自己的经济学原理出发提出"新人口论"从而受到了共产党的批判。这样，作者就把马寅初当作一位严谨的学者，还是按照共产党、毛泽东批判了马寅初这样的思路演绎了下来。这不是事实。理解马寅初事件的枢纽在于马寅初从共和国诞生时开始就已经和共产党融合在了一起，时时处处在为党和政府的方针政策做宣传。因为马寅初从来就没有向党和政府提出过批评意见，党和政府也就从未批判过马寅初。无论是 1955 年的全国人大会议上浙江小组会议的争论，还是 1958 至 1960 年光明日报挑起的批判，都主要是由与马寅初一起参加了共产党邀请的第一次全国人民政治协商会议的那些著名的民主人士发起的。在批判马寅初的那些民主人士看来，马寅初的错误是思想和立场问题，而与他的学术主张无关。在这些批判活动中，党和政府不仅没有参与，反而对马寅初还有政治担当。必须强调的是，党和政府对马寅初的担当是终身性质的。马寅初的家属曾经向传记作者叙述周恩来对马寅初的关照，特别是 1972 年马寅初直肠癌手术是经过周恩来总理批准的。1975 年周恩来逝世后，马寅初有资格赴医院向周恩来遗体告别。陈云似乎对马寅初也有关照。1978 年 12 月，党的十一届三中全会陈云补选为党中央副主席后，马寅初发去贺电，陈云还曾回复感谢。这些情况也都说明，马寅初受到的批判并非来自于共产党。应该说，这一基本事实无论是马寅初还是共产党，本来彼此都是十分清楚的。否则，在那个以政治为中心的时代里，马寅初如果在政治上与共产党发生丝毫不愉快的芥蒂，不仅周恩来、陈云不会与马寅初再有往来，马寅初也不会主动示好。这是认识和理解共产党政治生态的起码常识。

过去人们仅仅关注党和政府领导的对知识分子的批判，其实，知识分子之间、民主人士之间的批判是那个时代同一画面上的又一道格外别致的风景线。北京大学法学教授龚祥瑞曾在反右斗争中积极揭发批判他的恩师钱端升和同事楼邦彦、王铁崖等，后面几位在运动中都被打成了右派。龚祥瑞在 90 年代撰写的回忆录谈及这段往事时是这样说的：

我对陈体强、钱俊瑞、王铁崖、楼邦彦等同志的批判，在开始时，是"批评与反批评"，并无"反右派"一说。如果按后来的标准衡量，乃是资产阶级批资产阶级，按我们道德观来说，是资产阶级知识分子响应党的号召进行自我改造的自觉行为，不是像有的人所说，是"出卖朋友"的不道德行为，……对我们个人来说，不发生谁是谁非的问题。

在研究马寅初事件的过程中，笔者就对这位法律系教授的表现很感兴趣。在抗战时期曾任国民党青年干部学校副教育长的龚祥瑞竟然能够历经知识分子改造和"三反""五反""反右""双反"

运动，一次次安全过关。如果知道龚教授任职的国民党青年干部学校的校长是蒋介石，教育长是蒋经国，他的副教育长的角色和重担，以及与蒋氏父子的关系，都是不言而喻的。龚祥瑞是如何过关的？我在写作马寅初在 1958 年北京大学"双反"运动中受到师生的批判时，就对照了龚祥瑞。北京大学的"双反"运动开始后，龚祥瑞教授说：

> 过去我一直不承认是资产阶级知识分子。在双反运动中，经过群众的揭发，立场、思想、作风上所存在的问题都暴露出来了，最初自己还大吃一惊，可是再一挖也就不奇怪了，解放前就是资产阶级旧法学的宣扬者和执行人，也在国民党反动统治政权里作过官，是个彻头彻尾的资产阶级知识分子。解放后，党团结教育我，给了我荣誉和地位，在历次运动中也保护我教育我，而我一直没有自觉革命的认识。现在道路摆在眼前，不和资产阶级思想、立场分家，就不能做社会主义的工作。

龚祥瑞因为曾经指导过李克强而在去世 10 多年后出了名。在 4 个月前刚刚出版的回忆录里，龚祥瑞剖析自己在文化大革命中的心理活动和表现，更为深刻。他写道，按照毛泽东的说法，这次"史无前例的文化大革命"是共产党与国民党斗争的继续，像自己这样从旧社会过来并和国民党有过关系的人，自然会想到是很难过关的了。"我预见到自己在这场狂风骤雨中有灭顶之灾，自己已经预感到它的严重性质。……根据我自己的经验，我选择了'造反有理'的策略。"

同时我也想到我在这场运动中必遭受群众的打击。我自知 1957 年过了关，有的人就很不满意，这次我相信一定有人要打击报复。与其等着挨批挨打（根据我几十年来的经验）不如先发制人，主动站出来，大胆揭露本单位的问题，将来受到别人的揭露也可以使自己思想与心理的平衡。"我可以揭你，你当然也可以揭我"，这样一来我就没有怨气了。经过这样认真思考，我就夜以继日地写大字报，贴满了四院的围墙。

这是一个知识分子远离那个时代以后对自己当时心灵的剖析。难道马寅初就比龚祥瑞更纯洁和神圣？当然不是。马寅初很识趣，知道党和政府使用他的价值在什么地方，并且总能做得恰到好处。他任职陈云为主任的中央财经委员会副主任，那是为正在解放全中国的前线筹款的机构，按照钱昌照的说法，马寅初从不去到任；也任职华东军政委员会副主席，却不曾像饶漱石、陈毅、曾山等共产党的领导干部一样真的去做事。在北京大学 1951 年 6 月 1 日举办的欢迎马寅初就职校长的典礼上，马寅初讲：

今天在此讲话，诸位同学或许要听取我的建校方针，这点不免使诸位同学失望。我以为建校方针是中央所定，一个大学校长只有工作的任务，没有建校方针，一个校长只有执行中央的政策、推动中央方针的任务，所以我今天不谈方针。

有的时候，马寅初表现得比毛泽东还毛泽东。根据《毛泽东传》，1957 年初春，毛泽东基于人民内部矛盾的新思考，一度曾经有让在位的民主人士有职有权的想法。

4 月 30 日，毛泽东在最高国务会议上讲话说：

过去共产党员有职有权有责，民主人士只有职而无权无责。现在应是大家有职有权有责。现在党内外应改变成平等关系，不是形式上的而是真正的有职有权。以后无论哪个地方，谁当长的就归他管。

说到这里，毛泽东问北大校长马寅初："你那里怎样？"

马寅初回答："是不够。"

毛泽东又问："他们要不要你管？"

马寅初说："矛盾是有的。"

毛泽东见马寅初讲的很委婉。便直接了当地把问题挑明："你讲话不彻底，矛盾存在，敷衍过去不能解决问题。"

与绝大多数人最近几十年的印象相反，马寅初其实是很会做人和做事的。不仅如此，马寅初总是希望用自己经济学家的身份来影响社会，为党和政府服务。所以，党和政府每每出台新的方针政策，他都会出面宣传一通，跟在毛泽东后面写《共同纲领》，写新民主主义经济，写农业合作化、公私合营和社会主义工商业改造，写综合平衡、按比例发展，写知识分子改造、双百方针，写土改运动、抗美援朝、反对右派，写大跃进、一天等于二十年和农业八字宪法，甚至于应相关部门的领导的要求去写政府为什么发行公债、收支预算，以及为物价上涨作辩护，等等。徐文路先生的博士论文按照严谨的学者的学术思想推导马寅初"新人口论"的形成，问题恰恰在于马寅初的这些文章不是自己学术观点的自然结果，而是直接出自于现实的需要。为了需要，都可以编造出没有过的事情。譬如，从各个方面的情况判断，马寅初并未就人口问题作过调查。但是，1957 年 3 月 1 日，马寅初为在最高国务会议上回应毛泽东前两天的讲话中提出的计划生育的观点，随口就可以说自己就这个问题有过多次的、专门的调查。他说：

两年前，在全国人民代表大会上，我在浙江小组提出了我国的人口问题。为什么提出这个问题呢？我两次视察，没有到别的地方去，只到了浙江。浙江的代表性的乡村我都去了，好的、坏的、中等的都去过。每次去的时候，我就问他们有多少人？去年一年生了多少，死了多少？大概一年增加百分之三，也有一年增加百分之四，百分之五甚至百分之七的，一年增加这么多。到处看到小孩，我想不得了。到了上海，弄堂里也到处都是小孩，洋车都进不去。这个问题怎么办？所以回来以后写了个提案，但在浙江小组里一讨论，赞成我的除邵力子先生外，还有几位科学家，有科学院副院长竺可桢，另有科学家赵忠尧、王国松、顾功叙。

这样的话在几个月后发表的《新人口论》中又说了一遍。但是，不仅没有人看见过他的所谓"提案"，在这一时期他的几个有关人口问题的文章、答记者问和《新人口论》中，都没有发现所谓在浙江等地方调查人口状况譬如某省某县某乡某村某年人口生育、死亡等等的具体材料。还有，根据竺可桢当天的日记，1955 年浙江小组会

议上的人口问题的争议首先是由邵力子提出，马寅初和竺可桢附和
支持的，这次最高国务会议上当着毛泽东等人的面，马寅初改说为是
他先提出来，而邵力子、竺可桢等科学家是支持他的。马寅初作为政
治人物，要跟上毛泽东的步伐，如何还能保障严谨的科学？

　　正是因为马寅初在处理与共产党的关系问题上总能做得很好、
很到位，所以，党和政府不仅从没有批判过他，而且对其始终都有所
担当。但是，民主党派和其他民主人士却不放过他。马寅初事件实际
上是民主人士对马寅初的批判。在经过半个世纪以后回过头来审视
那次对马寅初的批判和马寅初的反批判，不过是发生在共产党领导
下的民主人士之间的一场口水战，如龚祥瑞所说，本来就"不发生谁
是谁非的问题"。不过，在 1979 年前后那个特定环境下，不惜把民
主党派和民主人士批判马寅初歪曲为党和政府批判马寅初，把马寅
初塑造成比党和毛泽东还要正确、并且敢于和陈伯达康生及其背后
的党和毛泽东抗争的政治英雄，其意图就是要为迅速建立起一个以
强制为特征的现行的计划生育制度服务的。"实践宣布了公允的裁
判二十多年的是非终于澄清，党组织为马寅初彻底平反恢复名誉"，
"党中央批准北京大学党委的决定，为马寅初先生彻底平反恢复名
誉，决定指出'新人口论'的观点是正确的，许多主张也是可行
的"，都曾是人民日报的大字黑体标题。"错批一人，误增三亿"，
也是那个时代传播最广泛的话题。有关部门借助中央为马寅初平反
的舆论宣传，进一步把"一胎化"生育政策和当年"四人帮"在上
海实行的根据人口计划把节育措施具体落实到每一个有条件生育的
育龄妇女身上的极左作法扩展到全国，使得"文化大革命"中政府
公权随意侵犯私权的做法发展到了极致。所以，还原马寅初事件的原
貌，揭露马寅初平反问题的真相，乃是纠正错误的现行计划生育制度
必须要做的基础性工作之一。

2011 年 11 月 10 日

（刊发于 2011 年 10 月 10 日）

有关马寅初的几封信

按语

鉴于马寅初问题复杂而又宏大，一方面想在这个题目上多滞留几天，对一些问题做些深入的思考。另一方面，笔者希望听到更多网友的意见。所以，再发表几封内部讨论的信件，以飨读者。

——2011 年 11 月 21 日

（一）张贡生与梁中堂的信件

1. 张贡生致梁中堂（2011 年 9 月 20 日）

梁老师：

您好。

我现在将看完的（《马寅初事件始末》）第六稿——即带批注的返过去。其中有些可能是笔误或者我的理解有问题，觉得需要斟酌的地方。

全文三遍看完以后，我两个晚上没有睡觉，觉得像您这样做学问的很少。且不说资料非常健全，仅就内容讲，实在是让人兴奋不已，我总觉得好像是您在将当时的历史记录给我看。有些人做学问就是拼凑，或者断章取义，让人费解。

我觉得六稿结束语的（四）、（七），或者昨天稿子的（四）、（五）分别放在（二）、（三）更合适。我的想法是：先肯定马老的身份，再澄清相关问题更合适。这是其一；其二，我觉得在最后还应该有一句话：马老作为中共挚友（此话不知道合适不？）永远活在我们心中，

351

他也为新中国的建设做出不可磨灭的贡献！究竟怎么结尾——从高度上给予评价更能体现文章让人留恋，爱不释手。

2. 梁中堂致张贡生（2011 年 9 月 20 日）

张老师：

谢谢您花费那么多功夫阅读我的稿子。我已经对照您的改正，在我的稿子上改过来了，并约好明天传给党校学报总编。您提的建议很好，结束语中的第一个问题是讲马寅初的政治地位和建国初期的社会作用，特别是在知识分子改造运动中的作用。这是一个悲剧。马寅初在帮助党和毛泽东教育知识分子改造运动中已经埋伏了自己的命运。第二个问题是介绍邵力子和马寅初在共产党领导下都是很识趣的民主人士，允许讲话的时候才再次讲出了自己的过去主张，并不是后来编织的他们先于党和毛泽东提出计划生育问题。相反，是毛泽东讲话了，他们才提出解放前就有的主张。以及 1955 年浙江小组的那次风波。第三个问题介绍马寅初受批判的事件经过。第四个问题是要说明那场批判活动中，人们批马寅初什么？不是后来人编制的马寅初因为人口论受到批判。第五个问题介绍是谁批马寅初，不但不是被编制的党和毛泽东批判马寅初，而且应该看到党和毛泽东对马寅初有所担当。是民主党派批判马寅初，是共产党领导下的民主人士之间的龃龉。这样就回答了马寅初似乎敢于与党和毛泽东叫板的神话。所以，您建议把这两个问题也放到第三的问题，是有道理的。第六个问题是揭示马寅初的命运，他作为一个旧知识分子受批判的命运是注定了的，我曾用在劫难逃来概括。最后一个问题是提出新的问题。

关于评价马寅初的问题，我想先不着急。马寅初没有那么高大，远远谈不上共产党的铮友。共产党掌权后过于强大，没有谁可以与其匹配，连接近的人或者组织都没有。马寅初只是工具，很识相、听话、忠诚的工具。所以，共产党始终没有抛弃他，批判他。当然，20 年后神话马寅初与马寅初基本无关。您想，那时的马寅初已经接近百岁，身体、神智和智力都不可能正常了，完全成了家属和社会导演活话剧的道具了。这个问题先不说去。

马寅初问题的研究可以说已经积累了 30 年，抓紧时间搜集资料的时间也有近 10 年的时间，提到日程上开始做有 5 年，动笔写作也 3 年多了。原准备是完成一本专著的，现将主要部分抽取出来。因为是可能引起争论的文章，我尽可能把一些资料原原本本地拿出来，文字就长了些。

（二）徐文路与梁中堂的信件

1. 徐文路致梁中堂（2011 年 11 月 10 日）

梁先生好：

我是徐文路，关于您对我的论文的指教，在此先致谢意．目前透过网络，我还看不到您在山西党校刊物上的文章，因此只能先以这篇文章为主提出一（些）意见．以下有几事不明，尚盼相互切蹉：

一、你的论点中强调，中共从未批判马寅初，那么要如何看待 1958 年中共八大二次会议中，刘少奇的这段话："有人认为，人口多了，消费就得多，积累就不能多……他们只看到人是消费者，人多消费要多，而不首先看到人是生产者，人多就有可能生产得更多积累得更多。显然，这是一种违反马克思列宁主义的观点"？

二、又要如何看待 1979 年 9 月 15 日人民日报的报导："党中央批准北京大学党委的决定，为马寅初先生彻底平反恢复名誉"[1]？如果中共没有批判马寅初，又何必平反？

三、我在查找数据的过程中，有一篇文章的作者至今仍未能解谜，即 1958 年 6 月 6 日，人民日报有一篇署名为"叔仲"者的文章，首次公开点名批评了马寅初，并把问题的性质定调成"毛马对立"，此人是谁？若蒙提点，铭感在心！

1　参见 http://www.people.com.cn/GB/shizheng/252/8434/8437/20020613/751949.html

2. 梁中堂致徐文路（2011 年 11 月 10 日）

徐文路先生：

谢谢您很快就阅读了拙文。本文因有前一篇的基础，对于马寅初事件的许多问题就没有提及，如果您有时间和耐心，可以再阅读一下前一篇文章即"戳破马寅初神话"。发表在党校学报的文章比较长，不好在这里张贴，您可以向他们索取杂志，也可以告诉我您的电邮，我把电子版的文章发给您。

3. 徐文路致梁中堂（2011 年 11 月 10 日）

梁先生：

已看过前面一篇文章，但我所提的三个问题仍存。若有所说明，还请指正。

4. 梁中堂致徐文路（2011 年 11 月 11 日）

徐文路先生：

在网络上回复了一个长文，因文字超过限制，操作失误丢掉了，重新回复一次。

您提的三个问题。关于刘少奇的报告所反驳的观点，因为未直接点名，不该对号入座的。即使马寅初也有这样的观点，但刘少奇所批评与反驳的观点是共产党内部会议上代表中央做政治报告中的一个段落，是与后来马寅初受到的围攻和批判是不一样的。何况，刘少奇的称谓还是用复数。至于您说的第二个问题，那正是政治的诡吊之处。特别是大陆的民众对于政府和国家的认识还都很肤浅、幼稚，我们正是需要在这一类历史事件中加深对国家以及掌管国家事务的政治家或者政客的认识。这也是我花费很大精力研究马寅初事件的本意。第三个问题，我猜想那是一个笔名，这不重要。我在论文里有特殊的安排，即可以视其为是对马寅初的批评和批判，但也是与同一篇文章中对费孝通等右派所使用的文字有区别的。那个时代点名批判和批评的知识分子很多，如冯友兰、王力、陈寅恪等等，是与我们讨论的"马寅初事件"受批判还是不一样的。其实，历史上只要有周恩来批准马寅初的治疗方案和马寅初向周恩来遗体告别两件事情中任何一件，就都说明一切问题了。如果马寅初受到共产党的批判，周恩来绝对不会在后来过问和审批他的治疗方案。同样的道理，马寅初也不会收到参加周恩来遗体告别仪式的通知。

我已经向杂志所要电子版，等拿到后即可转给您。否则，会把我的底稿发给您。希望您阅读我的文章后能再讨论。

5. 梁中堂致徐文路（2011 年 11 月 12 日）

徐文路先生：

这是编辑刚发来的电子版，我还未打开，如果不清楚再告。另外，我在网上的回复也显现出来了。两次回复，乱七八糟。见谅。

6. 徐文路致梁中堂（2011 年 11 月 13 日）

梁先生：

拜读了大作，对于您的研究甚表敬佩。此文对马寅初的研究比我在博论第二章的研究范围要大要广，尤其关于"新建设杂志"的背景调查，以及民主派人士之间的意气之争方面，深为受用！此外，若干论点和调查读后，总有些"原来你我所见略同"之感，更是一大乐事，例如马寅初真正受到的批评，实与双反运动有关，而与人口问题反而较间接或不相干，又如马寅初尽管被批判，但其所受到的待遇，却是与其它知识分子有所区别，比较优越的。这些都是我之前的研究材料中看不到的，都是你我自己的劳动成果，值得珍视！

其次关于我提出的三个问题，第一个问题我可以理解，毕竟的确没有更为直接的证据，不能也不宜直指刘少奇对马寅初有意见，不过我之所以有如上判断，还另有论证。

但是第二个问题，在您的响应中，我看不出您想表达的真实内容。您在博文的原文中说："作者（即我）就把马寅初当作一位严谨的学者，还是按照共产党、毛泽东批判了马寅初这样的思路演绎了下来。"实际上，如果您通读我的博论全文，应可看出，我对毛泽东和中共党组织，在讨论这个问题时，一定程度上是分开来看的，因为有太多的数据显示，中共全党上下对计划生育与节制人口的看法是不一致的，即便是中央形成共识，下了命令，各局处或各领导人仍会依不同的情况和理由，排列其执行和办理的政策优先级。人口问题便是其一。而毛则自始至终态度大体是一致的要节制生育。因此，我始终反对是毛批马，而是其它人的主意。另外，由于有李贵的道歉和平反，表示必定存在中共某一层级的党组织或领导人有意批马，而你在文中也提到了陆平和马寅初的矛盾。难道陆平不代表党吗？更何况，以马寅初的地位和重要性，要批马，决不是陆平可以决定的事情吧！因此，我的论文提出中共（未指明是哪个层级，但较可能的是北京市委甚至是刘少奇，因为彭真在北京市委，而其与刘的关系非浅）批马，应不致构成您上述的印象才是。

至于第三个问题，我有不同意见。我同意叔仲之文标题并未直接点名马寅初，因此较可能是批评而非批判。但内文直接点名一事也非同小可，尤其是刊在人民日报上，而且是被毛批判"死人办报"，并换了总编吴冷西之后的人民日报，要说这个作者不重要，我想很难说服我。

2008 年写完了这个论文之后，原以为中文学界再也没有人会对马寅初有兴趣做更为深入的研究，因为马寅初毕竟已不是学界研究的热点。不想意外中看到您的博文，甚为兴奋，也感谢您对我文章的指教。希望彼此相互指点，把问题搞清楚，也请您不吝对我博论其它各章内容提出意见，谢谢。

7. 梁中堂致徐文路（2011 年 11 月 13 日）

徐文路先生：

谢谢您对我的文章的评论。您的大作我尚未全部和仔细拜读，只是阅读了相关的几个章节。我是说您从马寅初做学问的前提下演绎出他的"新人口论"，而实际上马寅初并非是在做学问。马寅初被放置在中央人民政府的机构里貌似大官以后，他很受用，就不断地紧跟毛泽东的政治中心工作。"新人口论"是马寅初紧跟毛泽东的产物。但是，1979 年的大陆，把这些都反过来造了一尊马寅初神。我的文章只是尽可能地还原事情真相。因为马寅初这尊神是在党和政府、毛泽东这个层面的，所以就必须在这个层面来寻找历史曾经发生过的关系。我们的线索应该紧紧扣住光明日报、新建设杂志以及北京大学批判马寅初的活动中是否有党和政府、毛泽东的身影。过去党中央明确说陈伯达康生批判了马寅初，不管我们是否发现他们二人曾经秉承毛泽东的旨意，但只有了证据也都该算在这个层面。事实上根本没有这样的证据，相反从《红旗》杂志到地方党委的机关报和机关刊物都未参与批判马寅初的事实来看，说明党和毛泽东对此有担当、有纪律的。这一点，我想您应该从穆欣的所谓回忆录得到证明。您此前阅读了他的文章，而他作为当时主持光明日报的副总编辑，应该对批判马寅初的过程十分清楚，但他恰恰没有交代任何具体的情况，更没有交代出陈伯达康生的任何线索。相反，他写别人的时候，照抄了几十年来的传来传去的材料，说康生使得批判马寅初的活动升级了。我们要的是第一手的资料，陈伯达康生与光明日报无关可以是穆欣的第一手资料；而与其有关，在穆欣那里则是传抄别人的资料。

然后再说您的具体问题，历史是复杂的。个别文章发生的情况，如果没有直接的证据，譬如说有证据表明那个文章就是秉承毛泽东的旨意写的，甚至于通常这样的情况下毛泽东都会直接修改文章，就不该与批判马寅初事件相联系，至少与这个事件不可同日而语。因为，制造的批判马寅初神和毛泽东是否批判马寅初，核心的问题是毛泽东是否对计划生育反悔了，是否是毛泽东不主张计划生育了。1979年出现的马寅初神是与大力推行计划生育相关并且为此服务的，这是问题的要害。所以，离开了这个要害问题，毛泽东是否批判马寅初的问题就不重要了。如同在毛泽东时代，毛泽东和其他领导人的关系实际上是领导和被领导、上下级服从与被服从的关系，事实上毛泽东对刘少奇、周恩来、邓小平等等几乎所有的人都常常有所批评，有的时候还都极为严厉、尖刻。但不是打倒意义上的批评和批判。在制造马寅初神的时候，捏造出了一个被毛泽东、党和政府打倒了的批判马寅初事件。我们做研究是要寻找这个打倒马寅初的批判马寅初历史事件。写到这里，我觉得关于陆平能否代表党和政府的问题该有答案了。陆平自作主张却又不出面，是几乎所有的官场人物都可以做出来的伎俩。文化大革命中大陆各个单位的大大小小的官员（"当权派"）和领导干部都把这种伎俩普遍发挥到了极致，都会使用转移目标的办法通过群众运动斗争自己的对立面或政敌。一方面，在历史论证上面我们必须遵循"无罪推定"的原则，没有发现陆平秉承谁的旨意批判马寅初了，就不可推论是经过党组织同意发动群众批判马寅初。另一方面，批判马寅初这样的政治人物，实际上只有毛泽东点头才可以办的事情，否则，事关毛泽东统战的大策，就是刘少奇、周恩来、邓小平也不敢未经毛泽东下达旨意批判马寅初的。马寅初也深知这一政治，所以才在 1959 年 11 月份要与光明日报重新开战。马寅初自恃深厚的学术功底和在毛泽东那里的靠山是要赢得这场战斗的，但未曾想到自己校长办公室却隐藏了他的一次"滑铁卢"。当 1960 年 1 月 11 日他进入那个与三个学会约定的辩论会（那个时代这样的辩论会在各地都是极为经常性的）的时候，绝对没有料到那竟是自己的"垓下之战"。

我想，我已经清理出马寅初受批判的历史线索以及很清晰地把这一历史还原出来了。您所提的人民日报的问题不是很重要了。事实上，最先提出商榷文章的是国家计划经济委员会下属的《计划经济》，以及财政部下属的《财政》。要说，这也都与党和政府相关。但是，像人民日报的那篇文章一样，《计划经济》《财政》都在民主党派的报纸光明日报和学术界的那些杂志蜂起批判马寅初的时候，早早选择了退出，恰好说明党和政府的政策担当。

好了，遇着知音才说了许多。有时间再议吧。

（三）姚国华与梁中堂

1. 姚国华致梁中堂（2011 年 11 月 21 日）

梁老，您好！

最近我为您的文章着迷了！

您在博客上戳穿三十年马寅初神话的文章，具有石破天惊的意义，远不止在影响几亿人生育的人口政策领域拨乱反正，更能够给人一把理解三十年整个中国的政治与文化的钥匙。不久前我还想教您的许多疑惑，很多突然全部解开了。

我也注意到，开国大典上马在毛的肩膀边微笑着的神态。我的解读是，当时秩序有点乱，显然没有后来那种事先排后好的座次。如果排名次，马的地位再高，但在前面还有主席副主席、总理副总理及军事委员会等等方面要人至少二十多位，55 位委员里比他年长的老人也有十位左右（老人在自然秩序里优先，但老人通常又比较迟钝、矜持），无论怎样也轮不到他站在这里。在这历史纪录的这一刻，似乎是他选择站在这里，可能是这位大知识分子更具历史眼光，比较有镜头感。这种揣测，似乎与您所陈述的之后十多年，他与党和政府主动配合相印证。

不过，我还有一些疑惑，不知您能否全部解开：

第一，康生陈伯达组织批马，几十年来被写得言之凿凿，您是否已经一一确证是附会的？

譬如《周恩来年谱》云：1958 年 5 月 3 日，约马寅初谈话。以后，对中共中央统战部关于康生提出将马寅初划成右派问题的请示，周恩来说：马寅初是中国第一个经济学家，是北京大学教授，国内外都有相当大的影响。他是爱国的，坐过国民党的牢，出来后同我们合作；日本投降后，反饥饿、反内战的示威游行，他跟学生一起上街，走在队伍前面。这一段历史，是不能篡改的。对马寅初不能定成右派。

　　第二，1958 年 9 月第十五次最高国务会议出席者里没有马寅初，却有北大党委书记副校长陆平。马已离校视察，离校视察是否某种排挤呢？1959 年第十七次会议也没有马。您的解释是旧知识分子作为过渡性人物开始淡出，但促成这一趋势的，似乎不全是知识分子自发行动，应当还有高层的推动。其他出席者大多还是民主人士、知识分子，如北大副校长周培源，能否解释为自然科学家仍有地位优势？

　　第三，1958 年，毛泽东在人口增长问题有一系列相当轻松乐观的言论，与前一年迥然不同，而且每隔一两个月语气都有变化。年初就已经没有紧迫感了，后来说八亿十亿也不怕，最后于大跃时高潮时甚至说十多亿人也不要紧。这些言论是否真的？从毛在第十五次最高国务会议上的讲话看，应当是真的。如果是真，毛的态度转变不会构成批马的诱因吗？您说毛时代节制生育一直没有停止过，能不能说 58 年还是经历一些波折呢？至少在观念上。通观毛的相关言论，似乎总有很多限定，如人口稀少的地区，少数民族人口少还要发展（今天看来不是理由），这是不是说，毛内心里对节制生育不太积极？

　　另外几个小问题：

　　第一，《戳破马寅初神话》一文，小标题有两个 5。

　　第二，邓小平是新中国节制生育的最早推动者，但他把这一功劳让给马寅初而不置一词。后一半可能与政治相关，但前一半也许与他个人生活有关（邓参加革命与信仰无关，基本上是一种职业选择），1952 年他第五个孩子出生，妻子仍在育龄期，避孕具被卫生部禁止进口。邵力子的个人特殊经历让他更早成为节制生育的推动者。

　　第三，中共第三代领导人大多两个孩子，表明 50 年代以后毕业的大学生基本都接受了计划生育。

　　第四，前现代的中国封建社会之说，只是近百年来的概念误会。事实上，秦始皇的最大贡献就是消灭封建制，建立郡县制，即所谓中央集权制。附上拙作《百年中国脑震荡》请指教。

　　祝好！

2. 梁中堂致姚国华（2011 年 11 月 23 日）

姚国华先生：

谢谢您有兴致阅读我的文章。其实，您不写这封信，我也会在近期与您联系。9 月份您告诉我朋友为您安排了一场山西演讲，而且就在山西省委党校，那是我奉献青春年华的地方，曾有我许多美好的回忆。也就是在那个稿件中，我发现您有马寅初的话句。在那里，您当然是按照 30 多年来被有关方面神化了的马寅初论述的。事有凑巧的是，我那篇推翻马寅初的文章正在山西省委党校印刷厂制作之中。但是，因为我们通信息的时候，已经是距您演讲期不几天了。暂不说思想性和内容而仅以文句来述评，说实在的，您的演讲的开场文字写得相当精彩，那简直就是一篇优美的散文。我怕那时把我的有关马寅初的文章寄给您以后，干扰您的思绪，影响那次演讲的效果。所以，那时就决定等过后要把这篇文章发给您。真的想不到，您还会关注我的博客。

很赞同您的说法，马寅初问题不仅仅在计划生育领域中有意义，它对于理解我国政治、文化领域的许多基本关系，都会有相当重要的启迪。不过，社会了解和消化我发现的这些史料，以及接受这一事实，都还要有个过程。

下面是有关您的一些问题。

首先，有关康生陈伯达组织批马寅初，可以说全都是子虚乌有的事情。您想一想，如果在毛泽东那里没有要动马寅初的念头，陈伯达康生如何敢随意扰乱有关毛泽东统战大计的事情？这方面的所有材料我都考证过，即使一些有关陈伯达康生批判马寅初的具有具体的日期、人物和十分具体的发言、讲话，我都注意到了。但是，所有这些文章都有一个致命的问题，就是没有资料来源和出处。那该是一些记者或小说家的杜撰。您所提《周恩来年谱》上的那段话我很早已经注意到了，它没有注明来自那里的资料。我判断是来自于有关马寅初的传记或者有关文章。而有关这段话的演绎有一个过程。1979 年平反材料仅仅是依据新华社记者的说法，是康生组织批判了马寅初，并说马寅初要求《新建设》发表文章是"右派进攻"，但尚未有康生要划马寅初右派之说。80 年代初期，开始有这样的说法，却没有具体描述。1985 年许涤新的回忆上也有了这样的话以后，就有了经许涤新请示周恩来之说。这其中的许涤新应是关键性的人物。但是，第一，许涤新在 1985 年之前有关马寅初的回忆却没有康生要打右派的说法。第二，许涤新在 1985 年以后从康生之说，却没有记述是康生指派他请示周恩来等等经办过程。可见许涤新也是以讹传讹。

其次，很高兴您已经注意到 1958 年 9 月第 15 次最高国务会议出席者里没有马寅初而有北大党委书记副校长陆平出席是因为马寅初离校视察。而这个问题在一些传记作家那里是将其与马寅初受批判相关的。马寅初离校视察是要远离"双反"运动。马寅初在中央政权核心和北京大学校长位置上淡出都有一个过程，特别是校长职务在校内竟然式微，也都有一个发展过程。但是，陆平进校就标志着马寅初没有校长应有的职权，该是马寅初十分清楚的事情。马寅初离校视察是否有某种被动和无可奈何花落地的情绪、情感在里面，现在设想他的处境，不排除这一点。不过当时的情形是，党委几经劝阻，马寅初执意要离开的。而且，这一走就是整整 5 个月。

您还注意到 1959 年第 17 次最高国务会议没有马寅初。不过，这里有这样一些情况。按照中华人民共和国宪法的设计，全国人大属于国家最高权力机关，代表人民制定法律和最终决定国家大事。国务院是国家行政最高领导机关。国家主席属于国家象征性的职务，既没有赋予明确的国家权力，也没有很多、很具体的有关实际职责的分工。但是，毛泽东发明了以国家主席身份召集最高国务会议。但参加最高国务会议的人员却没有具体的法律规范。根据当年给最高国务会议作记录工作的童小鹏的叙述，毛泽东担任国家主席的 5 年里，共召集过 16 次最高国务会议，刘少奇担任国家主席后仅主持召开过 3 次。其中毛泽东主持的最后一次即第 16 次是 1959 年 4 月 15 日召开，有共产党和包括全国政协全国人大等国家机关高级干部、各民主党派和民主人士等计 106 人参加。这次会议是两会换届前的通气会议，可能因为参加的人员多，没有公布名单。根据马寅初在两届仍然担任全国人大常委的情况分析，应该参加了这次会议。至于您所说的第 17 次最高国务会议，那是换届以后由新的国家主席刘少奇在 8 月 24 日主持召开的，参加会议的人员有所调整，不好说是因为马寅初受批判而遭到了排挤。但是，从 9 月 15 日毛泽东邀请马寅初参加各民主党派、各人民团体的负责人，"著名无党派民主人士和著名文化教育界人士"举行会议来说，马寅初在毛泽东那里并没有发生政治上不信任的问题。虽然，这次会议同时有陆平参加，该理解为北京大学主事已经由马寅初转换为陆平，中央层面是清楚的，甚至于是中央预定的事情。不过，中央层面要求北京大学逐步过渡到陆平执掌，不等于要经过批判和把马寅初搞臭这样预定的程序。因为马寅初并不是不合作的人，事实上，马寅初在中财委、中南军政委员会、中央人民政府委员和全国人大、政协等等几乎所有的位置上，包括北京大学校长的位置上，都是十分清楚地按照党的要求而配合默契地做事情。所以，毛泽东、周恩来完全没有必要以批判马寅初的方式要马寅初离开北京大学。更何况，经过前一年的反右斗争以后，过多的民主党派离开国家政权机关以后，马寅初占据北京大学校长的位置比把他拿下来对共产党更有利。至于您因为周培源参加了刘少奇的最高国务会议推测是否是对知识分子和科技人员的重视，我猜想不是，因为周培源是以九三学社的副主委名义参加的。那时参加这个会议的人员以什么原则或政策确定，我们还未能研究的那么细致。因为我在此之前就注意到同样的全国人大常委，邵力子、马寅初就参加了毛泽东主持的最高国务会议，竺可桢就未能参加。可能那时的标准和原则还是今天我们未能理解的。

第三，您是否阅读过拙著《毛泽东人口思想研究》，我把毛泽东关于因为生产实行计划所以生育也要有计划即计划生育的观点当作是 1957 年 6 月正式发表《正确处理人民内部矛盾的问题》以前的一种设想。在 3 至 6 月大约 100 多天字斟句酌地修改 2 月 27 日的那次讲话稿的时候，发现这种把人民看作包袱的观点是与自己在战争年代获取的马克思主义唯物史观直接冲突的，所以，就把这方面的内容全部删节掉了。但是，不这样，社会主义时期为什么会有吃饭、上学、就业、医疗等等许多而且严重的人口问题，却是毛泽东在世的时候一直未曾思考清楚的一个基本问题。所以，毛泽东至其逝世时为止，既不允许公开发表自己任何有关人口和计划生育的话语，又没有再向任何人讲过应该停止计划生育。不过，毛泽东此后所讲的计划生育基本上都是在节制生育这样的含义上来使用这一词汇的。我曾在许多篇文章中，特别是在《新中国计划生育六十年：两种含义，两个三十年》中提出，必须区分两个涵义的计划生育，一个是通常节制生育意义上来说的计划生育，一个是由政府分配指标的计划生育。前一个计划生育，那是现代人的一个基本权利，尊重各个人的这一基本自由权利，是社会的进步。后一个计划生育，是在极为特殊的历史背景下仅仅发生在我国的一种荒谬的政策或制度，是该尽快被否定的，而且是被取缔得越快越好。两种含义的计划生育，这是理解中国计划生育问题的枢纽。

至于您说是否会发生因毛泽东态度转变而决定批判马寅初，就又是回到毛泽东因为听信马寅初建议实行计划生育的观点上了。其实，在毛泽东那里，不是听了马寅初才产生计划生育的想法，而是毛泽东有了实行计划生育的思想才有了马寅初拥护毛泽东的事情。另外，马寅初受批判，也不是因为"新人口论"。在批判马寅初过程中，人口问题并不是主要问题，批判马寅初的人口论都是要从中找出体现马寅初资产阶级经济和哲学观点、立场问题，借以否定他，要害问题从来都不是要不要实行节制生育。没有人批判马寅初的时候要否定节制生育和计划生育。1958 年光明日报批判马寅初的同一时期，不仅光明日报上还有报道节制生育和计划生育的文章，人民日报上就更多了。所以，说毛泽东反悔批判马寅初，是 20 多年以后的人们根据需要而臆想出来的情节。

还有，您说的邓小平的发明权问题，同意您关于邓小平因自身的经历和状况而对避孕和节制生育持积极态度的观点。我在过去的文章中也从共产党革命自身经历来解释为什么新中国关于避孕和节制生育会以较短的时期改变国家制度，这一点比发达国家来的容易，许多发达国家的公民在避孕和节育方面的权利来得要迟缓得多，——美国现在流产还不那么简单。但是，我以为更深更高的原因还不在邓小平，而是毛泽东。是毛泽东有了态度才有了邓小平。否则，那时的邓小平仅仅是一位政务院（还不是现在的国务院）副总理，连政治局委员都还不是，怎么敢径直要求卫生部改变制度呢？当然，这个观点还需相关的档案材料支持。至于说到1979年马寅初平反时的情况，我以为邓小平只是在翻案潮的大背景下同意陈云和胡耀邦等人已经推动的事实往前走，而细节的情况比如说马寅初先于共产党提出计划生育的说法，就不那么在意、也不那么重视了。但是，邓小平那个层面可以忽视的问题，到了老百姓的具体生活上可就是生命攸关的事情了。

十分感谢您惠寄大作，一定抽时间拜读。从行文中看，您似乎没有得到《山西省委党校学报》刊发的《马寅初事件始末》原文，现将我的文章发给您，请指教。

（分 2 次刊发于 2011 年 11 月 21、27 日）

声　明

　　近闻一些媒体有"梁中堂，国家计划生育委员会专家委员"的介绍。本人于 1988 年至 2008 年曾被国家计划生育委员会（1998 年更名为国家人口和计划生育委员会）聘为第 1-6 届人口专家委员会委员。该专家委员会并非该委在编的常设机构，仅具有咨询性质，所聘任的专家委员大都是全国各高校或研究单位的专业研究人员。该委曾就一些工作问题咨询专家委员，但在我被聘任的 20 年期间，国家计生委从未将生育政策这一类重大和敏感性问题交由专家委员会讨论或征求意见。本人写文章或发表意见看重自己的具体观点或文章是否正确、科学，所以并不向人介绍那一类虚名。特此声明。

梁中堂 2012 年 1 月 4 日

（刊发于 2012 年 1 月 4 日）

自由生育权是中国必须尽快解决的大事

——2012 年 3 月 1 日与社会科学报的访谈

2012 年 3 月 1 日的按语

本来这个位置应该张贴《"四人帮"和计划生育》之五的，它是这一组文章中的最后一篇。但是，因为《社会科学报》在今天即 2012 年 3 月 1 日出版的报纸发表了采访我的有关计划生育政策的文章，所以，我将给该报记者的原文粘贴在这里。按说，该报基本上把我的所有文字都发表出来了。但是，一方面毕竟删节了一些文字，另一方面把我的文字和左学金研究员的文字编辑在一起，附列在一个《人口增长问题亟待采取不同政策》的标题下面。读者知道，按照我现在对生育政策问题的认识，它是与人口增长或者减少毫无关系的问题。自由生育权是一项基本人权。人权问题没有丝毫可以商量或者讨论的余地。它与其他任何问题无关，必须无条件地得到尊重和保护。另外，最初的采访毕竟不是以报纸现在这样的形式出现的，还是原汁原味地阅读才可以准确表达我的思想。

2012 年 3 月 1 日

2012 年 3 月 3 日的按语

本文是笔者 3 月 1 日出版的《社会科学报》刊载的采访录。昨日粘贴本人博客，当日即被屏蔽。实在是为中国宪法丢脸。

2012 年 3 月 3 日

1. 1979 年 12 月 11-14 日，全国第二次人口理论讨论会在四川成都召开。会议上有不少的人文章都是鼓吹"人口革命"，认为实行"一胎化"不仅可以削平中国人口生育高峰，而且是中国人口史上的革命。您却在发言中主要讲了实行"一胎化"政策可能产生的各种后果：（1）人口老化过程由于出生率连续剧烈降低，将十分严重。（2）无子女照顾的老年人太多，社会问题严重。（3）经济年龄结构特殊，社会负担加重。（4）人口年龄构成显著变化，对国民经济发展将带来直接的影响。（5）人口政策的反复变化，将对社会政治生活带来很大的影响。

①现在看来，您当年的预测多大程度上成了现实？

②当时实行严格"一胎化"的计划生育政策是否是情势所迫，否则将出现严重的粮食供应、环境承载断裂等问题？或者说是否当时不实行严格的"一胎化"政策，您提到的这些问题就不会出现？

您上面引述的 5 点是我在大会发言后，会议简报所摘引的内容。因为那时有一条不成文的规定，党和国家的各项政策是不可以研究的，我是山西省委党校的理论教员，当然要遵守这样的规定。我提交会议的论文题目是《对我国今后几十年人口发展的几点意见》，实际是讨论当时在全国推行的"一胎化"生育政策的。人口学在过去很长时期都是作为社会学的一个分支存在的。自从 1953 年高校院系调整取消社会学以后，我国的高校和研究单位再也没有人从事人口学专业研究了。当然，从根本上来说，国家实行的"一边倒"政策，学习苏联的体制，计划经济只需要几个人口数据，实际的社会发展也不需要人口学。所以，共和国最初的 30 年的人口学和人口资料统计都处在一个低水平的发展阶段上，我只能从公安部门提供的人口统计大致推算今后 50 年的人口发展态势。所以，如果说那也是预测的话，也仅仅是从逻辑上分析了实行"一胎化"之后的若干年人口和经济社会发展的趋势。因为当时绝大多数人都没有这方面的思维，我的文章和发言就显得特别有意义。现在来看的话，这些话都该是最基本的一些道理，如果事实求是，敢于坚持真理，以上所预言的一些社会发展基本状况，是任何做经济学研究的人都可以用合理的逻辑推理得出的结论。

"一胎化"是在特殊的社会条件下产生的。上个世纪 70 年代的一些社会问题是越来越严重，无论城市或者乡村普遍都吃不饱饭，青年不能继续学业，又无法就业。按照历史发展的规律，工业化阶段农村剩余劳动力会源源不断输送到城市。那时农民不得进城罢了，城里新成长的青年还要"上山下乡"当农民。文化、教育、卫生、科技等经济社会的发展都深切感到了困难。现在来看，这些困难当然都是经济社会体制的问题。可那时的人们不这样思维。认为计划经济是社会主义的本质特征，应该具有无比的优越性。既然社会制度没有问题，那么，这越来越多的困难当然就是越来越多的人了。这样，人口问题就被越说越严重起来。那时的社会现象很简单，因为全国各地普遍的工业化建设还没有出现，环境污染的事情还不是很多。相反，那个时代在那里发现有几个高耸的烟筒冒着黑烟，还是经济活力的表现。80年代初中期，中央计划松动，各地小工业纷纷上马，环境问题才开始普遍严峻起来，但真正把环境问题提到我国政府议程上，则是 80 年代中后期以后的事情了。所以，70 年代末期，我国主要的困难就是吃饭问题，或者您所说的粮食供应问题。这个问题更直观地、直截了当地就把社会体制方面的问题归结到人口方面，说是人口过多造成的。人口需要承担社会的责任，越说越严重，就出现了"一胎化"的政策。现在来看，问题当然不是这样。70 年代我国只有 8、9 亿人口，普遍吃不饱饭，买辆自行车还要靠政府发号。现在 13 亿多人口，不仅都吃饱饭了，一些城市已经开始对私家轿车实行限购了。这都还不是改革开放的结果！如果继续原来的计划体制，就是不允许生育也还照样吃不饱饭。

顺便说一下，全国第二次人口理论讨论会是 1979 年 12 月 7 日至 13 日在四川省成都市召开的。您所引用的时间似乎是从我或者别人的什么文章中来的，总之是不准确的。

2. 山西翼城作为您的理论试点的"人口特区"，当时是怎么做的？现在的生育和人口状况怎么样？山西翼城的成功经验有哪些启示？

山西省翼城县实行"晚婚晚育加间隔"普遍允许农民生育两个孩子的实验，从 1985 年开始到现在已经 27 年了。当时制定的政策就是要求农民第一个孩子在妇女 24 岁时生育，第二个孩子 30 岁生育。之所以这样要求，是根据山西省给该县下达的 2000 年不得超过 30 万人口目标决定的。提高妇女生育年龄，就可以在实行试点前的论证过程中，把人口预测时相应的几个年龄组的妇女生育推迟到 2000 年以后，完成计划中的生育指标，争取有关部门同意这个实验。因为计划生育就是想让人口增长少一些，所以，通常人们总是注意人口增长的指标。用 1982 年、1990 年、2000 年和 2010 年 4 次全国人口普查的资料对比，翼城县的人口增长速度比同期全国和所在的山西省、临汾市的人口平均增长水平都要低。具体来说，1982-1990 年，翼城县人口增长了 8.34%，比同期全国人口少增长了 4.07 个百分点，比山西省少了 5.33 个百分点，比所属的临汾地区少 6.16 个百分点。1982-2000 年，翼城县人口增长了 20.7%，比同期全国少增长了 4.8 个百分点，比山西省少了 7.7 个百分点，比临汾市少了 9.7 个百分点。因为直到现在政府部门只公布了全国和省一级有关 2010 年人口普查的一些数据，翼城县和临汾市的数据还无法直接对比使用，我们只好使用相对数据。根据翼城县政府相关部门的数据，2010 年该县人口约 31 万人。那么，1982-2010 年，该县人口增长了 24%，比全国少增长了 8 个百分点。根据以往的统计，山西省和临汾市的人口增长状况都要高于全国的平均水平。所以，同期翼城县的人口增长也会低于山西省和临汾市的人口增长。根据每次人口普查资料的分析，我曾用一句话来概括 27 年的试点效果，即翼城县在每一个时点上的统计数据都要比全国、全省和全市的平均水平好。

人们普遍以为，政府的生育政策怎样规定，人们就是怎样生育的。可能城市里是这样，广大农村就不一样了。翼城县试点推开以后，从计划生育部门的统计反映的情况看，晚婚、晚育政策执行得相当好，每年只有很少量的计划外二胎，几乎没有多胎生育的现象。但是，我在 1988 年做的一次 1%人口抽样调查说明，不仅晚婚晚育不是统计数据反映的那样，而且早婚、多胎都还占一定的比例。比如，我们规定 24 岁初育，30 岁生育第二胎，如果绝大多数妇女按照这些规定生育，平均初育年龄一定高于 25 岁，生育二胎的年龄高于 32 岁。但是，调查的数据是初育年龄 23 岁，生育二胎年龄 27 岁，绝大多数的生育都是不符合政策，属于计划外生育。但是，即使这样，翼城县的人口发展数据还是比全国的好。这是为什么？像英国、法国的生育率都在 1.8、1.9 以下了，但不少的妇女还会生 7、8 个孩子，日本的生育率已经不到 1.2 了，有的妇女还生 5、6 个孩子一样，都是很正常的社会现象。生育是每一个家庭的实际生活，它要受到许许多多的条件制约，远不是政府制订目标和指标可以限制的事情。人口过程是千百万人民的具体生命过程的综合，是要受到一定经济社会因素的制约的。它是千百万次的生命个体自发行为的总和、总计，是无法按照政府的要求约束它的。翼城县的人口数据好于全国水平，那是按照政府制定的标准来判断的。实际上，不同地区的人口现象都是各个地区经济社会由传统向现代的转化和发展过程的某个阶段上的实际生活，是一系列经济社会条件约束的结果，这些条件都是客观的、既定的和不可改变的。比如上海市在 100 多年的现代化发展中总是走在全国的前列，人们的生活方式和生活水平决定了上海市妇女生育率下降就比其他地区来得早。如果用上海的生育水平要求中西部地区，就是脱离开了中西部实际的经济社会发展条件。所以，我不认为翼城县的人口结果是我所设计的人口政策好，它是一个客观过程。但是，我又认为，相对于"一胎化"，翼城县的这个政策当然好。为什么好？因为比较符合翼城县农村的经济社会发展水平，贴近当地农民的生育意愿。在同一计划生育制度下面，按照这样的生育政策管理，矛盾和冲突就相对少一些，农民经受的折腾也少一些，群众拥护，干部好做工作。这是每一项公共政策都应该优先考虑到的问题。

3. 当前仍然支持计划生育的主要论据有哪些？这些论据是否成立？计划生育政策导致的最严重后果有哪些？您如何评估实施了 30 年的严格计划生育政策？

坚持计划生育的主要理由就是因为我国的人口还是增加的。这有点像一位农民看自己正在收割的庄稼一样，本来需要 3000 斤小麦的收成才属于正常的年景，才可以维持全家今后的生活，现在面对只可以打 500 斤麦子的田地还在那里高兴。其实大家都没有深思熟虑地思考这个问题。在世界近现代史上，哪里有人口减少经济社会却得到发展的事例呢？相反，几乎所有的历史都说明，经济社会发展快的国家，人口增长得也快。欧洲国家如此，美国也是如此。美国在 2、300 年的历史上，人口增长了 200 多倍。美国现在具有的经济上的无以伦比的实利，其人口因素绝对不能说是可有可无的。30 多年来，我们一味地宣传要减少人口。但是，有谁见过哪个国家人口减少了，经济社会却得到持续发展了呢？

如您所述，我最初的文章是关注人口政策在今后几十年的后果。虽然 30 多年前所讨论的问题现在已经出现，但是，人口老化真正最严重的时代还没有到来。那将是上个世纪 60 年代到 70 年代初期，因为补偿性生育而出现的高出生的人口群体陆续进入退休年龄后才会发生的事情。但是，许多年来，我关注生育政策的研究是因为这一政策带来的社会现实问题。我有一个计算，1979 年以来，大约生育了 6 亿多人口，其中至少有 2、3 亿人口属于违反政策出生的。这具体是一个什么概念？30 多年来，我国各地的计划生育工作普遍抓得是很紧的。所以，2、3 亿超生一定不是所生育的妇女一次妊娠就可以实现的。计划外怀孕都是经过基层干部许多次工作以后，实施了人工流产。就是说，2、3 亿超计划生育都是经过许多次"怀孕—流产"以后才出生的。如果平均一个计划外生育伴随有一次流产，那就是经过 2、3 亿次人工流产和 5、6 亿次的妊娠才来到世间的。还有，超生户是需要缴纳一定罚款的。大家都看到所有地方确定计划生育罚款数额的政策幅度都很大，具有很大的弹性。本来，执法最忌讳不确定性，可计划生育罚款却故意要不确定。为什么？就是要让计划生育部门因人而异地确定被处罚的数额，各个具体超生的处罚的原则就是要让他们拿不起，拿得心疼。所以，相同的超生户，但每一家、每一户的罚款数额却都不一致。这样一个结果，就是罚款都不是一次可以收缴的。计划生育干部平均去每一个超生户家里催缴 3 趟，就是 8 亿次左右。实际上，不少农村是分年度收缴的，从孩子出生一直罚到 10 多岁。

以上只是政府管理和由政府管理直接引起的问题。还有另外一个方面。我们是一个需要许多证件才可以过正常生活的国家，其中户口是其他所有证件的基础。超生子女首先就不能上户，没有户口不能上幼儿园、学校，不能到自己出生已外的地方生活或旅游，不能寻找工作和就业。所以，家长到一定时候必须通过各种办法找政府有关部门的负责人办理包括户口在内的各种证件。这是一次又一次的托关系、走人情，以及请客送礼，行贿受贿的过程。您可以设想一下，一个超生家庭如果平均 4 口人，2、3 亿超生人口就是一个涉及 10 亿左右的一个群体。基层管理干部因生育问题和超计划怀孕、超生家庭之间的关系，超生家庭和社区、公安及教育等政府相关部门之间的关系，相互之间每一次接触，其实都是社会摩擦和内耗。这是最为现实的问题。30 多年来的计划生育实际上是在破坏党和政府的群众基础，是在过渡地消费执政党的威望。

当然不止这些。上面的分析都是在一种平和的工作管理范围内发生的事情，问题在于计划生育本身就不是政府正常状态下的工作。所以，冲突、暴力、流血，时有发生甚至于经常发生。从一开始，我们就把计划生育部门暴力执法譬如扒房、殴打、关押等等都归结为基层干部的工作作风，是很不恰当的。这是计划生育政策和体制问题。其实，基层干部粗暴的作风都是工作逼迫出来的，是工作认真造成的。在一个村庄里，如果某一户计划外怀孕不愿意做流产，你让她顺利生下来，其他家庭也会这样做。但是，干部上家里动员两次不仅没有效果，甚至连人都找不到了。一天天拖下去的后果，就是抱个孩子回村里来。还有，某一户的超生罚款或者是没有或者是抗拒不缴。 "要钱没有，要命有一条！"农村工作往往都是村看村，户看户的。这一户问题不解决，政策就执行不下去了。干部认真了，所谓的作风问题就发生了，如山东临沂那样甚至是较大面积的暴力执法，安徽利辛县私设"土牢"，都是这样发生的。30多年来，这类的问题往往发生在乡下，由于社会发展所形成的特殊结构使得这样的问题很少能够暴露或浮到社会层面，我们看不见。但是，它一直在腐蚀和伤害着我们社会肌体。

4. 在当前人口老龄化加剧、用工荒不断严重、局部劳动力市场供需发生逆转的情况下，是否要尽快改变当前的生育政策？"十二五"期间我国的人口政策需要作何调整？您个人对生育政策调整的前景是否乐观？

我把避孕和节制生育归结为工业革命以来所创造的一种符合人性的生活方式。因为人类都是从传统的农业经济转向工业现代化，越来越多的人会自由选择实行节育。随着避孕和节育的人多了，原来的高生育率就降下来了。譬如欧美发达国家工业化来得早，生育率下降的历史也开始得早。英国、法国、德国等发达国家的生育率下降已经有接近200年的历史。40年前，许多人都还担心发展中国家会出现人口爆炸，现在，所有的发展中国家的生育率都在下降过程中。最近一些年，国际社会对像伊朗等一些教会和穆斯林对国民生活有重大影响力的国家的生育率的下降保持了极大的兴趣。伊朗在过去30年里，妇女生育率由6.7下降到1.8。现在，全世界的妇女已经由传统时代平均生育6、7个孩子，降低到了2.5以下。

但是，生育率下降虽说是现代化的必然结果，可它却不应该、也不能倒过来设为社会追逐的目标。因为，生育是每一个人、每个家庭的实际生活。不同人、不同家庭按照这样那样的情况决定生育或者不生育，实际都是在选择不同的生活道路和生活方式。不同的生育，就是不同的生活。各个人、各个家庭的实际情况是不相同的。不同的生活，甚至于不同的人要过相同的生活，因各自所受到的社会条件的约束不一样，实际发生的生活成本就有很大的差别。在现代社会里，一个人，一个家庭，究竟要过一种什么样的生活，那都是应该由国民自行选择的事情。政府如果插手其间，就必然地给国民造成极大的伤害。所以，从联合国宪章和联合国通过的《世界人权宣言》开始的一系列国际公约都明确规定，自由生育权属于基本人权，"父母有自由而负责地决定其子女的数目和出生间隔的专有权。"人权既是现代国家和现代国民的一个基本原则，也是现代国际关系的一项基本准则。人权是必须尊重和保护的事情，而不是可以讨论的问题。所以，放弃计划生育，归还人民的自由生育权，是一个迅速融入世界大家庭的中国必须尽快解决的大事。

2012 年 2 月 19 日星期日

（刊发于 2012 年 3 月 2、3 日）

从胡适的"台湾多么自由"说起

——兼论我们所处的位置

按语

上篇《自由生育权是中国必须尽快解决的大事》粘贴以后，引发出一些网友对自由概念的诘难。此文算是对此所做的一个间接回应。

自由、平等和人权，都是工业化发展的产物。我国处在现代化的低级阶段，占全国人口总数 7、80%的人还无法摆脱农民身份所施予的羁绊，突出显示了社会尚未完成传统向现代的转化。所以，我国社会还不具备自由平等权的概念和意识。特别是传统的计划体制给社会的普遍管制和各个领域中政府垄断企业提供给社会的别无选择的服务，又增加了一般国家在工业化初期阶段通常都会存在的不公正和不平等。我国目前的社会现实是，没有哪个人的自由没有受到限制，也没有哪个人的基本权利可以有保障。人们无法超越历史。生活在较低发展阶段并不可怕，历史终归要一步一步地前行。但是，当一些人为自由平等权抗争的时候，就连那些受到不平等体制伤害最深的社会底层的人还公然站到了维护现行制度的立场上嘲讽、批判和谩骂争取民主权利的人，足以见社会还处在比我们所认识到的较低阶段更落后的阶段上。

今年是胡适逝世 50 周年。胡适是一位自由知识分子。胡适为中国的现代化作出了其他人所无法取代的贡献。胡适是一棵参天大树。自他以降，中国知识分子中无一再出其右者。虽然在绝大多数人看来，本文所列举的文章是胡适一生的"败笔"。但是，瑕不掩瑜。谨以此文作为对胡适先生的纪念。

——2012 年 3 月 14 日

最近网络上流行一句话,"我们享受着前所未有的开放和自由"。不由得想起半个多世纪以前在美国当寓公的胡适写的《台湾是多么自由》。胡适在这篇文章里向美国人介绍说:

巡视今日的台湾,可以发现八九百万中国人在那里正受到最好的管理。这种管理是中国任何地方多少代以来都没有的管理——最自由、最有效,当然也是最诚实的……一旦合法居住台湾,并拥有警察局发给的居住证,他可以坐火车、公共汽车、飞机,或开小车、骑三轮,或到处转悠,自由如同在佛蒙德、堪萨斯或俄勒冈。而且,他可以干任何工作,只要他能找到,或者坐在一块岩石上,远眺大海,或者在轻柔的意大利乐曲声中边背诵诗歌,边品尝美酒。

据说,这是胡适奉旨所写的官样文章。虽然如此,可也不能说上面的文字全是瞎说。比如上个世纪 50 年代初中期在台湾的国民党官员、官二代,以及拥护蒋家父子的有钱人,完全可以过这样自由的生活。当然那个时候的台湾还是很清苦的,一般老百姓过不上胡适所描述的那么惬意的生活。不过,如果不反对蒋家父子,日子是苦点,但前所未有的自由还是有的。假使碰到当局敏感的部位,那就另当别论了。著名作家柏杨就因为翻译别人的文学作品,被情治部门说成是影射台湾蒋氏父子,以维稳为由,不仅销毁了小说,而且还将其抓捕到特别关押政治犯的孤岛上。即使这样,柏杨还可以在监牢里看书写作。那本皇皇巨著《中国人史纲》和共计 70 多册单行本的白话文《资治通鉴》,就都是在那个曾经让艺术家远眺臆想就可以谱写出浪漫小夜曲的绿岛上写出来的。当然不可说柏杨坐牢还自由。但是,作为一个政治犯,毕竟还享受着以前的中国监牢里所没有的自由。据说反对胡适这篇文章的人在当时的台湾和海外的华人中,都不在少数。不过现在来分析,虽说胡适是提倡白话文的大师,毕竟刚开始用白话文写作和思维,运用文字的技巧还不精到,语言功夫也不够。再加上这篇文章又是用英文发表,比起使用母语来就更难了点。赶到现在,语言学家多了,如果帮他把题目改成《目前的台湾人享受了前所未有的开放和自由》，那么这就是连 10 多年后坐牢的柏杨也是无法反对的。因为，毕竟柏杨坐牢时候的待遇，是同时期大陆文化大革命中共产党关押和审查自己的许多高级干部都无法得到的。

话说回来。互联网上说现在的中国人民享受了前所未有的开放和自由，我有条件地同意这个说法。之所以有条件地赞成这个观点，是因为现在的中国在很大的一个方面显然没有过去自由。在我们所关注的生育领域，强行将妇女扭送到手术台上实施流产和上环，将超生或结扎对象以及相关亲属，有时甚至于邻居关押在乡镇办班，抄家、扒房，逼迫得人们流离失所，躲到境外生育，这都是在以前的时代没有的。如果完全屏蔽了这方面的情况，说最近 30 年是中国大陆历史以来发展最快的时期，该是不错的。人们普遍可以吃饱饭就不用说了，彩电、冰箱、私家车和满世界地旅游，谁在以前想到过？至于说自由，至少我们已经有了免于被戴地、富、反、坏和右派分子帽子的恐惧了吧。不要小看这些，如果 30 年前，这都是天堂了。更何况，我们现在还真享受着远比这些更为深层次的自由。有了丰富的工业食品了，有人却担心安全问题，其实您还有不购买而在自己家里面加工的自由。有飞机坐了，却抱怨机票价格高、航班晚点，那您总还有不乘飞机旅行的自由。有人说全世界就中国的电话和移动通讯价格高昂，您可以像过去那样不使用电话么！不少城市的市民对私家车限购、限行有意见，不过他们还是有不买或者买了车放在家里珍藏而不上路的自由。包括离退休老人在内的工薪阶层喜欢购买以国有企业为主体的上市公司的股票却抱怨上市企业不分红，其实，您完全可以不去买股票。股民对世界上最好的中国经济和最差的股票市场满腹牢骚，其实他们还可以在套牢或割肉之间自由选择。包括笔者在内的网民对不能在网络上自由发表意见有意见，其实大家还是有不上网的自由……。想一想，如果 30 年前，国民连基本口粮都保证不了，哪里有所谓不安全食品的问题？至于飞机、电话和轿车，那都不是一般干部和老百姓的事情。现在的股票市场再不好，您至少还有股票买；网络管制得再严格，有网络总比没有进步了；出版不自由？毕竟还有不出版的自由……。如此现实起来，不仅确实地感受到了历史以来最大的开放和自由，而且都有了皇恩浩荡的想法了。

笔者大约也算生在新社会，长在红旗下。所以，"走回头路""吃二遍苦"，也总成了心头的病。近年反复学习和思索马克思关于生产力和生产关系、经济基础和上层建筑关系的唯物历史观原理，发现社会进步固然不那么简单，"走回头路"也几乎是不可能。当然，我不排除历史发展中的局部的反复和短时期政治制度方面的拉锯，但一个社会制度明显地进步了却又发生完全的倒退是不可能的。之所以这样，是因为生产力作为社会发展的决定性因素，其先进与落后的标准是生产效率，属于技术性指标，它从一开始出现就排除了个人感情和政治立场的倾向性。而一旦某种相对先进的生产技术逐渐转化为社会生产力以后，社会组织和社会结构在这期间也会潜移默化地发生改变。当一个社会中绝大多数人都生活在新的、相对先进的生产方式中而受益的时候，再要其倒退回去选择相对效率低的生产力或生产方式就是不可能的了。马克思说，手工磨产生的是以封建主为首的社会，蒸汽磨产生的是以资本家为首的社会。因为蒸汽磨是比手工磨生产效率要高出许多倍的生产力，要人们放弃蒸汽磨而倒退回去再使用手工磨，至少不会是一种社会趋势和潮流了。在这一个问题的认识上，人们往往会有一个阶级性和政治倾向性的判断。应该说，阶级或政治倾向性都是历史的发展成为趋势或者说大势已经确定以后才会发生的问题。在一开始，在选择生产力的时候，起作用的是生产效率和技术指标，它是没有阶级立场和政治倾向性的。近 30 年来，我们一直说改革开放起始于 1979 年十一届三中全会，随着档案资料的开放和认识的拓宽，发现大规模的技术引进不仅是华国锋时期的党和国家领导的共识，而且那时已经实施了许多重大引进项目。如果再客观些，我们的开放和引进应该是源自于毛泽东时代。早在 1972 年，毛泽东同意向西方打开国门，大规模引进了成套化纤、化肥、轧钢等工业生产技术设备。笔者从 1975 年开始做农村工作，先是县委工作队，接着担任公社革委会主任，明显感觉到分配给我们的化肥一年比一年多了。我国大规模引进西方先进生产设备以后，生产方式和经济体制也必然要发生相应的改变，实行计划体制向市场经济转变就是自然的事情了。在这样的情况下，再走回头路，那已无法扭转大势了。譬如近年有将民营再次强制收购实行政府所有，有"以阶级斗争为纲"的那一些传统的公共政策。但是，这样的反复毕竟与社会发展的主流明显地不合拍了。

再用这样的观点来看我们周围的国家。小的时候，也就是上个世纪 5、60 年代，印象中的南朝鲜、泰国、马来西亚、新加坡，都是很穷的国家。期间就是隔了一个文化大革命，这些国家的发展都超过了中国。许多年来，总是说印度比我们还要落后。印度的人口和我国比较接近，我们的政府比较重视正面的宣传和教育，每个时期的统计数据也总是比印度的好。但是，半个世纪以来，无论何时比较两个人口大国的经济社会的实际发展状况，印度总是站在我们的旁边。说明印度政府虽然没有我们政府那么卖力气，但人家的发展并不比我们慢。笔者早年的一位朋友在其官做到地区行署专员的时候，曾历经过一次磨难。为了迎接农业部组织的一次全国现场会议，该地区行署不仅为全国会议组织了渗灌现场，而且在会议代表从所下榻的宾馆出发沿途所经过的农田道路两旁修筑了无数的水塔，以示该地区由传统的大水漫灌已经普遍实现了渗灌技术。当然，那些会议代表并不停车参观的一些水塔却都是无法蓄水的。这一弄虚作假的行为被好事之徒捅到了中央电视台，引发了"焦点访谈"的曝光。我的那位早年朋友由此也被他的政敌揪住不放，确实艰难了一阵子。那时因帮不上朋友的忙，也不好去说什么。但是，我对此却很不以为然。因为，这个假蓄水塔不过是国际上一个真实故事的翻版。

1964 年，南朝鲜总统朴正熙访问西德时，认识到高速公路对现代经济发展所起的作用。所以，归来后决心在自己落后的乡村道路上修建现代化的高速公路。但是，贫穷的韩国哪里有钱干这个？朴正熙把目光盯到了世界银行。韩国政府当然知道美国人对世界银行的影响作用，所以，请来全美公路建设协会会长率领的一个专家团实地考察，相当于现在的提交贷款申请时的项目论证。经过半个多月的认真工作，美国专家有了一个结论性的意见。当朴正熙会见专家团的时候，团长客气地对总统说，考察团发现最繁忙的汉城到釜山之间的道路上，平均每天只能见到 17 辆汽车。所以，南韩在今后若干年里都不需要高速公路。听罢考察团的结论，这位靠军事政变上台的铁腕总统长时间地无语和沉默。忽然，军人总统泪水夺框而出，滴落在手中的报告书上。总统缓慢地站起来说：

会长阁下，请原谅。我只想对您说一句话：相信我，我们这个国家不会永远这样下去。

然后，总统满脸泪水地离席而去。美国朋友大受感动，重新换了一份报告。韩国向世界银行申请修路贷款的理由是粮食连年丰收而因不能及时运出使农民遭受了极大的损失。实际上，那时的韩国农民可能还不如我国的人民公社社员，绝大多数人都是食不果腹。但是，为了迎接世界银行派来的项目考察组，韩国政府在从汉城到釜山的公路旁，每隔 200 米就修一个等待外运的大粮仓。当然，只有领世界银行的专家驻足观看的粮仓里才装满了粮食。后来的南韩，是举世皆知的电力、化工、钢铁、汽车、造船和家电等现代化的工业和晋身于发达国家的行列。

我的那位朋友当然不会知道朴正熙的故事。但是，他们有相同的动机在里面，这就是农业部渗灌现场会议背后的国家专项资金和世界银行的农业贷款（当然还有为政的政绩、荣誉和名声）。所以，政敌不但没有借助中央电视台的"焦点访谈"打倒他，当专员的朋友还扳倒了地委书记自己当（据说该书记指使人向中央媒体爆料）。从"假渗灌"时的专员到地委书记，再因年龄过线而担任地改市后的市人大常委会主任，期间省委书记换过好几任，我那位昔日的朋友却一直在当地呼风唤雨，成了所任职的地方设置地级党委和政府机构以后 40 余年间最为辉煌的一任地委书记。读者可以对比，在发展生产力问题上，共产党的官员和专制集权的军政府总统之间并没有什么差别。

　　笔者不是历史学家，但是因需要拓宽研究的视角而阅读中外历史。晚近的阅读，发现有许多问题与年轻时的书本有很大的差别。过去把欧洲的中世纪说得一塌糊涂，有所谓"黑暗的中世纪"之说。近来有不少的研究说明，欧洲在那几个世纪还是有很大发展的。想一想也是，现代资本主义起源于欧洲，如果割断中世纪的历史，现代工业的源头如何而来？中国历史也曾以为，宋代 100 多年社会不仅没有发展，而且在某些方面还倒退了。近些年的研究表明，宋代的经济社会不仅有很大的进步，在不少的方面甚至有夺目的成绩。接受中国近现代历史，负面和否定的成分就更要多。当说到晚清政府的腐败无能，那简直是家喻户晓，人所共知。可是现在的研究和资料说明，慈禧太后统治下的晚清已经允许富家子弟出国留学，不仅委派高层官员出国考察宪政，而且还拟定了不少的改革方案。民国初年，中央政府能以很快的速度出台一系列的法律法规，都是与晚清政府相关的准备分不开的。至于晚清时代的开放，至少从 1842 年的南京条约被迫开放的五口通商时代开始，已经有了历史上越来越开放的局面。从这个时期开始，大清帝国的臣民至少可以躲到租界办报纸，跑到日本去骂皇帝。所有这些，都是中国过去 3000 多年的封建社会里没有的。民国时期的中国军阀割据，战争连绵，当然是民不聊生。至于说到国民党统治时期的民国，那更是黑暗透顶。可是有人列举资料证明，在上个世纪 30 年代的资本主义世界各国经济危机期间，中国的工业曾以年率 6.7%的速度增长。发电量在南京政府最初的 10 年增长了一倍，年均增加 9.4%，棉布增加 16.5%，银行存款增加 15.9%。30 多年来，社会舆论几乎一边倒地否定文化大革命。但是，对其同样并不抱好感的"党内一支笔"胡乔木认为，那 10 年在许多方面还是有成绩的。也难怪，想一想人类从茹毛饮血的状态仅只经过几千年就发展到现在电子信息时代，如果绝大多数时间里不都是相对于以前有了较大的进步，怎能有了今天？白居易能唱"共道升平乐，元和胜永和"，也是厚今薄古"今胜夕"了。所以，不仅胡适的说法并非全谬，而且我相信慈禧皇太后的时代人们还没有现在这么丰富的语言，如果有，那时有谁要说中国人正在享受着前所未有的开放和自由，也应是确凿的事实。

既然每个时代的人民都是生活在前所未有的开放和自由的状态中，沐浴在明媚的阳光雨露下，何来中国人民在共产党和毛泽东的领导下推翻国民党政府的统治，何来孙中山的革命和大清帝国的垮台？看来，发现和表述每个时代的人民都在享受前所未有的开放和自由并不重要。因为，那本来就是千百万人民自行选择和追求的结果，是社会生产力发展和历史进步的表现。人民已经得到的，说不说出来尚不重要。重要的是，在每个时代里，人民还有哪些诉求？

社会诉求并不是主观随意的。人们始终只会提出自己能够和应该得到的要求，因为仔细分析，要求或愿望本身，只有到它的客观条件已经存在或者至少是在形成中的时候，才会产生。相反，要求、愿望，或者自由权利本身，在它产生的客观条件未曾具备以前，是绝不会有这样的念头和想法的。所以，人民的基本诉求必须从历史时代的基本关系和反映这一时代基本关系的意识形态中去寻找。

从大历史的角度来说，人类从脱离动植物界开始就是一部不断取得新的自由的历史。越是在生产发展的低级阶段上，人类的自由度越小。反之，越是处在生产水平的高级阶段上，人们的自由度也就越高。很久以来，人们把马克思打扮成与自由无关，甚至于反对自由的人。正统的马克思主义解读马克思文本和宣传马克思主义，把马克思装扮得很成丰富、博学，什么都有，就是没有自由，没有人权。这显然不是没有读懂马克思的问题，也不是粗枝大叶和望文生义产生的误解，而是有意的歪曲。实际上，因为马克思首先是一位西方文化的继承者，从而就具有西方思想家所崇尚的自由主义精神。其次，马克思用唯物历史观研究人类历史，把西方传统文化中的自由放置在人类发展历史上加以考察，使得自由成为人类历史发展的过程和目标。自由是解放，也是发展；是目标，又是过程。马克思把整个人类历史发展划分为 3 个阶段，第一阶段是以占有自然为特征即自然经济时期，第二阶段是占有劳动成果为特征即资本主义历史时期，第三阶段是"建立在个人全面发展和他们共同的社会生产能力成为他们的社会财富这一基础上的自由个性"，也即人们经常说的共产主义社会。马克思不同时期对于最高级的社会即第三阶段的表述不完全相同，但一致的核心内容是自由，说那才是"真正的自由王国"。马克思还说："在那里，每个人的自由发展是一切人的自由发展的条件。"假设把马克思所说的人类达到的"自由王国"算做一个终极目标（人类当然没有终极目标，到了那个时代，人类还会发展），那么，每一个时代就都是行走在奔向"自由王国"的路上。马克思说："第二个阶段为第三阶段创造条件。"就是说，人类必须经过资本主义现时代、由资本主义再成长到更高级的"全面自由"的社会形态。不错，在达到"自由王国"之前的每一个时代里，自由都是不全面的、有局限的。但是，它又是前所未有的。可见，在马克思那里，人类就是处在不断追求自由新境界的过程中。自由，是马克思理论的精髓。

我们经常所说的现代或者现时代，是正处在由传统的自然经济向工业化社会发展或过渡的历史时期。通常，人们是用资本主义商品社会来冠名这一时代的。马克思认为，历史发展进入到资本主义商品社会有一个基本的条件，那就是"在人类平等概念已经成为国民的牢固的成见的时候"。平等概念是资本主义社会意识形态的核心范畴。它既是资本主义商品社会的基本关系，也是包括国家政治制度和法律体系在内的一切上层建筑或意识形态的基本原则。把平等贯彻到经济领域就是自由竞争、等价交换和自由贸易，市场规则和市场经济制度。平等原则运用到国家事务，就是国民对公共事务平等的参与权，由此产生了民主政治。平等的原则扩展到全社会，普及到每一个人，甚至于超越了国界从而获得更普遍的、个别国家范围的性质，这就是基本人权。人类的这些进步都是建立在蒸汽机、电、核能等等可以用自然科学的精确性来指明的生产力变革基础上的，相对于传统社会的发展来说是建立在逐步摆脱了宗法关系和其他封建特权制度基础之上的。也就是说，人类在这一阶段上所达到的自由高度，是资本主义工业革命以前根本不可能具有的。虽然这是历史的发展、全人类的福音，但是，由于历史的原因，人们却把这一进步都冠以资本主义的标签。本来，标签只是物品的一种标示，实实在在的物品才具有实质性的意义。不过这个资本主义标签对于那些愤世嫉俗的极左派的人们来说，却不是好事情。因为，他们在批判资本主义的时候有意无意地把洗澡盆里的婴儿连同脏水一起倾泼出去了。

用资本主义命名的这一发展阶段是一个很长的历史过程。这一历史阶段之所以以资本命名，是因为它是以资本为基础的生产。资本主义生产一方面创造出一个普遍的劳动体系即以追逐剩余劳动或剩余价值、利润为目的的生产方式，另一方面也创造出一个普遍利用自然和人的社会，即创造出社会成员对自然界和社会广泛联系的体系。与这个阶段相比，以前的任何阶段都只表现了人类的地方性发展和对自然的崇拜。资本按照自己的需要扩张生产力，既要克服民族界线和民族偏见，又要克服把自然神话的现象，克服一定界线内的闭关自守地满足于现有需要和重复旧的生活方式的状况。资本在不断破坏旧世界的同时又不断革命化，摧毁一切旧的生产力，用工业机械化即标准化、程序化和自动化，以及流水线式的批量生产所取代。马克思恩格斯在《共产党宣言》中是这样评价资产阶级在生产领域所取得的成就的：

资产阶级在它的不到一百年的阶级统治中所创造的生产力，比过去一切世代创造的全部生产力还要多，还要大。自然力的征服，机器的采用，化学在工业和农业中的应用，轮船的行驶，铁路的通行，电报的使用，整个整个大陆的开垦，河川的通航，仿佛用法术从地下呼唤出来的大量人口，——过去哪一个世纪料想到在社会劳动里蕴藏有这样的生产力呢？

《共产党宣言》之后，又过去了一个半世纪之多，目前资本主义世界在一天创造的价值超过了人类过去的总和。这是现时代再生产领域取得的进步。

与生产领域取得进展的同时，劳动产品交换的领域也得到相应的发展。劳动产品交换在一定程度是生产的继续，或者是生产领域的扩大。资本主义的伟大品格首先表现在生产超越了民族的和国家的狭隘界线，要求市场参与和交换的平等权。随着商品流通和交换量的扩大，先是冲破封建时代的地方割据形成国内统一的市场，接着逐步将世界联成一体完成同一的国际市场。从上个世纪80年代开始，人们逐渐使用"全球化"来概括这个早从300年前就开始的趋势，而马克思早在150年前就对这一过程做了准确的表述。资本主义生产要求居民和政府逐步适应市场经济的要求，制订公平、公正的市场规则和市场经济制度，约束商品生产和交换行为，使得借助政府或其他社会力量实行封锁市场、欺行霸市、垄断，缺斤短两、以坏充好、假冒产品、侵犯知识产权等欺诈行为，逐渐都得到有效遏制。市场经济就是由市场自发配置资源的经济制度。市场经济崇尚平等，要求在市场进入和交易方面自由、公平地竞争，排斥政府或政府以外的任何个人和社会组织干预市场，反对垄断。因为在由传统向市场转变过程中，政府总是会代表现存利益格局中既得利益集团的意愿制订符合利益集团的政策和规则，所以，市场经济规则的产生和执行都不可能是一个自发的过程。

国民平等的政治参与权和国家民主政治是一个同一的问题。这是商品生产和市场经济规则在国家上层建筑方面的必然反映。因为，没有民主政治就不会有平等的市场经济和自由贸易。同时，民主制度也是马克思所说"人类平等概念已经成为国民的牢固的成见的时候"国民的必然要求。在传统时代，政治是上层人的专利，属于上等人的高尚事业。政治权利下移，由高尚人扩展到普通的居民，既不会像文化和科技知识的普及那么自然，也不会是上等人开明思想以后主动让权的过程。但是，因为民主政治是市场经济制度中利益分割或分配在政治生活和社会领域里扩张的结果，是经济利益的矛盾在政治上的表现，所以，民主化也是一种历史的必然选择。只不过政治生活从历史以来就由上层那些有教养的人们所垄断，再加上政治对资本主义市场经济的影响总是会导致经济收入分配格局的变化，使得政治民主化要比市场经济制度的发展更为艰难，需要社会各个集团反复博弈、协商、妥协，甚至于是经过长期的斗争才可以得到的。

人权即人的基本权利。人权概念是把所有人抽象等同为一致，是平等权在社会所有各阶级之间的贯彻。因为人权，社会就已经抽象了民族、阶级、文化、宗教信仰等社会差别，甚至于没有肤色、男女等许多自然差别。特别是穷人、社会下层的人群，本来不具有平等的条件却有权要求和富人、社会上层人具有相同的权利，正是平等概念的积极意义和进步作用。人权概念的产生和扩展，是人类自由取得进展的一种标示。社会文明是从奴隶制时代起步的。奴隶是奴隶主的财产，奴隶主对奴隶的生命具有生杀予夺之权。奴隶连生命保障都没有，所以，没有任何权利和权利意识恰恰是奴隶制的特征。从奴隶制时代向文明社会发展的历史，是人类以生命权为核心的平等和自由权不断得到扩大的过程。在封建时代，封建主虽然不是像奴隶主那样具有广泛和至高的权利，但平等和自由权还是谈不上的，等级和特权还是这一社会的基础。"人生而自由"，既是针对封建的人身依附制度的呐喊，也是新时代的心声。人权概念的扩展是资本主义时代人类在平等和自由权方面所取得进步的标尺。西方国家最早的平等权也属于富人的奢侈品，法国第三等级是在取得法国大革命胜利之后才可以谈平等的。美国独立战争为扩充大陆军兵源已经把解放奴隶的问题提到日程，但奴隶的真正解放却是半个多世纪以后的南北战争。至于妇女在形式上与男子的平等权，那是更迟的事情。在资本主义时代，人权概念作为一种武器极大地推动了人类社会的发展。

资本主义历史时期不仅是一个生产、市场、民主制度和人权的发展历史，也是对人和人性的陶冶和改造。资本主义生产作为一种追逐剩余劳动为目的的生产，作为一种不断提升生产能力和生产效率的生产方式，必然不断驱使生产的改进和革命，从而使劳动生产力不断得到发展，以至于达到这样的程度，社会只需要用较少的劳动时间就能满足需要并保持普遍的财富。资本主义历史阶段对人和人性的锻造过程是一个货真价实的二律背反。一方面是资本不断打破割据，突破区域和国家的界线，把世界连接为一体，通过市场把全人类纳入到一个经济体内，使得所有的人都离不开市场，成为统一市场的一分子，须要不断地向市场出卖自己的劳动才能够不断地向市场索取从而得以生存；另一方面，生产力的发展直接把社会必要劳动缩减到最低程度，为所有人腾出时间和创造条件，使个人在科学和艺术等个人有兴趣的领域得到自由发展。人们离不开市场，成为市场的一分子锻造了人的社会性，有爱心，讲奉献，以及诚实的道德、勤恳品质和职业精神，而自由发展又特别塑造了人的个性和独立的品格。

人们无法选择历史。资本主义工业是从欧洲国家开始的。所以，欧洲最先工业化的那些国家，以及在历史的发展进程中由欧洲先进国家派生的如美国、加拿大、澳大利亚等一些国家，在一定程度来说，基本完成了传统农业向工业化的过渡。上个世纪 70 年代，一些社会学家主张用"后工业化"或"后工业社会"来表述欧美的社会。在一定程度上来说，这样做也未尝不可。因为就一个国家的饭未来考察，这些发达国家已经完成了工业化。但是，严格来说，这个过程还没有结束。一方面，他们毕竟距离工业化的历史还不很久远，社会和人的品格中许多方面还都未曾实现工业革命的改造和跨越。另一方面，资本主义从本质上来说是一个世界性的概念，而全世界还有占总人口 80%左右的发展中国家（按照世界银行"中等收入国家"和"下中等收入国家"标准划分接近 80%）基本上还没有完成由传统农业向现代工业社会的转化。发达国家必须、必然要和未工业化的发展中地区发生经济和社会联系，作为一个统一的世界市场，当还有 80%左右的人口没有进入工业社会的时候就不可能有完全的工业化。除此以外，即使已经进入先进工业化国家的行列，其自身的发展和完善也还是一个很长的历史阶段。

用了这么多的笔墨，就是要说明我们国家和我们的平等自由所处的历史位置。我国工业化比绝大多数西方国家都要晚，以农业转变来说，美国农业人口占不到 2%，我国大约为 70%。需要说明的是，因为已经经过工业化的改造，美国以 2%的人口所从事的农业并不是传统意义上的农业，而是已经实现工业化生产的农业。相反，虽说我国城市化的人口统计已经超过 50%，但是那些所谓城市人口外出打工仍然属于"农民工"。我在 6 年前复旦大学的一次研究生关于城市化问题的研讨课上说过，"农民工"是我国工业化时期的一个特殊称谓，历史会把它当作我们时代的耻辱来记述。为什么？在世界史上，无论西方发达国家还是除了我们国家以外的其他发展中国家的工业化过程中，都是传统农业释放出来的剩余劳动力自然地转化为城市人口。在那里，一位农村青年来到城市寻找他的梦，作为这个国家的一个公民，他在任何地方就业都没有障碍。一个外来人员在某个地方得到一个职业，有了一份收入，照章纳税，就很自然地成为当地的居民。这就是平等。相反，在我们国家，一个 20 岁的农民在上海打工 30 年，也无法获得上海市民的身份。等他不再有能力打工了，还是要回到乡下自己的家里去。这是世界上所有国家工业化过程中都未曾有的现象。这是占据我国当前人口总量百分之 7、80 的一个阶层，我们不仅没有感受到这是不合法、不平等、不合理，而且还为限制和侵犯宪法赋予公民的一系列基本权利编制这样那样的理由，心安理得地接受和维护这种不平等，一方面反映出我国社会平等意识的落后，另一方面也说明我们还处在较低的历史阶段上。再回到文章开始的那句话，因为我们还有占人口总数 7、80%的人还打着传统农民或"农民工"的标签，表明我们工业化的程度还很低。在这样的前提下，虽然我们也享受着前所未有的开放和自由，但它毕竟是一种很低很低的水平，以至于社会尚不知道什么是自由、平等和人权，更不会利用这一武器捍卫宪法赋予自己的神圣权利。

前一阵子与美国朋友 Steve 聊天，他供职于一家驻中国的外国媒体。我有意识将话题引到了中国民主化进程问题方面，说中国目前相当于美国历史上的某一个时期。在美国的那个时期，种族歧视还很严重，如同我们视"农民工"和处处的不平等却视之为合情合理与合法一样，那时几乎所有有教养的美国人也都满足于"分离但平等"的原则。这才过了多少年，一位黑人竟然当上了他们的总统。Steve 似乎不欣赏我的乐观。他说，美国在那个阶段上因为总统的先进理念才推动了社会朝着平等自由的方向快速发展。这是事实。在那个时代里，在南方的一些州，黑人还不得与白人同乘一辆车，同上一所学校。美国总统调动军警进入学校，保护黑人学生与白人相同的权利。不过，我的乐观也有充分的理由。我说，中国作为世界上一个后来者，却有先进国家的坐标。已经走向世界的中国人开始知道世界是什么样子的，先进是什么，自己应该有什么，从而必然会对自己的政府提出相应的诉求。千百万民众的实际需要和目标，也许比单靠总统先进理念的推动来得更快。

2012 年 3 月 14 日

（刊发于 2012 年 3 月 14 日）

"四人帮"与计划生育

重新粘贴前所加的按语

我在 1978 年进入人口和计划生育工作领域的时候，被灌输的基本观点也就是"四人帮"反对计划生育。在那个年代里，大家的思维都很简单和单纯，社会主义是人类发展的归宿，计划经济是社会主义的本质，计划经济决定计划生育，那么，计划生育就是天经地义的。接下来推理，"四人帮"是一伙坏东西，他们反对计划生育也就是必然的了。这样的观点在过去 20 多年里几乎没有变化。新世纪前后，开始跳出计划体制思考问题，曾经在面前出现过几十遍的文献就有了新的解读。特别是上个世纪 6、70 年代中共中央仅有的几份有关计划生育的文件，是那么清楚地揭示着当时的计划生育与"四人帮"或"上海帮"的关系，如果再对其熟视无睹，那真的就是弱智了。紧接着，就有了这一组文章。

曾经有一则寓言，说有一群智商特别高超的猴子世世代代住在仙气环绕的深山里。这个种族的猴子世世代代相传一个信条，即凡是从自己身体里产生的都是好东西。所以，猴群的粪便都堆放在生活的洞穴里，从不清理。经过几个世纪以后，猴群的素质已经大不如夕，一代代地衰败下去。有一个猴子发现堆积的粪便与当前社会病的关系，便在与同伙的交流中提出清理粪便的建议。结果引起猴群的不满，群起围殴，将那个猴子活活咬死。

我等有幸已经超越了猴子。但是，即为人，却有个永远不满足的毛病。知道现在不因言治罪了，就照直写出这一组文章。不想，它们在我的博客粘贴后，每一篇都被屏蔽得支离破碎，惨不忍睹。有道是，敝帚自珍。所以先将其辑录成册，然后再将其连接起来，集中粘贴在下面，算是还原了过去被肢解的各篇本来面目。但愿那些喜欢在网络上动手术的文字检察官或者网络官员们手下留情，让我的这一组文章获得一个整齐的形象。

——2012 年 5 月 12 日

序言

这是我国计划生育历史上最重要的一个时期。在这个时期，继实现生产资料所有制的社会主义革命以后，我国生育制度也完成了世世代代以来的自由生育向政府管制的转变。也是在这个时期，随着计划生育制度的确立，我国妇女生育率才走上了持续下降的不归路。

许多读者都把"四人帮"简单标签化。其实，那是我国从上个世纪 50 年代中后期到文化大革命期间接近 20 年左右的一段历史。在那个我国经济政治体制相对稳定的历史阶段，"四人帮"或"上海帮"是很受毛泽东喜欢和爱护的一个政治思想派别，代表了那个时代主导我国社会潮流的官方意识形态或主流社会。他们曾经是党内的旗帜，时代的骄傲，从而也是社会追逐和学习的榜样。曾几何时，连周恩来也带头向"旗手"江青学习、致敬。无须讳言，"四人帮"作为很长一段历史中社会其他无可取代的政治力量也必然地为我们国家各个方面的发展做出过许多贡献。计划生育制度的产生和完善，就是其中之一。这本来是一段清楚、也不复杂的历史。只是我们从未想改换一个角度观察问题，才有意对这段历史视而不见、充耳不闻。只要愿意，每个人都可以阅读 6、70 年代中共中央仅有的几份有关计划生育工作的文件，那几乎全是有关上海市计划生育工作的报告。当时的中共中央对上海市计划生育工作的肯定，充分表明从毛泽东 1957 年提出计划生育这一概念开始到文化大革命结束大约 20 年中，上海市在我国计划生育领域所处的地位及其发展过程中的巨大作用。然后，如果我们愿意再作进一步的思考，想一想为什么是上海，而不是北京、天津，或者江苏、浙江、山东以及其他地方？为什么上海市持续 20 多年在那里自觉地大抓计划生育，特别是文化大革命中不仅没有中断反而连续制造出供全国学习的制度性的经验？要回答这几个问题，那就离不开柯庆施和张春桥，离不开“四人帮”或“上海帮”。

最初产生的 5 篇文章，都是在“四人帮”与计划生育这一总题目下按照产生的顺序编码撰写并粘贴在博客上的。严格说来，它们仅只是研究的一些线索和初步思考。所以，刚写出来时连适合的标题都没有，这次付印才分别拟定了现在的题目。

梁中堂　2012 年 5 月 5 日

目录签的按语

不想这一组“四人帮”时代之后 30 多年有关“四人帮”的文章，还是遭遇到了只有“四人帮”才敢无视、践踏《中华人民共和国宪法》赋予公民言论自由权才去做的事。本来齐整的几篇文章，又被肢解得七零八落。我只知道 150 年前的俄罗斯设有专职的文字检察官，专门对付新闻出版物上的文字。目前有不少的人认为现在的俄罗斯相对于前苏联是极大的倒退，但它至少已经没有了文字检察官。同样不少的人庆幸我们红旗不倒，可国民自己经营的博客却可以被人随意屏障。为了方便读者了解有哪些文章在我的博客上找不到了，特将《“四人帮”与计划生育》的目录粘贴在后面，以备读者需要。

——2012 年 5 月 14 日附识

序言
绪论：“四人帮”是计划生育无法绕过的一座丰碑
一、“四人帮”积极推行计划生育
二、“四人帮”的计划生育自觉
三、“四人帮”的计划生育传统和氛围
四、党和政府的犹豫与彷徨
五、“四人帮”和计划生育制度的确立

绪论："四人帮"是计划生育无法绕过的一座丰碑

"四人帮"是毛泽东批评江青和张春桥、姚文元、王洪文所结成的党内不正常关系时所使用的语言，再早一些的叫法是"上海帮"，因为后面 3 人都源自于上海。这是一个具有左倾倾向和极左意识形态的思想派别，曾经是毛泽东发动和开展文化大革命所依靠的重要力量。毛泽东也常会提出反左或者反右，当然都是以他的水准衡量的。现在回过头来看，毛泽东在新中国所持的基本思想和立场总体上来说都属于"左"或者极左，严重地脱离了中国的具体国情。所以，毛泽东称呼其"四人帮"或"上海帮"，并没有把他们认作"左"或者极左的含义。以这样的语言说事，表现出毛泽东驾驭党内不同派别的高超艺术。1975 年全国四届人大召开前夕，形成以周恩来、邓小平为主组阁的格局。毛泽东就对邓小平说，"法国派好"。"法国派"，是因为周恩来、邓小平早年共同赴法国勤工俭学的经历。"四人帮""法国派"之类的说法，形象、生动，常常会有举重若轻或者举轻若重的效果。"四人帮"的提法，属于后者。毛泽东批评"四人帮"，用重话敲打，是想让他们和周恩来、邓小平等党内的多数搞好团结，并没有否定和打倒的意思。相反，毛泽东对这股源自于上个世纪 50 年代中后期柯庆施的上海市委小班底，明显有一种袒护和爱惜的感情成分。即使拖着沉重的病体召开的最后一次政治局会议上，着重批评"四人帮"，毛泽东还是说："我看问题不大，不要小题大做"，堵住了对立面揪住不放的路子。毛泽东站在"四人帮"的立场上，当然认识不了"四人帮"代表的极左思潮给社会带来的危害。

1976、1977 年相继粉碎"四人帮"和结束了文化大革命，人口学也随着社会的复兴而复苏。因为人民日报整天的宣传，计划生育也都成了天经地义的事情。这是人口学和计划生育部门乘机扩充的时代，不同学科背景的人都可以做人口学研究，四面八方的人都过来做计划生育工作。那还是揭批"四人帮"的时候，新加入到人口研究和计划生育管理部门的人普遍被告知的一个观点是，"四人帮"反对计划生育。不识庐山真面目，只缘在此深山中。几十年来，我和大家一样，都是站在计划生育体制内研究问题，也就没有想到过计划生育制度与极左思潮以及“四人帮”有什么联系。

新世纪以后，逐步跳出计划生育体制，再接触手头的资料就开始有了与过去不同的思维。对“四人帮”与计划生育问题的研究，起始于 1975 年 1 月 22 日王洪文和马天水在全国计划工作座谈会上的插话和发言。这是一份由国务院计划生育领导小组办公室整理的文献。全国计划工作座谈会召开之际，距四届人大一次会议闭幕还不到一个礼拜。可能是照顾到周恩来病弱的身体，本来是要在全国人大会议上审议的计划改为人大会议结束后以座谈会的方式征求意见。所以，党和国家领导人，各个省、市、自治区的主要负责人，中央各部委的领导同志，参加座谈会的人员如此众多，却只有上海市革命委员会副主任马天水和主持中央日常工作的中共中央副主席王洪文主动谈起计划生育的话题，充分表现了“四人帮”的计划生育自觉。但是，为什么人们却说“四人帮”破坏计划生育？思想上稍有了疑问以后，就发现过去许多文献明显地证明了“四人帮”曾经是我国计划生育发展历史上一个很重要的阶段。由王洪文和马天水这个插话和发言向前推 3 个礼拜，1974 年 12 月 30 日，中共中央《关于转发〈上海市关于开展计划生育和提倡晚婚工作的情况报告〉和〈河北省关于召开全省计划生育工作会议的情况报告〉的通知》。不用说，这份文件中上海市的报告该是由上海市革命委员会主任张春桥主持会议讨论签发，中共中央的转发文件应该是主持日常工作的中共中央副主席王洪文主持政治局会议讨论签发。再寻找此前中共中央关于计划生育工作的批示，是中共中央、国务院 1965 年 6 月 23 日《批转上海市委市人委关于计划生育工作的报告》。仅从以上这两份横跨 10 年时间几乎是中共中央仅有的两份有关计划生育问题的文件的题目，就应该明白了上海市在全国计划生育的盘子里的位置。

还有一份更重要的文献。1970 年 8 月，九届二中全会之前，上海市革命委员会曾经给毛主席、林副主席和党中央呈报过一份《上海市川沙县严桥公社开展计划生育工作的调查报告》，因为庐山会议林彪集团和"四人帮"之间的斗争致使这份重要文件改变为由卫生部军管会转发全国。但是，因为上海市提供的严桥公社的经验确实好，解决了农村计划生育的一系列难题，具有简单、易行和操作性强的特点，卫生部军管会的转发并没有影响上海经验的实质性作用。正是从1970 年开始，全国学习上海市川沙县严桥公社的经验，以阶级斗争为纲，大办学习班，贯彻落实毛主席关于计划生育的最高指示，批判刘少奇反对计划生育的反动谬论，农村基层干部首先带头执行晚婚政策和落实节育措施，从而把农民的婚育行为纳入到政府管理的工作范围。这是我国计划生育发展史上一次具有里程碑式的飞跃。它不仅标志着干预国民生育行为的计划生育管理体制的产生和形成，而且创造的以上环和结扎为主的计划生育管理模式至今仍是我国县以下计划生育工作的基本经验。从 50 年代初中期开始，党和政府就已经积极推行节制生育和计划生育。但是，因为此前主要在城市开展工作，而城市人口所占总人口的比例较少，对全国妇女生育率下降的拉动实际很有限。全国推行上海市川沙县严桥公社的经验后，中国妇女生育率因为农村妇女的拉动才开始了持续下降的不归历程。卫生部军管会批转的上海市革委会的这个报告，揭开了为什么我国妇女生育率下降起始于 70 年代初之谜。

为什么上海市能够在我国计划生育制度建设和发展的初期担当起领头羊的角色？要知道，那个时期除西藏自治区以外全国还有 28个省、市、自治区，就中央直辖市也还有北京、天津，期间还历经了文化大革命那么大的动乱，却唯独只有上海市的计划生育工作不仅没有中断而且还创造出可以持续供应全国计划生育体制发展所需要的经验。这需要联系到我国具体的政治经济体制和追溯到"党内怪才"柯庆施。毛泽东领导共产党打倒了国民党政府以后，要建立一个前所未有的新社会。正如毛泽东和共产党许多领导人常说的，这样的社会谁都没有经历过。建设一个谁都没有经历过的新社会，有的干部可能就不适应，有些相对就适应。柯庆施大概就属于比较适应新制度类型的干部。柯庆施有着比较老的资历，传说属于我党唯一的一位见过列宁的干部，但基本上没有在中央任职的经历。1948年担任石家庄市市长，可能是他的一生中第一次负责独当一面的领导工作。石家庄市是当时共产党控制的最大城市，对于在平山县西柏坡办公的中共中央机关具有十分重要的屏障和后勤供应作用。随着南京解放，又逐次主政曾经的国民政府首都南京、有着工业基础的江苏省和新中国现代工业基地的上海市。到1958年正式担任上海市委第一书记兼市长职务的时候，实际上已经在上海市和华东局主持工作长达4年之久了。1958年八届五中全会上，柯庆施被增补为中共中央政治局委员，1965年当选为国务院副总理。

有意思的是，柯庆施在抗战前夕任北方局组织部长时向新任北方局书记的刘少奇建议由组织承担责任，解救北平草岚子监狱关押的薄一波等党的一批干部。这就有了柯庆施与刘少奇、薄一波的关系。抗战后期到解放战争初期，柯庆施是晋察冀边区政府的一位处长。1948年5月，晋察冀和晋冀鲁豫两个边区合并成立中共中央华北局，刘少奇兼任第一书记，薄一波第二书记，中央局委员全都是七届中委。据薄一波的回忆，薄意要担任石家庄市委书记、市长的柯庆施进入中央局。刘少奇反对后，薄一波仍坚持。刘少奇说，那好，但后果会是严重的，你可要负责。文化大革命以后，薄一波就这件事情反省说："从这件事我深深感到，考核任用干部，特别是高级干部是一个极其重要的问题，用错了人，一旦让他们钻到高级领导层，必然要玩弄诡计，兴风作浪，其祸患极大。"在当时的制度下，因为不是中央委员，石家庄市委书记也还只是一个中层干部。中央华北局委员就是党的高级干部了。可能因为这个台阶，柯庆施有了接触毛泽东的机会，接着就有了"火箭式"的进步和发展。1949年4月23日南京解放，中共中央宣布第二野战军司令员刘伯承任南京市市长。5月，中央即派遣柯庆施任南京市副市长。时战争正酣，不用说刘伯承一天也未曾离开过前线，未有几日，刘伯承就已挥师西南离开江浙地带了。所以，中共中央从华北中央局调柯庆施到南京就是要其主政南京，因其身份仍显低微，需要刘伯承挂个虚名。但是，中央向华东局介绍柯庆施时的干部鉴定书就有很大的保留。1952、1954 年，饶漱石、陈毅先后上调中央，中共上海市委书记、市长和中央华东局主要领导职务长期空缺，实际都由柯庆施主持日常工作。赶到 1958 年正式担任上海市委第一书记、市长职务，接着就有了八届五中全会上被增选为政治局委员（同期增选柯庆施、李井泉、谭震林为政治局委员，柯庆施名列之首）。1965 年 1 月，第三届全国人大一次会议上当选国务院副总理，名列排序也远远超过李富春、李先念、薄一波等几位上一届副总理之前。所以，笔者推测柯庆施早年不得志，乃是主管干部的刘少奇对柯庆施的抑制。柯庆施一旦进入毛泽东的视线，则又是一份前景。不少的评论都说柯庆施会溜须拍马。笔者不能认同这样的观点。因为毛泽东是一位成就大事业的政治家，不会长期把一个仅会溜须拍马的无能之辈放置在关乎自己全局的重要岗位上。所以，柯庆施是那种属于适合我党体制类型的干部。此话怎讲？建国以后，毛泽东建立的这种谁也都没有经过的社会首先是在毛泽东及其领导班子的头脑里。这样的体制有的时候还有张蓝图，更多的时候连一张蓝图也没有。党和毛泽东要依靠一支自己的队伍建设自己设计的党和国家制度。这是一种由上而下、主要在体制内运作和循环的制度。在这样的体制下，由中央到地方的许多个层级关系中，它要求较低一个层级必须正确领会和贯彻上一个层级的指令，要求全党正确执行中央的指示精神，特别是正确领会和贯彻毛泽东的指示精神。这就需要一些对毛泽东的思想领会快、有悟性和善于创造的干部类型。柯庆施就属于能够比较好地领会和理解毛泽东，并能够达到与其上下互动、建立良性循环的少有的几位高级干部之一。惟如此，柯庆施才深得毛泽东的器重。陈云晚年就评论说，上海是毛喜欢去的地方之一。毛泽东时常在党的重要会议上即席讲话，兴之所至，直呼小其 11 岁的柯庆施为"柯老"，可见心目中的位置绝非一般可比。

上海市计划生育起源于柯庆施对毛泽东的个人意志的领会和感悟。毛泽东 1957 年 2 月 27 日在最高国务会议的讲话中提出的计划生育，是与社会主义的计划经济联系在一起的。按照毛泽东描述的蓝图，1957 年社会主义所有制改造完成以后，建立的计划经济如果没有生育的计划，就不是一种完整的计划。所以，柯庆施相信毛泽东提出来的计划生育迟早要像早年的农业合作化、资本主义工商业社会主义改造那样再来一次全国性的运动。上海市要早走一步，以等待毛泽东的呼应和召唤。柯庆施的高水平不仅可以感悟毛泽东，而且还能够拿出毛泽东想要的东西来。1957 年 12 月，中共上海市一届二次党代会上，柯庆施安排分管公安、民政工作的上海市委书记、副市长许建国在会上作了《关于人口工作问题的报告》。接着，1958 年 1 月，在上海市二届人大三次会议上，许建国再作了《动员城市剩余劳动力，支援社会主义农业建设》的报告。两个报告不仅提出第二个五年计划期间上海市对常住人口的控制目标，而且要求将人口出生率从当时的 40‰左右逐步下降到 20‰以下。上海市一开始对人口和生育的控制设想，就具备了计划生育管理体制的雏形。按照 1966 年 1 月中共中央批转卫生部部长钱信忠的报告中的说法，上海市的计划生育工作在"三年困难"时期，特别是 1961 年最困难时期，一点也都没有放松。因为有上海市委柯庆施从未中断的计划生育工作，才有了中共中央国务院 1962 年 12 月的《关于认真提倡计划生育工作的指示》和 1965 年 6 月的《批转上海市委、市人委关于计划生育工作的报告》两份文献。

熟悉历史的读者也许会提出疑问，柯庆施早在 1965 年 4 月就去世了，自后 10 多年上海市的计划生育工作与中央的互动，与柯庆施何干？这就接近我们问题的核心了。上海市计划生育工作不仅没有因为柯庆施的去世而终止，而且在文化大革命中做出了其他任何省、市都无法比拟的大成绩、大贡献，就是因为张春桥在其间的稳定、持久和核心作用。1958 年 1 月南宁会议上，毛泽东有一段话说："省委书记要研究理论，培养秀才……"张春桥就是柯庆施早已物色和培养的秀才。毛泽东讲这一席话的时候，张春桥是上海市委宣传部副部长、市委机关报《解放日报》社社长。1958 年 8 月 21 日，毛泽东在北戴河召开的协作区主任会议上，讲述了一大段有关党和人民群众的关系，社会主义社会中的平等、民主和所谓资产阶级法权等理论问题的讲话。柯庆施连夜将笔记用电话传达给在上海的张春桥。张春桥据此写了《破除资产阶级法权思想》，发表在刚刚创办的中共上海市委机关刊物《解放》杂志上。毛泽东看后，极为赞赏，亲自拟写了编者按语，转载刊登在《人民日报》上。1959 年，柯庆施提携张春桥任上海市委常委、市委政治研究室主任，进入市委领导班子。1962 年12 月中共中央国务院颁发《关于认真提倡计划生育的指示》，张春桥于 1963 年 3 月任上海市委书记处候补书记、上海市委宣传部部部长，1965 年又升任分管文教卫生的市委书记。1967 年"一月风暴"中，张春桥在毛泽东的支持下夺权，担任上海市革命委员会主任和中共上委第一书记，一直到 1976 年 10 月被华国锋拿下。

如果不了解计划生育体制的更迭和渊源，可能对张春桥与计划生育的领会就不会很深刻。从上个世纪 50 年代初中期党和政府支持节育工作开始，政府序列分工主要由卫生部门来做，党委系统则由宣传部负责。在计划生育管理部门尚未建立的时候，按照党领导一切的原则，宣传部代表同级党组织牵头领导政府各部门以及社会群团，负具体领导责任。政府设立计划生育部门以后，计划生育部门负责管理职能，卫生部门负责节育技术问题，宣传部仍然是同级党委分管或者"联系"计划生育工作的职能部门。特别是早期，计划生育曾经是宣传部的一项重要工作。所以，张春桥能够得到柯庆施有关计划生育的真传，至少从 1963 年 3 月的宣传部长、1965 年分管宣传和文教卫生的市委书记任上就开始了抓计划生育工作。文化大革命以后，张春桥仍旧在兢兢业业地抓计划生育，随时等待毛泽东回到 1957 年提出的计划生育的话题上。所以，因为柯庆施及其张春桥、"四人帮"，才有了中共中央国务院 1962 年 12 月的《关于认真提倡计划生育的指示》、1974 年 12 月《关于转发〈上海市关于开展计划生育和提倡晚婚工作的情况报告〉和〈河北省关于召开全省计划生育工作会议的情况报告〉的通知》，以及 1970 年 9 月卫生部军管会批转的《上海市川沙县严桥公社开展计划生育工作的调查报告》，有了我国计划生育制度在文化大革命中的形成和发展。

如此来看，"四人帮"绝对是我国计划生育发展史上绕不过去的一座丰碑。

一、"四人帮"积极推行计划生育

1976 年粉碎"四人帮"以后，有关部门说因为"四人帮"曾经破坏计划生育工作，所以使得我国人口在一段时期内盲目增长。比如由国务院副总理兼国务院计划生育领导小组组长吴桂贤 1977 年 1 月 20 日签署的国务院计划生育领导小组给华主席、党中央和国务院的《关于全国计划生育工作汇报会的报告》就说：

我们要……彻底揭发批判"四人帮"在婚姻、生育领域腐蚀青年，干扰、破坏晚婚和计划生育工作的罪行；彻底揭发批判"四人帮"、孔孟散布的封、资、修谬论，肃清其流毒。

因为华国锋刚刚粉碎了"四人帮"，国家大政方针仍然"照过去方针办"，文中的孔孟是在"批林批孔"背景下的话指孔子孟子。"四人帮"和孔孟等反动、腐朽的势力一定都是反对计划生育的。一直到第二年 6 月，经过党的第十一次代表大会和五届人大以后，中央政治局候补委员、国务院副总理陈慕华取代吴桂贤担任了国务院计划生育领导小组组长之后，在召开的第一次计划生育领导小组会议上，陈慕华还在讲话中说，"四人帮"干扰计划生育工作。反映这次会议基本精神的人民日报社论《书记挂帅，全党动手，进一步搞好计划生育》中的一段话是这么说的：

同其它工作一样，计划生育工作也受到林彪、"四人帮"的干扰破坏。林彪、"四人帮"及其党羽，在婚姻、生育问题上煽动无政府主义，胡说什么"计划生育是婆婆妈妈的小事"，攻击党委抓计划生育是"忘纲忘线""不务正业"，诬蔑提倡"晚、稀、少"是"管、卡、压"，胡说"用电影宣传计划生育欠妥"，反对公开作教育，破坏计划生育工作。粉碎"四人帮"以来，我们对这种种谬论虽然作了批判，但其流毒还在，必须继续深入揭批，使广大干部和群众分清路线是非，进一步调动搞好计划生育的自觉性和积极性。

不仅在当时很自然地接受这个观点，而且因为先入为主的思维作用，对于这一点也深信不疑。只是近些年研究计划生育政策史，发现一个很奇特的问题，那就是在中华人民共和国成立以后的历史中，我们党的各条战线和各个领域中的几乎所有重大问题都有过反复，特别是主流的思想认识在过去一些年里都曾出现过"肯定－否定－肯定"或"否定－肯定－否定"的现象，就连我们今天被认为是天经地义的以经济建设为中心这样的问题，在过去的历史上都曾被当作经验主义、唯生产力论、经济挂帅、经济主义和修正主义等等被反复批判。但是，在节制生育和计划生育问题上，自从上个世纪 50 年代初中期被提出来以后，在党内取得高度的统一，从来都没有遇到党内哪个派别的批评。吴桂贤和陈慕华都说"四人帮"干扰或破坏计划生育工作。但是，除了吴桂贤主持召开的全国计划生育工作汇报会上有一句似是而非的江青所说的"用电影宣传计划生育欠妥"以外，没有见到任何足以说明"四人帮"干扰、破坏和反对计划生育的证据来。说江青的这句话似是而非，首先是没有具体交代揭发人是谁，这句话是在什么时间什么场合说出来的。因为没有人证物证，是否有这件事情都是个问题。其次，即使有这句话，它是针对什么事情说的？只有弄清楚具体发生的事件，才可以弄清楚这句话的本来含义。第三，如果按照这句话笼统地来理解，即使不同意用电影宣传计划生育也不等于就是要反对计划生育。与那个特殊年代这一类抽象、含糊的否定相反，许多历史资料反而清楚地说明"四人帮"重视和积极领导计划生育工作，甚至有的还表明在"四人帮"领导下计划生育工作创造出好的成绩、好的经验，现行的计划生育制度有不少都是由此发展而来的。譬如，1979 年 6 月，党中央主席、国务院总理和中央军委主席华国锋在全国人大五届二次会议的政府工作报告中就说：

> 1971 年到 1978 年的人口自然增长率，四川省由 29‰ 降到 6.1‰，上海市由 7‰ 降到 5.1‰，他们的经验应该在全国推广。

做计划生育工作的人都知道，由于"十月怀胎"，一个地区的出生率高低，那绝不是一、二年的工作可以显示出来的。上海市的计划生育工作走在全国的前列，和早些年的工作是分不开的。所以，华国锋代表党中央要求全国学习上海市的经验。而上海市从 1966 年文化大革命开始，就一直控制在"四人帮"手里。特别是从 1967 年"一月风暴"造反派夺权后，上海市就牢牢地掌握在"四人帮"的手里。1976 年 10 月 6 日粉碎"四人帮"到华国锋这次讲话引用到 1978 年的数据，才 2 年的时间。所以，上海市在这个时间段上的计划生育好成绩，也是和"四人帮"的领导分不开的。

不仅透过华国锋政府工作报告中的那几个数据所反映的问题，还有不少的具体证据证明"四人帮"的确重视计划生育工作。我手头有一份计划生育部门下发的题为《中央负责同志在七五年计划工作座谈会上关于计划生育的插话（据记录整理）》的材料，记录了 1975年 1 月 22 日的全国计划工作座谈会上，党中央副主席王洪文和新当选的国务院副总理华国锋的两段话。从文字的安排推测，在计划工作会议上，是马天水先做了关计划生育的发言引起王洪文和华国锋的插话。马天水在文化大革命前任中共上海市委副书记和书记处书记，文革期间被张春桥提携结合进了上海市"三结合"的领导班子，九大的时候当选为中央委员。文革期间的地方党委设立书记处，书记处书记相当于常委。文革时期上海市主要领导的情况是，中共上海市委第一书记、革委会主任张春桥，市委第二书记、革委会副主任姚文元，市委第三书记、革委会副主任王洪文，市委书记、革委会副主任马天水。因为张春桥、姚文元、王洪文 3 人长期在中央工作，上海市的日常工作由马天水主持。实际上，因为马天水在文化大革命前长期分管上海市的工业工作，与那 3 个人比较，有实际领导和管理经验，所以，上海市的具体工作主要都是由他来做的。邓小平第二次复出后，可能依仗着文革以前是中共中央总书记和马天水中共上海市委书记处书记的旧关系，1975 年 6 月在上海时曾经与马天水有一次谈话，可能是想策反马天水。马天水离开邓小平以后，立即向王洪文、姚文元做了汇报，实际是揭发邓小平。可见"四人帮"内部的密切关系和对上海市控制的严密程度。

　　"9.13"事件以后，毛泽东选择王洪文作为继林彪之后的接班人积极加以培养。党的第十次代表大会之前，王洪文就被上调到中央负责党章起草工作。1973 年 8 月党的第十次代表大会以后，王洪文当选为紧跟周恩来之后的党中央副主席。1975 年 1 月第四届全国人大会议以前，虽然已经出现了毛泽东对王洪文的失望和对"四人帮"的批评，但是，因为毛泽东长期离开北京在南方养病和周恩来因病住院治疗，就形成了王洪文主持中央日常工作，邓小平协助周恩来主持国务院工作的政治格局。当然，王洪文主持中央日常工作，主要还是毛泽东有培养接班人的打算。根据《建国以来毛泽东文稿》上 1975 年 11 月 15 日给邓小平一个报告的批示，王洪文在该年 7 月到外地，经毛泽东同意，才由邓小平主持中央日常工作。所以，计划生育部门整理的这份材料说"中央负责同志"，这是当时背景下党内对王洪文的特殊称谓。按照身在长沙养病的毛泽东的安排，1 月 13 至 17 日召开的第五届全国人大会议，周恩来继续当选为国务院总理，朱德当选为全国人大常务委员会委员长。周恩来因病在大会上作政府工作报告时仅仅念了一个开头，接下来的许多活动就不能参加了。鉴于当时中央领导的具体情况，人大会议仅仅是走个程序，向世人宣示已经 10 年没有履行工作的全国人大会议终于召开了，会议的使命就算完成了。所以，本该在人大会议上审议的 1975 年经济计划改为会议后召开座谈会征求意见的方式。因为计划工作是当时体制下十分重要的问题，按照当时的情况推测，1 月 22 日全国计划座谈会召开的时候，中共中央的主要领导、新当选的全国人大常委以上领导、国务院总理和副总理，以及国务院各部委的领导都应该参加会议。地方上的领导，根据上海市马天水参加会议来判断，各个省、市、自治区的党委书记和革委会主任也都该参加这次会议。但是，查阅《邓小平年鉴》也未能确定邓小平是否参加了这次座谈会。按说，周恩来住院期间，邓小平主持国务院的日常工作，全国计划工作座谈会实际征求大家对国务院已经通过的 1975 年全国计划草案的意见，按理该是邓小平主持会议。另外，我们也不清楚王洪文、华国锋和马天水以外的其他人是否也就计划生育工作主动发言或者讲了话。但是，仅仅就计划生育部门整理出来的这份记录来看，在当时计划生育还未能成为基本国策和各类会议对计划生育还没有普遍重视的情况下，王洪文和马天水的这个发言和讲话，充分表明了"四人帮"对计划生育工作的重视程度高于其他的党和国家领导人、高于其他省、市、自治区的领导干部。

计划生育部门的这份《中央负责同志在七五年计划工作座谈会上关于计划生育的插话（据记录整理）》说，当马天水在计划会议上谈到毛主席对今年国民经济计划的指示，一方面要把生产搞上去，另一方面要对人口加以控制，人口增值率要下去。党中央副主席王洪文插话说：

各省同志要抓一下，人口再增加不得了。第一把手要亲自抓。有一位常委要经常抓。只要政策落实，是能降下来的。河北的经验可证明。但方法要注意，主要是政治上教育，关键是做好思想工作。

回去要认真抓一下，经常有一位常委分工抓，或一位书记也可以。人口控制，尤其在大城市，如果降到千分之五或者六，上山下乡就用不着做那么多的工作了。

同一份记录稿上紧接着是华国锋的一段话。华国锋在 1973 年党的第十次代表大会上当选为政治局委员，刚刚闭幕的第四届全国人大当选为国务院副总理。但是，因为华国锋并不负责中共中央方面的日常工作，所以，这份材料上说的"中央负责同志"显然不是指华国锋。华国锋 1973 年由湖南省委书记任上调北京工作，担任国务院业务组成员。因为文革期间人大工作瘫痪，许多老的副总理在文革中纷纷被打倒，新上来接替那些副总理的人都以业务组成员的名义进行工作。所以，文革期间国务院业务组成员相当于国务院副总理。1973年7月，国务院成立计划生育领导小组，华国锋兼任组长。虽说四届人大已经开过，但因人大后的副总理都没有具体分工，这时的华国锋还是国务院计划生育领导小组组长。这样，华国锋在座谈会上谈计划生育工作，相当于本部门说本部门的话。我们不敢肯定华国锋有关计划生育的话是否是接着王洪文的插话才说的。如果是党中央副主席王洪文作了上面那几段发言后，在场的华国锋才接着讲了这几句话，那就说明即使是身兼国务院计划生育领导小组组长的华国锋在那时也不具备"四人帮"的计划生育自觉。华国锋说：

这件事关系到民族健康，有利于教育和生产，河北南宫经验很说明问题。要搞一个切实可行的计划。我国农村人口比例大，这个工作也主要在农村。但做起来任务艰巨，我们也要像医疗卫生一样，把计划生育的重点也放在农村。

不仅有上面王洪文和马天水的发言，而且同一时期上海市创造出不少好的做法被中央肯定成为上个世纪70年代中后期形成的我国现行的计划生育基本制度。就在王洪文和马天水发言前 20 多天即1974 年 12 月 31 日，中共中央专门下发的 32 号文件表扬和肯定了上海市的一些基本经验。1978 年 6 月 26 日，新任国务院计划生育领导小组组长陈慕华在其履任新职的第一次讲话中说："一九七四年毛主席又亲自圈阅发了中共中央 32 号文件，计划生育工作冲破了'四人帮'的干扰，蓬勃发展……"陈慕华的这句话显然是不符合基本事实的。因为，这份经毛泽东圈阅的 32 号文件明明是向全国介绍和推广上海市的基本经验的。32 号文件的第一段话就告诉各省、市、自治区党委、各大军区党委："现将上海市《关于上海开展计划生育和提倡晚婚工作的情况报告》及河北省《关于召开全省计划生育工作会议的情况报告》转发给你们。"该通知还说："上海等先进地区的经验说明，搞好计划生育，关键在于各级党委要把这项工作列入议事日程，切实加强领导，经常抓，抓得紧。"说明该文件是肯定和推广上海市的经验。

汇集王洪文的这次讲话和 1974 年 32 号文件转发的《上海市革命委员会关于上海开展计划生育和提倡晚婚工作的情况报告》，上海市至少有这样几点做法被计划生育部门很快接受并推广至全国了。

第一，王洪文说的第一把手亲自抓，有一位常委或副书记分工经常抓。1978 年陈慕华担任领导小组组长后给中央的报告并经中央批准以 69 号文件下发的《关于国务院计划生育领导小组第一次会议的报告》中提出，"切实加强党的领导，书记挂帅，全党动手……各级党委第一书记要亲自抓，要有一名书记分管。"

第二，1974 年上海市给中央的报告中说"要求各级党委把计划生育和提倡晚婚工作列入议事日程，积极抓好。"陈慕华在 1978 年的报告中要求："县以上党委每年要讨论四次，县和县以下党委更要常议常抓。"

第三，上海市给中央的报告中说："现在各级党组织普遍加强了对计划生育工作的领导，建立和健全了计划生育领导小组和办事机构。……从公社到生产队，从街道到里弄，从工厂到车间、班组，基本上做到层层有人抓，块块有人管，从组织上保证了计划生育工作的顺利开展。"陈慕华的报告中要求："县以上革命委员会要建立和健全计划生育办公室，配备精干得力的工作班子，人员列入行政编制。……农村公社、城市街道和大的厂矿、企事业单位，要设一名计划生育专职人员。"

第四，上海市的报告中说："许多区、县、街道和人民公社普遍建立了生育规划'半年一修订，每月一检查'的制度……"根据陈慕华这次会议精神所写的人民日报社论《书记挂帅，全党动手，进一步搞好计划生育》中则说："各级党委要把计划生育工作列入党委的重要议事日程，纳入国民经济计划，一年讨论几次，大抓几次，常抓不懈。"

至于上海市报告中所列举的具体做法，"发动计划生育工作的骨干，根据群众需要，挨户送避孕药具上门，把工作做到家……"实际是要求基层计划生育管理员具体掌握每个未批准生育指标的、有条件生育的育龄妇女（即有配偶的育龄妇女）的具体避孕方式和经期变化，则更是上个世纪80年代以后全国计划生育管理工作的惯常做法。1974 年上海市給中央报告中列举的做法应该是上海已经做到的，1978 年陈慕华給中央的报告要求全党全国应该做的至少是全国绝大多数地方在那时还未曾做到的。现在，上海市的那几点做法已经是我国现行计划生育工作的基本制度。这段被尘封的历史究竟说明什么，那是另外一个问题。哲人言，说出真实总是有意义的。我们先把被历史蒙上的灰尘掸去，让世人看到其真实。

二、"四人帮"的计划生育自觉

一篇文章《"四人帮"与计划生育》张贴以后，一位网友说："梁老先生的该博文太强制附会了，仅仅靠您手上的一个讲话材料就可以'掸去历史的灰尘，让世人看到其真实'似乎有点太过武断！您可以去看一下陈良宇、成克杰在任时有关廉政的讲话，那他们是不是就是党的清廉干部了呢？"其实，如果稍微客观一些，仅从我的文章中就可以发现，"四人帮"积极推行计划生育，可不是如陈良宇、成克杰有关廉政建设的讲话。作为现行体制下的各级党政一把手，因为各行各业的工作都要管，各个部门的工作都要抓，就必须讲各个部门都要说的话。所以，贪官讲廉政屡见不鲜。但是，我文章中所列的一些有关"四人帮"对现行计划生育基本制度建设的贡献情况可不同于陈良宇成克杰作廉政报告。首先，王洪文马天水不是在计划生育工作会议上讲述要重视计划生育，相反，那是王洪文作为主持中央日常工作的党中央副主席（即文件中所说"中央负责同志"）在计划生育还没有被列为基本国策、生育指标还未进入国民经济计划、计划生育还未能成为党和政府的一项日常工作的背景下的全国计划工作座谈会上主动讲出来并要求各个省、市、自治区党委抓计划生育的重要指示。同样一个会议上，没有看到别的领导人讲计划生育工作，而王洪文马天水却主动讲了，突出表现了"四人帮"的计划生育觉悟和自觉。其次，我所罗列的华国锋在五届人大二次会议的政府工作报告中所列举的 1971-1978 年上海市的人口增长率由 7‰降到 5‰，号召全国学习上海的经验，说明"四人帮"时期的上海市的计划生育工作确实有成绩、有经验，这是得到了十一届三中全会以后的党中央肯定的。第三，王洪文在计划座谈会上的讲话和毛泽东圈阅的中共中央 1974 年 32 号文件所罗列的上海市的一些所谓计划生育工作经验，其实就是文化大革命中"四人帮"在上海市计划生育工作中的一些具体做法，譬如要把计划生育工作列入党委议事日程，每年讨论几次；党委一把手亲自抓，一位副书记或一名常委具体分管经常抓；市、区（县）党委和政府要建立起计划生育领导小组和工作班子，公社（乡镇）、街道和大型厂矿、工厂、学校和事业单位要配置专职计划生育工作人员，生产队、车间和班组都要层层有人抓、块块有人管；把计划生育管理落实到每一位有条件生育的育龄妇女身上，保证每一位没有生育指标的有条件生育的育龄妇女没有计划外怀孕和计划外生育，等等。要知道，那时还不是现在。虽然党和政府从 50 年代初中期就开始倡导节制生育和计划生育了，但是，截止 70 年代中期，各级政府都还只是停留在口头上的宣传，很少有上海市那样创造出具体的可以直接管理到每一位育龄妇女和上升到制度建设的经验。计划生育部门就是从这个 32 号文件开始，特别是陈慕华担任国务院计划生育领导小组组长以后，利用 1978 年获得的中共中央 69 号文件，再把 32 号文件中上海市的一些作法以国务院计划生育领导小组的意见讲出来，并经过党中央的批准从而在 1978-1980 年积极推进和完成了现行的计划生育制度建设。所以，现行的计划生育制度的基本经验首先是由上海市在文化大革命中创造的，而全国则是在文化大革命后期开始学习上海经验，到 70 年代末那几年又经过国务院计划生育领导小组的推动才得以完成的。有心的读者可以对照毛泽东圈阅的

1974 年中共中央 32 号文件和 1978 年 69 号文件，前者是批转和介绍上海市的具体做法的，后者是国务院计划生育领导小组要求全国应该做的。1979、1980 年各个省、市、自治区基本上作到了 69 号文件所要求的，现行的计划生育制度在全国也就形成了。如果进一步思考，毛泽东圈阅的 32 号文件是怎么产生的？那又离不开王洪文主持中央日常工作这一重要环节。从 1967 年就开始掌控上海市的"四人帮"经过长期的努力和培养，在上海市总结出一套可以上升到制度层面的计划生育工作经验，并通过在中央主持日常工作的王洪文和毛泽东批准形成中央通过的文件将其推向全国。客观地看待这一段的计划生育历史，"四人帮"对我国现行的计划生育制度的形成和发展功不可没。所以，如果说陈良宇成克杰确有反腐倡廉的工作报告的话，那也许是他们的官样文章。但是，上海市创造的并且经过党中央 1974 年 32 号文件推向全国的计划生育先进经验却是"四人帮"长期经营和领导的结果。

当然，文化大革命中的上海市也不是一片孤岛。上海市的一些作法也许在年全国其他地方也零星的出现过，譬如同一个 32 号文件批示和王洪文讲话中提出的"河北经验"或者华国锋插话中所说的"河北南宫经验"。河北的基本做法中最为重要的是加强领导这一条，如"各级党委要把计划生育工作列入议事日程，当作一项重要工作来抓，一年认真抓几次"。但是，这都没有突破 1962 年中共中央国务院下发的《关于认真提倡计划生育的指示》精神，因为在那个文件中中共中央就提出了"认真加强对节制生育和计划生育工作的领导。各级党委和政府要把这一工作列为议事日程之一，定期地进行讨论和检查"。所以，河北经验最多只算是认真贯彻了中共中央 1962 年的要求。除此之外，河北以及全国绝大多数地方在那个时候都还只限于一般号召和宣传，并没有像上海市那样具体管理到人，——管理每一位有条件生育的育龄妇女即有对偶的育龄妇女，落实每一位没有批准生育指标的有条件生育的育龄妇女的节育措施，甚至于掌握她们的经期信息，这是现行的计划生育制度的核心和本质。由于文化大革命中极左思潮的泛滥，我不敢保证其他的地方没有在上海市之前或同时也有这样的做法。但是，至少是我们现在可以看到现行的计划生育制度中对每一位有条件生育的育龄妇女的经期、避孕和节育手段，以及孕情等等这一类属于民众绝对隐私的事情却必须有别人掌握的做法，是来源于文化大革命中的上海市和"四人帮"的。还有，上海市建立起市、区（县）两级计划生育领导班子和办事机构即计划生育办公室，从公社到生产队，从街道到里弄、从工厂到车间、班组，做到层层有人抓，块块有人管，——这是现行的计划生育制度的组织保障，是现行计划生育制度得以成为制度的基础。我不敢说个别地方在某个时候没有上海市的上述做法，但是，没有一个省、市、自治区能够像上海市那样建立起从市、区县再到居民委员会和居民小组这样一支健全的计划生育队伍，从而创造出制度性的经验来。全国只是在全面学习了上海市经验以后，特别是 1978 年中央批转国务院计划生育领导小组的报告以后，70 年代末才最终形成现行的计划生育制度。

为什么"四人帮"对计划生育具有极大的积极性和强烈的责任感？王洪文对各个省市自治区党委的领导同志说，"人口控制，尤其在大城市，如果降到千分之五或者六，上山下乡就用不着做那么多的工作了"，——这是"四人帮"的计划生育觉悟和自觉性的根源。因为少生孩子可以减轻政府一系列包袱，减少城市领导人的工作压力。从这一方面来说，"四人帮"能够在计划生育工作上创造出好的经验是有其特殊条件的。在文化大革命中，任何一个省、市、自治区党委的领导班子都不具有上海市那么稳定。"四人帮"长期经营上海市，这是毛泽东给予他们的特权，也是他们得天独厚的条件。"四人帮"长期盘踞上海市，从自己的利益出发有抓好计划生育工作的积极性。上海市确实也创造出了好经验，做出了好成绩。从我手头上可以查到的资料来看，1965－1973 年，上海市的人口出生率由 17‰ 下降到10.25‰，自然增长率由 11.3‰ 下降到 4.78‰。如果和全国比较，同期全国人口出生率下降了 26.2%，上海市下降了 39.7；自然增长率全国下降了 26.4%，上海市下降了 55.3%。笔者从来都认为，人口变动不过是经济社会发展的结果。所以，这一历史时期作为以传统农业人口为主的全国人口构成不可以和现代化大都市的上海完全相比。但是，从控制人口的目的和效果来说，现行的计划生育制度对政府体制内的人口管制最为有效，而文化大革命中创造出符合管制我国体制内人口的计划生育管理制度经验的上海市恰好具备这一方面的特征。从这一点上来说，"四人帮"创造出现行计划生育制度的基本经验并不是偶然的。

避孕和节育本来是工业革命和现代化创造的一种更加适合人性的新生活，所以，随着经济社会的发展会有越来越多的民众自发选择节育生活。在研究 50 年代初期党和政府转变态度，支持城市青年的避孕和节育要求的时候，我就认为是那个时代的党和政府的主要领导人从他们的切身体会出发，在选择自由节育和政府限制节育的保守制度之间的冲突时，才以鲜明的态度站在了支持群众避孕和节育的一边。解放初期，国家的有关卫生规定和其他相关制度都是禁止人工流产、严格限制避孕和节育工具的生产及流通的。在我国自后几十年的研究领域中，绝大多数人都以为新中国实行这样的制度，是因为党和毛泽东为了鼓励人口增殖。其实不是这样。传统的国家制度适应农耕时代的需要，都是保护孕妇和婴儿，鼓励生殖的。由限制以至于反对避孕和节育，到把实行节制生育当作男女公民基本的民主权利，节制生育由非法转化为合法，是几乎所有的国家在由传统走向现代的过程中都经历过的历史。在不少的国家，自由地实行节制生育甚至于是经过民众多年的斗争才得以合法的。日本的商品橱窗上可以自由摆放节育药具也只是 10 多年的事情，人工流产合法化的辩论至今还在美国激烈地争吵着。所以，1949 年建立起来的新生政权限制人工流产和不允许商业部门经营节育药具，完全是延续旧政府和传统的卫生部门的规定。我以为是毛泽东、邓小平这一批领袖人物的亲身经历及其感受才导致他们要改变国家限制节育的制度。毛泽东和贺子珍从 1928 年结合到 1937 年分手的 10 年时间，包括流产在内，贺子珍至少生育过 6 个孩子(还有一说，生育过 9 个孩子)。一年一次或者不到两年一次的生育，极大地损害了贺子珍的身体，以至于发生了在抗大学习的时候晕倒在厕所里。有人说，贺子珍坚持到苏联去就是因为生孩子生怕了。即使按照较多人的说法，去苏联是为了学习和提高文化，那也是因为看着参加井冈山斗争的同期战友在革命战争中都进步很快，自己却因生育过多过密，影响了学习和工作而着急。毛泽东和江青的结合，又是一个样子。从 1938 年到 1953 年，包括 1947 年转战陕北那样紧张和危险的日子，江青都没有离开过毛泽东。期间 15 年里，江青仅生育过一个孩子。也许，这就是从上海走出来的知识妇女和井冈山上没文化的女孩子之间的差别。简单点说，这个差别就是节育和不节育的结果。贺子珍和江青在这方面給毛泽东的影响是不一样的。现在可以接触到的资料，是邓小平最先要求中央人民政府卫生部改变限制生育的规定。那个时候的邓小平只有 47、8 岁，其夫人卓琳 30 多岁。即使像邓小平这些高级干部有特殊的渠道可以得到节育的药品和用具，但他们至少能够体会到青年男女的感受和抱怨。所以，我觉得刘少奇在 1954 年 12 月召开节制生育座谈会时说："现在我们要肯定一点，党是赞成节育的。……这是个人民需要的带政策性的问题。"1955 年 3 月 1 日，中央在批转卫生部党组给中央的报告中指出说："节制生育是关系广大人民生活的一项重大政策性的问题。"都是当时的实际情况，即党和政府主要从人民群众的要求和民主权利出发改变政府保守的规章制度，支持避孕和节育的。1956 年 8 月，卫生部在一份文件中说：

要知道避孕是人民民主权利，应由人民自由使用，政府应准备一切条件，来指导并解决群众对避孕的需要，以使广大群众能有计划的生育、调节生育密度，保证妇女和儿童的健康，并可减少人工流产手术，和因人工流产手术所招致的一切痛苦和危害，卫生行政领导人员必须重视避孕问题，澄清过去一切不正确的思想，应该积极行动起来，广泛宣传，教育群众，使人们能了解避孕的积极意义。并能具体实施计划生育，减少生活上、工作上、经济上、健康上的一切困难。

　　这是一段自党和政府主张节制生育和计划生育以来最为经典、精辟，最富有透彻性或穿透力的一段文字。如果将来档案解密，它会告诉我们这实际上是毛泽东的一段文字批示。因为这个时期的共和国正在工农群众中进行人民当家作主的教育，宣传公民享有的基本民主权利。自由实行避孕和节育是人民的民主权利，这样的认识不仅与《联合国宪章》《世界人权宣言》的基本精神一致，而且比许多国际公约明确将生育权规定为基本人权的历史还要早。但是，这样一个"人民需要的带政策性的问题""关系广大人民生活的一项重大政策性的问题"，"一个应由人民自由使用的""民主权利"和"政府应准备一切条件，来指导并解决群众对避孕的需要"的问题，如何搞到现在天怒人怨的地步？

　　王洪文所讲的搞好计划生育工作以后，动员知识青年上山下乡的工作就不那么难了，道出了现行的计划生育制度的实情。上个世纪70年代末，人民日报社论说："我国是一个社会主义国家，国民经济是有计划按比例发展，人口也应纳入国家计划，有计划地增长。"我国现行的计划生育制度就是在这样的宣传中很快形成的。我也是在这样的信念下参加到这个行列，成为拥护现行的计划生育政策的一位研究者。计划经济决定计划生育，这似乎是严密而科学的逻辑结论。但是，恰恰这里就出了问题。如果说计划经济要求计划生育，那么，那时社会主义阵营那么多国家，为什么除了我们国家以外其他的国家都没有推行计划生育呢？特别是我们的计划体制是学习苏联的，而苏联就没有实行计划生育。有人说，苏联土地宽阔人口密度大，要求鼓励人口增殖。为什么苏联不实行有计划的增加人口呢？另一方面，经过多年的探索，我国至少从90年代初中期就已经明确要建立社会主义市场经济。社会主义市场经济当然是一种市场经济，而不是计划经济。就是说，大约20年前我们就决定抛弃计划经济了，但是，在"计划经济决定计划生育"的理论下建立起来的现行的计划生育制度却还是被坚持着。计划经济都不存在了，计划生育为何还那么坚挺？可见，计划经济决定计划生育的说法是没有根据的。

我国现行的计划生育制度是只有我们国家特有的，这就必须从我们国家的具体情况出发寻找其产生的根源。1957 年 1 月，毛泽东在省市委书记会议上说：

> 统筹兼顾，各得其所。这是我们历来的方针。在延安的时候，就采取这个方针。一九四四年八月，《大公报》作社评一篇，说什么不要"另起炉灶"。重庆谈判期间，我对《大公报》的负责人讲，你那个话我很赞成，但是蒋委员长要管饭，他不管我们的饭，我不另起炉灶怎么办？那个时候，我们向蒋介石提出的一个口号，就是要各得其所。现在是我们管事了。我们的方针就是统筹兼顾，各得其所。包括把国民党留下来的军政人员都包下来，连跑到台湾去的也可以回来。对反革命分子，凡是不杀的，都加以改造，给生活出路。民主党派保留下来，长期共存，对它的成员给予安排。总而言之，全国六亿人口，我们统统管着。比如统购统销，一切城市人口和农村里头的缺粮户，我们都管。又比如城市青年，或者进学校，或者到农村去，或者到工厂去，或者到边疆去，总要有个安排。对那些全家没有人就业的，还要救济，总以不饿死人为原则。所有这些，都是统筹兼顾。

所谓"统筹兼顾，各得其所"，就是由政府统一筹划，照顾各个方面，使得各个方面都可以的到期所要想得到。这当然是一个皆大欢喜的社会。几乎同样的语言，毛泽东在这年 2 月 27 日的最高国务会议上的讲话中又重复了一次。可能毛泽东感觉到经过 7、8 年的实践，"各得其所"的标准还是难以达到吧，在这次讲话中将其改为"适当安排"。从适得其所到适当安排，标准虽然降低了，但还是政府来安排的。毛泽东要建立起一个与蒋介石不一样的、能够供养所有人吃饭和解决社会一切需要解决的问题的政府，这是早在延安时代就已经决定了的目标。所以，1949 年北平解放，新生政权不仅把旧政府的人员都保留下来，而且把各个党派的人都召集到过来，由政府养着。自后的几年，甚至于把过去的家庭妇女也都动员出来到政府所办的事业单位去工作。政府并不生产，从而也不创造价值和增加财富。政府只是运用分配和再分配的手段调节已经创造的劳动成果。"一个人的岗位两个人做，一碗饭两个人吃"。板凳越拉越长，担子越来越重。这是一个方面。另一方面，政府直接开办工厂，建立学校、医院，搞商业和发展文化，势必产生经济学上说的挤出效应。政府在有了自己的企业、事业单位以后，必然地在方针政策方面偏袒一方，歧视甚至于打击非政府成分，社会其他渠道逐渐被堵塞，路子越走越窄。

以北京市为例。1951 年全市托儿所 65 所，其中仅属于国家机关所办的就达到 47 所，妇联部门在人民日报上抱怨"距离需要甚远"，以至于许多青年妇女不敢结婚、生育。1955 年北京市政府相关部门联合成立人口办公室，"进行减少本市闲散人口工作"。同年，共青团北京市委决定成立北京市青年志愿垦荒队到黑龙江开垦荒地；北京市公安局在黑龙江成立"北京市地方国营兴凯湖农场"，用以解决劳改生产和移民就业问题。1957 年，北京市中小学应届毕业生不能继续升学的数字很大，就业问题又大部分不能解决。同年 8 月，北京市第一批中学毕业生 450 人到清河茶淀农场"做新式农民"。到 1964 年，首都约有 18 万知识青年回乡和下乡参加农业生产。

我们再来看同期党和政府是如何反映的。1953 年，周恩来开始感觉到人口增长率所带来的"供应问题"，认为过高的生育是"一个大负担"。1956 年，周恩来呼吁就业困难。1957 年，国务院副总理兼国家经济委员会主任薄一波在人大会议的报告中说："现在还有许多学龄儿童不能入学，这在目前还不可能避免。不能入学的学龄儿童，只好晚一些入学。"因为城里无法安排青年就业，到上个世纪 70 年代末，全国有 1700 万城市青年到农村当农民。

毛泽东那一代党和政府的领导人都属于理想主义者，所以，他们不会认为自己建立的社会制度或体制有什么问题。这样，当新中国的经济社会制度出现问题的时候，党和政府却把老百姓的生育当作问题的根源，产生了抑制人口增长的意识。1956 年前后，随着苏联援建项目陆续投产，毛泽东又把其当作社会主义计划经济的成就。于是，具有诗人品格的毛泽东产生了计划生育的念头。他说："社会的生产已经计划化了，而人类本身的生产还是处在一种无政府和无计划的状态中。我们为什么不可以对人类本身的生产也实行计划化呢？我想是可以的。"计划生育思想就是在这样的背景下产生的。随着体制的深入运行，其弊端越来越严重，社会问题越来越多，政府抑制人口增长的愿望和冲动也越来越强烈。王洪文及其"四人帮"长期经营上海市，当然深深感觉到人口的压力。所以，他们要比那些担任领导职务时间不长的其他青年干部或者被解放不久的老干部都更具有计划生育自觉。

三、"四人帮"的计划生育传统和氛围

"四人帮"是毛泽东给王洪文、张春桥、江青、姚文元为首的党内帮派集团所起的绰号。因为他们总的还是打着忠于和拥护毛泽东的旗号，并没有独立的组织形式，不属于有组织、有纲领的政治派别，只是具有极左思潮的思想意识形态性质。所以，可以算到这个派别内的实际人数要广泛得多。不仅包括康生、谢富治以及文革小组的一些其他成员，而且还应包括十大和四届人大前后我国文艺界文化界上层那些十分活跃的领导骨干。当然，这个集团更主要地还要包括王张江姚在上海的班底如马天水、徐景贤等一些成员。因为按照"林彪反党集团"的重要成员邱会作的说法，"四人帮"就是"上海帮"，是江青按照毛泽东的意图发动文化大革命的小集团。毛泽东最早提出"四人帮"这个概念，是在周恩来和王洪文 1974 年 12 月共同到长沙向养病的毛泽东汇报四届全国人大的人事安排等事项的时候，当面批评王洪文时讲的。毛泽东警告王洪文说："'四人帮'不要搞了，中央就那么多人，要团结"，"不要搞宗派，搞宗派要摔跤的。"在 5 个月以前，即 1974 年 7 月 17 日，毛泽东离开北京到南方养病的那天所召开的政治局会议上，具体的提法不是"四人帮"而是"上海帮"。毛泽东估计到他离开北京后，江青等人会给在家里主持工作的周恩来制造难题，所以特别批评说："江青同志，你要注意呢！别

人对你有意见，又不好当面对你讲，你也不知道。"毛泽东还在会议上郑重地说："她并不代表我，她代表她自己。""总而言之，她代表她自己。"毛泽东指着江青向在场的政治局成员说："她算上海帮呢！你们（即王、张、江、姚）要注意呢，不要搞成四人小宗派呢！" 10月 17 日，陪同外宾来长沙的李先念对毛泽东说："我们坚决不动摇地执行主席要安定、团结的意见。"毛泽东说："王母娘娘就不听呢！""叫她不要搞上海帮，她要搞。"所以，在毛泽东那里，"四人帮"和"上海帮"是一个概念。

　　当然，毛泽东批评"四人帮"，并不是要打倒他们。毛泽东批评"四人帮"最为严厉的一次，是 1975 年 5 月 3 日他主持召开的最后一次政治局会议。毛泽东似乎就是为了批评"四人帮"才带着极为虚弱的病体召开这次会议的。毛泽东说："不要搞'四人帮'，你们不要搞了，为什么照样搞呀？"也就是这次会议上，毛泽东还说要"治病救人，不处分任何人"，"我看问题不大，不要小题大做"。一方面，毛泽东依靠"四人帮"搞起了文化大革命，运动还在进行，还需要他们。另一方面，毛泽东十分了解现代社会中"党外有党，党内有派"的道理。所以，他并不完全忌讳党内一定的派别活动。而且，有的时候还会以这样的方式理喻一些很深刻的道理。1974 年 10 月，邓小平陪同外宾到长沙见到毛泽东后，汇报四届人大的人事安排问题，因为周恩来将面临长期病休，国务院的工作事实上将仰赖邓小平。对于未来国务院的周恩来、邓小平的格局，毛泽东就当着邓小平的面说"法国派好"。所谓"法国派"，是因为周恩来、邓小平共同留学法国的经历。毛泽东高超的政治艺术就是娴熟地驾驭党内不同的思想派别，来达到自己的政治目的。批评"四人帮"，是因为毛泽东这一个时期希望通过周恩来、邓小平很好地抓经济工作，在一定程度上恢复被长期的文化大革命破坏了的经济和社会秩序，而江青等人对周恩来、邓小平的攻击和发难干扰了他的部署。毛泽东只是容许党内的派别活动存在于一定的程度上，超过了这个度，影响了他的战略，那就是不许可的了。

通过文化大革命崛起的王、张、江、姚，是毛泽东依靠"上海帮"发动和开展文化大革命的重要力量。实际上，江青是在北京物色枪手撰写批判吴晗的《海瑞罢官》遭到拒绝以后，才于 1965 年转向到上海找张春桥和姚文元的。上海有合适的人选并适当的氛围，以至于成为文化大革命的策源地，这都得益于市委书记柯庆施的长期经营。在共和国的历史上，柯庆施一直在党和毛泽东的政治格局中占据着十分重要的地位。1947 年到共和国建立的前夕，石家庄市对于党中央所在地河北省平山县西柏坡举足轻重，柯庆施是石家庄市的市委书记。1949 年 4 月，解放军攻占国民党政府首都南京。南京市以及我国资本主义工业发展最早、最发达的江苏省在新中国政治经济中的地位不言而喻，柯庆施于 50 年代初调任南京市并主政南京和江苏省。随着中国经济的恢复和发展，上海市在全国的地位绝无替代，柯又调任上海市委书记。柯庆施比毛泽东小 11 岁，但毛泽东常称其为"柯老"。1958 年南宁会议上，毛泽东为发动大跃进而整肃周恩来、刘少奇和陈云。1 月 16 日，柯庆施汇报时，毛泽东从上海市前一个月党代会上柯庆施的报告《乘风破浪，加速建设社会主义的新上海》说起，讲了很长一段话。毛泽东说："这一篇文章把我们都压下去了。上海的工业总产值占全国的五分之一，有一百万无产阶级，又是资产阶级最集中的地方，资本主义首先在上海产生，历史最久，阶级斗争最尖锐，这样的地方才能产生这样一篇文章，这样的文章，北京不是没有也，是不多也。"毛泽东接着问周恩来："恩来同志，你是总理，你看，这篇文章你写得出来写不出来？"周恩来赶忙回答："我写不出来。"毛泽东又说："你不是反冒进吗？我是反反冒进的。"自 1956年以来，毛泽东就在酝酿和发动一场大跃进，速度是这一个时期的中国政治中的关键词，柯庆施领悟到了这一点。1957 年莫斯科会议上，毛泽东受赫鲁晓夫 15 年苏联超过美国讲演的启发，产生了中国用 15年超过英国的想法。柯庆施将这一信息透漏给上海市委书记处书记、宣传部长张春桥，由张执笔完成了党代会上的这个报告。从题目就可以看出，速度问题是该报告的灵魂。该文产生后，经毛泽东修改又刊登在人民日报上。1958 年 8 月北戴河会议上，毛泽东有一段批评干部脱离群众和特殊化倾向的讲话。据说柯庆施在会议期间就用电话将他的笔记透漏给张春桥。张据此写了一篇《破除资产阶级的法权思想》的文章，发表在上海市委的机关刊物《解放》半月刊上，毛泽东看到后大为赞赏，亲自撰写了编者按语，又转登在 10 月 13 日的人民日报上。除此之外，姚文元在 1957 年反右初期批评文汇报的文章也曾引起毛泽东的注意，在为其亲自撰写的《文汇报的资产阶级方向应该批判》做准备的人民日报编辑部文章《文汇报在一个时间的资产阶级方向》一文中加以引用。所以，至少是从这个时期开始，张春桥、姚文元已经进入毛泽东的视线。左倾、激进和狂热，既是笼罩共和国时期全党的主要思想倾向，也是同期毛泽东的主旋律。从 50 年代中后期开始，柯庆施领导的上海市总是能够在第一时间站在毛泽东一边，紧跟毛泽东的步伐，许多在当时被当作"新生事物"实际是极左的事物都被那个时期的上海市创造出来。上海市的计划生育先进经验，也是在这样的背景下产生的。

避孕和节制生育是工业革命创造的一种更加符合人性的新生活。所以，列宁在 100 年前就说，节制生育不过是男女公民的民主权利。上个世纪 50 年代初中期，党和政府一开始支持群众的避孕和节育要求时，也把其当作人民的基本民主权利。但是，因为毛泽东要建立一个无所不包的国家体制，人口因素也就转化成了政府的包袱。这样，党和政府也有了要求群众节制生育的工作目标和建立计划生育制度的积极性。如果把 2001 年 12 月 29 日全国人大常委会通过的《中华人民共和国人口与计划生育法》视之为现行计划生育政策的法的表现的话，那么，就可以将中共中央 1982 年 2 月出台的现行计划生育政策当作现行的计划生育制度形成的标志。笔者盘点上个世纪 50 年代中期党和政府开始提出节制生育到现行的计划生育政策产生，中共中央专门为节制生育和计划生育工作一共发布了 7 份文件，其中与推行上海市的经验和制度相关的文件就有 4 份。而且，这 4 份文件集中在现行的计划生育制度形成的 10 多年期间，可见上海市的计划生育在我国现行的计划生育制度产生过程中的作用。这 7 份文件是：

1．中共中央《对卫生部党组关于节制生育问题的报告的批示》（1955 年 3 月 1 日）；

2．中共中央、国务院《关于认真提倡计划生育的指示》（1962 年 12 月 18 日）；

3．中共中央、国务院《批转上海市委、市人委关于计划生育工作的报告》（1965 年 6 月 23 日）；

4．中共中央《关于计划生育问题的批示》（1966 年 1 月 28 日）；

5．中共中央《关于转发〈上海市关于开展计划生育和提倡晚婚工作的情况报告〉和〈河北省关于召开全省计划生育工作会议的情况报告〉的通知》（1974 年 12 月 30 日）；

6．中共中央《批转〈关于国务院计划生育领导小组第一次会议的报告〉的通知》（1978 年 10 月 26 日）；

7．中共中央、国务院《关于进一步做好计划生育工作的指示》（1982 年 2 月 9 日）。

按照上述 7 个文件的内容可以把党和政府有关节制生育和计划生育问题的制度建设的历史划分为 4 个阶段。第一阶段大致为 1949-1954 年，是党和政府对这一问题的认识发生转变时期，由最初相关部门限制避孕和节育转变为支持群众的要求。第二阶段大致为 1955-1962 年，主导的方面是积极宣传和倡导避孕和节育知识，并把其当作人民的民主权利。譬如上述第 1 份文件即 1955 年 3 月中共中央对卫生部党组的关于节制生育问题的报告的批示说：

节制生育是关系广大人民生活的一项重大政策性的问题。在当前的历史条件下，为了国家、家庭和新生一代的利益，我们党是赞成适当地节制生育的。各地党委应在干部和人民群众中（少数民族地区除外），适当地宣传党的这项政策，使人民群众对节制生育问题有一个正确的认识。

这段话中虽然暗含了国家和政府的成分，但是，主要是出于"广大人民生活"的需要则是很清楚的。1956 年 8 月 6 日，卫生部《关于避孕工作的指示》中的一段话，十分明确地把避孕和节育当作人民的民主权利。该文件说：

> 本部一九五四年七月曾发卫药字 579 号通知，确定避孕方法可由人民自由采用，但未交待明确，以至各级卫生人员对避孕工作缺乏正确认识，没有认真贯彻下去，因而人民由于生育过多过密，对家庭和个人均产生很大困难。要知道避孕是人民民主权利，应由人民自由使用，政府应准备一切条件，来指导并解决群众对避孕的需要，以使广大群众能有计划的生育、调节生育密度，保证妇女和儿童的健康，并可减少人工流产手术，和因人工流产手术所招致的一切痛苦和危害，卫生行政领导人员必须重视避孕问题，澄清过去一切不正确的思想，应该积极行动起来，广泛宣传，教育群众，使人们能了解避孕的积极意义。并能具体实施计划生育，减少生活上、工作上、经济上、健康上的一切困难。

正如前一篇文章所述，毛泽东要建立起由政府大包大揽所有人的生活和一切问题的体制，人口多少也就成了政府供应的负担，避孕和节育问题也逐渐成为政府的目标。所以，这个时期已经提出计划生育和控制人口出生的要求，并且在上述第 2 份文件即中共中央和国务院 1962 年 12 月 18 日联合下发的《关于认真提倡计划生育的指示》中说：

> 在城市和人口稠密的农村提倡节制生育，适当控制人口自然增长率，使生育问题由毫无计划的状态逐渐走向有计划的状态，这是我国社会主义建设中既定的政策。认真地长期地实行这一政策，有利于保护母亲和儿童的健康，有利于教养后代，有利于男女职工在生产、工作、学习中充分发挥自己的力量，也有利于我国民族的健康和繁荣。因此，提倡节制生育和计划生育，不仅符合广大群众的要求，而且符合有计划地发展我国社会主义建设的要求。

如果说在此以前，政府对人口控制的目标要求还不占主导作用的话，那么，中共中央和国务院的这一个文件就成了我国节制生育由人民自由实行向国家控制转向的路标。第三个阶段大致为1963-1981年，属于我国现行的计划生育制度形成时期，不仅有4份与上海市计划生育先进经验相关的中央文件，而且以1981年3月全国人大常务委员会审议同意中央政府正式设立国家计划生育委员会作为标示性的事件。我们先来具体介绍从第3到第6这4份文件。

第3、第5这2份文件的内容仅从文件名称上就一目了然了，是中共中央转发上海市计划生育先进典型的。分别紧跟在第3、第5文件后面的第4、第6这2份文件的名称不是很明确，但是，实际内容都是当时的计划生育主管部门进一步介绍上海市或者是介绍以上海市为主的先进单位的先进经验，以便通过中央批示以后把以上海为主的先进地区的做法推向全国。其中第4份文件即1966年1月28日中共中央关于计划生育工作的批示，是对当时的卫生部部长钱信忠于1965年10月25日给中央的报告《有关计划生育的几个问题》的批示。自从党和政府开始提出节制生育工作以后到1978年中央批转国务院计划生育领导小组第一次会议的报告为止，其具体的业务工作主要是由卫生部来做的。即使1964年1月国务院成立过计划生育委员会，1973年7月成立了国务院计划生育领导小组，那也都属于临时办公性质。这期间的领导组成员都具有部门性质比如国家计划委员会、卫生部、民政部、化工部、全国总工会、全国妇联、团中央等，实际的业务工作还是在卫生部。钱信忠此时在上海市蹲点作计划生育工作，这份报告就是向中央并通过中央的批示向全国推行上海市等地方的先进经验的。第6份文件即中共中央1978年10月《批转〈关于国务院计划生育领导小组第一次会议的报告〉的通知》也具有这样的性质。这样，我们就可以把上述第3和第4划分为一组，第5和第6划分为一组，共计两组文件。其中第3和第5都是介绍上海市的具体做法、经验和效果，第4、第6则是计划生育管理部门通过中央批示以后在全国推行上海市的经验，从而完成全国的计划生育制度建设。这是两个单元，其中中央对上海市两份经验材料的批转期间间隔 9 年的时间，对计划生育管理部门的两份材料的批示和批转间隔的时间更长，一方面可以理解为由于文化大革命的干扰使得计划生育制度建设一度有所中断，另一方面也可理解为上海市经过文化大革命进一步丰富了计划生育工作的经验。另外，虽然钱信忠和国务院计划生育领导小组的报告都没有直接点明就是要在全国推行上海市的做法，这一方面是因为政治的原因比如 1978 年的国务院计划生育领导小组不仅要忌讳"四人帮"问题不可能过高地评价上海市，而且还需要以批判"四人帮"的方式做推广工作。另一方面，从部门工作的性质出发，计划生育管理部门每个时点上总需要有一批先进单位，而不仅仅是一个上海市。但是，从这一段长达 10 多年的历史来看，其他的先进单位总是在交替变化，而上海市却是我国现行的计划生育制度形成阶段中唯一的一个具有"常青藤"性质并且是贡献了制度性经验的先进单位。另外，如果哪位读者有兴趣阅读具体的文件的话，就不难发现只有上海市才有一些制度性的经验。钱信忠和陈慕华的报告事实上是在推广上海市的经验，而这些具体步骤都是现行的计划生育制度建设中的一个个具体的环节，也许是他们这些当事人当时都未曾意识到的。但是，它却是历史的逻辑。

　　文化大革命前 3 年的上海市和"四人帮"领导下的上海市都为现行的计划生育制度贡献了什么？第一，由财政负担包括农村人民公社社员在内的所有人的避孕和节育的费用，这是把个人和家庭实行节制生育的个人行为转变为国家计划生育的国家行为的重要标志。第二，市、区（县）两级建立计划生育委员会，配备专职干部，设立办公室，作为市、区（县）两级领导机关管理计划生育工作的常设机构。这是计划生育能够作为国家公共事务的政治基础。第三，从公社到生产队，从街道到里弄，从工厂到车间、班组，都有 1 到 3 人具体管、具体抓计划生育工作，完成了自愿选择使用节育措施到管理每一位有条件生育的育龄妇女的制度转变。也可以把这一项看作为前一项的延伸，这是政府指令得以贯彻的组织基础。第四，实行计划管理。这一点在上海市的 2 份文件中表述得都不很明确，一方面是因为计划生育制度本身就不是计划，其计划的制定就没有标准，实际上是在极左思潮的要求下让出生率不断地下降。譬如上海市市区的人口出生率 1965 年已经由以前的 36‰下降到 12‰，全市人口的自然增长率由 1965 年的 11‰下降到 1978 年的 5‰，还在要求继续下降。（现在的户籍人口已经成为负数了，还要求下降）计划生育并没有计划，只是一味地要求少生育。这既是 70 年代末"一胎化"得以产生的必然结果，也是我国妇女生育率由 50、60 年代的 6.0 左右持续下降到现在已经低于 1.5 以后还要继续喊"稳定低生育率"的历史逻辑。另一方面，这个时期的上海市已经对不同的人的生育有了不同的限制。譬如，文化大革命时期的国家干部和城市市民每个家庭的生育就不得超过 2 个，结婚年龄也必须达到晚婚规定的年龄限制才予以登记。虽然那个时期还未有 1979 年以后的许多处罚规定，可在政治氛围极为浓厚的情况下把生育提高到热爱党忠于毛主席和执行最高指示的高度上，事实上也就别无选择了。第五，培养和建立了宣传和开展技术服务的两支计划生育工作队伍。1965 年，大约 1000 万人口的上海市有一支 25 万人的计划生育宣传队伍活跃在基层单位。为了有利开展计划生育四术工作，上海市在原有妇产科、泌尿科基础上又给卫生系统增加 400 多人的编制，充实和扩充卫生技术队伍，培训了 1000 多名高、中级医务人员，使得各级医院都可以开展节育技术，在农村建立了 100 多个节育手术点。第六，"一胎后上环，二胎后结扎，计划外怀孕实施流产手术"，是截止现在计划生育部门的基本管理经验。60 年代，我国科技人员已经生产出西方发达国家刚刚上市的一些避孕和节育技术，为了管理方便和放心，计划生育部门首选出男女结扎手术和节育环这两种长效节育措施。1965 年，上海市城乡共有 74 万对有生育条件的人口，其中结扎或放置节育环的达到 30 多万人。1964 年，上海市人工流产 9 万多人次，达到该年出生人口的数量。20 年以后，担任国家计划生育委员会主任的钱信忠在全国推行这一技术战略，要求该年全国结扎 2100 万人次。钱信忠在河北视察时说：

六十年代我在上海搞了四十万结扎手术，后来那里的工作一直很主动。

需要说明的是，上海市的以上这些做法不一定全都是上海市的创新，也不排除有些做法在其他地方在此之前都有零星的作为。但是，把所有这些持之以恒地做下来和上升到基本经验、基本制度的层面总结出来上报中央，以及得到中央的肯定，却都是文化大革命前几年和文化大革命中的"四人帮"及其以后的事情。1978 年中共中央批转国务院计划生育领导小组的第一次会议的报告即上述第 6 份文件以后，上海市的以上这些做法，也就成为全国计划生育的现行制度了。因为一项基本制度已经成熟，1981 年 3 月全国人大常委会审议通过中央政府正式设立计划生育管理机构，国家计划生育委员会的诞生就犹如水到渠成、瓜熟蒂落了。

第四阶段以我所列举的第 7 份文件即中共中央、国务院 1982 年2 月 9 日颁发的《关于进一步做好计划生育工作的指示》为标示，为现行的计划生育制度时期。这个文件尽管整个 80 年代很受计划生育管理部门诟病，也是自后最不被包括从事计划生育工作的人们所知道的一份文献，但它却在我国计划生育历史上具有里程碑式的作用和意义。那不仅因为这个文件是现行计划生育政策的载体，它颁布了截止现在为止我国绝大多数地区仍然行之有效的计划生育政策。就这一点来说，2001 年全国人大常委会通过的《中华人民共和国人口与计划生育法》仅只是它的法律形式。在我们国家来说，实际执法部门有没有法律形式并不重要，最为重要的是中共中央是否最终以红头文件的方式对其加以认可。所以，不仅因为它比那个所谓国家人口法早了 20 年，而且还因为国家法仅仅是反应它的形式而使得国家法相形见绌。

我曾经高度评价这个不太为人所知的文件，因为它事实上是刚刚走到党和国家第一线主持领导工作的中共中央书记处总书记胡耀邦和他的那个也是刚刚在国务院担任总理职务的搭档共同抵制和纠正计划生育部门实际推行的"一胎化"而制订的新政策。在此前将近3 年里，国务院计划生育领导小组不分地区、不分城乡、不分民族和职业，在全国推行一个极为严厉的"一胎化"政策。中共中央和国务院 1982 年的《关于进一步做好计划生育工作的指示》至少还根据不同的情况把生育政策划分为 3 类，即第一类为国家干部和职工、城镇居民，除特殊情况经批准者外，一对夫妇只生育一个孩子。第二类为农村，农民家庭生了一个女孩的允许生育第二胎。第三类为少数民族，生育政策还可适当放宽。与原来强硬的"一胎化"比较而言，这是一个有很大进步的生育政策。但是，因为胡耀邦等人不可能认识到计划生育的极不合理性，所以，就其纠正"一胎化"的本意来说，其进步性也是极为有限的。相反，因为这个文件是站在计划生育的立场上纠正"一胎化"的具体生育政策，实际上却还起到了肯定现行的计划生育和把已经在全国形成的现行计划生育制度予以强化和合法化的作用。首先，这个文件标志着本来属于人民民主权利的个人和家庭行为的节制生育问题已经完全转化为国家事务，成为事关国家利益的大事，群众生活和人民的权利都不见了。这是现行的计划生育制度的本质和主要特征。1982 年的文件一开头就说：

控制人口增长的问题，是我国社会主义现代化建设中面临的一个重大战略问题，也是全党和全国各族人民十分关心的问题。

其次，该文件还具体规定了经济上和行政上的限制、处罚措施及其标准，这一点是以往任何中央文件都没有的。该文件规定说：

对于不按计划生育的，要给予适当的经济限制。国家干部和职工，城镇居民，计划外生育二胎的，要取消其按合理生育所享受的医药、福利等待遇，还可视情况扣发一定比例的工资，或不得享受困难补助、托幼补助。对农村社员超生的子女不得划给责任田、自留地；或对超生子女的社员给予少包责任田，或提高包产指标等限制。

我们要求广大党员、团员和全体干部、职工，要带头实行上述各项规定，他们中坚持不按计划生育的，有关组织要说服教育，对于多次劝说无效、情节恶劣、影响很坏的，除了经济上的限制以外，还要给予必要的纪律和行政处分。

在当时中国经济体还未曾多元化，人民群众生活水平很低的情况下，上述那些处罚规定其实都是极为严厉和苛刻的。尽管胡耀邦及其他的搭档的本意是要纠正"一胎化"的，但是，在当时社会背景下，他们实际上却送给中国老百姓一个现行的计划生育制度。胡耀邦和他的搭档以改革而归还人民更多的自由著称，但这个现行的计划生育制度却是进一步地限制了人民的生育和生活的自由。特别是这一现行的计划生育基本制度是他们极为痛恨的"四人帮"首先摸索出来的，这些恐怕都是包括胡耀邦在内的那一代领导集体都未能具体了解的。当然，这都是另外一个问题了。

四、党和政府的犹豫与彷徨

避孕和节制生育是工业革命创造的一种符合人性的新生活。所以，列宁在 1913 年就把它归结为"男女公民的起码民主权利"。上个世纪 40 年代末以来，包括"联合国宪章"和"世界人权宣言"在内的一系列国际公约都将自由生育权视之为基本人权。我们党和政府在 50 年代初中期也是把节制生育当作人民群众的生活需要予以支持的。卫生部的一份文件就说：

要知道避孕是人民民主权利，应由人民自由使用，政府应准备一切条件，来指导并解决群众对避孕的需要，以使广大群众能有计划的生育、调节生育密度，保证妇女和儿童的健康，并可减少人工流产手术，和因人工流产手术所招致的一切痛苦和危害……

原属于人民群众自行选择的日常生活行为，怎么就转化成为国家的公务活动了呢？前一篇文章仅仅是说在文化大革命前几年的上海市和文化大革命中的"四人帮"创造了把节制生育这一个人行为转化为政府工作的经验，以及主管部门通过中央推行上海市的做法而成就了现行的计划生育制度。按照传统的思维，似乎不好的事情就都是坏人干下的。特别是上个世纪50年代以来的政治教育，文化大革命中的路线教育，把复杂和丰富的历史简化成了好人和坏人的故事。提起我们党内的人和事，就用党内主流的教材版本来解释。实际上，在各派关系未曾发展到破裂之前的很长时间段里，党内各个派别之间的合作共事还是主要的。就拿"四人帮"与周恩来、邓小平和叶剑英之间的关系来说吧。九大前后，中央日常工作以周恩来召集中央文革、国务院、中央军委几摊负责人组成的所谓中央碰头会的方式进行。十大以后，改变为召集政治局会议。中央碰头会和中央政治局会议都是文化大革命中周恩来、叶剑英等务实派领导人和"四人帮"合作共事的方式。1973年邓小平复出后，也参加了政治局会议。虽然在许多事情上两个派别有不合作、不协调，但当时的中央工作基本上还能做到令行禁止。近读《建国以来毛泽东文稿》，有一段邓小平1975年11月15日给毛泽东的报告。邓小平说："七月份洪文同志到外地时，经主席批准，由我暂时代替主持中央日常工作。现洪文同志已回，按例，从即日起，中央日常工作仍请洪文同志主持……"毛泽东当日即批示说："暂时仍由小平同志主持，过一会再说。"其实，这一时期周恩来住院，中央和国务院的工作都由邓小平主持。"四人帮"和邓小平之间的斗争已经非常激烈了，邓小平还有这样的报告，说明两个思想和政治派别的斗争总体上还是在毛泽东允许的框架内进行的，合作、协调还是中央工作的基调。所以，如果离开具体的历史背景，把历史简单地归结到几个好人或者坏人的斗争方面，以为如果历史上没有这几个坏人，就可以避免这样那样的后果，就是一种违背历史的认识。

现行的计划生育基本制度滥觞于文革以前和文革之中的上海市。所以，说"四人帮"贡献了现行的计划生育基本制度本是不错的。但是，"四人帮"不过是毛泽东培养和启用的党内一个具有极左思想的派别。事实上，"四人帮"或者更确切些说包括"四人帮"的老领导柯庆施在内的"上海帮"都是毛泽东一手培养和培植起来的，他们至少从 50 年代中后期到毛泽东逝世前长达 20 年里一直都是毛泽东领导下的党和共和国的一面旗帜。从制度层面讲，他们这一个政治思想派别本身就是当时我国经济社会体制发展的产物。所以，60 到 70 年代上海市摸索的计划生育先进经验本身就是在我国经济社会体制内自然生长的事物。由于制度使然，即使没有柯庆施领导的上海市或者继承、延伸柯庆施事业的"四人帮"，也会有别的人在别的地方创造出相应的计划生育先进经验来。另一方面，"四人帮"被粉碎以后，他们培养和总结的经验照样得到推广，甚至于此后 30 多年盛行不衰，也都说明现行的计划生育制度来自于我国基本的经济社会体制。

由于政治斗争的规律性，在共和国 60 年的历史上，各个领域的工作都有过许多次的"肯定－否定－肯定"或"否定－肯定－否定"的反复，有正反两方面的许多次的斗争。但是，我在研究计划生育历史的时候发现，计划生育几乎是党和政府各个部门中唯一一个没有经历过争议和反复，持续地由浅入深、由低级到高级地发展起来的一个部门。就这一点来讲，甚至于原来党和政府具有坚定的共识的社会主义计划经济制度，也首先由邓小平、陈云对其有了不同程度的怀疑或反思，而唯独对于计划生育却没有哪位领导人有过任何怀疑性的表现。1988 年 10 月 6 日，全国人大教科文卫委员会和国家计划生育委员会联合在大连召开纪念十一届三中全会 10 周年"人口发展与计划生育"研讨会。我在会上发言批评"一胎化"生育政策是极左思潮的结果，文化大革命以后我们党在各条战线和各个领域都对极左思想和思潮进行了清算或反省，而唯独对计划生育没有进行清算。所以，计划生育部门提出并推行了比以往更为激烈的政策。会议休息时，北京军区计划生育办公室主任张敏才婉转地告诉我，"一胎化"生育政策是邓小平制订的。所以，不该说是极左思潮的结果。其实，问题并不在于"一胎化"是否是邓小平制订的。邓小平是反对"两个凡是"的，当然不应该、也不会重新制定新的凡是。但那个时期我还没有这个觉悟，所以，在此后的研究中特别注意"一胎化"与邓小平的关系。检索《邓小平年谱》发现，1979 年国务院计划生育领导小组首先在全国推行"一胎化"的政策，而邓小平是此年的 10 月会见外宾时才有一句有关"一对夫妇只生一个孩子"的话。邓小平说："现在，我们正在把计划生育、降低人口增长率作为一个战略任务。我们提倡一对夫妇生一个孩子。凡是保证只生一个孩子的，我们给予物质奖励。"因为实际部门在全国推行"一胎化"在先，邓小平的这句话在后，所以，邓小平不是"一胎化"政策的制订者。

有人说"一胎化"是根据陈云的意见制订的。1979 年 6 月 1 日，陈云对上海市负责人谈话说，"人口是个爆炸性的问题"。陈云说："人口问题解决不好，将来不可收拾。"陈云还说："先念同志对我说，实行'最好一个，最多两个'。我说再强硬些，明确规定'只准一个'。准备人家骂断子绝孙。不这样，将来不得了。"陈云是 3 月 28 日离京抵达杭州疗养后到达上海的，根据我的推测，陈云对李先念说"只准一个"的话是在离京南下以前的事情。李先念此时是协助华国锋主持国务院日常工作的常务副总理，该是分管计划生育工作的陈慕华副总理的直接上级。陈云在 1978 年 12 月党的十一届三中全会上当选为党中央副主席，虽然排位在副主席李先念之后，但是，因为有文化大革命以前党中央副主席的资历，其实际的政治地位却是不容忽视的。所以，陈云的谈话对李先念在 4 月份中央工作会议上第一次明确提出"鼓励一对夫妇最好只生一个孩子"和计划生育部门实际推行的"一胎化"是起到一定的影响作用的。但是，却不能由此确定"一胎化"是依据陈云对李先念的谈话制订的。因为第二年即 1980 年 6 月份，胡耀邦决定国务院副总理兼国务院计划生育领导小组组长陈慕华向中共中央书记处汇报计划生育工作以后，6 月 13 日，陈慕华致信陈云，咨询计划生育汇报提纲的起草稿引用陈云 1979 年 6 月 1 日对上海市负责人谈话中关于加强计划生育的话是否准确。"一胎化"生育政策已经实行一年多以后，还要订正陈云讲话的准确性，说明陈云也不是"一胎化"政策的制订者。

我们常常说党的十一届三中全会如何重要，其实就是因为这次会议确立了邓小平和陈云在党内实际领导地位。但是，十一届三中全会以后，邓小平和陈云都不是"一胎化"的制订者，该政策却照样可以被主管部门在实际工作中推行，说明计划生育的政策及其基本制度是不以个别领导人的意志为转移地朝着它所固有的方向发展的。事实上，在共和国把避孕和节育这一个人行为转变成国家公共事务的整个过程中，党和政府一直都存在着犹豫和彷徨。但是，在国家政治体制和党内极左思潮的推动下，仍然一步一步地沿着限制以至取消人民自由生育权的道路发展着。因为缺少解密档案制度，我们的历史资料还不能完全证明这个观点。但是，根据现有的材料，却可以充分地感悟到这个过程。我们按照事情发生时间的顺序，列举一些事例来说明。

1. 在主张支持群众避孕和节育行为以后的很长一段时间里，党和政府都不予公开做宣传，并且提出是在城市和人口稠密的农村，说明倡导节制生育的意图和目的还不是完全的为了人民群众的"起码民主权利"。除了人民的民主权利以外，还有政府自己的诉求。否则，像宣传新婚姻法那样，把自由恋爱和婚姻自主当作人民群众的民主权利，就会毫无顾忌地、大张旗鼓地在文化落后的共和国的所有的地方都广泛地进行。譬如，1954 年 12 月，刘少奇在节育座谈会上就安排说："公开登报宣传现在不必进行。但是可以做口头宣传。"1962 年中共中央和国务院《关于认真提倡计划生育的指示》中还规定，中央级的报纸不进行宣传。1966 年 1 月，中共中央《关于计划生育问题的批示》中还要求："关于这项工作在报刊上宣传报道等，仍按 1962 年指示的原则处理。"

2. 毛泽东关于与政府生产计划相联系的计划生育思想，是我国现行的计划生育制度的源头。毛泽东关于计划生育思想的阐述最多和最为集中的时间，是在"如何处理人民内部矛盾"的讲话和修改这一讲话记录稿期间。我盘点了一下，在两个多月里，毛泽东一共产生了 3 段有关计划生育的重要谈话。而且，这又都是毛泽东有关计划生育思想中最为重要的 3 段文字。1957 年 2 月 27 日，毛泽东在讲话

中讲及第七个问题 "统筹兼顾、适当安排" 的时候，突然话锋一转，讲出很长一段妙趣横生的有关主张计划生育的话来。其中，在话语的开头流露出中国人口过多的意向。他说：

> 我们这个国家这这么多人口，这一点是世界各国都没有的，它就有这么多人，六亿人口。这里头要提倡节育，少生一点就好了，要有计划生产……

3月1日，大会安排了包括马寅初在内的 16 位党外人士的发言。马寅初在回应毛泽东讲话中有关控制人口和计划生育思想的时候，说毛泽东 "主张我们中国人口控制在六亿左右"。毛泽东在会议 "结束语" 中对马寅初的发言予以再回应，并婉转地表达了与他们这些资产阶级世界观的人口论有所区别的观点。毛泽东说：

> 人口控制在六亿，一个也不多啦？这是一种假设……

在自后对讲话记录稿的修改过程中，毛泽东对讲话中产生的有关人口和计划生育的两段文字做了许多次的修改。在 5 月 8 日的 "自修稿第二稿" 中，上面那个无遮无栏、海阔天空和妙趣横生的讲话变成了文字严紧的一段话：

> 在这里，我想提一下我国的人口问题。我国人口增加很快，每年大约要增加一千二百万至一千五百万，这也是一个重要的问题，近来社会上谈这个问题的人多起来了。对于这个问题，似乎可以研究有计划地生育的办法。如果这个办法可行的话，也只能在人口稠密的地方研究实行，并且要得到人民的完全合作。

细心的读者可以感觉到毛泽东的语言有了很大的变化，使用了许多限制词。"在这里，我想提一下……这也是一个重要的问题……对于这个问题，似乎可以研究……如果这个办法可行的话，也只能在人口稠密的地方研究实行，并且要得到人民的完全合作……" 即使这样，毛泽东还感觉不妥当，在一共 13 个 "自修稿" 和 10 个 "征求意见稿" 的修改稿件中，这段文字删掉了又加上，加上后有被删掉，多次反复。最后，6 月 19 日在人民日报和俄共中央机关报《真理报》同一天发表的文章中，有关控制人口以及节制生育和计划生育的文字都没有了。毛泽东在这个问题上的犹豫和彷徨，表明他已经敏锐地意识到政府在这个问题上如此的表现似乎有什么不妥当的地方。所以，毛泽东在世期间坚持"如果这个办法可行的话，也只能在人口稠密的地方研究实行，并且要得到人民的完全合作"，坚守自愿和不强制这个底线。但是，因为毛泽东没有明确批判和放弃计划生育思想，处在党和政府第一线的领导人却是继续沿着这个思路，仿照像物的生产计划那样也在人的生育领域逐步推行政府主导的计划生育制度。

3. 1966 年中共中央《关于计划生育问题的指示》中对钱信忠报告的批示迟缓反映出把上海市等一些先进单位的经验制度化的犹豫。负责计划生育工作的卫生部部长钱信忠给中央的报告《有关计划生育的几个问题》是 1965 年 10 月 27 日写成的，中央对其报告的批示是 1966 年 1 月 28 日产生的，期间相差 3 个月。按照当时中共中央的工作效率来讲，这是很不正常的。似乎反映了中央在一些问题上还有不同的看法，有所犹豫。

4. 1973 年到 1975 年，华国锋对制订计划生育规定予以明确否定，反对强制性的计划生育。1973 年，我国计划生育制度建设已经到了不可逆转的程度。全国 29 个省、市、自治区，有 26 个都建立了计划生育领导小组及其办公室。国务院计划生育办公室希望制订条例，对公民结婚年龄、生育数量和间隔都要有明确的规定，同时要求对不能执行计划生育规定的群众予以处罚。时任国务院计划生育领导小组组长的华国锋，则明确表示了不支持。关于结婚年龄，华国锋说：

晚婚年龄是否全国要有一个统一规定？结婚年龄《婚姻法》有规定，晚婚我们提倡思想教育，宣传晚婚对本人有很大好处。但具体提多少周岁结婚算是晚婚，不一定妥当。规定女二十五、男三十周岁结婚，那么女二十四、男二十八周岁结婚就算早婚，这样不好。还是靠发动群众，靠思想教育，他懂得晚婚的道理、好处，自觉来办。全国情况也很复杂，作为国家、计划生育领导小组办公室统一规定不适宜。

关于生育间隔与胎数问题，国务院计划生育办公室起草的一份文件中规定："许多地方提倡一对夫妇生两个孩子，生育间隔四年左右，有的提最多两个或不超过两个，我们倾向前一个提法。"华国锋明确说：

办公室同志说倾向前一种提法，我们说还是靠宣传教育。间隔四年、五年、七年、八年都可以。硬性规定都不是办法。

关于农村儿童口粮分配问题，国务院计划生育办公室说："过去基本口粮不分大小口不分等，鼓励盲目生育，现在要规定基本口粮按照大小口分等。"华国锋也表示了反对。

基本口粮不分，统一规定或提倡分等定量可能在一些队出现严重问题，要慎重。基本口粮各地做法不同，按劳分配的比例有四六、三七、对半、二八、一九等，情况不同。按劳分配的粮食，是按劳动工分分配的，谁劳动力强出工多谁就多分；小孩多、劳动力少就分配的少。基本口粮订得低的地方，小孩多的户困难就很大。各地比例不一样，笼统提基本口粮分等定量，有的劳动力少小孩多的户就会受到严重打击，所以这件事情要非常慎重。

华国锋的这些意见在一定程度上体现了毛泽东在《关于正确处理人民内部矛盾问题》正式出版以后对计划生育的认识。另外也可以发现，我国计划生育制度这个时期已经发展到可以出台后来被称之为"全国计划生育条例"的程度。尽管有华国锋这样的干部的认识，现行的计划生育制度也已经发展到呼之欲出的程度了。

5. 1978 年，华国锋对国务院计划生育领导小组的报告的犹豫。1978 年 3 月五届全国人大一次会议上，陈慕华当选国务院副总理，接着分工又兼任国务院计划生育领导小组组长。1978 年 6 月 26 日至 28 日，陈慕华召开第一次领导小组会议，"着重研究了贯彻落实华主席提出的三年内把我国人口自然增长率降到百分之一以下的任务"。会后，国务院计划生育领导小组向中央报告了这次会议的情况。在《关于国务院计划生育领导小组第一次会议的报告》中，国务院计划生育领导小组乘机提出从中央到地方的管理机构和队伍扩张要求。该报告说：

县以上革命委员会要建立和健全计划生育办公室，配备精干得力的工作班子，人员列入行政编制。在党委、革委会的直接领导下开展工作。农村公社、城市街道和大的厂矿企、事业单位，要设一名计划生育专职人员。县以上机关、城市街道和大的厂矿企、事业单位的计划生育专职人员，从现有编制内的人员中调剂解决；公社所设的计划生育专职人员，相应增加编制，除已配备的以外，由省、市、自治区选配，并将增加的人数，报国务院计划生育办公室和国家劳动总局备案。城市街道和农村公社的计划生育人员的工资由计划生育事业费开支。农村公社的计划生育人员缺额主要在城镇待业知识青年和上山下乡知识青年中选招。军队也要设相应的计划生育工作办事机构。

这是计划生育管理机构由临时性的办事机构转正成为国家正式在编的国家机关的一次关键性的转折。在此之前，县以上计划生育领导小组是虚职，由党委或政府的分管领导兼任组长，各领导组成员都是相关的部门领导兼职。计划生育办公室一般都附设在卫生部（地方为厅、局），属于卫生部门的行政编制。县以下的党委和政府中没有计划生育专职干部编制，基层居民社区也没有明确的专门负责计划生育的人员。这个报告不仅解决了各级计划生育办公室在政府序列的正式编制，而且建立健全了从中央到居民社区的计划生育管理队伍问题。除此之外，提出"提倡一对夫妇生育子女数最好一个最多两个，生育间隔在三年以上"，对不执行晚婚和节育规定的国家干部、职工实行纪律处分，以及从农村口粮、城市住房分配等方面予以限制，也都是以前中央文件都没有的。华国锋此时身兼党中央主席、国务院总理和中央军委主席3职，属于政治生涯中最具有权威的时期。但是，从陈慕华的会议是6月26日召开，报告签署日期9月19日，中共中央10月26日批转的几个时间过长的间隔来分析，该是华国锋对国务院计划生育领导小组组织上扩张、明确的生育限制和对群众的处罚等问题持有怀疑所导致的。

6. "公开信"的产生。30多年来，几乎所有的宣传都把"公开信"当作中共中央推行"一胎化"的重要文献。但是，我却证明了它是抵制和纠正"一胎化"的产物。2010年7月，我曾在"公开信"产生30周年前夕发表过一组有关文章，对"公开信"的历史地位予以了新的厘定。后来，我又两次将这几篇文章汇集成册。现将《论"公开信"》初版序言中的一段话摘录如下：

自1980年9月25日中央"公开信"发表以来，有关方面一直给予其极高的评价，以至于现在的人既不知道此前一年多的时间里，实际工作部门就在执行一个"只生一个"的人口政策，也不知道还未满一年中央就有了制订现行生育政策的决定。更为重要的是，现在绝大多数人都以为计划生育政策就是"只生一个孩子"，并且以为它是经"公开信"才提出来的。其实，"公开信"并没有承载新的政策。它是刚刚设置的中共中央书记处听取计划生育部门工作汇报时的一个临时动议。如果还原历史，将其放在"一胎化"和现行生育政策的变化这一历史过程中来分析，"公开信"就是一个由前者向后者转变的过渡、缓冲、拐点和转向路标。

有兴趣的读者可以自行翻检我博客上的那几篇文章。

7. 被称之为现行的计划生育政策是在1982年2月9日由中共中央、国务院颁发的《关于进一步做好计划生育工作的指示》中提出的，这是刚刚走到党和国家第一线领导岗位的胡耀邦和他的那位在国务院总理位置上的搭档，一起联手抵制和纠正计划生育部门实际推行的"一胎化"的产物。正如上一篇博客文章分析中指出这一政策及其反映这一政策的文件具有极大的历史局限性，但是，就当时党中央和国务院的领导人的主观愿望和本意来说，是想对正在形成计划生育制度的一种反抗。当然，胡耀邦等人的这一反抗是无意识的。他们的本意只是认为"一胎化"的生育政策脱离实际，脱离群众，而不可能认识到计划生育制度本身就是不合理、不正确的。

8. 1982 年 2 月中共中央、国务院颁布现行的计划生育政策以后，5 月钱信忠代替陈慕华任国家计划生育委员会主任。熟悉中国人事任免程序的人都知道，因为党管干部，在国家主席李先念颁布任命书之前先有中共中央人事变动的决定。所以，钱信忠取代陈慕华担任国家计划生育委员会主任发生的时间该是 3、4 月份的事情。这一人事变动的原因存在 3 种可能，一种是国家计生委成为国务院的组成单位以后，享受部委级待遇，国务院副总理陈慕华没有必要再兼任了。（但是，那个时期的国务院领导兼职很多，不仅副总理兼国防部长、计委主任、科技委主任，而且总理还兼任体改委主任。陈慕华不兼任计生委了，可又兼经贸部部长了）第二种可能是陈慕华对生育政策的改变有情绪，提出不再兼任和分管计划生育工作。第三种可能是中共中央和国务院一线主持工作的胡耀邦等领导人感觉陈慕华对我国人口和计划生育问题的认识有一定的偏颇，需要调整其工作。具体的原因需要档案解密后，中共中央书记处的有关会议讨论记录才足以证实。这都不是本文要介绍的主要内容。问题在于，现行的计划生育政策的核心是允许生育了一个女孩的农民家庭再生育一个孩子，即"女儿户"政策。在文件产生前，国家计划生育委员会党组给中央的报告中提出：

对于中央文件中是否要写明"只有一个女孩的夫妇可以再生一个"，有两种不同的意见。一种认为，写明好，否则基层干部不好掌握；多数认为，中央政策要直接和群众见面，写明了会进一步助长重男轻女思想。我们同意后一种意见。各地农村生第二胎的比例，本着从严掌握的精神，由各地根据具体情况安排，指示中就不要写生育二胎的比例数了。

中央听取国家计生委党组的建议，在11号文件中用"公开信"中"某些群众确有实际困难"的提法替代"女儿户"。按说，中央和国家计划生育委员会在这一具体措辞上所达成的共识不应该影响政策的实际执行。而且，钱信忠是由卫生部部长改任国家计划生育委员会主任的，卫生部部长历来是国家计划生育领导组主要成员（通常是领导小组第一副组长）。国务院计划生育领导小组调整为正式在编的国家计划生育委员会以后，仍然把以前国务院计划生育领导小组成员调整为兼职委员。钱信忠当然知道11号文件《关于进一步做好计划生育工作的指示》中"农村普遍提倡一对夫妇只生育一个孩子，某些群众确有困难要求生二胎的，经过审批可以有计划地安排"，就是允许生育了一个女孩的农民家庭再生一个孩子。按照党和政府工作的惯例，1982年8月10日召开的全国计划生育工作会议是要贯彻中共中央在2月份颁发的11号文件中提出的现行计划生育政策的。但是，钱信忠走马上任以后却不承认刚刚颁布的"女儿户"政策。他在会议上提出："各地已有的规定，在能够完成国家人口规划和本地区人口规划的前提下，要稳定下来，一般不要再作变动。"钱信忠故意不提"女儿户"，要在"某些群众确有困难要求生二胎"上做文章。他在给中共中央、国务院的报告中说：

在《指示》下达之前，各省、市、自治区规定了三种情况可以生育二胎：(1)第一个孩子有非遗传性残疾，不能成为正常劳动力的；(2)重新组合的家庭，一方原只有一个孩子，另一方系初婚的；(3)婚后多年不育，抱养一个孩子后又怀孕的。在贯彻《指示》过程中，很多省、市、自治区在上述三种情况之外，对农村有新增加了四五种或六七种，主要有：(1)两代或三代单传的；(2)几兄弟只有一个有生育能力的；(3)男到独女家结婚落户的；(4)独子独女结婚的；(5)残废军人；(6)夫妇均系归国华侨的；(7)边远山区和沿海渔区的特殊困难户。

据 1984 年中共中央批转国家计划生育委员会的报告即中央 7 号文件中说，每年按照以上这 10 条允许生育的二胎也占不到当年生育一孩比例的 5%。相反，如果贯彻了"女儿户"政策，仅这一条每年农民中就有将近 50% 的家庭可以合法生育二孩。所以，钱信忠用以上占比例不到 5% 的 7 条取代了应该占农民实际生育比例 50% 的"女儿户"政策。没有"女儿户"，就没有现行的计划生育政策。一方面，中共中央和国务院的领导都没有出席 8 月 10 至 16 日的全国计划生育工作会议（8 月 18 日，即会议结束后第三天，国务院总理在中南海接见会议代表并举行座谈讲话）。另一方面，中共中央和国务院迟迟没有批准会议纪要。我们从中共中央办公厅、国务院办公厅《转发〈全国计划生育工作会议纪要〉》日期推测，中共中央和国务院对钱信忠的做法持有一定的看法（中共中央办公厅和国务院办公厅转发的"会议纪要"签署的日期是 8 月 16 日，而批准转发的日期是 10 月 20 日，期间间隔 2 个月）。

9. 即使如此，钱信忠在实际工作中也不准备执行。从 1983 年年初"计划生育宣传月"开始，钱信忠就是在全国推行他文化大革命前从上海总结的"一胎上环，二胎结扎，计划外怀孕流产"的基本经验。根据钱信忠布置的任务，当年需要 2100 万妇女或男子实施结扎手术。结扎是钱信忠的中心工作。1983 年 1 月，钱信忠在河北视察时说：

对于结扎问题八月份会议上我提了一下，但提的不明确，宣传月会议就明确了。中央提出计划生育要采取得力措施，所谓得力措施就是一胎上环，二胎绝育，这样搞它二三年可能好一些。结扎问题，我也和中央几位老同志商量过，薄一波同志很同意。我把结扎情况和前十八年、后十八年的算账向紫阳同志汇报，他基本上都同意了。所以，我就通报各省，要开展搞结扎手术。现在看，那里结扎工作搞得好，那里就主动。六十年代我在上海搞了四十万结扎手术，后来那里的工作一直很主动。四川省什邡县二胎以上结扎 100%，一胎也结扎 30%，那里的工作就非常主动。不结扎，光突击补救，县委书记忙死也不行。河南、山东、浙江、辽宁等省都同意搞结扎。杨易辰同志说，今年搞结扎准备拿出四千万元，宁愿少搞一个工厂也得把结扎搞上去。现在集中力量把二胎以上的结扎完，要坚决杜绝多胎。中央已经定了，我们就坚决办。

对于计划外怀孕，钱信忠在8月份的荣成现场会上说：

……计划外怀孕的要尽早采取补救措施。……关于大月份引产问题，最近各方面的议论很多。我们强调避孕节育为主，动员广大育龄夫妇适时采取有效避孕节育措施，尽量减少计划外怀孕。但是，在当前多胎生育和计划外生育还很多的情况下，为了推动计划生育工作，完成人口指标，必要的、少量的引产仍然不可避免。但应只做，不宣传。

从这一年开始，国家计划生育委员会就不再公布流产数据了。但是，即使不用钱信忠文化大革命前在上海搞的 1∶1，即每生育一个孩子就会有一个流产手术那样大的比例，而是按照 1∶0.7 的比例计算，当年也有远远超过 1000 万例的人工流产。所以，这一年全国各地群众向中央反映计划生育问题的案例很多。1983 年末，中共中央撤换了钱信忠的职务，并要求国家计划生育委员会党组召开全国会议，认真纠正工作中的问题。1984 年 3 月 3 日，中央政治局委员、中央书记处书记、国务院常务副总理万里在全国省、市、自治区计划生育委员会主任会议上讲话说：

因为工作难度大，你们在工作中，有一点这样那样的毛病，中央是谅解的。任务那么重，农村的面又大，旧的传统思想影响很深，经济、科学、技术又落后，在这种情况下，要完成这个任务，发生一些强迫命令，是可以理解的。但这绝不是支持你们去搞强迫命令，那个做法是不合适的。例如扒人家的房子，逼得妇女去逃难，搞得不能生活，这太过分了，太脱离群众了。即使是个别现象，也不能不引起重视。现在农民有了生产责任制，生活改善了，如果在过去饿着肚子的时候发生这样的事，他们非造反不可。在座的各位都要正视这个问题。我们不向外宣传，不告诉外国人，但在内部，你们自己的毛病自己检讨，中央不批评你们，也不责备下边，但要好好进行教育，总结经验教训，改进工作。我们批评的，主要是过去国家计划生育委员会，不重视这个问题。我曾亲自批了一份反映河北省妇女因强迫结扎去五台山地区逃难的材料给国家计划生育委员会的领导同志，要他们赶快纠正一下子，加强群众工作。但他们根本不重视，当作耳旁风，连个回信都没有。强迫结扎，不能那么做。那个做法太脱离群众，是违犯党的政策的。我们党脱离群众，总是不对的吧？

万里和当时的中共中央都把钱信忠的问题当作工作作风而不是现行的计划生育政策和制度问题，当然是不恰当的。这一点我们后面还要分析。但是，不管怎么说，中共中央这次大张旗鼓地纠正计划生育中的问题，该是对现行的计划生育制度的一次反动。不过，这也是最后一次。当现行的计划生育制度完全形成的时候，钱信忠这样的问题已经见怪不怪了。再到后来，即使受到伤害的群众向党和政府提出诉求，各级领导像万里讲话所说的那样，也是充分"谅解"计划生育部门的"工作难度的"，"发生一些强迫命令，是可以理解的"，不再追究了。久而久之，群众对于计划生育部门的问题要么状告无门，要么告也无用。现行的计划生育制度已经熟透了。

五、"四人帮"和计划生育制度的确立

我曾经在《新中国计划生育 60 年：两种含义，两个 30 年》等文章中，把毛泽东提出的计划生育这一个概念归结为两种含义。一种是指居民的避孕和节制生育，这是工业革命创造的一种符合人性的新生活。随着现代经济社会的发展，世界上越来越多的人们都自觉和自发地实行节制生育。另外一种含义，是由毛泽东在 1956 到 1957 年提出来的，是指与政府的计划经济相联系的生育计划。这种生育计划是以政府管制为特征的。1957 年毛泽东提出计划生育这一概念以前，人们都是用节制生育这一词汇。随着 60 年代初中期以后，节制生育逐渐被计划生育所取代。我们现在不是经常讲与国际接轨吗？可是，

无论目前世界上的发达国家或者发展中国家，除了我国以外，所有国家在国民的生育和节育问题上都是实行自由、自主的生育政策。婚育是每个人生命和生活中的头等大事，我国的生育制度竟然在国际上"无轨可接"。

其实，在此之前，我们国家的老百姓也都是自主决定其生育行为的。那么，我国是在什么时候开始把国民自主决定的生育问题转变成政府的公共事务，产生和完成独特的计划生育制度的呢？研究发现，我国政府从上个世纪50年代初中期开始转变对避孕和节育问题的认识，要求医疗卫生部门支持城市居民的节育要求，积极宣传节育知识，广泛开展节育服务。60年代初中期以后，以1962年12月18日中共中央、国务院下发的《关于认真提倡计划生育的指示》为开端，对国民的生育行为实行干预。在那个年代，节育技术在全世界都还没有好的办法，晚婚即推迟结婚就成了政府要求少生孩的一项重要政策。所以，准确地说，我国计划生育制度包括晚婚和节育两个方面，是对国民婚育行为实施干预的制度。

如果具体研究中共中央国务院"指示"下发以后我国计划生育制度形成的历史，不难发现上海市对我国计划生育制度产生和完善所做出的突出贡献。譬如我已经指出那样，在60年代中到70年代中后期，中共中央有关计划生育的文件一共只有4份，其中有2份即1965年6月23日中共中央国务院《批转上海市委、市人委关于计划生育工作的报告》和1974年12月30日中共中央《关于转发〈上海市关于开展计划生育和提倡晚婚工作的情况报告〉和〈河北省关于召开全省计划生育工作会议的情况报告〉的通知》都是向全国批转上海市的计划生育经验的。其余的2份虽然从文件题目上没有突出上海市，但是，这2份文件都属于中央批转计划生育主管部门的报告即1966年1月28日中共中央《关于计划生育问题的批示》和1978年10月26日《批转〈关于国务院计划生育领导小组第一次会议的报告〉的通知》，都含有主管部门对上海市工作和经验的明确肯定。特别重要的是，考虑到6、70年代我国城市人口仅占总人口15－20%、农村人口比重很高，以及农村医疗卫生和节育条件差、经济文化落后、农民生育意愿强烈和计划生育工作难度大等实际情况，如何干预和管制农民的婚育行为不仅是当时计划生育的关键和难点，而且是计划生育制度形成和完善的标志。而所有这些问题，都是主管部门通过在全国推行以张春桥为首的"四人帮"的上海经验完成的。

应该说农村节制生育问题早在党和政府赞成节育之初就提出来了，50 年代的提法是"除了少数地区"或"少数民族地区除外"的"一切人口稠密的地区"，当然包括许多农村地区。1957 年 10 月发表的《一九五六年到一九六七年全国农业发展纲要（修正草案）》。这份经过中共中央政治局讨论通过的文件中就有"除了少数民族的地区以外，在一切人口稠密的地方，宣传和推广节制生育，提倡有计划地生育子女"。因为文件本身是关于农业和农村的，无疑是说农民的节育问题。但是，各级政府还是把重点放在了城市。1962 年 12 月中共中央国务院的"指示"，就把农村的节制生育同城镇相提并论。该文件说："目前应着重在城镇厂矿和人口密度大的农村进行宣传。"上海市表现了灵敏的政治嗅觉。1965 年 6 月，在中共中央国务院《批转上海市委市人委关于计划生育工作的报告》中，上海市的报告就把农村的计划生育放在了城市的前面，标志着工作重心的转移。该报告说：

采取奖励计划生育的政策，积极提倡晚婚。规定不论农村社员或城市职工、居民，凡是放节育环、进行人工流产或绝育手术的，医药费全部免收。职工手术假期不扣工资，不影响全勤评奖。社员因施行手术误工，还可酌情给予工分或口粮补贴。

上海市的报告是以市委市人委（即市政府）名义报告中共中央和国务院的。1965 年 5 月向中央呈递报告的时候，市委书记柯庆施已经逝世。而且，柯庆施从 1964 年春天发现肺癌后就离开上海，直至 1965 年 4 月去世再也没有回上海。但是，中共中央国务院在批转这份报告中说，"上海市一九六四年人口自然增长率已经下降到千分之十四点五，这是一个很大的成绩"，说明计划生育是柯庆施手里就奠定的一项重要工作。柯庆施的后继者不仅将其接过来而且持之以恒地抓了下来，终于抓出了成绩。笔者这里所说的成绩，不仅仅是指中央所说的人口自然增长率降下来了，而且还包括中共中央国务院的这份文件本身。许多读者可能不很注意，在共和国的体制下，一个地方的党委或政府的某项工作得到中央的肯定，那是地方领导的最大政绩。特别是得到这种形式的中央文件的肯定，那又是最高级别的业绩。需要提出的是，上海市早期计划生育成就中，就有张春桥的功劳。从 50 年代初中期党和政府开始抓节制生育工作以来，政府系列具体负责的主要部门是卫生部（后来设立计划生育部门后，管理工作是计划生育部门，节育技术仍是卫生部），党的系统负责这项工作的是宣传部。在 1981 年 3 月全国人大常委会通过决议正式设立国家计划生育委员会以前，各级党和政府中牵头负责抓计划生育工作的则是宣传部。时至今日，各级党委和政府间的工作关系仍然是党组织分工中宣传部分管或者说"联系"政府序列的科学技术、文教、卫生和计划生育等。上个世纪 90 年代之前，党委宣传部分管的政府序列的干部往往直接由宣传部提名。即使现在的格局下，宣传部对于"宣传口"的干部仍有很大的决定、提名或制约权。所以，了解那段历史中"四人帮"的作用，必须了解当时体制下宣传部对计划生育发展的贡献和作用。1962 年 12 月 18 日中共中央国务院颁发《关于认真提倡计划生育的指示》，张春桥 1963 年 3 月任上海市委书记处候补书记、宣传部长（1959 年已经任上海市委常委）。1965 年中共中央国务院批转上海市委市人委关于计划生育工作的报告时候，张春桥已经升任上海市委书记（书记处书记）。当然，从历史过程来看，那时的张春桥还不可与柯庆施、陈丕显以及曹荻秋相比较，1974 年 12 月的时候似乎也无法与代表中共中央批转上海市计划生育报告时主持中央日常工作的中共中央副主席王洪文比较，甚至于也无法与 1965 年前后在上海市搞计划生育试点的卫生部部长钱信忠比较。但是，考虑到早期计划生育领导工作主要由宣传部牵头，以及文化大革命中市委书记陈丕显、市长曹荻秋、钱信忠都被打倒，张春桥控制上海市的实际情况，从 1963 年到 1976 年"四人帮"倒台，期间 10 多年，张春桥是唯一的一位可以将上海市的计划生育工作贯穿下来的、具有中枢性和核心作用的人物。

我们接着分析农村如何进入政府计划生育体制的。最早明确要求把农村当作计划生育工作重点的是钱信忠。在 1966 年 1 月 28 日中央批转的《有关计划生育的几个问题》中，钱信忠向中央建议说：

（二）必须在抓城市的同时，以抓农村为重点。全国农村人口为城市的六倍，全国出生率能否大幅度下降，决定于农村。但农村推行计划生育工作困难比城市多。目前全国只有四百多个县，即五分之一的县不同程度地开展了计划生育工作，还有五分之四的县没有动。亟需抓紧时间，从点到面，分批推开，特别是人口多、人口密的地区，要作为重点，先走一步。

其实，早在钱信忠给中央报告以前，上海市就是钱信忠"先走一步"的重点单位。而且，上海市并没有因为文化大革命和卫生部长钱信忠被打成"走资本主义道路当权派"而放松计划生育工作。我们是否可以推论，这其中很大原因就在于有一个张春桥。张春桥在 1967 年 1 月夺权掌控上海市，最迟在 1968 年就已经开始抓计划生育工作。因为在 1974 年 12 月中共中央转发的文件中，上海市革命委员会的报告说：

实践证明，计划生育工作抓与不抓，大不一样。一九六七年，有些单位放松了计划生育工作，一九六八年全市的人口出生率，从上年的千分之十二点三上升到千分十五，这就引起了我们的注意，要求各级党组织把计划生育和提倡晚婚工作列入议事日程，积极抓好。一九六九年就稳定下来，以后逐年下降。在工作中注意抓了两头，特别是抓住郊区农村这个薄弱环节。经过几年时间的努力，郊区各县的人口出生率，从一九六五年的千分之二十六点五下降到一九七三年的千分之十三点九五，初步扭转了农村人口出生率较高的状况。

无疑，1968 年抓了计划生育，1969 年的人口出生率才"稳定下来"。以张春桥为首的上海市革命委员会很会抓工作，不仅继承了文革前上海市委已经明确的要"抓住郊区农村这个薄弱环节"，而且更重要的是抓出了成绩，创造出了可供全国学习的、具有可操作性的经验。1970 年 9 月 29 日，卫生部军管会給各省、市、自治区革命委员会转发了一份《上海市革委会关于〈川沙县严桥公社开展计划生育工作的调查报告〉》。卫生部军管会在下发的文件中说：

> 计划生育是伟大领袖毛主席亲自倡导的，是党的一项既定政策，它充分体现了伟大领袖毛主席对广大人民的最大关怀。现将上海市革命委员会給毛主席、林付（副）主席、中央关于《川沙县严桥公社开展计划生育工作的调查报告》转发给你们，希望各省、市、自治区各级领导抓紧计划生育工作，采取有效措施，务求在较短的时间内，尽快地使人口出生率显著下降。

1970 年的革命委员会是文化大革命中党政合一的政权组织。1966 年各级党委被造反的群众组织冲击和砸烂以后，还没有完全恢复起来。被造反派夺取政权建立起来的革命委员会既是一级党委会，同时又代行人民代表大会和人民委员会（即政府）的立法和行政职能。文化大革命的夺权运动就是张春桥等"四人帮"从上海市的所谓 1967 年"一月风暴"发起然后蔓延到全国的。1969 年党的"九大"期间，上海市革委会进入中央政治局、中央委员会的众多人选，是毛泽东对后来被他所称谓的"四人帮"的最大嘉奖。卫生部军管会的这个文件中所说的上海市革命委员会主要组成人员在当时包括中共中央政治局委员、中央文革副组长张春桥任主任，中央政治局委员、中央文革成员姚文元为第一副主任，副主任还有中央委员王洪文、中央委员徐景贤、中央委员王秀珍、中央委员杨富珍、中央候补委员马天水、中央候补委员王维国、中央候补委员陈敢峰，以及王少庸、刘耀宗、高志荣、周丽琴、赵林根等。另外，上海市还有一位中央候补委员金祖敏，时任革委会组织组负责人（1972 年 11 月升任上海市革委会副主任）。一个省级城市可以产生 2 位政治局委员、4 位中央委员和 4 位中央候补委员，足以见张春桥所带领的上海市这一造反派团队的实力。

我们接着分析卫生部军管会批转的这份文件。首先，从 1974 年 12 月中共中央批转上海市的文件中知道，1970 年卫生部军管会批转的这份以上海市革命委员会的计划生育工作报告，不是会临时或即兴之作，而是以张春桥为首的这一个领导班子从 1968 年开始抓郊区农村计划生育工作的经验总结。其次，这份材料是以上海市革命委员会的名义上报给毛泽东、林彪和党中央的，它必然是经过革命委员会主任张春桥审查、把关通过的。再其次，卫生部军管会转发全国各地的文件上说是上海市革命委员会給毛主席、林副主席和党中央的报告，但该文件的文后署名却是上海市卫生局革委会。最后，该报告上只有"上海市卫生局革委会"的署名，却没有具体完成或者向上呈报的时间。这都不符合党和政府官方行文的惯例和文秘规则。考虑到该文件是从搞文字出身的张春桥手上经过的上海市革命委员会的材料，即使文化大革命存在一系列的不规范和无程序（从"九大"以后，事实上各项工作已经逐步正常），从上海市市级机关发出去上报毛泽东的文件也绝对不会出现这类只有文化水平不高、不懂机关文秘规则的工农干部或者军队干部才会出现的瑕疵或小毛病。

我们接着分析这个问题。卫生部军管会签发的时间是 1970 年 9 月 29 日，那么，上海市革命委员会給毛主席、林副主席和党中央呈报的时间是什么时候？1970 年 8 月 23 日到 9 月 6 日，"四人帮"在庐山召开的九届二中全会上刚刚经历了一场恶战，在毛泽东的支持下打败了林彪在后面组织的陈伯达以及"黄（永胜）、吴（法宪）、叶（群）、李（作鹏）、邱（会作）"的进攻。从时间上推算，因为报告是送給毛泽东、林彪和党中央的，再到卫生部军管会转发全国，其中一定经过一个或长或短的时间周转。考察张春桥从庐山下来后，并没有直接回上海，而且即使有时间此时的背景也不适合签署給毛泽东上报计划生育方面的文件。所以，推测这个材料应该是 8 月份上庐山以前，张春桥认真总结上海市郊区农村的计划生育工作经验，期望得到毛泽东和党中央充分肯定并且像1965年中共中央批转上海市计划生育那样得到一份经毛主席亲自批转的中共中央文件（1965年尚由刘少奇、邓小平主持中央日常工作，所以那份文件即使是毛泽东同意的但还不是经毛泽东直接批转的）。就是说，这份材料是张春桥8月份上庐山以前经过精心准备后批准上报的。不想庐山会议造成中央的分裂，毛泽东显然没有心情再去阅读和处理这一类文件。林彪本来就不主动阅读军队事务以外的文件，现在让毛泽东打了一闷棍，更不会批阅毛泽东没有批转过来的文件。"九大"以后，由周恩来主持召开中共中央政治局会议的方式处理中央日常工作，取代了以前的"中央碰头会"。说是政治局会议，其实"九大"政治局委员主要还是此前的"中央碰头会"的班底，由中央文革、军委办事组和国务院等3摊人马组成。庐山会议上，原来参加政治局会议的主要成员陈伯达（排名周恩来之后的中央常委、政治局委员）和"黄、吴、叶、李、邱"几位政治局委员都栽了跟头，根据毛泽东的指示写检查。共产党有一条不成文的规矩，领导干部检查反省期间一般不再参与领导工作。在这样的情况下，如果周恩来再召集政治局会议，事实上就是"四人帮"唱主角了。周恩来显然不希望出现这样的场面。所以，张春桥本来准备直接报送毛泽东批示的高规格文件，不仅送达不到毛泽东那里，而且都到达不了主持中央日常工作的政治局会议上，以至于流产为卫生部军管会转发。按照党和政府处理文案的规矩，卫生部当然不能批转上海市革命委员会的文件，所以临时将署名改为上海市卫生局革委会。一个可能是，本来就不是上海市卫生局革委会上报的材料，所以就没有上海市卫生局革委会上报的日期。还有一个可能是，卫生部军管会的负责人也许本来就不懂也不在乎什么文秘规则。这样，没有署名日期的文件就流转全国了。再插一个也许属于题外但绝对不是无所谓的问题，即是谁可以批复和决定本来应该以中共中央的名义转发全国的报告而改变为卫生部军管会？当然应该是周恩来。至于周恩来这样做的目的和意图就是出于庐山会议以后的形势，还是另有其他？那只好由读者揣摩和遐想了。

卫生部军管会的文件就是以上海市卫生局革委会名义出现的一份《川沙县严桥公社开展计划生育工作的调查报告》，而从文件来看，所谓严桥公社的基本经验就是在文化大革命具体背景下，以"阶级斗争为纲"，通过举办学习班的方式，运用革命大批判武器直接把农民的婚育行为纳入到政府管制的范围。其具体做法是，首先抓农村基层干部的带头作用。严桥公社革命委员会组织干部学习毛泽东的有关指示，"引导干部回顾生育无计划给贫下中农带来的困难，使广大干部认识到实行计划生育不是社员个人的小事。抓不抓计划生育，是衡量干部的阶级观点、群众观点、生产观点的一个重要标志，是对毛主席革命路线的态度问题。"因为把计划生育当作落实毛主席的有关指示当作政治任务，干部纷纷带头实行计划生育。该公社应该实行计划生育的生产队以上干部 209 人，89%都落实了节育措施。"村看村，户看户，社员看干部。干部的身带言教，推动了全公社计划生育工作的深入开展。"

其次，用大批判和办学习班的方式，要求农民实行晚婚和落实计划生育措施。严桥公社首先把提倡晚婚当作搞好计划生育的一个重要方面。公社革委会针对不同对象，进行不同的教育，对未婚青年，进行晚谈恋爱、晚结婚的教育，对适龄青年，进行"破旧立新"的教育；对新婚青年，进行计划生育的教育。他们的做法是：层层举办青年学习班，采取一学、二批、三请、四结合的方法。一学：大学毛主席有关青年问题的一系列指示，教育青年"把坚定正确的政治方向放在第一位"，树立正确的婚育、恋爱观。二批：大批"刘贼"（按；刘少奇）所散布的"婚姻、恋爱问题不要干涉""早婚也不要干涉"的反动谬论；大批"早得贵子早得福"等旧思想、旧风俗、旧习惯，提高青年的两条路线斗争的觉悟。三请：请苦大仇深的老贫农社员谈"三史"，进行忆苦思甜的阶级教育，控诉刘贼对青年的毒害；请多子女的贫农社员谈早婚的害处；请实行晚婚的青年讲用，现身说法，树立学习榜样。四结合：结合整党、整团、民兵整训及战备教育对青年进行晚婚教育。经过教育，这个公社的青年一般都做到了 25 岁以上才结婚（当时的婚姻法规定女 18 岁，男 20 岁始得结婚）。

该调查报告继续说，在开展计划生育工作中，公社革委会狠抓思想发动，用毛泽东思想宣传群众、武装群众、组织群众，不仅大会小会上反复进行广泛的宣传发动，而且充分运用广播、黑板报、大批判专栏、文艺小分队、讲革命故事等群众喜闻乐见的宣传形式，大造革命舆论，使开展计划生育的重要意义深入人心，家喻户晓。遵照毛主席"办学习班，是个好办法"的教导，两年多来，社、队两级先后举办了 200 多期的 5 万多人次参加的各种类的毛泽东思想学习班，大学毛主席的指示，大讲计划生育的意义，大批刘贼所鼓吹的"农村中不要搞节育的宣传运动""农民没有计划生育要求"等反动谬论，大批旧社会遗留下来的"多子多福""重男轻女""养儿防老"等旧思想、旧风俗、旧习惯。从而使计划生育成为广大贫下中农的自觉行动。

第三，公社、生产大队、生产队 3 级普遍建立由基层干部、赤脚医生、助产员和卫生员组成的 3-7 人的卫生工作领导小组，专人负责计划生育和晚婚工作。此外，全公社还有一支 180 多人的计划生育宣传队，生产队的每一个劳动小组都有一名计划生育宣传员负责本小组的计划生育工作，逐队、逐户、逐人地进行调查研究，查清情况，登记成册。然后，根据不同对象，因人制宜地，一个一个地作过细的思想工作，落实计划生育的措施。该公社 2830 名有生育条件的妇女中结扎 1140 人，放环 281 人，服避孕药 560 人，采取其他避孕措施 31 人，节育率达到 71.9%。1969 年，该公社人口出生率下降到 14‰，比 1963 年的 34‰下降了 58%，比 1957 年的 42.6‰下降了 67.1%。

卫生部军管会将上海市革命委员会的材料转发全国以后，上海市川沙县严桥公社的经验得以在全国得到推广。山西省革命委员会卫生局 1970 年 12 月 14 日转给各个地市、县和各大厂矿卫生院、省直各医院的文件通知说：

现将（70）卫军管字第 284 号文件转发上海市革委会关于《川沙县严桥公社开展计划生育工作的调查报告》转发给你们。我们认为这个调查报告很好，望各地高举毛泽东思想伟大红旗，突出无产阶级政治，遵照伟大领袖毛主席的"人类要控制自己，做到有计划地增长"的伟大教导，学习川沙县严桥公社的作法，切实总结好自己的经验，更好的把计划生育工作开展起来，并做出新的成绩。

在人们的印象中，文化大革命期间政令不畅。这是一种误会。实际上，因为讲政治，特别是都需要表现得无限忠于毛主席，对于与毛泽东思想有关的问题落实的既迅速，又彻底。那时常常讲"最高指示传达不过夜，落实不走样"，也不全是空穴来风。全国学习上海市川沙县严桥公社大抓计划生育工作的先进经验，就产生了明显的效果。譬如从下面 2 幅图中可以看出，全国女子的初婚率、总和生育率都有了明显的下降，特别是农村妇女初婚率、生育率下降得特别明显。如果读者比较细心的话，还可以发现，事实上我国城镇妇女的初婚率和生育率早在 50 年代就已经出现了下降。但是，因为所占的比例较小，对全国妇女的拉动不明显。正是这次学习上海市川沙县严桥公社的经验以后，全国农村妇女的婚育发生了很大的变化，我国妇女生育率才开始走上了持续下降的不归路。

图 1 1950-1981 年我国妇女分全国、城市和农村的初婚率变动曲线（略）

图 2 1950-1951 年我国妇女分全国、城市和农村的总和生育率变动曲线（略）

1970 年 9 月 29 日卫生部军管会的这份文件解决了 30 多年来困扰人口与计划生育领域的几个重要问题。一个是计划生育部门一直宣传说 1973 年以前党和政府放松了计划生育工作，1979 年党中央为马寅初平反更是说毛泽东先是接受马寅初的建议实行计划生育，到 1958 年以后反悔批判马寅初又放弃计划生育了。特别是文化大革命中无政府主义和"四人帮"的破坏，不搞计划生育了，许多群众成为逍遥派，没有事情干，出现了盲目生育。卫生部军管会的文件说明，文化大革命期间不仅没有放弃计划生育，而且是计划生育大发展的时期。特别是在文化大革命中，毛泽东未曾发表过的几段有关计划生育的语录得到了广泛的传播。我手头就搜集到 3 本文化大革命期间地方计划生育机构印制的毛泽东有关计划生育的语录，其中最早的一本为"湖南省计划生育革命工作小组"1967 年 11 月印制的《毛主席关于计划生育的最高指示》，16 开本，不算封皮、封底 4 个版面，计有 8 个页码，共收录了 17 段语录，封皮上用小括号注明"内部学习资料不得引用、张贴"。第 2 本是 1968 年 2 月"毛泽东思想首都计划生育工作者造反团翻印广东省计划生育办公室革命群众翻印揭阳县计划生育办公室造反派再翻印"的《毛主席对计划生育问题的指示》，128 开本，封皮上印有木刻毛泽东头戴五角星和解放军领章的侧面头像，不计封 1、2、4 版面，计有 25 个页码，收录 16 条语录。第 3 本为 1968 年 6 月"山西省计划生育办公室长治市计划生育办公室全体革命群众翻印"的《毛主席对计划生育的最高指示》，64 开本，扉页 1 印有与前一本相同木刻毛泽东侧面大头像一帧（其中五星和领章套红），扉页 2 套红印有毛体林彪"读毛主席的书听毛主席的话照毛主席的指示办事"的题词，不计封皮 4 个版面，计有 46 个页码，收录毛泽东 17 条语录，另附有"中共中央、国务院有关计划生育文件周恩来总理关于计划生育工作的讲话"若干条。对比发现，文化大革命中这些传播的毛泽东语录基本上就是 1976 年毛泽东逝世后国务院计划生育领导小组办公室整理的《伟大领袖和导师毛主席对计划生育工作的指示（清样）》。可见，计划生育思想恰好是在文化大革命中经过计划生育部门得以在社会广泛传播的。特别重要的是，在那个极左的时代里，社会各个行业都拼命表现积极落实毛泽东的指示和毛泽东思想，文化大革命初期毛泽东有关计划生育的语录的广泛传播，就成为文化大革命中产生并完成政府干预群众婚育的计划生育体制的一个十分重要的宣传舆论阶段。

二是回答了我国计划生育体制究竟是何时产生并得以完善的。国家计划生育委员会有时把 1981 年全国人大常委会审议决定设立国家计划生育委员会作为产生计划生育体制的标志，有时把 1973 年国务院计划生育领导小组成立当作其标志。这都不正确。即使把国家机构设置当作其标志，早在 1964 年就已经有了国务院计划生育委员会及其办事机构国务院计划生育办公室。事实上，不少的省、市在此之前就都有了自己的计划生育委员会。如果再向前追溯，早在 50 年代初中期，卫生部已经承担了政府的这项工作。不可否认，政府有关管理机构是国家相关体制的一个重要方面。但是，它不具有实质性的意义，因为有许多工作都是在政府没有设立专门的管理机构以前已经存在若干年了。所以，计生委或计生领导小组的产生都不能准确反映我国计划生育体制的产生和完成。如果把干预国民婚育行为当作我国计划生育体制的本质特征的话，早在 1962 年 12 月中共中央国务院《关于认真提倡计划生育的指示》中，已经对城市青年的晚婚有所干预。1965 年，省一级计划生育委员会按照国务院计划生育办公室召集的"计划生育器械分配座谈会的精神"制订的政策，对城市青年的婚姻年龄和生育都有了进一步的具体干预规定。在这个时期，城市青年的晚婚年龄有 23 岁，有 25 岁，不等。城市居民的生育则有"两个正好、三个多、四个不包"的政策规定。这些当然都是政府对居民婚育的干预和干涉。但是，一方面因为政策的制定者都是城里人，这时候的政策制订也比较接近大多数城市居民的生育要求。另一方面，这一时期的政策干预主要体现在"四个不包"上。虽然在当时的社会条件下，国家"不包"会因仅仅可以得到基本生活资料而出现许多的困难，却没有再大的问题。所以，从总体上来看，这个时期的政府干预还不算很严重。特别是因为占总人口 85% 以上的农村基本上还未曾出现政府的干预，就谈不上体制的产生。

我国计划生育体制的产生和完善，就是卫生部军管会向全国推行以张春桥为首的上海市革命委员会总结的川沙县严桥公社的计划生育经验以后。一方面因为这一经验是关于农村如何实行计划生育工作的，是直接针对农民的。把人口众多的农民的婚育行为纳入到政府工作以后，就标志着这一体制的健全和全面。另一方面，因为农村不具有城市的医疗卫生条件，农民也没有市民那样高的文化素质（节育要求和选择节育方式往往都与文化水平有关），特别是不分城乡的生育要求使得政策与农民的生育意愿就比城里的矛盾大。本来农村不具有城市那样条件，政府却要求农村也达到城里那样的节育效果，卫生部军管会向全国推行的张春桥报送的上海市川沙县严桥公社以上环和结扎为主的节育经验，成为计划生育干预体制产生和形成的主要标示。

第三，卫生部军管会转发上海市革命委员会的报告解决了一个困扰人口学界和计划生育部门 30 多年的一个问题，即为什么中国妇女生育率是从 1970 年前后而不是其他什么年份开始其持续下降的历史？许多年来，这是一个谜。我们通过图 2 可以发现，是 1969 到 1970 年中国妇女总和生育率开始了下降。如果准确地描述的话，中国妇女生育率的下降是从 1971、1972 年开始的。读者如果对照图 1 妇女初婚率变动曲线来研究的话，不难可以看到，1967、1968 年我国妇女生育率曲线上有一个小低谷（准确地说这个低谷是从 1966 年开始的），然后在 1968 到 1969 年形成一个小高峰。之所以出现这次低谷和高峰，应该是 1964、1965 年的"四清"和 1966 年文化大革命对人们婚育的影响。这两次紧密连接的全国性的政治运动先出现了 1964 到 1965 年的妇女初婚率低谷，除了 1964 年开始的"四清"运动抽调国家干部和大批农村中青年积极分子（那时叫"借干"）集中到搞"四清"的县里"大兵团作战"以外，1965 年特别是 1966 年文化大革命推迟学生毕业，都自然地推迟和减少了婚育行为。"十月怀胎，一朝分娩"。这就形成了 1967、1968 年的生育率低谷。1966 到 1967 年文化大革命的持久进行，随着"四清"运动结束和"借干"或者分配工作或者回乡，"老三届"毕业、分配，不仅提高了婚育行为，而且对于前几年人为造成的低谷会发生一个补偿。这就是人口学家所说的"反弹"，其实是战争、自然灾害等外部干扰后通常都会出现的补偿性生育。我们在图 1 上先看到从 1967 年到 1969 年的初婚率高峰，接着就有了图 2 上的 1968、1969 年生育率的小高峰。初婚率和生育率的低谷或者高峰，其相差年份先后大约 1 年多。因为 1967、1968 年的形成的生育率高峰不过是对 1966、1967 年小低谷的补偿，所以，1969 到 1970 年的生育率下降仅仅是那个补偿性高峰的回落，所谓下降具有一定的假象。它相对于 1968、1969 年的小高峰是低了，但它实际上只是回到了常态。因为从 50 年代中后期开始，中国政治运动不断，人口各个方面的变动曲线都很混乱，无法显示何为常态。所以，我建议读者把 1970 年的生育率水平和尚未有人为干扰前的 50 年代初期比照。1970 年生育率相当于 50 年代的水平，可以近似地代表我国传统时代的妇女生育率。所以，准确地说，我国妇女生育率是从 1971、1972 年开始其持续下降的历史，这正好是卫生部军管会 1970 年转发上海市革命委员会的报告以后，各个省、市、自治区在我国农村推行川沙县严桥公社革命委员会先进经验的结果。

上海市川沙县严桥公社的经验何以有这样巨大的作用？首先，严桥公社的经验是文化大革命中由上海市革命委员会即以张春桥为首的"四人帮"总结的。从 50 年代中后期开始，以柯庆施为首的中共上海市委就是毛泽东很欣赏的一个先进集体。文化大革命中，以张春桥为首的"四人帮"继承和发展了以柯庆施为首的上海市委以"极左"为主要特征的一系列作法。现在我们评价其为极左，但在那个时代他们是符合党和政府的中心工作的，是毛泽东所领导的中国共产党所需要的，体现了国家主流的意识形态和主旋律。特别是文化大革命中，以张春桥为首的上海市是毛泽东的一面旗帜，不仅是文化大革命的策源地，而且是推动全国运动持续进行和发展的重要动力源之一。所以，一切出自上海市的经验就很自然地得到各个省、市、自治区承认和认可，毫无障碍地在全国推行。其次，严桥公社的经验以"阶级斗争为纲"，打着贯彻和落实毛主席的最高指示的旗号，并且用大批判和举办学习班的方式，使得每一个人都不可能站在反对的立场上。再其次，在传统的体制下，每一个人都必须生活在一定的单位里。离开了单位，就无法获得劳动岗位，更无法取得报酬和得到生活必需品。依赖和依附于一个具体的单位，这是每个人得以生存条件。那时的人民公社是政社合一的组织，公社革命委员会既代表国家政权，又具有经济共同体的职能。被组织起来的农民除了人民公社以外，没有任何生活来源，不仅需要服从公社的领导，而且只有表现积极才可以在人民公社内部有好的发展。除了公社或生产队、生产大队的资源分配以外，公社和基层单位还垄断着农村和国家、社会联系的一切资源。表现积极的青年往往还会获得招工、"借干"或者以临时工、合同工的名义到城镇国家单位工作或劳动的机会。这样的机遇是很少的，但是，在计划体制下，这是青年农民离开农村前往城市的唯一的途经。并且，因为稀缺性就更提高了它的价值含量。第四，我们已经看到，严桥公社的一个重要的方法是要求干部带头。这是在那个社会体制下工作的枢纽。虽然那时的农村很落后，经济社会资源很有限。但是，正是因为资源有限，而基层干部可以在资源极为缺少的环境中具有一定的资源分配权，竞争基层干部的位置就是一件很重要的事情。在这个异常重要的问题上，决定权又是由公社革委会决定的。所以，基层干部就必须服从公社革委会。农村基层干部为保持与公社革委会的一致，率先实行节育了，绝大多数农民自然就跟着走了。第五，上海市革命委员会总结的严桥公社的经验确实好，具有简单、易行和操作性很强的特点。文化大革命以前，虽然党和政府在避孕和节制生育问题上也做了不少的工作，但是，农村总体上来说还不具备群众自行采取节制生育的条件。严桥公社的做法就是要求未婚青年到25周岁的时候才允许领取结婚证，对于已婚农民按照"两个正好、三个多了"的政策实施上环和结扎的具体节育措施，符合新中国农村工作的特点，简单、长效，容易推广。

虽然文化大革命中建立的计划生育制度是以张春桥为首的"四人帮"所提供的模式，但是，并不是说如果没有张春桥就不会产生这一制度。实际上，我国政府干预国民婚育行为的计划生育制度是我国具体的经济社会体制运行的必然结果。毛泽东领导的中国共产党按照毛泽东理解的马克思主义要建立一个社会主义公有制社会，党和毛泽东认为只有消灭了经济私有制，在一个共同占有生产资料的公有制度下，才可以避免剥削和迅速致富。所以，50 年代初中期，用很短的时间让小农组织起来走农业合作化道路，让城镇手工业者建立起集体合作社，通过赎买的政策公私合营实现资本主义工商业的社会主义改造。当 1956 年实现社会主义的时候，党和毛泽东都认为这是一个无比优越的社会制度。党和政府管制了社会一切资源，同时也包揽了国民的一切生活需要。在一个经济仍然落后的国家里所做的这一切，都是依靠行政手段实现的。但是，建立在落后生产力基础上的行政手段生产不出足够的产品，行政命令打不下粮食。再加上政府经济排斥一切其他经济行为，把政府以外的经济都当作资本主义，不允许存在。在国民失去经济自由的情况下，政府经济也会越走越艰难。与此同时，在一个封闭并要求舆论一律的社会环境中，主流的意识形态整天宣传的社会主义计划经济具有无比的优越性，不仅人民不会怀疑社会体制有问题，党和国家领导人更不会反省社会经济体制和政策。这样，在人口和经济这对矛盾中，自然地把问题的症结归结到人口因素上来了。控制人口，少生孩子，就成了政府与发展经济并举的重要任务。要知道毛泽东领导下的共产党是一个革命党，的确如毛泽东所说"和尚打伞，无法无天"。在中国一口气打败了国民党政府，赶走了帝国主义，打倒了封建地主，改造了民族资本，把所有人的财产都收归为国家或集体所有。在一个已经没有私有财产和私有产权的社会里，所有人都只是共同体的一员。先是没有自由财产权，接着就没有了自由生育权。

笔者在研究这段历史的时候，不仅把计划生育制度和计划体制的形成历史对照起来，有一个奇怪的问题即前者远没有后者建立的那么顺溜。社会主义公有制的建立，"一化三改"，从 1952 年开始农业合作化，3 年基本上就都达到了高级社的水平。资本主义工商业的改造，也只用了 2、3 年。计划生育体制到 1970 年有了张春桥贡献的严桥公社的模式，才开始在全国推行。但是，这一制度基本上实现对农民的干预，主要还是毛泽东逝世后的 1、2 年内完成的。如果把计划生育当作是社会主义计划经济的必由之路，从 1956 年建立社会主义公有制开始到 1970 年前后约有 15 年准备，再经过 70 年代大约 10 年的时间才算完成了干预国民婚育行为的计划生育制度。相对于经济制度，生育制度何以如此缓慢？为此，笔者再次阅读过渡时期的历史，特别是阅读《毛泽东传》，发现其中或快或慢全都是由我国经济政治体制来决定。

我在阅读中央文献研究室编写的《毛泽东传》的时候发现，毛泽东在 50 年代初期决定社会由"新民主主义"转变上升为社会主义的时候，也讲过许多次"要防止急躁情绪"。毛泽东还说，有人认为过渡时期太长了，发生急躁情绪。这就要犯"左"倾的错误。我们提出逐步过渡到社会主义，这比较好。毛泽东是辩证法大家，甚至于在政治局会议上提出反左反右的问题。走的太快，"左"了；不走，太右了。要反"左"反右，逐步过渡，最后全部过渡完。可是，毛泽东这些话说过没有 3 几年的时间，农业、城镇手工业和资本主义工商业全部完成社会主义改造。像毛泽东这样思想清醒的大政治家，如何说头脑发热就发热了呢？根源在于我们的体制。毛泽东依靠党和政府并通过运动的方式建立起自己理想的社会制度。每次运动的模式都是由毛泽东发出指示，各级政府积极响应。这种由中央到地方、自上而下的运动主要是政府自己的在自己的体制内互动，地方党委（最多再加上各级党委周围的积极分子）和毛泽东、党中央的互动。毛泽东把自己领导下的党和政府对他的回应当作具有客观必然性的信号，再进一步发出加快步伐的指令，下级再次依照毛泽东的新的指令做出积极回应，运动再次加快节奏，整个过程就以加速度的方式前进。党和毛泽东领导农民走合作化的道路，直接与他互动的就是陶鲁茄、王谦等那样的省、地、县的党委和政府机关的领导干部，以及农村中像李顺达、王国番等农村基层干部中的积极分子。毛泽东从那里得到的基本上都是积极呼应他的信息，从而认为全国农民都有走集体化的积极性。党内稍有一些不一致的认识，立即当作"小脚妇女"严厉批评。"上有所好，下必甚矣"。农业集体化的运动就是这样越来越快。在资本主义工商业改造问题上，也是这样。与毛泽东互动的除了像柯庆施那样的省、市委书记以外，还包括可以接触到他那个层面的所谓民族资本家代表，譬如全国工商联主席陈叔通、红色资本家李烛尘、荣毅仁、黄长水等。他们一方面本来就是经过党组织选择接近党和毛泽东的政治合伙人，在各级政府中担任一定的职务，从而属于体制内的人。另一方面因为他们可以坐在毛泽东面前从而有了相当高的政治和社会地位，已经不单独从自己工、商企业的发展前景考虑问题，也能附合毛泽东公私合营的意见。至于远离政治生活的众多工商企业，因为政府掌握加工的分配权，不跟着政府走得不到原料和生产的订单，还有别的道路可走？所以，尽管毛泽东的思想认识也很清楚，说私营工商业改造要协商办事，"如果大家不赞成，那就没有办法办好"，"究竟哪一年国有化，我们总是要跟你们商量嘛。国有化不会是像扔原子弹那样扑通下地，全国一个早上就全部实现，而是逐步实现的。"但是，一旦运行起来，体制内上下互动，1、2 年的功夫就大功告成了。党和政府，特别是毛泽东和中央领导所能看见的是农民积极要求组织起来的热情，是私营工商业主敲锣打鼓地涌到政府那里要求公私合营的要求，至于局外人要了解这方面的情况，也都只能通过各级政府所办的报纸和电台（那时还没有电视台），以及毛泽东的《中国农村的社会主义高潮》、浩然的《艳阳天》，以及周而复的《上海的早晨》等等体制内的作家、记者所写的文字，不仅不会反映政府逆历史潮流而动和违反客观现实情况下众多当事人的无奈，而且都是站在政府的立场上渲染出诸多喜悦和拥护的气氛。这样，不只是毛泽东发现不了许多农民、个体工商户和资本家的真实想法，就连一般国家干部和作为当事人以外的普通老百姓也都只感受到被历史的大潮挟裹着迅速前行的感觉，从而进一步导致毛泽东在脱离实际的道路上奔跑。

但是，限制和干预群众生育行为的计划生育制度为什么没有这样？这完全是因为毛泽东没有把建立计划生育制度的工作放到自己的日程上和下面互动。毛泽东最初向各级干部和社会上提出计划生育这一个概念的时候，不仅是说要像生产桌椅板凳、生产钢铁那样对生育实行有计划地生产，而且明确提出政府要像轻工部、化工部、冶金部等等那样设立一个部或委员会来做这个事。但是，毛泽东在修改这个讲话记录稿的过程中发现这样的思考总是有什么问题。所以，他在公开出版的文章中删去了要实行计划生育的话语。可是，现实的矛盾照样存在着。毛泽东不怀疑计划经济体制有问题，那么经济和人口两个方面总是有点什么问题。所以，毛泽东在其有生之年既未推行计划生育制度又未放弃它，对于刘少奇、周恩来和邓小平等其他领导人从他的计划生育思想出发要求计划生育的作法采取了默许却又不像"一化三改"那样积极的回应。相反，我总觉得是毛泽东还不时地在提醒各级政府在做计划生育工作时必须取得人民的同意，不许强迫命令、不搞运动，不得使用行政办法等等。我以前介绍过华国锋在1973、1975 年反对计划生育搞强迫命令，反对制定法规和条例限制老百姓的生育，即使到了 1978 年，党中央副主席、国务院副总理李先念在国务院计划生育领导小组会议上还说：

> ……绝不能采取行政命令的方法，只能采取说服教育的方法。我们现在有些作法是不大妥当的，比如讲"黑孩子"，不给报户口，这不行。孩子生下来了，就要好好照顾。应当把工作做在生育前，做在怀孕以前。

所以，我以为这些强调计划生育不许强迫命令的来源还是毛泽东。毛泽东没有把计划生育制度放到他的日程上有体制内推动，发展就慢了点。但是，毛泽东没有明确推动它，也不等于党和政府没有完全的推动。1962 年中共中央国务院的《关于提倡计划生育的指示》以及 1965 年、1974 年、1978 年批转的 4 份有关计划生育的文件，就是中共中央与上海市和计划生育部门之间的互动。因为前期的互动在中央的层面还不够热情，发展就缓慢一点。1978、1979 年以后中央对于人口问题表现得十分热烈，现行的计划生育制度很迅速地就完成和完善了起来。

介绍到这里，有必要厘清干预和强制的关系。从最宽泛的意义上来理解，干预就是指外部因素对于某一过程施加的影响，强制是要求某一过程必须按照一定的目标发展。干预和强制可以无关也相交和一定程度的重叠，但不完全一致和同一。所以，干预可以是强制，也可能发生不强制的干预。强制作为外部因素是干预，如果是内在因素要求其必然的结果就不是干预。政府介入民众的婚育行为这一最为隐私的领域，当然是干预。但是，有华国锋、李先念反对强制和行政命令，是从中央最高层面否定这一体制具有强制的性质和特征。从这一事实来说，1970 年开始学习"四人帮"总结的上海市川沙县严桥公社的经验是建立起一种干预民众的计划生育制度，但还未达到强制的程度。因为未强制，在一定程度上来说是出于群众的自愿，也未尝不可。当然，这个时期的自觉自愿具有共和国建立以来第一个 30 年的特点。如同农民必须跟着基层干部和积极分子走合作化道路，和资本家实行公私合营一样，不仅都属于"自觉自愿"，而且有时还会表现出积极性和狂热。政府掌握着大量的订单，控制着许多物资的分配权，不与政府合作就无法正常开工。除了公私合营以外，别无选择。在人类发展的现阶段，即使说实行社会所有是一种趋势，那也必须由当事人在没有外部干预的情况下自由支配自己的财产权，自发地实行合资与合作，依据社会发展逐步扩展实现自下而上地联合，而不是由政府越俎代庖，通过自上而下地组织公有制。节制生育也是适应时代发展而产生的符合人性的一种现代生活方式。但是，它也是由人们根据自己的具体条件自觉自发自愿地选择和实行。对于个人财产所有或者婚姻生育领域这些最为私密的空间，公民个人基本权利抵制来自任何外部的干预。即使政府认为组织人民走共同富裕的道路和干预国民的婚育行为都是为民众着想，其结果往往都是适得其反。因为属于政府体制内的运行，公权力进入了不该涉入的私人空间，下一级政府为了回应长官的决定，往往还会要求被干预的民众表现出非常欢迎的姿态。这也是中国特色。与前期的干预体制比较，1979 年迅速建立的则是在前期未强制的基础上建立的强制性干预制度。那是用经济的、行政的和法律的手段保障必须达到的，如果不同意，基层干部和政府会让当事人了解什么叫强制。拆墙、扒房，牵走耕牛，都还属于文明行为。"喝药不夺瓶，上吊不解绳""打出来，流出来，就是不让生出来"，也不仅是说说而已。这是前后两个干预体制的区别和联系，即前者有干预无强制，后者则是强制性的干预或者用强力和暴力实行的干预。实践表明，政府一旦涉足于不该涉入的私人空间，再由无强制的干预向强制干预转化就成为十分简单的事情了。

毫无疑问，"四人帮"在我国计划生育发展史上明显占有很重要的位置。但是，为什么后来人却说"四人帮"破坏计划生育工作呢？这是党内政治斗争的一个传统，但不是一个好的传统。在张春桥的严桥公社开展计划生育工作的调查报告中就说，川沙县严桥公社革命委员会举办的学习班一边学习毛主席的最高指示，一边批判"刘贼"鼓吹"农村中不要搞节育的宣传运动"，"农民没有计划生育要求"，以及"刘贼"所散布的"婚姻、恋爱问题不要干涉""早婚也不要干涉"等反动谬论。其实，刘少奇哪里反对过计划生育、哪里反对过青年晚婚？相反，刘少奇还是最早提出节育和晚婚的。 1954 年 12 月 27 日，刘少奇在主持召开的中央机关关于避孕和节制生育座谈会上讲话说："关于节育问题，我们党、我们的卫生机关和宣传机关，是提倡还是反对？有些人是反对的，有的人还写了反对文章。现在我们要肯定一点，党是赞成节育的。"虽然我认为这次座谈会是毛泽东委托刘少奇召开的，但他毕竟是党和国家领导人中第一个亮相支持节制生育的。就是在这次座谈会上，刘少奇也讲到了农民有节育的要求。他说：

现在乡下人也在叫苦，他们不知道如何节育，也不知道可不可以生孩子，溺婴的很多，特别在贫苦农民中更多。可见农民中也不是没有人要求节育。做妇女工作的同志就应该采取适当办法，告诉他们如何节育。当然，现在在农村也不要搞节育的宣传动员运动。

严桥公社的调查报告中批判刘少奇的话，都是从刘少奇这些重要讲话中有意歪曲和栽赃陷害的。此前，刘少奇的讲话未曾公开发表，不是上海市卫生局这一个级别的人可以接触到的。从文件中歪曲刘少奇讲话的事实判断，严桥公社的这份材料应该是张春桥插手和参与产生的。除了那次座谈会以外，1957 年 3 月 5 日，人民日报第一次发表的提倡计划生育的社论也是经过刘少奇组织和修改完成的。1962 年 12 月中共中央国务院的"指示"和上述所说 1965 年中央与上海市以及卫生部钱信忠的互动，中央这一层面主要就是刘少奇。所以，"四人帮"在文化大革命中说刘少奇反对计划生育，以及后来人又以"四人帮"的手法说"四人帮"破坏计划生育，都是极坏的风气，数典忘祖。

（2012 年 1 月 4 日至 5 月 14 日曾分 19 次刊发）

王文老逝世十四周年祭

今天是王文老的忌日。14 年前，王老独自骑自行车去东北调研、旅游，倒在了由铁岭到四平段的昌图县境内的公路上，就再也没有醒过来。

王老抗战后期由北平地下党发展做学生运动，解放前夕属中共中央华北局城工部领导。新中国后，初在北京市委做秘书工作，后中共中央办公厅为解决毛泽东日益增长的群众来信成立秘书室（局），遂被调进中南海，主要负责北京及华北地区群众的来信来访。1957 年反右前夕，因为接待了林希翎而成为中南海第一批右派。1979 年改正错划右派后，王老被分配到全国人大常委会法律委员会，仍负责处理群众来信来访工作。1983 年离休。

1982 年，王老受全国人大常委会法制委员会的指派，列席国家计划生育委员会主持的《计划生育法》起草小组的会议，开始接触人口和计划生育工作。那时的中国社会还不如现在这么开放，没有互联网，电视也还不普及，媒体也比现在听话。所以，王老是在接触计划生育以后，才发现这方面存在大量极不合理现象，是国家应该尽快解决的一个大问题。因为刚接触上这方面的工作就赶上了离休，为弄清情况，就自费下乡、下基层调研。我在文章一开头说王老跌倒在"去东北调研、旅游的路途上"，是因为许多调查报告都是他骑自行车去一些省、市后，回到北京写出来的。仅从遗稿中检索得知，离休后他先后骑自行车去了河北、山西、河南、山东、江苏等许多个省。1997 年春夏之交，一个人骑自行车由北京出发到了广州。当然，更多的地方都是坐硬板车、挤长途班车去的。每次回来，王老都有给中央领导或者全国人大、国家计生委负责人的正式或非正式的报告。1987 年 9 月，国家计划生育委员会主任王伟在翼城县召开农村生育二孩的全国现场会议以后，不仅具有典型意义的试点单位都去过，为弄清情况，有的地方还去过多次。连续几年，他利用自己实地得到的材料写成报告，反复向中央和国家计生委说明放开二胎并没有什么危险。

1985 年 10 月，山西省翼城县"晚婚晚育加间隔"生育试点情况在新华社"内参"刊登以后，王老径直去翼城县进行了调查。1986 年春节前夕，王老从翼城县返回北京途经太原的时候，我们才第一次见面。那个时候，我为在全国推行普遍允许人们生育两个孩子的政策呼喊最有信心的时刻。因为受纪律约束，上个世纪 8、90 年代里，国家机关、学术界和计划生育管理部门中，明确亮明自己的观点并为争取生育二胎向中央和有关部门据理力争的人，即使现在把那个数字扩充上几倍，也都难以凑到两位数。所以，我们很快就成了知音、忘年交。再后来，当然是持久的努力和越来越无希望的渺茫。人口学是一门没有多少理论内涵的学科，再加上对手理论平庸狭窄，政客对民情的冷漠和国家机关不作为，自己能在那个时代坚持下来，很大因素都是王老在我心目中的作用。一位离退休老人尚且如此奋斗不已，我一个专业者有何理由可以抽身而去？许多年来我都认为，王老不仅是用自己的行为提升了那个时代的精神高度，而且是至今我们这一代人中也很少有可以达到的。

王老去世以后，我将他的有关计划生育的文章集结成册，取名《求索集》印制了 200 本。又请王老的挚友沈毅老师帮助，将其他方面的文稿辑录一册，取名为《思索集》也印制了 200 册。本来，还有一册《书信集》，早已汇集在一起了。但是，出于两方面的原因至今未能让其面世，一是在整理王老的遗著时发现，其中有一些褒奖提掖笔者的文字，而那时在下还未像现在已经老到足以避嫌的年龄。二是如果按我的想法将王老的所有遗稿都转变成铅字，书信集中有很大一部分是给他的私密友人的，虽然这部分信件就是她亲自复印转交给我，叮嘱让我自行处理。但是，我考虑毕竟友人健在，这些文字还是迟点付印好。

随着党和国家档案资料在近些年解密，人们知道了一些毛泽东

1958 年在中南海"拔黑旗、插红旗"和"八司马"的事件，但是，很少对这一事件的起因即王文因接待林希翎来中南海上访事件说得清楚的。王老曾有一篇遗稿《从进中央秘书室到被划为右派》，回忆了事情的原委。《炎黄春秋》2007 年第 12 期曾刊登容全堂《"文革"预演和试验：中南海"黑旗事件"的历史真相》，阅读该文后，我于 2008 年元旦复印了王老的这篇文章并给该杂志的编辑发函一篇，希望该刊能刊登王老的文章，未得到回应。前一段时间，又先后在网上阅读苏维民《毛泽东批杨尚昆："扶右反左插黑旗"》[1]，孙言诚《中南海的"二王、八司马事件"》[2]等文章，所以萌动了将王老文章粘贴在我的博客里，以供有心人研究这一问题时使用。另外，将我在王老《求索集》和《思索集》中的两篇纪念王老的文章和智效民《钦定右派——王文》也粘贴在后面。王老去世以后，我请智效民先生赴北京等地采访了王老的亲属、生前友好和曾经一起工作过的同事，写出了这篇文章。但是，因为没有合适的媒体刊载，这次公诸于网络，算是第一次发表。

朋友，在上个世纪 8、90 年代里，曾经有一位老人在暗夜里为我国的生育政策尽可能再宽松一些而奔走呼号。他身上跳动着一颗正义之心，这心总与人民息息相连，这是他性情中最高尚的元素之一。当他和他的朋友们的劳作在强大的国家体制下总是得到没有希冀的结果时，他也没有想到要放弃。相反，正是因为长期的努力和奋争没有结果才表现了老人难能可贵的韧性和毅力，显示出老人为真理付出的坚持所具有的价值。他因给最高领导人服务的原因曾经接近我们体制的核心，但更多的时间是被排斥在体制的边缘。他属于这个体制，却高耸于体制之上。他的名字叫王文，一位平凡而伟大的人，一位追求生育自由的先行者。

王老，如果说上个世纪 8、90 年代的中国已经打开国门的话，那

1　参见 http://hubei.takungpao.com/html_content/2009-01-14/26466.html
2　参见 http://www.21ccom.net/articles/lsjd/lccz/article_2010080615086.html

么，现在我们至少有一只脚走向了世界。那时，我们受体制的局限总是在体制内纠正体制的问题，所以数 10 年不得其解。现在，人民群众的实际诉求早已经越过了原来的眼界。生育，是一块包括政府在内的任何社会组织和个人都不能也不该涉入其间的、需要由个人及其家庭自行培育和浇灌的田地。作为基本人权，这是现代国家和社会的灵魂，一切所谓计划生育理论和政策在它面前都显得那么苍白。所以，现在已经不是应该一胎还是二胎的问题，而是要尽快废除现行的计划生育制度。时光已近拂晓。当人民完全赢得自己的自由生育权的时候，我当再次做祭向您报告人间伏虎。

谨以此作王文老 14 周年祭。

梁中堂 1998 年 5 月 26 日（刊发于 2012 年 5 月 26 日）

附录一　为王文《求索集》写给读者的几点说明

（一）

这是一段很沉重的文字。·

下午 5 点钟，电话里传来关秀芳同志很沉痛的声音。我一下子就明白了事情是发生在东北，是车祸。因为本月 13 号，晚上 11 时许，我在北京参加中国人口学会的会议时，给他家里去电话，他的儿子小耿告我说早上出发去东北了。早在 3 月份参加政协会议时，我去看他，告我说今年的旅行计划是东北。不想我的电话晚打了一天，竟将再见一次的机会永远地失去了。

我的电话所以晚打，是因为除了如何印制这本集子的两件事外，再没有别的事情。而在 2 个月前，我们才在一起交谈过，隔一天，他又约我一块去看望了张乐群老。而印制书又只能等我回太原以后再定，所以，我才没有像过去那样一到北京即和他联系。·

捧在读者手中的这本集子是 1992 年前后，由我一而再再而三地说服他，要他将 10 年来的有关计划生育的调查报告及相关文章，汇集出版的。虽然这本集子里的所有文章的主题都是有关农村生育政策的，但即使在那时，我们也不认为这本集子会为计划生育政策的完善有什么帮助。我只是认为这本集子表明在我国计划生育工作特别重要的 80 年代里，曾经有一位老同志，一位极普通的公民，为计划生育政策更合理些，为计划生育工作更顺利地开展，更为广大农民能够有一个安宁的生活，在苦苦地求索，在顽强地奋争。所以，这本书仅仅是记述了一段历史。因为在这一个时期里，这方面形成文字的历史不多，我才认为有汇集这个集子的必要。1995 年 10 月，他又一次骑自行车赴山西调查时，在太原校对了书的清样。但因为大家都知道的原因，正式出版是相当困难的。今年 3 月份在北京的时候，我向他谈了我的意见，即无需正式出版，只印制若干本，由他分发友好，权做纪念。回太原后，我又请谭克俭君继马培生君之后，再就书样校对了一次，印制前，又有两个问题需征得他的同意，恰于 5 月 11—14 日我要在北京开会，准备与他面谈。一是书名问题。因为一开始是这本文集由我编辑出版，我曾将书名定为《王文同志文集》。现在由他自己印制，这个书名就不能用了。我想了两个书名，"求索集"或"思索集"，都不很满意，想同他商量。二是他一直想让我写个序，所以，他写了一个"后记"。他是我人生中最敬重的人，我总觉得我不配为他作序，一直不敢动笔。既然以个人名义印制，他个人作序更合适，我将他的"后记"改成现在这个"序言"，想征求一下他的意见。我当时的想法亦然是全书都是他的东西，我不敢置一字。5 月 13 日晚，小耿告我他早上出发去东北了。不用说，他是骑自行车去的了。70 多岁的老人，差不多每年都骑自行车，自费出去调查。去年 4 月份骑了一个月的自行车，由北京去了广州。回来告诉我，沿途所见，中国这 20 年是发展很快。虽然不少人都有牢骚，但生活的确好多了。社会很安定，有希望，没有什么危险。这本文集中的许多调查报告，都是他骑自行车去河北、山西、山东、河南、江苏等地同农民，同县里、乡里的干部交谈后写成的。我从北京回来才半个月，所以，关秀芳从广州打电话告我噩耗，我一下子就想到了是那该死的车祸。要不，他

身子还很硬棒，还能做很多事。就是今年 3 月份在北京的时候，他还
向我谈了有关马克思劳动价值学说和剩余价值理论的新思考。经济
理论是他长期关注和思索的领域，早在 80 年代，我们在讨论计划生
育政策的同时，还常常就社会主义的经济理论交换一些看法。在我们
最后一次交谈时，关于经济理论的看法，主要是他谈，我听。据他讲，
在推出由他执笔的"刘仁传"的写作任务之后，他集中了一段时间在
思考剩余价值理论问题。很显然，他思考的很深。我向他推荐，等他
有一个成熟的大纲时，介绍他和河北大学的刘永佶教授讨论。不想，
经这该死的车祸，使这一切都成为过去，成为不可能了。··

（二）

我第一次听说王文这个人的名字，是 1984 年 8 月在重庆。当时，
我应四川省人口学会的邀请，参加"农村人口发展战略讨论会"。时
任国家计划生育委员会政策规划处处长的李宏规同志向我介绍说，
除了我主张农民普遍生育 2 个孩子外，全国人大常委会的离休干部
王文同志，亦持这种意见。早在这年的春节，我向中央上书，要求在
全国农村普遍实行"晚婚晚育加间隔"的生育政策，允许农民家庭生
2 个孩子，以取代当时的"一胎化"。李宏规同志没有向我透露我的
报告批转到国家计生委，又由马瀛通君和张晓彤君向中央建议，实行
我提出的办法，这一意见在该年 7 月底到 8 月初得到了时任国务院
总理赵紫阳和中央总书记胡耀邦的肯定，意在全国实施。我是在 10
月份得知这一消息的。在实际部门不愿执行中央负责同志批示的情
况下，1985 年春节，我又向中央写报告，要求在山西省选择一、二
个县，试行由我提出的"晚婚晚育加间隔"的生育办法。经过国家计
划生育委员会副主任周伯萍、山西省委书记李立功和山西省副省长
张维庆的批示同意，1985 年 7 月份开始在山西省翼城县试行，同年
10 月 18 日新华社记者杨玉良在给中央领导的"国内动态清样"上对
翼城县的试点情况做了专题报道。1986 年春节前，王文同志先去翼
城县进行了调查，返京途经太原，我们才第一次见面。之后，我们就

470

成了"忘年交"。

虽然说是"忘年交"，但因为他人格上的魅力，却始终未能使我像对其他朋友那么随便。即使说我们的追求相同，在生育政策和人口形势的看法上也都一致，但我是一位职业研究人员，他是一位离休的老人；我出差乘飞机坐卧铺，他总是骑自行车自费搞调查，即使坐车，也坐硬板车，挤长途汽车。这其中的境界上的差异，哪有可能让我在他面前随意得起来？由于敬重，我对他的身世了解不多。在 10 多年的交往中，我从来不敢问及他的过去，他也从来不向我述及过去。我只知道他早年在北平上大学时参加了革命，曾是刘仁领导下的"城工部"的成员。解放后在北京市委和中央机关工作过，后来被错划了右派，下放北京郊区劳动改造。"文革"中受他连累，任北京一家工厂的党委书记的妻子"自杀"。十一届三中全会之后，他的右派问题得到甄别，安排到全国人大法工委工作。没有几年，就办理了离休手续。本文集的这些文字，基本上都是离休后写的。就是这样一位老人，在和我 10 多年可以称为至交的密切关系中，我没有听到过一句他对自己命运坎坷的议论，对党和国家有丝毫艾怨的情绪。越是这样，我越是不敢探问他的过去，因为他个人的过去主要地是由伤痛铸成的，我不愿再让伤痛回到他的身边；因为他的过去有了太多太多的不愉快，我不愿再让他回忆那些不愉快。我们在一起只是谈国家，谈民族，谈社会，谈今天，谈明天。我对我最敬重的朋友知道的就这么多。然而，即使是一位比我知之更少的人，在读了这本文集之后，不是也会和我一样了解了一位具有崇高品格的老人吗？··

（三）

由于他的人格的崇高，我说过，我不配给他写序或跋。因为他的突然离去，我才写了这篇"写给读者的几点说明"。书中的照片是我的主意，并同小耿商议后加上的。手迹的影印件亦是我加上的。我知道，老人家在世是一定不会同意的。10 多年了，我就做一件有违他意的事罢。

　　还需说明的是，本文集的所有文章在写作时并没有准备出版或发表。老人的写作习惯是先用铅笔打个草稿，然后再用钢笔誊写一份寄出。所以，正式给中央或有关部门写的一些文字和这里印制的还会有差别。因为这里是根据草稿录制的，有不少文字没有准确的年月日。我再说一次，这本文集不是专家学者的专业书，是一位普通的老人，一位普通的党员写的文字。而这些文字告诉了我们，怎样做才够得上是一位高尚的人。

梁中堂 1998 年 5 月 29 日（刊发于 2012 年 5 月 26 日）

附录二　为王文《思索集》写给读者的几点说明

　　编辑和印制这些遗文是我去年得知老人遇难的那天下午萌动的想法。关秀芳同志在电话中报了噩耗，我当即决定了两件事，一是把已经在我手头拖延了六、七年的《求索集》立即印出来，二是搜集、整理老人的其余稿件。和关秀芳同志通完电话，我即给王老的儿子小耿去电话，除了对王老的遇难表示悼念外，再就是叮嘱他在整理老人的遗物时，一片纸也不要随意丢弃。我记得曾在话里说，你们做子女的可能不很了解老人家极富有价值的一面。90 年代初，老人家放下计划生育政策的调查研究工作之后，在承担撰写《刘仁传》的任务的同时，还做了一些有关社会主义经济和政治问题的研究。实际上，这是老人长期思索的问题。80 年代中我认识他时，他就曾不时地问我述说他的一些观点。据我知道，在此之前，他曾做过一些笔记，准备将来再进一步正式开始他庞大的研究计划。我还对小耿说，你们可能不会了解老人家这些文字的意义，所以，除了涉及个人隐私方面的一些信件外，待方便时，把老人家所有文字都交给我，由我处理。不过，那时我还不很清楚这些文字究竟有多大篇幅，能否再编辑成一本书。等大约 3 个多月后，小耿将家里所有文字的复印件寄过来的时候，我即决定把老人家所有包括能搜集到的老人家给友人或别人的书信，都编辑印制成册。在我所知道的圈子里，沈毅老人不仅和王文老的情谊深厚，而且思想认识还很相通。所以，我请沈毅老编辑这些遗稿。王老的生前友好和后人能看到这些文字，应感谢沈毅老所付出的辛苦劳作。

还需要说明的是，原准备把这些遗稿同王老的书信编辑在一起，后因这些文字不仅主题集中，而且篇幅已构成一册，所以，我又把书信抽取出来，准备另行印制。不过，在我目前所拿到的书信原件或影印件来看，是以 10 多年中给我及他的另一友人的为主。在有关我的信中有一、二封是我不愿过早公之与众的；而给另一友人的信中绝大部分属于二人私谊，我亦不愿过早将之传世。所以，连同王老离世后一些友人写的悼念文章、我托付智效民同志写的王老的传记，可能要过一个时期才能和大家见面。

和上一册《求索集》不同的是，那是一本耗费老人近 10 年心血，多方奔走呼号，期望求得农村生育政策合理的文章。而这里，文章是10 多年（更确切些说是被划右派后约 40 年）里对我们这个民族、国家和他自己早已加人其中、并为之奋斗的政党的前途、命运的思考，所以，我将之定名为《思索集》。我在《求索集》的"给读者的几点说明"中曾说过，老人不是一名专业研究人员，但是，任何一位具有人口学专业知识的人读过那本书后，都会为老人家那种百折不回的精神所折服。在这里我还想说，老人不是一名哲学社会科学的专业研究人员，但是，我相信，任何一位这方面的专业人员读过这本书后都会认为这是一位具有较深忧患意识、有追求的人才有可能写出的文章。我写以上这些话不是说老人的研究、观点都十分正确，而是赞美他的精神，他的品格。这是一位普通的老人，是一位坎坷一生的老人，他没有为社会对他的不公有所愤懑、有所噘吁，相反，他却在为世界更为合理、完美而思索。正是这样一位普通的老人，用自己的言行向世人说明，怎样才算是一位高尚的人，纯粹的人。

梁中堂 1999 年 7 月 19 日（刊发于 2012 年 5 月 26 日）